Bertram Schulin

Der natürliche — vorrechtliche — Kausalitätsbegriff im zivilen Schadensersatzrecht

Münchener Universitätsschriften · Juristische Fakultät

Abhandlungen zur rechtswissenschaftlichen Grundlagenforschung

herausgegeben im Auftrag der Juristischen Fakultät

von

Sten Gagnér

Arthur Kaufmann

Dieter Nörr

Band 22

1976

J. Schweitzer Verlag · Berlin

Bertram Schulin

Der natürliche – vorrechtliche – Kausalitätsbegriff im zivilen Schadensersatzrecht

1976

J. Schweitzer Verlag · Berlin

Gedruckt mit Unterstützung aus den Mitteln der Münchener Universitätsschriften

CIP-Kurztitelaufnahme der Deutschen Bibliothek

Schulin, Bertram

Der natürliche, vorrechtliche, Kausalitätsbegriff im zivilen Schadensersatzrecht. — 1. Aufl. — Berlin: Schweitzer, 1976.

(Münchener Universitätsschriften: Jur. Fak.)
(Abhandlungen zur rechtswissenschaftlichen Grundlagenforschung; Bd, 22)
ISBN 3-8059-0410-X

Satz: IBM-Composer Walter de Gruyter, Berlin – Druck: Walter de Gruyter, Berlin – Buchbinderarbeiten: Wübben Berlin. – Printed in Germany

Dem Andenken meiner Eltern

VORWORT

An Überlegungen zum Kausalitätsbegriff hat es die Rechtswissenschaft bis in die jüngste Zeit hinein nicht fehlen lassen. Daß vorliegend dieses Kausalitätsthema erneut einer näheren Betrachtung unterzogen wird, bedarf daher einer Rechtfertigung. Sie liegt in dem Versuch, für diesen Problembereich die Ergebnisse der modernen Wissenschaftstheorie zum Kausalbegriff fruchtbar zu machen, da dies bisher, soweit ersichtlich, noch nicht geschehen ist. Dies erscheint um so mehr angezeigt, als jene Wissenschaftsdisziplin für sich in Anspruch nimmt, Grundlagenforschung für *alle* Einzelwissenschaften zu betreiben, also auch für die Rechtswissenschaft. Die Untersuchung befaßt sich vorrangig mit Grundlagenfragen der Kausalproblematik, insbesondere mit der *Methode* zur Feststellung von Kausalbeziehungen. Daher mußte naturgemäß auf die Behandlung zahlreicher schadensrechtlicher Einzelprobleme verzichtet werden, auch wenn bei ihnen die Kausalfrage eine Rolle spielt. So erklärt sich der große Anteil der theoretischen Überlegungen, ohne die Grundlagenforschung nicht auskommt.

Die Arbeit hat 1973 der Juristischen Fakultät der Universität München als Dissertation vorgelegen. Später erschienene Literatur wurde bis etwa Mitte 1975 berücksichtigt. Mein besonderer Dank gilt Herrn Prof. Dr. Karl Larenz, der die Arbeit hilfreich förderte, und den Herausgebern der „Abhandlungen zur rechtswissenschaftlichen Grundlagenforschung" für die freundliche Aufnahme der Abhandlung in diese Reihe.

Augsburg, im Oktober 1975 Bertram Schulin

INHALTSVERZEICHNIS

EINFÜHRUNG

Jede Beschäftigung mit dem deutschen zivilen Schadensersatzrecht und dessen Grundlagen führt alsbald auf die Begriffe „Ursächlichkeit" oder „Kausalität". Denn unser Schadensrecht geht davon aus, daß nur derjenige zum Ersatz eines Schadens, den ein anderer erlitten hat, verpflichtet ist, der zu dem schädigenden Ereignis und damit zu dem Schaden selbst in einer gewissen, noch näher zu betrachtenden Beziehung steht; andernfalls hat der Geschädigte den Schaden allein zu tragen („casum sentit dominus"[1]). Steht der eingetretene Schaden auch nicht einmal in der entferntesten Weise mit der Person in Zusammenhang, die auf Schadensersatz in Anspruch genommen wird, kann deren Haftung nicht in Betracht kommen. „Es ist also notwendig, eine Verbindung zwischen dem Schaden und der Person des Ersatzpflichtigen herzustellen"[2].

Diese „Verbindung" näher zu bezeichnen, kennt das Schadensersatzrecht zwei Begriffe: Kausalität (oder Ursächlichkeit) und Zurechnung (im engeren Sinn)[3]. Beide versteht man als grundsätzlich voneinander unterschieden[4]. Nach verbreiteter Meinung geht es bei der Kausalität um die wertfreie naturgesetzliche Verbundenheit zweier Ereignisse (z.B. Verletzungshandlung des Beklagten und Eintritt des Gesundheitsschadens beim Kläger). Bei der Zurechnung dagegen handelt es sich hiernach um die wertende Zuordnung eines (Schadens-)Erfolgs zum Verantwortungsbereich des auf Schadensersatz in Anspruch Genommenen (im Folgenden kurz: Ersatzpflichtigen) durch das Recht[5]; hier geht es um die, wie Deutsch sagt[6], „gesetzliche Verbindung"[7].

---

1 Nach Soergel-Reim. Schmidt, Komm. zum BGB, Rdn. 12 zu §§ 249–253, soll es sich bei diesem Satz um ein „naturgegebenes Axiom" handeln.

2 Deutsch, Festschrift für Honig, S. 33.

3 Zur Zurechnung im weiten Sinn gehören *alle* Voraussetzungen, die das Recht für die Begründung einer Schadensersatzpflicht fordert, also auch die Kausalität (vergl. dazu unten S. 37 f.). Wo allgemein von Zurechnung die Rede ist, ist meistenteils die Zurechnung im engeren Sinn gemeint (so auch im Folgenden).

4 Hardwig, Zurechnung, S. 5.

5 Für das *Strafrecht* hat als einer der ersten bereits v. Buri hervorgehoben, daß Kausalität und Zurechnung streng zu trennen seien (Über Kausalzusammenhang und dessen Zurechnung, Goltd. Arch. 14 S. 608 ff.).

6 Festschrift für Honig, S. 51.

7 Gass, Ursache, S. 52 ff., spricht von der „kausalen" und der „juristischen Relation". – Hardwig, Zurechnung, S. 7, definiert: „Zurechenbarkeit bedeutet also die Möglichkeit eines Zurechnungsurteils. Zurechnung selbst bedeutet die Feststellung einer positiven Beziehung, eines Zusammenhanges, zwischen einem Geschehnis und einem Menschen im Sinne der Anerkennung oder Mißbilligung unter Bewertung des Verhaltens

Während die Erörterung über die Zurechnung, zu deren klassischen Kriterien u.a. – subjektiv – das Verschulden und – objektiv – die Vorhersehbarkeit des Schadens (Adäquanz)[8] gehören, seit längerer Zeit einen erheblichen Raum einnimmt[9], ist demgegenüber die Problematik der Kausalität etwas in den Hintergrund getreten. Nachdem sich einmal die Erkenntnis durchgesetzt hatte, daß das Bestehen eines Kausalzusammenhangs zwischen dem Verhalten des Ersatzpflichtigen oder einem von ihm zu vertretenden Ereignis und dem entstandenen Schaden für die Begründung der Haftung weder den alleinigen noch den eigentlichen Grund darstellt[10], hat die Rechtswissenschaft ihre ganze Mühe darauf verwandt, die maßgeblichen Voraussetzungen der Zurechnung zu bestimmen, die über den Kausalzusammenhang hinaus verwirklicht sein müssen, damit eine Schadenshaftung eintritt[11].

Die h.M. freilich hält – zu Recht – nach wie vor das Vorliegen eines, wie immer auch verstandenen Kausalzusammenhangs (üblicherweise im Sinne der sog. conditio sine qua non [Bedingungstheorie]) als Mindestvoraussetzung für eine Schadenshaftung überhaupt für unentbehrlich. Die Feststellung dieses Kausalzusammenhangs bereitet ihr in den meisten Fällen keine Schwierigkeit, da sie hier über die Conditio-sine-qua-non-Formel zu eindeutigen und scheinbar unangreifbaren Ergebnissen kommt. Eine Ausnahme bilden vornehmlich die Fallgruppen der sog. hypothetischen und der doppelten Kausalität. Wie sich jedoch im weiteren Verlauf der Arbeit zeigen wird, sind die Fragen nach der eigentlichen Kausalität auch in anderen Fällen und Fallgruppen bei weitem nicht so einfach zu lösen, wie dies zunächst den Anschein hat[12]. Dies hat nicht zuletzt seinen Grund darin,

---

der Person gemäß einem Normenkomplex der Vernunft". Diese Definition kann im zivilen Schadensersatzrecht jedenfalls für die Verschuldenshaftung Geltung beanspruchen.

8 Nach heute ganz h.M. ist die Adäquanz der Kausalität in Wirklichkeit kein Kausalproblem, sondern eine Frage der objektiven Zurechnung (siehe unten S. 118).

9 Vergl. aus dem vielfältigen Schrifttum: Grundlegend schon Larenz, Hegels Zurechnungslehre; Larenz, JuS 1965 S. 373 ff. und Festschrift für Honig, S. 79 ff.; Deutsch, Festschrift für Honig, S. 33 ff.

10 Vergl. etwa Esser, Schuldrecht, § 44 I.

11 Es ist die eigentümliche Tatsache zu beobachten, daß sich das allgemeine Interesse der Juristen an dem Begriff der Zurechnung einerseits und dem der Kausalität andererseits seit dem vorigen Jahrh. periodisch abwechselten: Während zunächst überwiegend der Zurechnungsbegriff als Systembegriff im Vordergrund stand (etwa bis zur Mitte des 19. Jh.s, z.B. bei Köstlin), gewann in den letzten Jahrzehnten des vorigen Jh.s der Kausalitätsbegriff zunehmend an Bedeutung (so bei v. Buri oder den späteren Arbeiten Hälschners). Erst in neuerer Zeit wurde dem Zurechnungsbegriff wieder mehr Interesse beigemessen (als einem der ersten von Larenz). Heute ist eine erneute Belebung der Diskussion um den Kausalitätsbegriff zu bemerken. Vergl. im übrigen zur Geschichte des Zurechnungsbegriffs ausführlich Hardwig, Zurechnung, S. 11 ff.

12 Hierauf weist zu Recht auch Weitnauer, Festgabe für Oftinger, S. 323, hin.

daß bereits der Begriff der Kausalität als solcher nicht eindeutig bestimmt ist. Die erste Voraussetzung, um Fragen im Zusammenhang mit Kausalität richtig angehen zu können, ist daher die, das, was unter Kausalität zu verstehen ist, deutlich werden zu lassen, also die genaue Explikation des im Schadensrecht anzuwendenden Kausalitätsbegriffs.

Einige Autoren freilich sehen sich sogar veranlaßt, vom Grundsatz, daß nur für im wertfreien Sinn verursachte Schadensfolgen zu haften ist, abzugehen und das Erfordernis des Kausalzusammenhangs entweder überhaupt als entbehrlich anzusehen[13] oder den Kausalbegriff in einem rein *normativen* Sinn zu interpretieren[14], die Haftungsfrage also der Sache nach ausschließlich unter wertenden Zurechnungsgesichtspunkten zu entscheiden.

Entschließt man sich jedoch dazu, mit der h.M. am Erfordernis des Kausalzusammenhangs für eine Schadenshaftung als Mindestvoraussetzung festzuhalten, wie dies in vorliegender Arbeit geschieht (Näheres dazu später), so treten im Zusammenhang mit den Kausalitätsprüfungen häufig erhebliche Schwierigkeiten auf.

Da ist etwa die Frage, wie es um die theoretische und praktische Brauchbarkeit der so weit verbreiteten *Conditio-sine-qua-non-Formel* steht.

Eine andere Frage ist, ob es so etwas wie eine *Kausalität der Unterlassung* gibt. Hier herrscht bekanntlich in der Rechtswissenschaft nach wie vor erheblicher Streit: kann ein Nichts ein Etwas (z.B. einen Schadenszustand) verursachen[15]?

Entsprechendes gilt für den *entgangenen Gewinn:* kann dieses Nichts, das der entgangene Gewinn darstellt, verursacht werden[16]? Durch eine genaue Analyse des Kausalitätsbegriffs soll versucht werden, diese Fragen in auch dogmatisch befriedigender Weise zu klären.

Bei einigen Fällen sucht man die negative Haftungsentscheidung über eine Kausalitätsprüfung zu finden, indem man die Haftung bereits an der mangelnden Kausalität scheitern läßt. Auf diesem Wege löst z.B. Larenz jenen Fall, in welchem der Kläger, durch einen vom Beklagten überwiegend zu verantwortenden Verkehrsunfall verletzt, Ersatz seiner angefallenen Verteidigerkosten verlangt, die ihm durch das gegen ihn eingeleitete und mit Freispruch geendete Strafverfahren entstanden sind[17]. Hier verneint Larenz schon die Kausalität zwischen

---

13 So etwa Münzberg, Verhalten und Erfolg, S. 110 f.

14 So etwa Bydlinkski, Probleme der Schadensverursachung, S. 4 ff.; entsprechend für das Strafrecht Hardwig, Zurechnung, S. 143, 149.

15 Vergl. z.B. Enneccerus-Lehmann, Schuldrecht, § 15 III 8: „Ein Nichtgeschehen kann nicht wirken, ein Nichts kann keine Folgen haben." Weitere Nachweise neuestens bei Hanau, Kausalität, S. 5 Fn. 15.

16 Vergl. z.B. Reinecke, Schaden und Interesseneinbuße, S. 34 ff.: „. . . denn bloßem Nichtsein eines ‚etwas' im Vermögen ist keine Zeichenfunktion eigen."

17 BGHZ 27,137 (= NJW 1958 S. 1041). Vergl. dazu Larenz, Schuldrecht I, § 27 III b 2 (S. 321 Fn. 6).

der Verletzung des Klägers und der Einleitung des Strafverfahrens[18]. Bei näherem Zusehen jedoch wird sich zeigen, daß diese Begründung angreifbar ist und daß man hier die Grenze der Möglichkeit erreicht, schon im Stadium der Kausalitätsprüfung zu einer endgültigen (negativen) Entscheidung über die Haftungsfrage zu gelangen.

Andererseits gibt es Fälle, in denen die Kausalitätsprüfung zu früh abgebrochen wird, und zwar deswegen, weil die Anwendung der Conditio-sine-qua-non-Formel zu in der Tat absurden Ergebnissen führt. Hier ist an die Fälle zu denken, in denen zwei verschiedene Ereignisse zugleich oder – praktisch wichtiger – nacheinander eintreten, deren jedes für sich allein zur Herbeiführung des ganzen mittelbaren Schadens (im Sinne des Vermögensfolgeschadens[19]) geeignet ist. Beispiel: Der Kläger wird vom Beklagten verletzt und dadurch arbeitsunfähig. Er erkrankt jedoch einige Zeit später an einer anlagebedingten Krankheit und wäre spätestens zu diesem Zeitpunkt ebenfalls arbeitsunfähig geworden, wäre die Arbeitsunfähigkeit nicht schon durch die frühere Verletzung eingetreten. Diese Fallgruppe behandelt man häufig als solche der sog. hypothetischen Kausalität, die unter dem Gesichtspunkt der Schadensberechnung zu sehen sei[20]. Diese Ansicht wird sich jedoch als unrichtig herausstellen. Hier kann man, wie ich zu zeigen versuchen werde, nur über eine gründliche Kausalitätsprüfung zum billigen Haftungsergebnis gelangen[21].

Manche der angeschnittenen Fragen haben zwar vornehmlich mehr *theoretische* Bedeutung, etwa die nach der Möglichkeit einer Kausalität der Unterlassung. Jedoch ist es nicht nur Aufgabe der Rechtswissenschaft, Fragen um ihrer unmittelbaren praktischen Auswirkungen willen zu klären („Praktische Rechtswissenschaft")[22]. Eine ebenso wichtige Aufgabe ist es, dogmatische (und systematische) Klarheit dort zu suchen, wo sie bisher mangelt[23]. Rechtswissenschaft

18 Ebenso Esser, Schuldrecht, § 45 II 4, J. G. Wolf, Normzweck, S. 14.

19 So die Terminologie Essers, Schuldrecht, § 41 I 3, und ihm folgend Larenz, Schuldrecht I, § 27 II b 3.

20 So etwa Soergel-Reim. Schmidt, Komm. zum BGB, Rdn. 75 zu §§ 249–253.

21 Verschiedene Autoren gehen zwar auch auf diesem Wege vor, wie z.B. Reinecke, Schaden und Interesseneinbuße, S. 38: Er verneint – ebenso wie der BGH, vergl. LM Nr. 7 a zu § 840 BGB – die Kausalität des ersten Ereignisses für den Vermögensfolgeschaden ab dem Zeitpunkt des Eintritts des zweiten Ereignisses und verneint von daher auch die Haftung des Erstschädigers für die Zukunft. Indes ist auch diese Begründung nicht haltbar; Näheres später.

22 So Hatz, Rechtssprache und juristischer Begriff, S. 10 und offenbar Starck, JZ 1972 S. 609.

23 In diesem Sinn etwa Münzberg, Verhalten und Erfolg, S. 5. – Zu Recht hat Spendel, Kausalität, S. 41, betont, „daß auch die Rechtspraxis immer wieder einer theoretischen Grundlegung bedarf und sich hierauf besinnen muß, wollen ihre Entscheidungen ‚richtig' und gerecht sein." Spendel knüpft an das einprägsame Wort Justus von Liebigs an: „Es gibt nichts Praktischeres als eine gute Theorie."

kann und muß auch um der reinen (theoretischen) Erkenntnis willen betrieben werden[24].

Damit ist der Rahmen abgesteckt, in dem sich die Untersuchungen dieser Arbeit bewegen werden: zu versuchen, zu einer Klärung des im Schadensrecht anzuwendenden Kausalitätsbegriffs beizutragen und an Hand einiger Beispiele aufzuzeigen, ob und wie der gewonnene Kausalbegriff auf die Lösung der einschlägigen Fragen Einfluß hat.

Im ersten Abschnitt geht es um die Stellung des Kausalitätsbegriffs im zivilen Schadensersatzrecht und seine Explikation. Dabei werden wir zu dem Ergebnis kommen, daß der Rechtsbegriff der Kausalität im natürlichen, vorrechtlichen Sinn zu verstehen ist. Um diesem natürlichen Kausalitätsverständnis näher zu kommen, greifen wir auf die Erkenntnisse der modernen Wissenschaftstheorie zurück, die sich um die Explikation des Kausalbegriffs in besonders intensiver Weise bemüht hat. Der Darstellung dieses, dem Juristen bis heute zumeist unbekannten wissenschaftstheoretischen Kausalitätsbegriffs wird daher ein eigenes Kapitel gewidmet. Der zweite Abschnitt befaßt sich sodann mit der Anwendung des natürlichen, vorrechtlichen Kausalitätsbegriffs auf das Schadensersatzrecht im einzelnen[25].

---

24 So auch Larenz, Methodenlehre, S. 54 f. Dagegen Starck, JZ 1972 S. 609 Fn. 4.

25 Dieses *vor*rechtliche Kausalitätsverständnis ist nicht schlechthin gleichbedeutend mit „*außer*rechtlichem" Verständnis im Sinn von „nicht spezifisch rechtlich". Der Kausalbegriff wird außerhalb des Rechts in den verschiedensten Weisen interpretiert, etwa im Sinne einzelner philosophischer Richtungen oder in einem speziell medizinischen Sinn. Alle diese Interpretationen kann man als *außer*rechtliche bezeichnen. Demgegenüber versucht die Wissenschaftstheorie, wie wir noch genauer sehen werden, den Kausalitätsbegriff in einem für *alle* Wissenschaften gültigen Sinn zu verstehen. Ihr Kausalitätsverständnis läßt sich daher als „natürliches", alle Einzelwissenschaften übergreifendes, in bezug auf die Rechtswissenschaft daher *vor*rechtliches bezeichnen. Es als außerrechtlich zu bezeichnen, würde mißverständlich sein: denn es besitzt, nach der hier vertretenen Meinung, auch für das Recht Gültigkeit.

In der juristischen Diskussion des Kausalitätsbegriffs findet man die Unterscheidung „außerrechtlich" – „vorrechtlich" in diesem Sinne nicht. Häufig wird, wenn von nicht spezifisch rechtlicher (normativer) Kausalität die Rede ist, damit ein in gewissem Sinn „vorrechtliches" Verständnis des Kausalbegriffs gemeint. Dies trifft z.B. auf die Rechtsprechung des BGH bei den Begriffen der Kausalität im „natürlichen", „naturwissenschaftlich-philosophischen", „naturwissenschaftlich-logischen" usw. Sinn zu (Näheres später). Der Begriff der „naturwissenschaftlich-philosophischen" Kausalität weist bei unbefangener Betrachtungsweise sicher weniger auf einen vorrechtlichen, als auf einen außerrechtlichen Begriff hin; dennoch hat der BGH mit ihm in Wirklichkeit mehr das *vor*rechtliche Verständnis im Auge. Hier lassen sich die Bezeichnungen „vorrechtlich" und „außerrechtlich" oft nur schwer trennen. Wo im Folgenden der Begriff der „Kausalität im *außer*rechtlichen Sinn" gebraucht wird, kann mit ihm daher auch häufig derjenige im eigentlichen Sinn „*vor*rechtliche" gemeint sein. In jedem Fall bedeutet „außerrechtlich": „nicht normativ".

ERSTER ABSCHNITT

DER BEGRIFF DER KAUSALITÄT

Erstes Kapitel

Die Kausalität im Recht

Ausgangspunkt unserer Untersuchungen ist der Kausalitätsbegriff im Schadensersatzrecht. Seine Grundlagen zu erhellen, muß die erste Aufgabe sein. Zuvor ist noch einmal an seine schon kurz erwähnte Stellung im geltenden Haftungssystem zu erinnern, um den Sinn dieses Begriffs zutreffend explizieren zu können.

Noch bevor im Rahmen der Haftpflichtprüfung auf die Frage der Zurechenbarkeit (im engeren Sinn) des Schadens zu der Person des Ersatzpflichtigen einzugehen ist, muß nach der auch hier vertretenen h.M. die Frage nach der Kausalität positiv beantwortet werden: besteht ein Kausalzusammenhang zwischen dem Schaden und dem schädigenden Verhalten oder Ereignis? Denn unser Schadensersatzrecht geht, wie wir noch sehen werden: zu Recht, von dem Grundsatz aus, daß nur der Schaden zu ersetzen ist, der vom Ersatzpflichtigen oder einem von ihm zu vertretenden Ereignis wirklich verursacht worden ist. In diesem *Verursachungsgrundsatz* drückt sich ein Grundprinzip unseres Schadensersatzrechts aus, das auf einer allgemeinen Rechtsvorstellung der Menschen unseres Rechts fußt. So richtig auch die Feststellung ist, daß mit diesem Grundsatz nur eine erste Voraussetzung für eine Haftung überhaupt angezeigt ist[26], so wenig verliert doch dadurch dieser Grundsatz an Bedeutung, was sich in praktischer Hinsicht später vor allem bei den Fällen mit sog. doppelter Kausalität zeigen wird. Kausalität ist ein unentbehrliches Element der Schadenshaftung[27].

In Anbetracht der Bedeutung dieses Verursachungsgrundsatzes für unser geltendes Haftpflichtrecht, kommt dem Begriff der Kausalität notwendigerweise eine hervorragende Stellung zu. Um ihn auf die Schadensersatzfälle richtig anwenden zu können, ist es nötig, sich über seinen Bedeutungsgehalt im Rahmen des Haftungsrechts genau klar zu sein. Diesem Bedeutungsgehalt wollen wir im Folgenden nachgehen.

---

26 BGH LM Nr. 15 a zu § 823 (Be)BGB (bei Ziff. IV 1). Vergl. auch Wochner, Einheitliche Schadensteilungsnorm, S. 136: Sinn und Zweck der Kausalitätslehre sei es, das absolute Höchstmaß der Haftung abzustecken.

27 Larenz, Festschrift für Honig, S. 88; ebenso Esser, Schuldrecht I, § 40 I 2 und Hanau, Kausalität, S. 98 f.

I. Die Kausalität als Begriff in der Rechtsordnung

A. Natürlicher Begriff – Rechtsbegriff

Da wir es mit dem Begriff der Kausalität (oder der Ursächlichkeit; beide Begriffe sind synonym, Näheres dazu später) im Rahmen des *Rechts*, hier insbesondere des zivilen Schadensersatzrechts zu tun haben, stellt sich die Frage: handelt es sich mithin bei diesem Kausalitätsbegriff um einen „Rechtsbegriff"? Bestimmt sich seine Bedeutung daher von spezifisch rechtlichen Gesichtspunkten her? Sicher ist er rein formal ein Rechtsbegriff, da er von Rechtsprechung und Rechtslehre, ferner dem Sinne nach auch vom Gesetz, also der Rechtsordnung verwendet wird[28]. Damit ist jedoch noch nichts über die Kriterien ausgesagt, die für die Bedeutungsanalyse maßgebend sind.

Es ist zu bedenken, daß der Begriff der Kausalität außer im Recht in fast allen anderen Lebensbereichen gebraucht wird und eine wichtige Rolle spielt[29]. Dies trifft zum einen auf die übrigen Fachwissenschaften zu: alle Naturwissenschaftler fragen nach den Kausalzusammenhängen der Naturerscheinungen, wie z. B. der Biologe, der Physiker, der Chemiker usw. Ferner befassen sich viele der sog. Geisteswissenschaften mit Fragen nach Ursachenzusammenhängen, wie etwa der Historiker, der fortlaufend – sicherlich nicht nur, aber *auch*[30] – nach den Ursachen der verschiedenen historischen Ereignisse forscht[31]. Die Philosophen endlich haben sich zu allen Zeiten teils mehr, teils weniger mit dem Kausalbegriff befaßt. Die Reihe ließe sich weiter fortsetzen. Eine sehr wichtige Rolle spielt der Kausalitätsbegriff aber auch im Alltagsleben. Hier sieht sich jeder Mensch täglich aufs Neue vor eine Fülle von Fragen gestellt, die alle die Form einer nach Ursachen suchenden Warum-Frage haben[32] (Frage: „Warum kommt X heute nicht pünktlich?" Antwort: „Weil er noch dringende Geschäfte zu erledigen hatte." Oder: „Warum ist heute ein so großer Verkehr auf den Straßen?" „Weil die Schulferien begonnen haben und die Urlauber-Reisewelle angelaufen ist.").

Es handelt sich beim Kausalitätsbegriff also sicher um einen sog. *natürlichen Begriff*, der seine Entstehung nicht der Rechtsordnung verdankt. Da nun nach

---

28 So spricht der BGH (NJW 1951 S. 711 = BGHZ 2, 138) vom „Rechtsbegriff der Kausalität", wenn auch nicht ganz unzweifelhaft ist, ob er hiermit nicht vielleicht den ganz anderen Begriff der „Kausalität im Rechtssinn" im Auge hat.

29 Vergl. hierzu auch Leonhard, Kausalität, S. 52 ff.

30 So betont z.B. Radkau (GWU 72, S. 394), daß die Geschichtswissenschaft nicht ohne die Aufklärung der realen Ursache-Wirkung-Zusammenhänge auskommen könne. Eine abstrakte Struktur oder ein langfristiger Trend eines geschichtlichen Phänomens etwa könne niemals ohne eine möglichst weitgehende Konkretisierung der betreffenden Vorgänge und Zuständlichkeiten erfaßt werden.

31 Vergl. dazu Bader, Ursache und Schuld, S. 14; ferner Engisch, Weltbild, S. 123.

32 Zu den vorwissenschaftlichen Warum-Fragen siehe auch unten S. 51 f.

weit verbreiteter Meinung[33] die Einordnung eines natürlichen Begriffs in die Rechtsordnung in einem formalen Sinn stets bedeutet, „daß seine Erkenntnisfunktion überformt wird durch die Sollensfunktion der Rechtsnormen, in deren Rahmen er Verwendung findet“[34], stellt sich die Frage, ob und wenn, in welcher Form eine solche „teleologische Umformung“ (Radbruch)[35] beim Kausalbegriff gegeben ist. Denn da andererseits die Rechtsordnung auf eine solche inhaltliche Überformung des natürlichen Erkenntnisgehalts des Begriffs auch gerade verzichten kann, um sich den Begriff in seinem vorrechtlichen Bedeutungsinhalt nutzbar zu machen[36], besteht die Möglichkeit, daß der Kausalbegriff, trotz seiner Eigenschaft als formaler Rechtsbegriff, vorwiegend oder vielleicht sogar ausschließlich in seinem natürlichen, vorrechtlichen Verständnis für das Recht zu explizieren ist. Damit also, daß der Kausalbegriff als Begriff der Rechtsordnung ein „Rechtsbegriff“ ist, ist für seinen Bedeutungsinhalt noch nichts gesagt.

In praktischer Hinsicht geht es um die Frage, wie der Begriff der Kausalität im Rahmen eines Rechtssatzes, der als Rechtsfolge eine Schadensersatzverpflichtung normiert, zu interpretieren ist, um entscheiden zu können, ob ein gegebener Lebenssachverhalt in bezug auf dieses Tatbestandsmerkmal „Kausalität“ dem Rechtssatz unterfällt oder nicht[37].

Als erstes stellt sich demnach die Frage, ob der „Rechtsbegriff“ der Kausalität in einem spezifisch rechtlichen oder aber in seinem vorrechtlichen (natürlichen) Sinn zu interpretieren ist. Bevor ich zur eigenen Stellungnahme zu dieser Frage komme, seien Gesetz, Literatur und Rechtsprechung daraufhin betrachtet, ob und wie diese Frage hier beantwortet wird.

B. Kausalität in Gesetz, Literatur und Rechtsprechung

Wenn Gegenstand der vorliegenden Arbeit auch Kausalprobleme des *Zivil*rechts (Schadensrecht) sind, so ist es doch bei Problemen, die den Kausalitätsbegriff berühren, unerläßlich, auch das Strafrecht, vor allem die umfangreiche strafrechtliche Literatur zu diesem Thema zu berücksichtigen. Dies gilt um so mehr, als

---

33 Vergl. dazu Mertens, Vermögensschaden, S. 111 ff. mit weiteren Nachweisen; ebenso Lampe, Semantik, S. 24; vergl. auch Graf zu Dohna, Kernprobleme, S. 15.

34 Mertens, Vermögensschaden, S. 111, der Sax, Festschrift für Nottarp, S. 134, folgt. Ebenso Hagen, Drittschadensliquidation, S. 171.

35 Radbruch, Rechtsphilosophie, S. 220.

36 Mertens, Vermögensschaden, S. 111 f. Vergl. auch Engisch, Kausalität, S. 5: Das Recht könne seine Begriffe „aus dem Leben oder sonst woher übernehmen“ und sie „ohne normativen Beigeschmack unter die Haftungsvoraussetzungen einstellen“.

37 Zur Anwendung der Rechtssätze auf einen Sachverhalt Larenz, Methodenlehre, S. 262 ff.

man sich weitgehend darüber einig ist, daß sowohl bei zivilrechtlicher als auch strafrechtlicher Beurteilung einer Kausalfrage von der sog. Bedingungstheorie auszugehen ist, die ihren fast unangefochtenen Ausdruck durch die sog. Conditio-sine-qua-non-Formel erfahren hat[38]. Für den Kausalitätsbegriff wird in den verschiedenen Zweigen der Jurisprudenz also ein durchaus einheitliches Verständnis angestrebt[39]. Verschieden wird dagegen die erst nachrangige Frage danach beantwortet, welche Kausalverläufe im einzelnen zu berücksichtigen und mit rechtlichen Sanktionen zu belegen sind (so berücksichtigt das zivile Schadensrecht i.d.R. Schadensfolgen nur, wenn sie „adäquat" verursacht worden sind).

1. Der Kausalitätsbegriff im Gesetz

Sucht man im Gesetz nach Anhaltspunkten für den Bedeutungsgehalt des Kausalbegriffs, so stellt man fest, daß dieser Begriff nirgendwo normiert ist und der Begriff „Kausalität" oder ein anderer „Kausal-"Begriff (etwa „Kausalzusammenhang") nicht einmal verwendet werden. Wir beschränken uns auf einen kurzen Blick auf die schadensrechtlichen Normen.

In den meisten Fällen sagt das Gesetz – nach Beschreibung einer bestimmten tatbestandsmäßigen Voraussetzung –, daß der „daraus entstehende Schaden" zu ersetzen sei (so z.B. in §§ 823, 824, 839 BGB, §§ 453 IV, 454, 455 HGB, § 15 II 1 GebrMG, § 47 II PatG, § 35 GWB, §§ 24, 25 WZG, § 14 I UWG, § 2 ZugabeVO, § 19 I BNotO). In anderen Fällen spricht es von einem Schaden, der einem anderen „erwachsen" ist (§ 1542 RVO) oder den ein anderer „erlitten" hat (§ 93 n GenG, §§ 1, 2 StrEG). In den §§ 325 I, 326 I, 635 BGB wieder (um nur einige Vorschriften zu nennen) ist von Schadensersatz „wegen Nichterfüllung" die Rede. In einigen wenigen Fällen spricht das Gesetz auch wörtlich vom Schaden, der durch etwas „verursacht" ist (so §§ 7 II, 8 StVG, § 2 AbzG)[40]. Schließlich gibt es Fälle, in denen das Gesetz lediglich sagt, daß „Ersatz des Schadens" oder „Schadensersatz" zu leisten ist (z. B. § 826 BGB, § 97 UrhG); aber auch in diesen Fällen ergibt sich aus dem Zusammenhang des Gesetzestextes, daß jeweils ein auf einem bestimmten Ereignis beruhender Schaden zu ersetzen ist.

Es ist kein Grund ersichtlich anzunehmen, daß das Gesetz mit diesen verschiedenen Ausdrucksweisen jeweils etwas anderes als den Ursachen- oder Kausalzusammenhang meint. Jedoch enthält das Gesetz keine Anhaltspunkte, denen zu

---

38 Dies gilt ebenso für Kausalfragen im öffentlichen Recht (vergl. Nachweise unten S. 100 Fn. 356).

39 Diese Einheitlichkeit ist auch wünschenswert, um eine unheilvolle Rechtszersplitterung hinsichtlich der rechtlichen Grundbegriffe, zu denen auch der Kausalbegriff gehört, zu vermeiden. Vergl. hierzu auch Münzberg, Verhalten und Erfolg, Vorwort S. XV. In gleichem Sinne Gass, Ursache, S. 51.

40 Dagegen findet man in strafrechtlichen Bestimmungen häufiger den Begriff „Ursache", etwa in §§ 222, 226, 229 II, 230, 232 I, 239 II, III, 326 StGB.

entnehmen wäre, ob dieser Ursachen- oder Kausalzusammenhang in einem bestimmten Sinn zu verstehen ist[41]. Es blieb daher der Rechtswissenschaft und der Rechtsprechung vorbehalten, den Kausalitätsbegriff näher zu interpretieren. Wie sie sich dieser Aufgabe angenommen haben, sei im Folgenden dargestellt.

2. Der Kausalitätsbegriff in der juristischen Literatur

Im Jahre 1900 bereits stellte Max Rümelin fest, daß das Strafrecht zum Thema Kausalität „eine gewaltige, kaum mehr zu bewältigende" Literatur aufweise[42]. Inzwischen hat auch die zivilrechtliche Literatur aufgeholt, so daß heute für sie Entsprechendes gilt[43].

Es würde den Rahmen dieser Arbeit bei weitem sprengen, wollte ich im Folgenden eine auch nur annähernd vollständige Übersicht über diese Literaturstimmen zu bringen versuchen. Ich muß mich daher auf einige der wichtigsten Theorien zu der hier interessierenden Frage beschränken. Es geht uns hier ja auch nicht um alles das, was von juristischen Autoren überhaupt zum Kausalitätsbegriff gesagt worden ist, sondern nur um ihre Stellungnahmen zu der Frage: Übernimmt das Recht für seine Zwecke den vorrechtlichen, natürlichen Kausalitätsbegriff, oder formt es diesen nach seinen spezifischen Erfordernissen um? Eigenartigerweise widmen viele Autoren dieser gleich zu Beginn einer jeden Kausalitätserörterung bedeutsamen Schlüsselfrage nur wenige Überlegungen. Häufig begnügen sie sich mit der lapidaren Feststellung, daß man den Kausalitätsbegriff im einen oder anderen Sinn zu verstehen habe, ohne für diese wichtige Entscheidung eine nähere Begründung zu geben. So heißt es z.B. bei Bydlinski[44], „daß ‚Kausalzusammenhang' im Recht eine bestimmte, selbständig zu definierende Beziehung zwischen einem haftbarmachenden Ereignis und einem Schadenserfolg" sei, demgegenüber es völlig unerheblich und für den Juristen nur verwirrend sei, nach dem Bestehen oder Fehlen der „naturwissenschaftlichen" Kausalität zu fragen. Eine Begründung für diese Annahme findet sich bei Bydlinski indes nicht. Umgekehrt kann es nach Esser in wissenschaftlicher Hinsicht „nur einen Ursachenbegriff geben, nämlich den der Logik und der Naturwissenschaften",

---

41 Vergl. für das Zivilrecht: Friese, Haftungsbegrenzung, S. 11; Palandt-Danckelmann/Heinrichs, Komm. zum BGB, 28.A., 1969, Vorbem. 5 b zu § 249; Kahrs, Kausalität, S. 14; für das Strafrecht: Kahrs, Vermeidbarkeitsprinzip, S. 28 ff.; Baumann, Strafrecht AT, § 17 I 2.

42 AcP 90 (1900) S. 172.

43 Vergl. etwa die Nachweise bei Staudinger-Werner-Kaduk, Komm. zum BGB, Anmerkung zur Vorbem. 18 zu § 249. – Nicht zuletzt hat das öffentliche Recht eine reichhaltige Literatur zum Ursachenbegriff (insbes. im Polizeirecht) aufzuweisen, vergl. Vollmuth, Ursache, S. 19 ff. mit vielen Nachweisen.

44 Probleme der Schadensverursachung, S. 7.

während die Suche nach einer „eigenen ‚echten' juristischen Kausalität" nutzlos sei[45]. Als Konsequenz dieser Ansicht stellt sich z.B. die Meinung Essers dar, daß es keine Kausalität der Unterlassung gebe. *Warum* es aber wissenschaftlich nur diesen einen Ursachenbegriff geben könne, darüber erfahren wir bei Esser nichts.

a) Keine Bindung des Rechts an einen außerrechtlichen Kausalitätsbegriff

Herrschend dürfte jene Ansicht sein, nach der das Recht nicht an einen außerrechtlichen (z.B. den naturwissenschaftlichen oder philosophischen) Kausalitätsbegriff gebunden ist. Die meisten Autoren dieser h.M. vertreten von vornherein einen spezifisch rechtlichen Kausalitätsbegriff (sogleich bei aa). Nur wenige andere räumen wenigstens die theoretische Möglichkeit ein, daß sich das Recht auch für einen außerrechtlichen Kausalitätsbegriff entscheiden könne (unten bei bb).

aa) Die Vertreter einer „besonderen Rechtskausalität"[46] stützen ihr Meinung vornehmlich auf zwei Argumente. Zum einen wird vorgebracht, ein außerrechtlicher, etwa der naturwissenschaftliche Kausalitätsbegriff sei für das Recht schon deswegen nicht brauchbar, weil er nicht auf Unterlassungen anwendbar sei[47]. Ein Nichts könne (naturwissenschaftlich) nicht ein Etwas (z.B. einen Schaden oder einen strafrechtlichen Erfolg) verursachen. Andererseits aber belege das Recht auch Unterlassungen mit seinen Sanktionen. Schon aus diesem Grunde bedürfe es einer eigenen „Rechtskausalität". Zum anderen glaubt man unter diesen Autoren, ohne einen spezifisch juristischen Ursachenbegriff deswegen nicht auskommen zu können, weil ein außerrechtlicher Ursachenbegriff nicht geeignet sei, als Anknüpfungspunkt für das Auffinden rechtserheblicher (d.h. zurechenbarer) Zusammenhänge zu dienen. Denn dieser stelle so viele Zusammenhänge zur Auswahl, daß dies keinen praktischen Nutzen bringe. Daher könne für das Recht nur ein normativ bestimmter Kausalitätsbegriff in Frage kommen[48]. Ein Ursachenbegriff im „juristischen Sinn" wird ferner mit der Begründung vertreten, daß es beim Kausalproblem im Recht gar nicht um Ursache und Wirkung, sondern lediglich darum gehe, „ob ein bestimmtes Verhalten als zureichender Grund für die Anknüpfung von Rechtsfolgen anerkannt werden" solle[49]. Für einen speziell juristischen Kausalitätsbegriff wird vielfach der Kausalitätsbegriff der sog. Bedingungstheorie gehalten, weil nach ihr bereits jede einzelne einer Gesamtheit

---

45 Schuldrecht I, § 44 II.

46 Z.B. Hardwig, Zurechnung, S. 149; gleichwohl hält er den naturwissenschaftlichen Kausalitätsbegriff für denjenigen im „eigentlichen Sinn" (S. 44, 91).

47 Hardwig, Zurechnung, S. 71, 91 ff., 113; Zippelius, Einführung, S. 64 f.

48 Hardwig, Zurechnung, S. 143; Zippelius, Einführung, S. 64f.

49 Enneccerus-Lehmann, Schuldrecht, § 15 I. Zustimmend Bydlinski, Probleme der Schadensverursachung, S. 7; in gleichem Sinn ferner Zippelius, Einführung, S. 64 f.

von Bedingungen für einen bestimmten Erfolg als echte Ursache für eben diesen (ganzen) Erfolg angesehen wird[50].

bb) Diesen sehr zahlreichen Vertretern eines juristischen Kausalitätsbegriffs stehen nur vereinzelt solche gegenüber, die zwar auch der Ansicht sind, daß das Recht nicht von vornherein an einen außerrechtlichen Begriff der Kausalität gebunden sei, die jedoch meinen, daß für das Recht nur die Übernahme eines solchen in Betracht kommen könne. Nach Engisch z.B. hat das Gesetz den sowohl natürlichen als auch wissenschaftlichen Kausalitätsbegriff im Auge, den man am ehesten im „naturwissenschaftlichen und ‚philosophischen', nichtmetaphysischen (logischen)", d.h. also außerrechtlichen Ursachenbegriff antreffe[51].

b) Bindung des Rechts an den außerrechtlichen Kausalitätsbegriff

Einen grundsätzlich anderen Ausgangspunkt als die beiden eben erwähnten Autorengruppen nehmen die ebenfalls nicht sehr zahlreichen Rechtswissenschaftler ein, die sich ebenso wie die zuletzt angeführte Gruppe (zu a bb) für einen außerrechtlichen Kausalitätsbegriff einsetzen, die jedoch, im Unterschied zu jener, von vornherein die Berechtigung eines auch nur formell rechtlichen Kausalitätsbegriffs leugnen. Nach ihnen kann es überhaupt nur *einen* Kausalitätsbegriff *aller* Wissenschaften und der natürlichen Auffassung geben[52]. So lehnt z.B. Esser, wie schon erwähnt, die „spekulative" Suche nach einer eigenen juristischen Kausalität ab[53]. Dem Begriff der Kausalität seien niemals Wertmaßstäbe zu entnehmen und darum sei die erforderliche Abgrenzung der für die rechtliche (wertende) Zurechnung maßgebenden Verhaltensfolgen nicht über ihn zu erreichen[54]. In diesem Sinn sind wohl auch die Ausführungen von Erman-Sirp zu verstehen, wenn dort als Ursachenzusammenhang ein solcher im „logischen und naturwissenschaftlichen" Sinn verlangt wird[55]. Ferner vertritt Gass die Ansicht, „daß es nur *eine* Kausalität gibt und geben kann, daß demnach die Rechtswissenschaft zu Unrecht den Bestand einer ‚juristischen' Kausalität behauptet[56]. Auch H. J. Wolff dürfte den Kausalitätsbegriff auf die Ursachenzusammenhänge im außerrechtlichen („logischen") Sinn beschränkt wissen und hiervon die rein rechtliche Haf-

50 Z.B. Spendel, Kausalität, S. 12; Näheres später (unten S. 101 ff.).

51 Kausalität, S. 21, 32; Weltbild, S. 127; ähnlich Baumann, Strafrecht AT, § 17 I 2, II 2 b, IV.

52 Z.B. Esser, Schuldrecht I, § 44 II; Welzel, Strafrecht, § 9 I; Herschel, Urheberbegriff und Kausalität, S. 164; ebenso wohl auch Wochner, Einheitliche Schadensteilungsnorm, S. 141; Lorenz-Meyer, Haftungsstruktur, S. 16; Pesch, NJW 1966 S. 1841.

53 Schuldrecht I, § 44 II 2.

54 Schuldrecht I, § 44 II 1.

55 Erman-Sirp, Komm. zum BGB, Rdn. 13 zu § 249.

56 Ursache, S. 5 f., vergl. auch S. 49.

tungs- und Verantwortungsfrage trennen wollen[57]. Schließlich scheint ferner Larenz der Meinung zu sein, daß der im Recht eine Rolle spielende Kausalbegriff mehr im außerrechtlichen Sinn zu verstehen sei[58]. Zwar bestehe gegenüber der Kausalität im „streng naturwissenschaftlichen“ Sinn ein Unterschied: diese beziehe sich nur auf Vorgänge unter gleichbleibenden Bedingungen. Demgegenüber seien bei den im Rechtsleben interessierenden Geschehnissen die Bedingungen ständig wechselnd. Dennoch hält Larenz die regelmäßige Aufeinanderfolge von Ursache und Wirkung gemäß bestimmter Naturgesetze für das Wesentliche eines Kausalzusammenhanges, wie seine Ausführungen zum Fischsterben-Fall[59] zeigen. Vor allem tritt er für eine Trennung von Kausalität und Zurechnung ein. Die Grundsätze für die rechtliche Verantwortlichkeit seien dem Kausalbegriff nicht zu entnehmen. Dies alles spricht dafür, daß Larenz einen außerrechtlichen Kausalitätsbegriff vertritt.

c) Die Theorie Rödigs

Neben diesen bisher erwähnten Meinungen finden sich noch andere zahlreiche Stimmen, die von ihnen in mehr oder weniger wesentlicher Hinsicht abweichen. So wird etwa eine Art „Stufentheorie“ vertreten: Zwar sei grundsätzlich der juristische Kausalitätsbegriff scharf vom naturgesetzlichen zu unterscheiden. Letzterer interessiere den Juristen in bezug auf das tatsächliche Verhalten und dessen Erfolg in keiner Weise. Dagegen sei für die *Alternative* dieses tatsächlichen Verhaltens der naturgesetzliche Kausalzusammenhang von Bedeutung: nämlich für die Frage, was wäre, wenn statt des tatsächlichen ein anderes (mögliches) Verhalten geschehen wäre. Daher ordne sich die Frage nach dem naturgesetzlichen Zusammenhang der Frage nach der „Kausalität im juristischen Sinn“ unter. In diesem Sinne spricht sich Rödig aus[60]. Nach ihm ist der juristische Kausalitätsbegriff im Zusammenhang mit den Begriffen des Verhaltens und der Handlung zu verstehen, die ihrerseits für ihn rein normative Begriffe darstellen. Kausalität im Rechtssinn kommt danach nur in Betracht, wenn dem Handelnden ein anderes Verhalten zur freien Entscheidung gestanden hatte. Hatte er *keine* Wahl, sich anders zu verhalten, so scheidet auch jede Rechtskausalität aus.

Dieser kurze Überblick zeigt, wie sehr verschiedene Meinungen zu unserer hier interessierenden Frage in der Rechtslehre vertreten werden. Sie auf einen Nenner zu bringen, dürfte schlechterdings unmöglich sein. Lassen wir es zunächst bei

---

57 Wolff-Bachof, Verwaltungsrecht, § 36 III c 3.

58 Schuldrecht I, § 27 III a.

59 a.a.O.

60 Alternative, S. 119 f.; vergl. auch Rödig, Erfüllung des Tatbestands des § 823 Abs. 1 BGB durch Schutzgesetzverstoß, S. 62 Fn. 156.

dieser nur referierenden Darstellung der verschiedenen Ansichten sein Bewenden haben und betrachten wir endlich noch die Rechtsprechung zu unserem Thema.

3. Der Kausalitätsbegriff in der Rechtsprechung des BGH

Im Gegensatz zur Rechtslehre begegnet man in den zahlreichen einschlägigen Urteilen des BGH einem auffallend einheitlichen Verständnis des Kausalbegriffs. Von diesem Verständnis geht die gesamte Rechtsprechung aus, so daß man geneigt ist, einen normativen Gehalt dieser gefestigten Rechtsprechung anzunehmen, der zum objektiven Recht geworden ist[61].

Bemerkenswert ist hierbei einerseits, daß die Rechtsprechung den Kausalbegriff anscheinend – in der Regel[62] – für ganz unproblematisch hält, dem sie nie mehr als ein paar wenige Sätze widmet, daß sie jedoch andererseits für diesen Kausalbegriff eine ganze Reihe sehr verschiedener Bezeichnungen verwendet, was auf Unklarheiten des Begriffsverständnisses hindeuten könnte.

In konsequenter Entwicklung ist die Rechtsprechung des BGH jedoch zu einer eindeutigen Stellungnahme hinsichtlich der hier interessierenden Frage gelangt: Nach ihr bedeutet Kausalität im Recht solche im außerrechtlichen (naturwissenschaftlichen) Sinn. An ihr orientiert sich die gesamte Gerichtspraxis, so daß ihr eine Bedeutung zukommt, die nicht zu unterschätzen ist. Daher soll im Folgenden ein etwas ausführlicherer Überblick über die BGH-Rechtsprechung gegeben werden[63].

Im *Urteil vom 11.5.1951*[64] hat sich der BGH erstmals näher zum „Rechtsbegriff der Kausalität" geäußert. Er führte u.a. aus: „Als Ursachen im Rechtssinn gelten im bürgerlichen Recht nur diejenigen Bedingungen, die mit einem solchen Erfolg, wie er eingetreten ist, im adäquaten Zusammenhange stehen." Bei der Frage, ob ein adäquater Kausalzusammenhang vorliegt, ist nach Ansicht des BGH zunächst zu prüfen, „ob das in Rede stehende und im naturwissenschaftlich-philosophischen Sinn eine Erfolgsbedingung darstellende Ereignis zu den conditiones sine quibus non gehört. Erst wenn das festgestellt ist, ist weiter zu prüfen, ob die dann vorliegende conditio sine qua non zu den adäquaten, also den zurechenbaren Bedingungen gehört." Bemerkenswert ist, daß hier der BGH nicht weniger als drei verschiedene Arten von Ursachenzusammenhängen unterschieden hat.

---

61 Vergl. dazu allgemein Larenz, Methodenlehre, S. 117 f.

62 Schwierigkeiten haben ihr vor allem die Fälle mit psychischer Kausalität bereitet, vergl. unten S. 22 Fn. 81.

63 Ich beschränke mich auf die Rechtsprechung des BGH, ohne näher auf die des Reichsgerichts einzugehen, da letzterer in vorliegendem Problemzusammenhang keine eigenständige Bedeutung zukommt.

64 NJW 1951 S. 711 f. = BGHZ 2, 138; Anm. von Lindenmaier bei LM Nr. 1 zu § 249 (Ba)BGB.

Dem adäquaten Ursachenzusammenhang stellte er nicht nur den Ursachenzusammenhang im Sinne der conditio sine qua non gegenüber, sondern von diesem letzteren unterschied er auch noch einen Ursachenzusammenhang im naturwissenschaftlich-philosophischen Sinn. Er fuhr fort: „Als conditiones sine quibus non sind nur diejenigen Ereignisse anzusprechen, die nicht weggedacht werden können, ohne daß der sich dann ergebende Zustand überhaupt nicht mehr in die für die rechtliche Wertung in Betracht kommende Erfolgskategorie fällt, oder ohne daß zum mindesten der konkrete Erfolg innerhalb dieser Kategorie in einer Weise verändert wird, die für die rechtliche Würdigung erheblich ist. Diese allein sind nämlich im Rechtssinn relevant."

Diese Unterscheidung zwischen einer Ursache im naturwissenschaftlich-philosophischen Sinn und einer Ursache im Sinne der conditio sine qua non geht auf Rümelin zurück[65]. Jedoch ist die ihr zugrunde liegende rechtliche Problematik – nämlich die Eleminierung von Kausalfaktoren, die zum Schadensverlauf in nur ganz unerheblicher Weise beigetragen haben[66] –, nicht, wie später noch genauer zu zeigen sein wird, eine solche des Kausalzusammenhangs; es handelt sich vielmehr um eine rechtliche *Wertungs*frage[67]. Hier dürfte auch der Grund dafür zu finden sein, daß die erwähnte Unterscheidung der beiden Ursachenbegriffe inzwischen keine Rolle mehr spielt[68]. Vielmehr sieht der BGH heute die Conditio-sine-qua-non-Formel gerade als Ausdruck des „naturwissenschaftlich-philosophischen" oder „logisch-naturwissenschaftlichen", also *außerrechtlichen* Ursachenbegriffs an[69].

Im *Urteil vom 26.5.1952*[70] führte der BGH aus, die Klägerin habe die neurotischen Beschwerden nicht durch äußerliche oder innerliche Verletzungen auf Grund des vom Beklagten zu vertretenen Unfalls erlitten, vielmehr hätten diese sich „lediglich im Anschluß an den Unfall auf Grund ihrer (der Klägerin) von dem Unfall völlig unabhängigen Veranlagung entwickelt." Es sei „daher nur ein äußerlicher, nicht aber ein die Schadensersatzpflicht des Beklagten bedingender ursächlicher Zusammenhang im Rechtssinn zwischen dem Unfall und der Neurose gegeben."

---

65 AcP 90 (1900) S. 281 ff.

66 Beispiel (nach Bydlinski, Probleme der Schadensverursachung, S. 12): Jemand schüttet in eine brennende und nicht mehr zu rettende Scheune etwas Benzin, so daß das Verbrennen etwas, wenn auch kaum merklich, schneller erfolgt.

67 Vergl. unten S. 92 ff.

68 Dies auch nicht mehr in der Literatur, vergl. etwa Larenz, Schuldrecht I, § 27 III a; Esser, Schuldrecht I, § 44 II; Enneccerus-Lehmann, Schuldrecht, § 15 III. Erwähnt wurde sie noch von Soergel-Lindenmaier-Schräder, Komm. zum BGB, 9.A., 1962, Rdn. 60 vor § 823.

69 Vergl. BGH NJW 1967 S. 551 (siehe unten S. 20), NJW 1970 S. 1970 (siehe unten S. 23), NJW 1972 S. 36 und NJW 1972 S. 195 (siehe unten S. 25).

70 LM Nr. 4 zu § 823(C)BGB.

Wenn nach Ansicht des BGH ein nur „äußerlicher Zusammenhang" zwischen Unfall und Neurose bestand, so meinte er damit, wie seine weiteren Gedankengänge zeigen, daß es an einem *Kausal*zusammenhang, und zwar an einem solchen im Sinne der conditio sine qua non, gerade mangelte. Denn nach den Feststellungen des Berufungsgerichts hätte die Klägerin, „wenn nur die Unfallfolgen vorhanden wären, eine Tätigkeit in ihrem Berufe ausüben und erhalten" können. „Sollte aber jetzt", so heißt es in dem Urteil weiter, „die Klägerin in ihrer Arbeitsfähigkeit tatsächlich noch weiter beeinträchtigt sein, so wären hierfür die durch . . . die Neurose hervorgerufenen Beschwerden ausschlaggebend gewesen; diese weiterreichenden Krankheitserscheinungen würden sich aber auch ohne den Unfall gezeigt haben (sic!), so daß für den hierdurch eingetretenen Schaden der Beklagte nicht haftbar gemacht werden kann." Danach trat die Neurose im Zeitpunkt nach dem Unfall also *rein zufällig* ein. In diesem Urteil ging es dem BGH demnach der Sache nach – und dies ist für uns wichtig – um die Prüfung des Ursachenzusammenhangs im *außerrechtlichen* Sinn.

In den *Urteilen vom 2.7.1957 und 12.2.1963*[71] ging es jeweils darum, daß gelegentlich einer unfallbedingten Behandlung der Arzt zugleich eine durch die Unfallverletzungen nicht indizierte zusätzliche Behandlung vorgenommen hatte, die im ersten Fall zum Tode des Verletzten, im zweiten zu weiteren Gesundheitsschäden geführt hatte.

Im ersten Urteil bejahte der BGH den „(mittelbaren) Ursachenzusammenhang" im, wie er sagte, „natürlichen Sinn" zwischen Unfall und Tod des Verletzten, womit er wiederum – wie seine Denkoperation in diesem Zusammenhang zeigt – den Ursachenzusammenhang im Sinne der conditio sine qua non meinte. Er verneinte dagegen die Adäquanz der Ursächlichkeit und meinte damit, daß dem Beklagten dieser Ursachenzusammenhang nicht „im Rechtssinne zurechenbar" sei. Weiter meinte der BGH, daß hier die Zurechenbarkeit deshalb ausgeschlossen sei, weil es am „inneren Zusammenhang" zwischen Unfallverletzung und der zum Tode führenden Komplikation gefehlt habe. Er stellte der bejahten Ursächlichkeit im „natürlichen Sinn" die bloße „Äußerlichkeit" dieser Ursachenbeziehung gegenüber, die eine Haftung ausschließe. Es habe nur eine „ ‚Gelegenheitsursache' " und keine „ ‚wirkliche Schadensursache' " vorgelegen. Die terminologische Verwirrung scheint vollkommen. Wie später noch zu zeigen sein wird[72], gibt es im Rahmen des Ursachenzusammenhangs keine Unterscheidung zwischen Äußerlichkeit und Innerlichkeit, vielmehr ist jeder Ursachenzusammenhang ein nur „äußerer". In späteren Urteilen (siehe unten S. 23 ff.) findet der BGH dann auch zu einer wesentlich saubereren Terminologie, die der Unterscheidung zwischen den Fragen der Kausalität und der Zurechnung gerecht wird.

---

71 NJW 1957 S. 1475 (= BGHZ 25,86) und LM Nr. 28 zu § 823(C)BGB.

72 Vergl. unten S. 82 f.

Wichtig ist an dieser Stelle, daß der BGH der Sache nach eindeutig zwischen der Kausalität im „natürlichen Sinn", womit er die Kausalität im Sinne der conditio sine qua non meinte, einerseits und der Adäquanz („Ursachenzusammenhang im rechtlichen Sinn") sowie den Fragen der Zurechnung (kein „innerer Zusammenhang") andererseits unterschieden hat.

Im zweiten Urteil (vom 12.2.1963) prüfte der BGH den Sachverhalt gleichfalls mittels der Conditio-sine-qua-non-Formel und kam zu dem Ergebnis, daß „eine durchgehende Ursachenreihe" von dem Unfall bis zu dem „schließlichen schädlichen Erfolg" führe. Die Frage der Zurechnung entschied das Gericht durch „wertende Betrachtung der Ursachenreihe" verneinend mit der Begründung, daß der Eingriff „seiner Art und seinem Ziel nach nicht auf die Behandlung der Unfallverletzung gerichtet" war, daß der Unfall vielmehr „lediglich den äußeren Anlaß und die Gelegenheit" für den Eingriff dargestellt habe.

Auch hier hat der BGH zunächst auf die Ursächlichkeit im Sinne der (wertfreien) conditio sine qua non abgestellt und davon die wertende Betrachtung in bezug auf die Zurechnung unterschieden. In diesem letzteren Zusammenhang hat er dann von nur „äußerem Anlaß" gesprochen. Bemerkenswert ist, daß der BGH hier, anders noch als im Urteil vom 2.7.1957, bei der Prüfung der Zurechnung den Begriff „Ursachenzusammenhang" strikt vermieden hat. Er sprach lediglich von „Gelegenheit" und „äußerem Anlaß".

Dem *Beschluß vom 25.9.1957*[73] liegt ein Strafrechtsfall zugrunde. Die Frage der Ursächlichkeit aber unterscheidet sich nicht von der in einem entsprechenden Zivilrechtsfall. Im Sachverhalt ging es darum, daß ein fahruntüchtiger Radfahrer (mit einer Blutalkoholkonzentration von 1,96 ‰) mit seinem Fahrrad unter den Lastzug des Angeklagten geriet, als dieser den Radfahrer auf gerader, übersichtlicher und 6 m breiter Straße und bei geringer Geschwindigkeit (26 bis 27 km/h) mit einem Abstand von nur 0,75 m überholte. Dieser Unfall wäre höchstwahrscheinlich auch dann geschehen, wenn der Angeklagte den Radfahrer mit genügendem Abstand von 1 – 1,5 m überholt hätte, da dies an der durch die Betrunkenheit bedingten unbeherrschten Reaktionsweise des Radfahrers nichts geändert hätte.

In dem Beschluß geht es in erster Linie um die Beweisanforderungen in Fragen der Ursächlichkeit, was im vorliegenden Zusammenhang nicht interessiert. Von Interesse aber ist, wenn der BGH formulierte: „Natürlich war die Fahrweise des Angeklagten eine Bedingung im mechanisch-naturwissenschaftlichen Sinn für den Tod des Radfahrers." Hier hat der BGH wieder eine neue Bezeichnung für offenbar den gleichen Gegenstand gebraucht: Sprach er früher vom Ursachenzusammenhang im „naturwissenschaftlich-philosophischen Sinn"[74] oder vom Ursachen-

---

73 BGHSt 11,1 = NJW 1958 S. 149 (Anm. von Hülle bei LM Nr. 40 zu § 222 StGB).

74 Vergl. oben S. 15.

zusammenhang im „natürlichen Sinn“[75] oder auch nur schlicht vom „Ursachenzusammenhang“, so taucht nun der Begriff des Ursachenzusammenhangs im „*mechanisch-naturwissenschaftlichen* Sinn“ auf, der im zugrunde liegenden Fall vorgelegen habe. Daß sich dieser neue Ursachenbegriff von den erwähnten anderen unterscheidet, kann man nicht annehmen. Der BGH hält alle diese Begriffe für adäquate Umschreibungen der „rein naturwissenschaftlichen Verknüpfung“ (BGH a.a.O.).

In der Entscheidung heißt es weiter, daß mit der Bejahung der Ursächlichkeit der Fahrweise des Angeklagten für den Tod des Radfahrers noch nicht gesagt sei, „daß die in seinem Verhalten steckende Verkehrswidrigkeit, das zu knappe Überholen, für die Herbeiführung des Tötungstatbestandes gemäß § 222 StGB im strafrechtlichen Sinn ursächlich war.“ Man müsse vielmehr eine wertende Betrachtungsweise anwenden und wesentlich sei, „ob die Bedingung nach rechtlichen Bewertungsmaßstäben für den Erfolg bedeutsam war.“ Dafür sei entscheidend, wie das Geschehen abgelaufen wäre, wenn der Täter sich rechtlich einwandfrei verhalten hätte. Wäre auch dann der gleiche Erfolg eingetreten, so dürfe in diesem Fall „der ursächliche Zusammenhang zwischen Handlung und Erfolg nicht bejaht werden.“

Der „rein naturwissenschaftlichen Verknüpfung“ hat der BGH in diesem Urteil nun wieder den rechtlichen Zusammenhang gegenübergestellt. Bemerkenswert scheint mir zu sein, daß der BGH – vielleicht unbewußt den wesentlichen Unterschied zum naturwissenschaftlichen Kausalzusammenhang ahnend – zunächst die Frage nach der „Ursächlichkeit“ der „in dem Verhalten steckenden“ Verkehrswidrigkeit so interpretierte, daß er fragte, ob diese „Bedingung“ – und zwar nach „rechtlichen Bewertungsmaßstäben“ – „für den Erfolg *bedeutsam* war.“ Hier fällt zweierlei auf: Das Wort „bedeutsam“ ist ein adäquater Ausdruck für ein *wertendes* Urteil, was für das Wort „ursächlich“ nicht zutrifft, da es nur auf den *wertfreien* Bereich der Kausalität anwendbar ist. Zum anderen geht aus der Verwendung des Begriffs „Bedingung“ hervor, daß der BGH die Ursächlichkeit des zugrunde liegenden Sachverhalts (des „Verhaltens“) bereits bejaht hatte, bevor er diesen Ursachenzusammenhang sodann unter rechtlichen (Zurechnungs-) Gesichtspunkten bewertete. Wenige Sätze später freilich ist dann wieder vom ursächlichen Zusammenhang die Rede, wobei der BGH, wie der Textzusammenhang ergibt, den ursächlichen Zusammenhang zwischen der in dem Verhalten des Angeklagten „steckenden“ Verkehrswidrigkeit und dem Tod des Radfahrers meinte[76].

---

75 Siehe oben S. 17.

76 Vergl. auch Spendel, Festschrift für Eb. Schmidt, S. 187: „Allem Anschein nach wird hier unbewußt die Kausalitäts- und damit die Tatbestandsfrage mit der Rechtswidrigkeits- oder Schuld- und damit Wertungsfrage verwechselt.“ Vergl. ferner Arthur Kaufmann, Festschrift für Eb. Schmidt, S. 218 f.

Auch in diesem Urteil[77] herrscht also eine große terminologische Verwirrung vor. Festzuhalten aber ist wieder, daß der BGH bei der Prüfung der Ursächlichkeit erneut auf einen außerrechtlichen Ursachenbegriff verwiesen und hiervon die spezifisch rechtliche Bewertung der festgestellten Ursachenreihe unterschieden hat.

Auch im *Urteil vom 9.3.1965*[78] prüfte der BGH zunächst den Ursachenzusammenhang im außerrechtlichen Sinn. Hier ging es um eine Massenkarambolage auf der Autobahn: Der Beklagte fuhr mit seinem Pkw in einer Nebelwand auf einen langsam auf der rechten Fahrbahn fahrenden Lkw auf. Danach fuhren drei weitere Pkw auf diese beiden Fahrzeuge auf. Auf der Überholbahn der nun völlig blockierten Autobahn kam rechtzeitig ein weiterer Lkw zum Stehen, auf den wiederum ein Pkw des klagenden Landes auffuhr, dessen Fahrer tödlich verletzt wurde.

Zur Frage der Ursächlichkeit stellte der BGH zu Recht fest, daß der Auffahrunfall des Beklagten für das spätere Auffahren des klägerischen Pkw auf den haltenden Lastzug ursächlich war. „Zu diesem Unfall wäre es ohne jenen nicht gekommen. Der Beklagte hat durch sein Auffahren auf den Lastzug die Ursache dafür gesetzt, daß die Fahrzeuge auf der Autobahn stehenblieben, die Autobahn blockiert wurde, der Lkw anhalten mußte und das Regierungsfahrzeug auf diesen auffuhr." Der BGH stellte weiter zu Recht fest, daß zwar zu dieser Ursache des Beklagten andere hinzugetreten seien, vor allem das Fahrverhalten des Fahrers, der das Regierungsfahrzeug lenkte. „Das nimmt dem Fahrverhalten des Beklagten aber nicht seine ursächliche Bedeutung für den Eintritt dieses Schadens." Bis hierher ging es dem BGH wieder um nichts anderes als den Ursachenzusammenhang im Sinne der conditio sine qua non, nämlich im „mechanisch-naturwissenschaftlichen", „naturwissenschaftlich-philosophischen" oder auch „natürlichen", jedenfalls aber außerrechtlichen Sinn, wie die verschiedenen, vom BGH bisher gebrauchten Begriffe lauten. Dem stellte er bei der dann anschließenden Prüfung der Adäquanz den „Ursachenzusammenhang im Rechtssinn" gegenüber.

Einen lehrreichen Fall für die Problematik der Kausalität stellt auch der dem *Urteil vom 13.10.1966*[79] zugrunde liegende Fall dar: In einer Schiffsschleuse kam es dadurch zu einem Schaden der Klägerin, daß auf deren Kahn „F" der Kahn „M" auffuhr und die Ruderanlage beschädigte. Der Kahn „M" konnte in der Schleuse deswegen nicht genügend gestoppt werden, weil das Haltekreuz in der Schleusenwand, für dessen Funktionstüchtigkeit die Beklagte verantwortlich war, nicht hielt, abbrach und infolgedessen auf den Kahn „M" stürzte. Die Beklagte meinte nun, daß sie für den Schaden deshalb nicht zu haften brauche, weil dieser

77 Zustimmend Klussmann, NJW 1973 S. 1097 ff.

78 BGHZ 43,178 = NJW 1965 S. 1177 (Anm. von Hauss bei LM Nr. 34 zu § 823(C)BGB).

79 NJW 1967 S. 551 = LM Nr. 19 zu § 249(Ba)BGB.

auch dann entstanden wäre, wenn das Haltekreuz intakt gewesen wäre. Denn während des Abstoppens des Kahnes „M" seien vier der insgesamt sechs Seelen von dessen Stoppdraht gerissen. Hätte das Haltekreuz gehalten, so wäre der Stoppdraht sicherlich vollends gerissen und der Schaden ebenfalls eingetreten. Im einzelnen ging es im Rechtsstreit um die Frage der Beweislast, die im vorliegenden Zusammenhang nicht interessiert. Das Urteil enthält aber einige wichtige Ausführungen zum Kausalproblem. Es heißt dort: „Es steht fest, daß die Standfestigkeit des Haltekreuzes geringer war als die Festigkeit des darum gelegten Drahtes. Denn sonst wäre der ganze Draht gerissen, ohne daß das Haltekreuz gebrochen wäre; zum mindesten wäre das Reissen des ganzen Drahtes und der Bruch des Kreuzes gleichzeitig erfolgt. Damit steht aber auch fest, daß der Bruch des Kreuzes im logisch-naturwissenschaftlichen Sinn die Beschädigung des Ruderwerkes herbeigeführt hat."

Auf diese Feststellung des Ursachenzusammenhanges aber kam es nach Ansicht des BGH für die Frage nach dem haftungsbegründenden Tatbestand an. Danach war allein entscheidend, ob der „natürliche Ursachenzusammenhang" bestand. „Denn der Wirklichkeit gewordene Schadensablauf hat den Schaden tatsächlich herbeigeführt und damit zugleich verhindert, daß der gleiche Schaden noch auf eine andere Weise entstehen konnte." Daß der BGH hier den Begriff des Ursachenzusammenhangs im „logisch-naturwissenschaftlichen Sinn" mit dem im „natürlichen" Sinn und diese beiden wiederum mit dem Ursachenbegriff im Sinne der conditio sine qua non für identisch gehalten hat, geht aus seinen Ausführungen zu einem von ihm angeführten, im übrigen altbekannten Schulbeispiel hervor: „Wird jemand, der eine Flugreise unternehmen will, auf der Fahrt zum Flugplatz durch Verkehrsunfall so verletzt, daß er später an den Verletzungen stirbt, so ist die Bedingung (conditio sine qua non) für seinen Tod der Verkehrsunfall, auch wenn feststeht, daß das Flugzeug vor seinem Tode oder gleichzeitig mit seinem Tode abgestürzt und auf dem Boden zerschellt ist, also mit Sicherheit anzunehmen ist, daß er bei dem Flugzeugabsturz schon früher oder gleichzeitig ums Leben gekommen wäre. Sein Tod ist durch Verkehrsunfall, nicht durch Flugzeugabsturz eingetreten. Zwar würde, wenn der Verkehrsunfall weggedacht werden würde, der gleiche Erfolg, nämlich der Tod, eingetreten sein. Die nur gedachte, nicht aber verwirklichte Tatsache des Todes durch Flugzeugabsturz muß aber bei der Frage nach dem natürlichen Ursachenzusammenhang außer Betracht bleiben." Auch in diesem Urteil hat der BGH also wieder auf einen Ursachenbegriff im außerrechtlichen Sinn verwiesen.

Wenn wir die bis hierher angeführte Rechtsprechung des BGH überblicken, so ist zusammenfassend zu sagen: In den früheren Urteilen wurde der Begriff des Ursachenzusammenhangs vom BGH sowohl im außerrechtlichen als auch im spezifisch rechtlichen Sinn gebraucht. Danach war für ihn der Ursachenzusammenhang im außerrechtlichen Sinn die Voraussetzung für den Ursachenzusammenhang im

Rechtssinn. Nur eine Ursache im naturwissenschaftlich-philosophischen Sinn konnte zugleich eine adäquate Ursache im Rechtssinn sein, vergl. BGHZ 2,138[80]. Der Begriff ‚Ursache' tauchte also auch im Rahmen der Zurechnungsprüfung auf[81].

---

80 Vergl. oben S. 15 f.

81 Nur am Rande kann hier darauf hingewiesen werden, daß der BGH umgekehrt den Begriff des Ursachenzusammenhangs im *Rechts*sinn auch zuweilen dort gebrauchte, wo es noch *nicht* um die Frage der Adäquanz ging (hierin offenbart sich erneut die ganze Unsicherheit der Rspr. der früheren Jahre in bezug auf den richtigen Gebrauch des Ursachenbegriffs). In diesem Zusammenhang ist insbesondere an die Fälle zu denken, in denen eine psychische Verursachung in Frage kam, vergl. die Fälle BGHZ 20, 137 = NJW 1956 S. 1108 (Rentenneurose) und BGH LM Nr. 10 zu § 287 ZPO (Selbstmord als Folge von Unfallverletzung). Vielfach standen und stehen die Neurologen auf dem Standpunkt, daß es in diesem Bereich der psychischen Vorgänge keine Kausalität gebe (vergl. dazu Pesch, NJW 1966 S. 1841 ff.). Da jedoch der BGH (ebenso wie schon das RG) Schadensersatzansprüche wegen Schäden, die psychisch vermittelt sind, nicht aus dem Grunde scheitern lassen wollte, daß in neurologischen Gutachten der (außerrechtliche) Kausalzusammenhang verneint wurde, sah er sich verschiedentlich zu dem Ausweg veranlaßt, sich schon bei der Prüfung der conditio sine qua non vom Ursachenbegriff im außerrechtlichen („naturwissenschaftlich-philosophischen") Sinn zu distanzieren und die Kausalität unter ausdrücklich *rechtlicher* Betrachtungsweise zu bejahen, um auf diese Weise jenen medizinischen Gutachten, die die (psychische) Kausalität verneinten, aus dem Wege gehen zu können. Insofern handelt es sich hier um Sonderfälle, deren Behandlung durch den BGH in bezug auf die Ursachenfrage nicht als repräsentativ für die übrigen Schadensersatzfälle gelten kann, in denen er im Rahmen der conditio sine qua non regelmäßig *nicht* von Verursachung im *Rechts*sinn spricht.

Anscheinend beginnt sich jedoch unter den Neurologen eine Wandlung der Auffassung hinsichtlich der psychischen Kausalität anzubahnen. So hatten die verschiedenen medizinischen Gutachter im Fall BGH LM Nr. 39 zu § 287 ZPO = NJW 1970 S. 1970 offenbar keine Bedenken, grundsätzlich (anders als in den Urteilen BGHZ 20, 137 und BGH LM Nr. 10 zu § 287 ZPO) die Möglichkeit einer Verursachung der dort streitbefangenen neurologischen Schäden durch bestimmte Unfallverletzungen anzunehmen (vergl. bei II 2 b bb), wenn auch die meisten schließlich den Kausalzusammenhang wegen tatsächlicher Unklarheiten für nicht erwiesen ansahen.

Der BGH hat hieraus die Konsequenz gezogen, daß er auch bei Vorgängen im psychischen Bereich nun nicht mehr von Kausalität im *Rechts*sinn spricht, wo er Kausalität im Sinne der conditio sine qua non meint (Urteil BGH LM Nr. 39 zu § 287 ZPO, siehe unten S. 23 f.). Danach kann, wenn es überhaupt einen Ursachenbegriff im juristischen Sinn gibt (was im erwähnten Urteil offen bleibt), dieser nicht dazu führen, „daß ein naturwissenschaftlich zu verneinender Verursachungsbegriff ‚juristisch' bejaht wird." Gerade dies aber hatte der BGH in den früheren Urteilen, in denen es um psychische Kausalität ging, bejaht.

Im übrigen ist anzumerken, daß der wissenschaftstheoretisch verstandene Kausalitätsbegriff, in dem sich, wie wir noch genauer sehen werden, heute in besonderem Maße das naturwissenschaftlich-philosophische, also außerrechtliche Verständnis dieses Beriffs repräsentiert, die Kausalität im psychischen Bereich ebenso umfaßt wie die im

In einer mittleren Periode hat der BGH den Ursachenbegriff in vielen Fällen bereits überwiegend im außerrechtlichen Sinn verwandt. So ist etwa im Urteil vom 2.7.1957[82] bei der Adäquanzfrage nicht vom „Ursachenzusammenhang im Rechtssinn" die Rede, sondern davon, daß der bejahte Ursachenzusammenhang im natürlichen Sinn nicht „im Rechtssinn zurechenbar" sei, wenn der BGH dann auch bei der Begründung dieser Feststellung einer unheilvollen terminologischen Verwirrung unterlag. Ähnlich liegt es bei der Beschlußbegründung vom 25.9. 1957[83]. Auch hier schwankte der BGH in der Terminologie, als es um die Pflichtwidrigkeit ging. Im Urteil vom 9.3.1965[84] schließlich tauchte die Adäquanzfrage noch einmal unter der Flagge des Ursachenzusammenhangs auf. In allen Fällen jedoch unterschied der BGH der Sache nach den wertfreien Ursachenzusammenhang, den er im außerrechtlichen Sinn versteht, von der normativen Zurechnung.

Wenden wir uns im Folgenden den Urteilen aus neuerer Zeit zu. Einen wichtigen Meilenstein stellt das *Urteil vom 7.7.1970*[85] dar. Im einzelnen lag ihm ein sehr verwickelter Sachverhalt zugrunde, wobei es im wesentlichen um hier nicht interessierende Fragen im Rahmen des Beweisrechts des § 287 ZPO ging (Schätzung über das Bestehen des Ursachenzusammenhangs). Jedoch hat der BGH zugleich einige wichtige Feststellungen zu den verschiedenen Ursachenbegriffen getroffen. Er führte aus: „Soweit es darum geht, einen Ursachenzusammenhang zwischen dem streitbefangenen Unfall und den für den jetzigen Zeitpunkt beim Kläger . . . festgestellten Leiden im Sinne der nicht wegzudenkenden Bedingung zu bejahen, kommt es nicht auf die im einzelnen umstrittene Frage an, ob von einem *besonderen juristischen* Ursachenbegriff gesprochen werden kann. Ein solcher kann insoweit jedenfalls nur in einer *Einengung* des *naturwissenschaftlichen* Verursachungsbegriffs dahin bestehen, daß bestimmte Verursachungsabläufe *als rechtlich nicht zurechenbar* außer Betracht bleiben. Dagegen kann ein *juristischer* Verursachungsbegriff nicht dazu führen, daß ein *naturwissenschaftlich zu verneinender* Verursachungszusammenhang *‚juristisch' bejaht* wird. Soweit es um die Feststellung des Ursachenzusammenhangs geht, handelt es sich um eine Frage des Beweisrechts."[86]

Aus diesen Ausführungen geht mit erfreulicher Deutlichkeit hervor, daß es sich bei dem Ursachenzusammenhang im Sinne der „nicht wegzudenkenden Bedin-

---

organischen Bereich. Insofern läßt sich sagen, daß der BGH in den erwähnten früheren Fällen mit psychischer Kausalität *der Sache nach* in der Tat gerade keinen spezifisch juristischen Ursachenbegriff (neben dem der adäquaten Verursachung) meinte, sondern auf das außerrechtliche Kausalitätsverständnis abzielte.

82 Vergl. oben S. 17.

83 Vergl. oben S. 18 f.

84 Vergl. oben S. 20.

85 BGH LM Nr. 39 zu § 287 ZPO = NJW 1970 S. 1970.

86 Hervorhebungen von mir.

gung", also im Sinne der conditio sine qua non, um nichts anderes als den außerrechtlichen Ursachenbegriff (im Sinne des naturwissenschaftlichen Ursachenzusammenhangs) handelt[87]. Einen spezifisch juristischen Ursachenbegriff entschloß sich der BGH leider noch nicht zu verbannen. Er sagte aber klar, daß es sich bei diesem jedenfalls gerade nicht um ein Kausal-, sondern um ein Zurechnungsproblem handelt. In die gleiche Richtung weist ferner die Feststellung, daß es sich bei der Frage nach dem Ursachenzusammenhang um eine solche des Beweisrechts handelt. Denn Beweisfragen können sich ja gerade nicht auf rechtliche Wertungen (um die es sich bei der Zurechnung handelt) beziehen.

In den zwei *Urteilen, beide vom 13.7.1971*[88], findet sich eine ähnliche Problematik wie in den schon besprochenen vom 2.7.1957 und 12.2.1963 (oben S. 17 ff.). Es ging um die Frage, ob und wieweit ein Flüchtiger für Schäden haftet, die ein Verfolgender bei der rechtmäßigen Verfolgung erleidet. Im Gegensatz zu den genannten früheren Urteilen, vor allem dem vom 2.7.1957, findet sich hier auch in terminologischer Hinsicht eine klare Trennung von Kausalfragen und Fragen der Zurechnung. Die Verursachung „im Sinne des Bedingungszusammenhangs" wird bejaht. Freilich ist diese Ausdrucksweise durchaus angreifbar. Denn eine andere Verursachung als „im Sinne des Bedingungszusammenhangs" ist nicht denkbar[89]. Vielleicht meinte der BGH: im Sinne der „Bedingungstheorie", obgleich auch dies nicht viel mehr sagen würde. Denn die Bedingungstheorie steht im Gegensatz zur Theorie der Adäquanz. Letztere aber ist heute auch nach Ansicht des BGH keine Theorie mehr der Kausalität, sondern der Zurechnung. Es kann jedoch keinem Zweifel unterliegen, wie der BGH diese Formulierung meinte: Er wollte den Ursachenzusammenhang im außerrechtlichen Sinn bejahen.

Wesentlicher ist, daß in den Urteilen im Rahmen der Zurechnungsprüfung – wie gesagt: nach bejahtem Ursachenzusammenhang – nicht mehr mit Ursachenbegriffen operiert wird, wie das der BGH noch im Urteil vom 2.7.1957 mit den Formulierungen „Äußerlichkeit der Ursachenbeziehung", „ ‚Gelegenheitsursache' " oder „nicht ‚wirkliche Schadensursache' " tat. Hier tauchen nur noch Ausdrücke auf wie „äußerer Anlaß" und „Gelegenheit", die schon eher einen Bezug auf *wertende* Überlegungen im Rahmen der Zurechnung erkennen lassen. Der Begriff der Verursachung wird also ausschließlich im außerrechtlichen Sinn gebraucht.

---

87 Vergl. auch die Rspr. des BGH zum „naturwissenschaftlichen" Kausalbegriff im Patentrecht, BGH NJW 1974 S. 1468 mit weiteren Nachweisen.

88 NJW 1971 S. 1980 = BGHZ 57,25 (mit Anm. von Nüßgens bei LM Nr. 39 zu § 823 (C) BGB) und NJW 1971 S. 1982; vergl. ferner Bestätigung BGH v. 29.10.1974 NJW 1975 S. 168 (gegen OLG Düsseldorf NJW 1973 S. 1929).

89 Vergl. hierzu Wehrenberg, MDR 1971 S. 900 f.

Zum Abschluß dieses Überblicks über die Entwicklung der BGH-Rechtsprechung zum Problem des Ursachenbegriffs sei noch auf zwei Entscheidungen aus jüngster Zeit hingewiesen. Im *Urteil vom 14.10.1971*[90] prüfte der BGH im Rahmen der Schadensersatzklage zunächst den „Ursachenzusammenhang im logischen Sinn", um zu ermitteln, ob das in Betracht kommende Schadensereignis eine conditio sine qua non war. Wenig später bejahte ein anderer Senat des BGH in seinem *Urteil vom 19.11.1971*[91] „die Verursachung im naturwissenschaftlichen Sinn (der conditio sine qua non)". In beiden Urteilen wurde nach bejahtem Ursachenzusammenhang dieser daraufhin überprüft, ob er adäquat war, ohne daß jedoch in diesem Zusammenhang von Verursachung „im Rechtssinn" zu lesen ist.

Mit dem Begriff des Ursachenzusammenhangs im „logischen Sinn" ist die Palette der Ursachenbegriffe erneut um eine Formulierung reicher, ohne daß auch hier etwas anderes gemeint ist, als der Ursachenzusammenhang im außerrechtlichen Sinn. Mit diesen Urteilen aus neuerer Zeit hat der BGH – soweit es um den Begriff „Verursachung" geht – zu einer klaren und einheitlichen Terminologie gefunden. Den Begriff der Verursachung im Rechtssinn vermeidet er: auch im Zusammenhang mit der Adäquanzprüfung gebraucht er ihn nicht mehr.

Damit dürfte anhand dieser Rechtsprechung hinreichend dargelegt sein, daß der BGH den für eine Schadenshaftung erforderlichen Kausalzusammenhang der Sache nach schon immer im außerrechtlichen Sinn verstanden hat, wenn auch die Terminologie in früherer Zeit unklar war. Heute aber besteht hinsichtlich des Begriffs der Verursachung auch terminologische Klarheit. Einen Begriff der „Verursachung im Rechtssinn" lehnt der BGH praktisch ab, indem er ihn anzuwenden vermeidet (auch wenn er die Frage nach dessen Berechtigung noch offen gelassen hat). Wenn überhaupt, dann will er ihn jedenfalls nur auf Fragen der Zurechenbarkeit im Anschluß an die bejahte Kausalität (im außerrechtlichen Sinn) angewandt wissen.

Für diesen außerrechtlichen Verursachungsbegriff hat der BGH im Laufe der Zeit (im Anschluß an das RG) eine ganze Reihe von verschiedenen Bezeichnungen eingeführt: Er spricht vom Ursachenzusammenhang im „natürlichen", „naturwissenschaftlich-philosophischen", „naturwissenschaftlich-logischen", „mechanisch-naturwissenschaftlichen", „naturwissenschaftlichen" und „logischen" Sinn. Für alle gilt nach Ansicht des BGH, daß sie die conditiones sine quibus non anzeigen. Es ist zu wünschen, daß sich der BGH bald zu einem einheitlichen Begriff entschließt, da der Gebrauch der verschiedenen Bezeichnungen gewiß keinen praktischen Nutzen mit sich bringt, vielmehr nur geeignet ist, Verwirrung zu stiften. Ich schlage den Begriff der „Verursachung im natürlichen Sinn" vor, da dieser, wie noch zu zeigen sein wird (unten S. 96 f.), die Sache am besten trifft.

---

90 NJW 1972 S. 36 = BGHZ 57, 137.

91 NJW 1972, S. 195 = BGHZ 57,245.

Damit kann nun auch die früher gestellte Frage beantwortet werden, ob die Rechtsprechung[92] bei dem (formalen) Rechtsbegriff der Kausalität, der auf einen natürlichen Begriff zurückgeht, auf eine spezifisch rechtliche Überformung seines (natürlichen) Bedeutungsgehaltes verzichtet hat. Die Antwort muß lauten: ja. Die Rechtsprechung überläßt es in der Tat ausschließlich dem außer- oder besser: vorrechtlichen Verständnis, über das Vorliegen einer Kausalbeziehung innerhalb eines Rechtsfalles zu entscheiden. An diese Entscheidung fühlt sie sich gebunden. Vielleicht liegt mit dem Kausalbegriff der einzige Fall dieser Art in der Jurisprudenz vor.

II. Kausalität im natürlichen Sinn

Gehen wir nach diesem Überblick über Gesetz, Literatur und Rechtsprechung nun an die oben (S. 9) zurückgestellte Frage: In welchem Sinn ist der Kausalitätsbegriff im Schadensersatzrecht richtigerweise zu interpretieren?

Die Antwort der Rechtsprechung auf diese Frage lautet: Der Kausalitätsbegriff ist im außerrechtlichen Sinn zu verstehen. Hierbei verweist sie auf die Conditio-sine-qua-non-Formel, mit der wir uns später noch ausführlich befassen müssen. Freilich: eine Antwort auf die Frage, *warum* es gerade der außerrechtliche Kausalitätsbegriff zu sein habe, bleibt uns die Rspr. schuldig. Während sich dem Gesetz gar nichts für unsere Frage entnehmen läßt, finden sich in der Literatur die verschiedensten Ansichten. Die dortigen Begründungen für einen juristischen oder außerrechtlichen Kausalitätsbegriff jedoch können regelmäßig nicht befriedigen. Soweit ein juristischer z.B. deshalb befürwortet wird, weil ein außerrechtlicher bei Unterlassungen versage, vermißt man eine genaue Analyse eines solchen außerrechtlichen Kausalbegriffs, aus der im einzelnen die Gründe seiner angenommenen Untauglichkeit hervorgehen.

Um den Sinn des im Schadensrecht anzuwendenden Kausalitätsbegriffs zutreffend explizieren zu können, muß zunächst die *Funktion* dieses Begriffs innerhalb des Haftungssystems deutlich sein. „Kausalität" oder „Ursächlichkeit" sind zunächst einmal lediglich *Bezeichnungen* für ein Etwas. Deren tote Buchstaben gewinnen Sinn und Leben erst, wenn dies Etwas, das sie bezeichnen, nämlich der ihnen zugrunde liegende Begriff[93], bestimmt ist. Daher müssen zunächst die tragenden Rechtsgedanken herausgearbeitet werden, für die der Kausalitäts-

---

92 Aus der übrigen Rechtsprechung sei beispielhaft auf folgende Urteile hingewiesen: LG Münster v. 24.8.1955, MDR 1956 S. 101; OLG Karlsruhe v. 7.2.1957, NJW 1957 S. 874; LG Hamburg v. 27.11.1968, NJW 1969 S. 615; angreifbar OLG Hamburg v. 22.6.1972, MDR 1972 S. 872.

93 Unter Bezeichnung ist der Name für einen „einen bestimmten Typus oder Sachverhalt" betreffenden Begriff zu verstehen; „nur Bezeichnungen sind beliebig austauschbar, Begriffe aber durch den sachlichen Gehalt des in ihnen Zusammengedachten bedingt" (Larenz, Methodenlehre, 2. Aufl., S. 218).

begriff dienstbar gemacht werden soll. Dann erst läßt sich der Begriff *sinn*entsprechend interpretieren und verstehen.

1. Der Verursachungsgrundsatz

Im Schadensersatzrecht geht es darum, gewisse Nachteile, welche Rechtsgenossen erleiden, anderen in der Weise *zuzurechnen*, daß diese verpflichtet sein sollen, jenen die erlittenen Nachteile (ganz oder teilweise) in bestimmter Form wiedergutzumachen. Das Wesen des Schadensrechts besteht also in der *Zurechnung*, nämlich der Zurechnung von Schadenszuständen zu Rechtspersönlichkeiten anderer als der Geschädigten. Das Recht entscheidet in Schadensfällen nach bestimmten Regeln, ob für die betreffenden Schäden andere haften sollen oder nicht. Bei der Schadenszurechnung handelt es sich um *normative Entscheidungen*.

Zu den Haftungsvoraussetzungen gehört nach h.M., wie schon erwähnt, u.a. die, daß der Schaden vom Ersatzpflichtigen oder einem von ihm zu vertretenden Ereignis verursacht worden ist (*Verursachungsgrundsatz*)[94, 95], wobei unter „Ver-

94 Aus der Rspr. vergl. etwa BGHZ 2,138 (= NJW 1951 S. 711); BGH LM Nr. 15 a zu § 823(Be)BGB (bei Ziff. IV 1). Aus der Lit. vergl. Larenz, Schuldrecht I, § 27 III a; Esser, Schuldrecht I, § 40 I 2; Soergel-Reim.Schmidt, Komm. zum BGB, Rdn. 13 zu §§ 249–253; Hanau, Kausalität, S. 98 f.; Klug, Arbeit und Gesundheit, S. 174. –

Der Verursachungsgrundsatz gilt in besonderem Maße auch im Recht der Verkehrssicherungspflicht. Nach ihr trifft denjenigen, der eine besondere Gefahrenquelle eröffnet (oder unterhält) und in der Lage ist, ihr abzuhelfen, die Rechtspflicht, die zur Abwendung der Gefahr notwendigen Maßnahmen zu ergreifen (so z.B. BGH LM Nr. 80 zu § 823(Dc)BGB, bei Ziff. I B 2 c aa).

Allerdings hat die Rspr. unter Durchbrechung des Verursachungsgrundsatzes in einigen Fällen Schadensersatzverpflichtungen für Nachteile angenommen, die nicht durch den Schädiger verursacht worden sind. Hier sei insbes. an die Fälle der sog. Vorsorgekosten erinnert (siehe Überblick bei Palandt-Heinrichs, Komm. zum BGB, vor § 249 Anm. 2 c cc). Wenn diese Rspr. auch die Billigung durch einen Teil der Literatur erfahren hat (vergl. etwa Canaris, NJW 1974 S. 521 (523 ff.)), so muß ihr doch mit Nachdruck widersprochen werden. Mit bloßen Billigkeitsargumenten kann der Verursachungsgrundsatz nicht beiseite geschoben werden. Wenn für den Ersatzpflichtigen keine Möglichkeit bestand, die Nachteile zu vermeiden, für die er in Anspruch genommen wird, so kann er insoweit nicht haftpflichtig sein.

95 Einen gleichen Grundpfeiler stellt der Verursachungsgrundsatz im Strafrecht für den Bereich der sog. Erfolgsdelikte dar, d.h. derjenigen Delikte, deren Tatbestand neben der Handlung auch den Eintritt jeweils eines bestimmten Erfolgs voraussetzt, wie z.B. in den §§ 212, 303 StGB (Tod eines Menschen bzw. Zerstörung oder Beschädigung einer Sache). So sagt schon Engisch, Kausalität, S. 4: Hier werde der „Kausalzusammenhang zwischen Verhalten und tatbestandsmäßigem Erfolg zu einer eigentümlichen Haftungsvoraussetzung" erhoben. Ohne Kausalzusammenhang zwischen der Handlung des Täters und dem Erfolg kann es niemals zur strafrechtlichen Verantwortung (wegen vollendeter Tat) kommen, Schönke-Schröder, Komm. zum StGB, Rdn. 56,61,

ursachung" vielfach sehr Verschiedenes verstanden wird. Eine Mindermeinung hält diese Voraussetzung für entbehrlich und stellt darauf ab, ob der Ersatzpflichtige den Schaden hätte *vermeiden* können *(Vermeidbarkeitsprinzip)*. Welcher Meinung man sich auch anschließt, in jedem Fall trifft man eine *normative* Entscheidung[96]. Offensichtlich hat der Kausalitätsbegriff nur für die h.M. eine Bedeutung, nicht dagegen für die Vertreter des Vermeidbarkeitsprinzips. Bevor es sich in unserem Zusammenhang verlohnt, weiter über diesen Begriff nachzudenken, muß daher zunächst der Frage nachgegangen werden, ob für das Schadensersatzrecht vom Verursachungsgrundsatz auszugehen ist oder nicht und wenn ja, was dieser Grundsatz der Sache nach bedeutet. Nur von hier aus kann dann der Kausalitäts- oder Verursachungsbegriff verstanden werden.

Das Recht, auch das Schadensrecht, ist eine von Menschen sich selbst gegebene Ordnung zur Regelung von bestimmten Lebenssachverhalten. Damit ein regelungsbedürftiger und ein regelungsfähiger Schadenssachverhalt gegeben ist, muß mindestens bei einer Person ein *Schaden* entstanden und müssen mindestens zwei Personen, unter ihnen der Geschädigte, zueinander in irgendeiner Weise in *Beziehung* (im weitesten Sinn) getreten sein[97]. Unter Schaden wollen wir einen bestimmten Zustand der empirischen Wahrnehmungswelt verstehen (siehe unten S. 164). Dabei interessiert uns hier nicht im einzelnen die Frage, wann ein bestimmter empirischer Zustand als „Schaden" im rechtlichen Sinn anzusehen ist. Hier handelt es sich um eine normative Frage, die häufig große Schwierigkeiten bereitet. Wichtig ist für uns nur, daß es sich bei jedem rechtserheblichen Schaden immer *auch* um einen bestimmten Zustand der empirischen Wahrnehmungswelt handelt[98].

Dagegen müssen wir der Frage näher nachgehen, um welche *Beziehung* es sich handeln muß, damit ein rechtlich relevanter Schadenssachverhalt gegeben ist. Gehen wir von einigen einfachen Fällen aus: (a) X verprügelt den Y mit eigener Hand, wobei er dem Y eine Armverletzung beibringt. Außerdem leidet Y seit

---

69 vor § 1; Baumann, Grundbegriffe, S. 53; Engisch, Kausalität, S. 4; Vogler, Ursächlichkeit, S. 305. – Schließlich kommt dem Verursachungsgrundsatz im öffentlichrechtlichen Polizeirecht eine maßgebliche Bedeutung zu, vergl. dazu etwa Vollmuth, Ursache, S. 30 mit weiteren Nachweisen.

96 So spricht Esser zutreffend von der Verursachung als einer (von mehreren) Zurechnungsregeln, Schuldrecht I, § 40 I 2.

97 Dagegen interessieren im Schadenshaftungsrecht solche Schäden nicht, die zu nur *einer*, nämlich der geschädigten Person in Beziehung stehen, während auf der Urheberseite keine Person zu ihm in Beziehung getreten ist. Beispiel: A geht im Wald spazieren und wird, von einem Unwetter überrascht, von einem niederbrechenden Ast getroffen und verletzt.

98 Dies trifft auch dann zu, wenn man für bestimmte Fälle von einem normativen Schadensbegriff ausgeht, so daß diese Problematik hier auf sich beruhen kann.

dieser Zeit an empfindlichen Kopfschmerzen. Er verlangt von X Erstattung der Arztkosten, die ihm wegen der Armbehandlung entstanden sind und der Kosten, die er für ein Medikament gegen die Kopfschmerzen aufgewendet hat. Daß hier zwischen X und Y sicherlich eine „Beziehung" besteht, dürfte unzweifelhaft sein. Auch im Falle (b), daß der neben B schlafende A diesem im Schlaf, während eines Alptraumes, mit der Hand einen Schlag versetzt, läßt sich eine „Beziehung" zwischen A und B nicht leugnen. (c) Nehmen wir an, daß der Lehrer L untätig zusieht, wie sich zwei seiner siebenjährigen Schüler schlagen, wobei der eine dem anderen eine Wunde zufügt. Hier ist es gleichfalls nicht undenkbar, eine bestimmte „Beziehung" zwischen L und dem verletzten Schüler anzunehmen. (d) Selbst wenn C, vom Fenster seiner im 4. Stock gelegenen Wohnung aus auf die Straße schauend, sieht, wie der D den E verprügelt, so daß dieser verletzt wird, selbst in diesem Fall kommen wir alsbald zu dem Ergebnis, daß auch hier eine „Beziehung" zwischen dem Geschehen „Verletzung des E" und dem C besteht: C *sieht* dieses Geschehen, d.h.: die Augen des C empfangen die entsprechenden Lichtstrahlen des Geschehens, so daß dieser es wahrnehmen kann. (e) Wenn jedoch F im Wohnzimmer die Zeitung liest, während vor seinem Hause im Garten der Blitz den Ast einer Eiche niederreißt, so läßt sich zwischen F und dem Geschehnis im Garten keinerlei Beziehung auffinden.

Wir empfinden: in den Fällen (a), (b) und (c) ist eine Schadensersatzpflicht je eines der Beteiligten für den betreffenden Schaden nicht von vornherein ausgeschlossen, während wir dies für die Fälle (d) – hinsichtlich des C – und (e) ohne weiteres annehmen. Worin liegt in den ersten drei Fällen das Spezifische der Beziehung, das uns zu solcher Vorstellung veranlaßt?

Von Folgendem ist auszugehen: Der Mensch unseres Kulturkreises und daher auch unserer Rechtsordnung lebt im Bewußtsein, einen freien Willen zu haben und fähig zu sein, in gewissem Umfang den Lauf der Dinge in seinem Sinn steuern zu können, d.h. entweder Veränderungen hervorzurufen oder zu verhindern, daß an sich bevorstehende Veränderungen eintreten. Er weiß aber zugleich, daß er auch dann, wenn er keine bewußte Willensbetätigung übt, durch seine mannigfachen unbewußten Verhaltensweisen Anlaß zu Veränderungen oder zur Verhinderung von Veränderungen in der Außenwelt gibt. Und schließlich bemerkt er in zahllosen Fällen des täglichen Lebens, daß Veränderungen in der Welt geschehen, ohne daß sie in einer der beiden vorgenannten Weisen mit ihm in Zusammenhang gebracht werden könnten. Der Mensch ist sich weiter darüber im klaren, daß seine Willensmacht „eingebettet" ist in ein von unendlich vielen vorgegebenen, „natürlichen", von ihm als gegeben hinzunehmenden Gesetzmäßigkeiten bestimmtes Weltgeschehen. Er weiß, daß ihm ohne diese Gesetzmäßigkeiten seine von ihm angenommene freie Willensmacht nichts nützen könnte. Denn nur dank der Kenntnis bestimmter Gesetzmäßigkeiten kann er, diese in Rechnung stellend, den Lauf der Dinge – in gewissem Umfang – so beeinflussen, wie es seinen Vorstellungen entspricht[99]. Es ist in diesem Zusammenhang unwesentlich, ob es eine echte Willensfreiheit gibt oder nicht[100]. Jedenfalls ist mit Larenz von dem sozialen Faktum auszugehen, daß der Mensch von der „in seiner Selbsterfahrung bezeugten Möglichkeit" ausgeht, einen freien Willen bilden und nach ihm handeln zu können[101].

Die menschliche Vorstellungswelt wird also u.a. von zwei grundsätzlichen Prinzipien bestimmt: von dem der freien Willensbestimmung und dem Kausalprinzip. Jeder weiß, daß er in den Kausalablauf der Welt sowohl dann eingestellt ist, wenn er sich in freier Willensbestimmung verhält (wenn er also nach seiner Vorstellung den Kausalverlauf in bestimmter Weise (mit-)bestimmt) als auch, wenn dies zwar nicht der Fall ist, er aber allein durch seine Existenz und sein (willenloses) Verhalten in Kausalbeziehungen eine Rolle spielt.

Vor allem das Vorstellungsprinzip der Kausalität ist nun auch maßgebend dafür, daß wir einerseits in den Beispielsfällen (a), (b) und (c) die Möglichkeit rechtlich relevanter Schadensbeziehungen zwischen den betreffenden Rechtspersonen annehmen[102] (wobei im übrigen selbstverständlich noch andere Voraussetzungen gegeben sein müssen) und daß wir andererseits diese Möglichkeit in den Fällen (d) und (e) verneinen. In den Fällen (a) und (b) z.B. ist zwischen X und Y bzw. A und B jeweils durch ein bestimmtes Geschehnis eine *kausale* Schadensbeziehung zustande gekommen. Ein jeder der beiden Schadenszustände steht zum geschädigten Menschen insofern in Beziehung, als er den Körperschaden erlitten hat und zum Schädigenden insofern, als dieser ihn durch seine Verhaltensweise verursacht hat. Wie wir noch sehen werden, trifft dies auch auf den Fall (c) zu: Hier besteht nicht nur eine Kausalbeziehung zwischen dem Verhalten des einen und der Wunde des anderen Schülers, sondern Kausalität ist auch zwischen dem (unterlassenden) Verhalten des L und der Wunde gegeben. Dies ist freilich umstritten und wir wollen an dieser Stelle nicht auf die schwierige Problematik der Unterlassungskausalität eingehen (dazu ausführlich unten S. 132 ff.). Sollte sich dagegen im Fall (a) herausstellen, daß die Kopfschmerzen nicht, wie von Y angenommen, auf die Armverletzung, sondern auf eine zur selben Zeit eingetretene Stirnhöhlenvereiterung zurückzuführen sind, so würde es an der genannten kausalen Schadensbeziehung fehlen. Daß im Fall (e) keine Kausalbeziehung zwischen F und dem Gartengeschehnis vorliegt, ist ohne weiteres einsichtig. Im Fall (d)

---

99 Carnap, Einführung, S. 219 ff.

100 Nur nebenbei kann darauf hingewiesen werden, daß nach wissenschaftstheoretischer Ansicht Determinismus und Willensfreiheit keine Gegensätze sind, daß im Gegenteil diese durch jenen bedingt ist, vergl. dazu Schlick, Die Naturwissenschaften 1931 S. 161; Carnap, Einführung, S. 216 ff.; Stegmüller, Erklärung, S. 428; ferner auch Kelsen, Reine Rechtslehre, S. 95 ff. A. A. Leonhard, Kausalität, S. 64 f.

101 Allg. Teil, 1.A. (1967), § 6 I (S.68). Vergl. hierzu auch Hardwig, Zurechnung, S.168 f.

102 Im gleichen Sinn Molitor, Schuldrecht AT, S. 34.

hat zwar das Prügel-Geschehnis zur kausalen Folge, daß C dieses wahrnimmt, nicht aber besteht in entgegengesetzter Richtung eine Kausalbeziehung zwischen C und dem von ihm beobachteten Geschehnis.

Die Vertreter des Verursachungsgrundsatzes knüpfen an eben diese Art Beziehungen zwischen zwei Personen an, wie sie soeben erläutert wurde (wir gehen immer noch von der Gruppe der oben angeführten, verhältnismäßig einfach gelagerten Beispielsfälle der Körperverletzungen aus). Dabei spielt eine wichtige Rolle der Gesichtspunkt, daß es sich bei diesen Kausalbeziehungen um eine dem Recht in der Seinsordnung *vorgegebene* Beziehungsart handelt und nicht um eine erst vom Recht selbst normierte. Die Feststellung der Kausalbeziehungen orientiert sich nicht an spezifisch juristischen Maßstäben. In einfachen Fällen – etwa Fall (b) – ist jeder durchschnittlich veranlagte Mensch in der Lage, die Kausalität festzustellen oder zu verneinen. Stets sind dabei die gleichen Überlegungen anzustellen. Daß in schwierigen Fällen nur das Wissen eines Sachverständigen (z.B. eines Mediziners, eines Technikers, eines Wirtschaftswissenschaftlers usw.) weiterhelfen kann, ändert nichts am Grundsätzlichen: nämlich daran, daß Kausalität mit den allen Menschen vorgegebenen (Natur-)Gesetzmäßigkeiten zusammenhängt, deren Kenntnis bei schwierigen Sachverhalten nur dem Spezialisten und vielfach (noch) nicht einmal diesem möglich ist.

Ein Schadensrecht, das als Maßstab für die Schadenszurechnung (auch) an den Verursachungsgrundsatz anknüpft, ist dadurch gekennzeichnet, daß es sich in besonderem Maße an die vorgegebene Seinsordnung hält. Es regelt (Schadens-) Beziehungen, die es als solche *vorfindet*. Dem Recht, auch dem Schadensrecht, als Ordnungssystem für ein menschliches Sozialwesen kommt als wesentliche Aufgabe die zu, die sozialen Gegebenheiten so, wie es sie tatsächlich vorfindet, zu regeln. Dagegen hat das Recht nicht die Aufgabe, willkürlich „Beziehungen" zwischen Menschen zu konstituieren, um diese sodann „zu regeln". Es ist stets an die vorgegebenen Strukturen der realen Welt gebunden. Die Gesetzmäßigkeiten dieser realen Welt, die Seinsgesetze „enthalten für das Recht Ordnungsstrukturen, an die es sich anzupassen hat. Ein Widerspruch insbesondere zu den kausalgesetzlichen Abläufen in der Welt der Materie muß vermieden . . . werden."[103] Henkel spricht von der Seinsordnung der *Materie* (er knüpft hier an die sogenannte Schichtenlehre Nikolai Hartmanns an[104] und weist die Rechtsordnung der höchsten, nämlich der Schicht des geistigen Seins zu, die den anderen Schichten, also auch der der Materie, übergeordnet sei, jedoch nicht in dem Sinn, daß sie diesen gegenüber unabhängig wäre). Ordnungsstrukturen der in unserem Zusammenhang interessierenden (kausalgesetzlichen) Art, die das Recht anzuer-

---

103 Henkel, Rechtsphilosophie, § 10 II 1.

104 Rechtsphilosophie, § 2.

kennen hat, finden sich aber auch im Bereich des Organischen und der Psyche[105] (also den zwei der Materie als nächste übergeordneten Schichten).

Unabhängig von der Hartmannschen Schichtenlehre drückt sich in diesen Überlegungen ein allgemeiner Grundgedanke aus, der gerade für die vorliegende Ausgangsfrage von großer Bedeutung ist. Dem Verursachungsgrundsatz kommt eine Schlüsselfunktion zu: Er stellt eine Brücke dar zwischen der vom Recht zunächst unabhängigen Seinsordnung und der auf diese bezogenen Rechtsordnung. Über ihn nimmt die Rechtsordnung einen bestimmten Bereich der Seinsordnung, nämlich die kausalgesetzlichen Beziehungen, zum Anknüpfungspunkt für die schadensrechtlichen Regelungen[106]. Er vermittelt ihr eine haftungsrechtlich relevante Seinsstruktur[107], die die Grundlage für rechtliche (Schadens-)Regelungen abgeben kann[108, 109].

Es liegt hier ähnlich wie bei der Begründung der finalen Handlungslehre: Diese beruft sich darauf, daß die finale Struktur der Handlung im Sein angelegt und daß es daher nicht zulässig sei, unabhängig von dieser Einsicht menschliche Handlung *anders* („willkürlich") zu bestimmen. So wie Arthur Kaufmann zu Recht betont hat, daß etwa dann, wenn der Gesetzgeber die fahrlässigen Taten aus dem Strafrecht herausnähme, „sich doch nicht das Mindeste am Handlungsbegriff ändern" würde[110], so würde sich auch an der *Kausalstruktur* des Seins und damit zugleich der Schadensverläufe (als irgendwie geartete empirisch wahrnehmbare Zustände der Seinswelt) dann nichts ändern, wenn das Recht die Schadensregelungen unabhängig von Kausalitätsbeziehungen vornehmen würde.

---

105 Vergl. auch unten S. 70 ff. und 98 f.

106 Vergl. ebenso Gitter, Schadensausgleich, S. 100 f.

107 Schlick, Kausalität, S. 143, spricht zutreffend vom Ordnungsprinzip der Kausalität.

108 Ähnlich auch Gass, Ursache, S. 49.

109 Dafür, daß es sich hier um einen wirklich fundamentalen und überdies akutellen Grundsatz unseres Rechtsdenkens handelt, spricht auch die Tatsache, daß man sich auf dem 49. Deutschen Juristentag (1972) beim Thema „Soziales Entschädigungsrecht" in der sozialrechtlichen Arbeitsgemeinschaft für ein „kausal orientiertes" System typisierter Leistungen für gesetzlich abgegrenzte Fälle von Personenschäden ausgesprochen hat (vergl. die Beschlüsse des 49. Deutschen Juristentages). – Die gegenwärtigen Reformbestrebungen bezüglich der Produzentenhaftung werden vom gleichen „kausal orientierten" schadensersatzrechtlichen Denken geleitet. – Schließlich ist die Kausalität zur Regelungsmaxime für eines der aktuellsten und lebenswichtigsten, sowohl nationalen als auch internationalen Probleme erklärt worden, das ein echtes *Schadens*problem darstellt: nämlich das Problem des Umweltschutzes. Die OECD-Länder (die Länder der Organisation für wirtschaftliche Zusammenarbeit und Entwicklung) haben sich auf die Anerkennung des „Verursacher-Prinzips" geeinigt, d.h. darauf, daß der „Umweltverschmutzer" die Kosten der Gegenmaßnahmen zu tragen hat.

110 Festschrift für Hellmuth Mayer, S. 85.

Ich sagte: Der Verursachungsgrundsatz *kann* die Grundlage für rechtliche (Schadens-)Regelungen abgeben. Es ist nicht undenkbar, auch ohne ihn im Haftungsrecht auszukommen. Bevor wir jedoch auf solche anderen Möglichkeiten zu sprechen kommen und sie dem Verursachungsgrundsatz gegenüberstellen, sind an dieser Stelle noch einige Ergänzungen zum zuvor Gesagten angebracht.

Wir beschränkten uns bei den oben (S. 28 f.) gegebenen Beispielsfällen auf relativ einfache Kausalbeziehungen zwischen den betreffenden Menschen. Gewissermaßen den Prototyp einer realen Schadensbeziehung stellt der Fall dar, daß A dem B eigenhändig eine körperliche Verletzung zufügt (Fall a). Hier sind die beiden Menschen unmittelbar miteinander in Berührung gekommen. Eine „engere" Beziehung zwischen ihnen ist nicht möglich. Kein „Fremdkörper" lag zwischen ihnen. Nun gibt es aber im täglichen Leben weit verwickeltere Beziehungsverhältnisse zwischen zwei (und mehreren) Menschen. Wenn z.B. X das Auto des Y beschädigt, indem er mit der Hand auf das Blech trommelt und dieses verbeult, so ist bei dieser Schadensbeziehung zwischen die beiden Menschen X und Y noch eine *Sache*, nämlich das Auto, eingeschoben. Hier liegt eine Beziehungs*kette* vor: X → Auto des Y → Y. Um von einer echten Schadensbeziehung zwischen X und Y sprechen zu können, bedarf es nicht nur der Kausalbeziehung: Beschädigung des Autos durch X, sondern darüber hinaus noch der Eigentumsbeziehung Auto → Y. Bei dieser handelt es sich vor allem um eine *Rechts*beziehung im eigentlichen Sinn: Sie beruht darauf, daß das Recht das Auto dem Eigentumsbereich des Y zuordnet (z.B., weil dieser es vom Autohändler Z käuflich erworben oder vom Erblasser geerbt hat)[111]. Zwischen einem Menschen C, der auf einem Fahrrad fährt, und der von einem Autofahrer D angefahren wird, so daß das Fahrrad beschädigt wird, und eben diesem Fahrer D besteht dann keine Schadensbeziehung, wenn das Fahrrad von C gestohlen worden ist. Denn das Recht begründet für C keine Eigentumsbeziehung hinsichtlich des Fahrrads. Eine noch kompliziertere Schadensbeziehung besteht in folgendem Fall: E hat in seinem Malerbetrieb den Gesellen F beschäftigt, der bei Ausführung eines Auftrages im Hause des Kunden G eine Fensterscheibe zertrümmert. Auch hier besteht eine Schadensbeziehung zwischen E und G, freilich nur deshalb, weil zu der eigentlichen *kausalen* Schadensbeziehung F → Fensterscheibe noch zwei weitere, für sich betrachtet außerschadensmäßige Beziehungen hinzutreten: zum einen die Beziehung, die durch das Beschäftigungsverhältnis zwischen E und F besteht und zum anderen das Eigentumsverhältnis Fensterscheibe → G (die vertragliche Haftung des E soll hier außer Betracht bleiben).

Der Verursachungsgrundsatz bezieht sich jedoch hinsichtlich jedes noch so verwickelten Sachverhaltes immer auf die *kausalen Glieder* der Schadensbeziehungskette (zu denen ggfs. andere *Rechts*beziehungsglieder hinzutreten müssen, ohne

---

111 Daß letztlich auch das Recht der Eigentumsverhältnisse vorgegebene Sozialstrukturen kennt, spielt in diesem Zusammenhang keine Rolle.

daß sie jedoch von letzteren *ersetzt* werden können). Deshalb lautet er auch: Voraussetzung für die Haftung eines Ersatzpflichtigen für einen Schaden ist, daß dieser durch sein Verhalten *oder durch ein von ihm zu vertretendes Ereignis* verursacht worden ist[112]. Im Falle des Malermeisters E ist das Ereignis „F zertrümmert die Fensterscheibe des G" ein von ihm zu vertretendes Ereignis. Die Haftung eines Ersatzpflichtigen, der sich eines Erfüllungs- oder Verrichtungsgehilfen (vergl. §§ 278, 831 BGB) bedient, durch dessen Verhalten ein Schaden entsteht, steht auch insofern mit dem Verursachungsgrundsatz in Einklang, als er seinen Handlungs- und Wirkungsraum erweitert[113] und dadurch das schließlich zum Schaden führende Verhalten des Gehilfen veranlaßt hat. Entsprechendes gilt für die Fälle der Gefährdungshaftung. Hier trägt der Ersatzpflichtige dadurch im Sinne des Verursachungsgrundsatzes zum Schaden bei, daß er – erlaubtermaßen – einen Gefahrenbereich schafft oder unterhält, aus dem der Schaden schließlich resultiert[114]. Auf diese Weise wird durch den Ersatzpflichtigen ein Ursachenglied der gesamten Ursachenkette gesetzt, die zu dem Schaden führt[115].

Daß innerhalb einer Schadensbeziehungskette auch mehrere kausale Glieder gegeben sein können, bedarf keiner besonderen Erwähnung (wie wir sehen werden, ist dies sogar die Regel).

2. Vom Verursachungsgrundsatz abweichende Theorien

Betrachten wir nun die Theorien, die für das Schadensersatzrecht ohne den Verursachungsgrundsatz auszukommen versuchen.

Das Schadensersatzrecht als Recht der Zurechnung ist nicht a priori und wesensnotwendig, erst recht nicht etwa „logisch" an den Verursachungsgrundsatz gebunden[116]. Es ist nur gehalten, in größtmöglichem Maß an die gegebenen Seins-

---

112 Aus diesem Grunde ist der Verursachungsgrundsatz, entgegen der Ansicht Bydlinskis (Juristische Blätter 1959 S. 1 ff.), auch in folgendem Fall *nicht* durchbrochen: Ein kleines Kind erbt ein Fabrikunternehmen und wird zur Haftung für einen durch den Betrieb dieses Unternehmens verursachten Schaden herangezogen. Das Verhalten des Kindes war sicherlich nicht kausal für den Schaden. Entscheidend ist jedoch eine ganz andere Kausalbeziehung, nämlich die zwischen dem Schadenserfolg und dem Betrieb des Unternehmens. Das Unternehmen wiederum ist kraft Gesetzes dem Haftungsbereich des Kindes zugeordnet.

113 Larenz, Allg. Teil, 1.A.(1967), § 6 III (S. 77).

114 Vergl. Larenz, Schuldrecht II, § 77 I und Larenz, Festschrift für Dölle, I, S. 175; ferner BGH NJW 1962 S. 1676 ff. Gass, Ursache, S. 128, meint demgegenüber, daß bei der Gefährdungshaftung die Frage der Verursachung keine Rolle spiele.

115 So auch Soergel-Reim.Schmidt, Komm. zum BGB, Rdn. 15 zu §§ 249–253; Wagner, NJW 1967 S. 2335; Dunz, NJW 1966 S. 135; Reinecke, Schaden und Interesseneinbuße, S. 53 Fn. 73.

116 Ebenso Hardwig, Zurechnung, S. 108 f. Larenz, NJW 1955 S. 1011, hat treffend von der „Hilfsfunktion" gesprochen, die dem Urteil über die Kausalität zukomme.

(vor allem: Sozial-)Strukturen anzuknüpfen. Seine Entscheidung in dieser Hinsicht kann immer nur als sinnvoll oder weniger sinnvoll bewertet, jedoch nicht als „richtig" oder „falsch" beurteilt werden. Im übrigen kann hier auf das Problem der „sachlogischen Strukturen" oder der „Natur der Sache" nicht näher eingegangen werden.

a) Das Vermeidbarkeitsprinzip

Versuche, Prinzipien zur Schadensregelung ohne den Verursachungsgrundsatz aufzustellen, sind in der Tat verschiedentlich unternommen worden. Hierher gehört z.B. das bereits erwähnte Vermeidbarkeitsprinzip. So verneint etwa Kahrs die Notwendigkeit, für die rechtliche Haftungsregelung an die Kausalität anzuknüpfen. Er stellt dagegen auf die „Vermeidbarkeit des Erfolges bei pflichtgemäßem Verhalten des Täters" ab[117]. Da Kahrs auf das *pflichtgemäße* Verhalten abstellt, knüpft er für die Frage nicht nur an das objektive, wertfreie Geschehen an, sondern bringt bereits hier *normative* Überlegungen ins Spiel, die mit der vorgegebenen Seinsordnung unmittelbar nichts zu tun haben. Auch Mertens-Reeb[118] stellen anstatt auf die Kausalitätsbeziehung auf die Vermeidbarkeit des Erfolges ab und wollen dieses Kriterium ausdrücklich im wertfreien, nichtnormativen Sinn verstanden wissen. Jedoch können sie gerade dieses „wertfreie" Vorgehen nicht konsequent verwirklichen. So stellt sich z.B. die Frage, nach welchem Maßstab es sich entscheidet, ob der (handelnde oder unterlassende) Täter dazu *fähig* war, den Erfolg zu vermeiden. Gilt hier ein abstrakter oder ein individueller Maßstab? Spätestens hier nehmen Mertens-Reeb zu normativen Kriterien Zuflucht. In gewissen Fällen nämlich sollen als Maßstab die, wie Mertens-Reeb formulieren, vom Recht der Wirklichkeit vorgegebenen *Sollens*anforderungen dienen, wobei hier noch Fragen der Praktikabilität zu beachten seien, nämlich die „Filterfunktion des objektiven Tatbestandes"[119]. So kommen sie z.B. zu dem Ergebnis, daß zu fragen sei, „was der beste Chirurg, der leistungsfähigste Kraftfahrer, der tüchtigste Kaufmann etc. in der Situation des Täters hätte erkennen und tun können." Ohne normative Überlegungen können Mertens-Reeb die Frage nach der Vermeidbarkeit des Erfolges durch den Täter also nicht lösen.

---

117 Vermeidbarkeitsprinzip, S. 267 und Kausalität, S. 16 ff., 179. Ähnlich auch Münzberg, Verhalten und Erfolg, S. 45, 55 f., 111 f., 322 f. Münzberg wendet sich allerdings gegen den Ausdruck „Vermeidbarkeit" und spricht, ausgehend vom Täter*verhalten* („Verhaltensunrecht"), vom „Prinzip des Könnens", S. 195.

118 JuS 1971 S. 469 ff.

119 JuS 1971 S. 473.

b) Normative Kausalitätsbegriffe

Weiter gehören hierher alle Versuche, einen *normativen Kausalitätsbegriff* zu begründen[120]. Denn diese zielen darauf ab, den wertfreien natürlichen Kausalitätsbegriff und damit vielfach auch den Verursachungsgrundsatz zu verdrängen. Dieser wurde und wird regelmäßig nur im Zusammenhang mit dem außerrechtlichen Kausalitätsbegriff verstanden. Nur für diesen ist er auch sinnvoll. Solch ein normativer Kausalitätsbegriff wird etwa von Hardwig (für das von ihm behandelte Strafrecht) vertreten. Das reale Geschehen untersucht er nicht daraufhin, ob wertfreie Kausalzusammenhänge im außerrechtlichen Sinn gegeben sind, sondern „ob das Geschehnis unter einer Rechtspflicht des Steuerns stand und ob diese Pflicht zu der fraglichen Person in Beziehung gesetzt werden kann“[121]. Das alles hat mit dem Verursachungsgrundsatz gerade nichts zu tun. Hardwig lehnt ihn auch folgerichtig ab[122]. Vielmehr stellt für Hardwig die „Rechtspflicht“ das „Prinzip der Rechtsverknüpfung“ dar[123]. Auch Hanau vertritt (für das von ihm behandelte Zivilrecht) einen normativen Ursachengegriff, der an die Pflichtwidrigkeit des Verhaltens anknüpft[124].

3. Kritische Stellungnahme

Zu all diesen Versuchen ist zu sagen: Ich glaube nicht, daß sie besser als der Verursachungsgrundsatz geeignet sind, für ein System der (zivil- oder strafrechtlichen) Haftungsregelung als Ausgangsbasis zu dienen. Im Gegenteil: ihnen allen haftet der Mangel an, entweder den Begriff der Kausalität zu mißbrauchen oder nicht genügend an die vorgegebene Seinsordnung anzuknüpfen. So scheint mir ein Mißbrauch des Kausalitätsbegriffs darin zu liegen, daß mit diesem Begriff zu viel Normatives verbunden wird, was im übrigen die erklärte Absicht z.B. von Hardwig und Hanau ist[125]. Und eine Vernachlässigung der vorgegebenen Seinsordnung ist gegeben, wenn man an das Vermeidbarkeitsprinzip anknüpft. Dies wird sich vor allem bei den Fällen mit doppelter Kausalität zeigen: Der Erfolg konnte in diesen Fällen nicht dadurch vermieden werden, daß eine Mitursache

---

120 Auch die von Lorenz-Meyer, Haftungsstruktur, S. 26 ff., 40 ff., entwickelte schadensrechtliche Lehre von der „Intensität kausaler Verknüpfungen“ wird man hierher zu zählen haben, da an die normativ-wertende Beurteilung einzelner Kausalbeziehungen unmittelbare Haftungsfolgerungen geknüpft werden.

121 Zurechnung, S. 143, vergl. auch S. 152 f.

122 Zurechnung, S. 71, 90 ff., 98 ff., 113.

123 Zurechnung, S. 176.

124 Kausalität, S. 23 ff., 83 ff.

125 Vergl. dazu auch unten S. 38.

nicht stattgefunden hätte. Demgegenüber weist jedoch die realisierte Seinsordnung eine zweifache, reale Kausalbeziehung auf, die vom Vermeidbarkeitsprinzip vernachlässigt wird (siehe unten S. 182 ff.).

Nicht zuletzt handelt es sich hier auch um eine terminologische Zweckmäßigkeitsfrage und um eine Frage der Begriffsökonomie. Sollen die z.B. von Hardwig und Hanau ins Auge gefaßten Beziehungsverhältnisse als „Kausalitäts-"Beziehungen bezeichnet werden? Prinzipiell ist es niemandem, auch keinem Juristen, verwehrt, sich einer eigenen Sprache zu bedienen, d.h. unabhängig von irgendwelchen Sprachgepflogenheiten zu bestimmen, wie gewisse Sachverhalte bezeichnet werden sollen. So ist es im Recht durchaus üblich, unter einzelnen Begriffen, genauer: Bezeichnungen etwas anderes zu verstehen, als dies im normalen Alltagsleben oder in anderen Wissenschaften der Fall ist. Wenn ein juristischer Laie z.B. davon spricht, daß Y bei der Fotofirma X einen Filmprojektor „ausgeliehen" habe, so heißt dies in der Rechtssprache, daß X den Projektor „gemietet" hat (sofern, wie wir annehmen wollen, die „Leihe" entgeltlich erfolgte). In diesem und vielen anderen Fällen wird eine und dieselbe Bezeichnung in der Umgangs- und in der Rechtssprache für oftmals sehr verschiedene Sachverhalte verwendet. Meistens freilich wird es sich um althergebrachte oder langsam herausgebildete Übungen handeln, die wegen ihrer mehr oder weniger großen Bekanntheit nur selten zu Verwirrungen Anlaß geben.

Andererseits ist nicht nur der Gesetzgeber, sondern auch jeder Rechtswissenschaftler zur Vermeidung von Mißverständnissen gehalten, bei der Begriffsbildung nicht willkürlich vorzugehen[126]. Speziell für den Kausalitätsbegriff hat dies Spendel richtig gesehen, wenn er betont, daß das Recht den Realitäten, also den Sachverhalten des Tatsachenbereichs, zu denen auch die Kausalität gehöre, „bei aller Zweck- und Wertbezogenheit der juristischen Seinsbetrachtung und bei aller teleologischen Begriffsbildung" keine Be-deutungen beimessen dürfe, die einer Um-deutung gleichkämen[127]. Gerade weil dem Kausalitätsbegriff in allen Lebensbereichen – bei manchen Unbestimmtheiten im Einzelnen – ein durchaus klar umrissener Sachverhalt zugrunde liegt, nämlich die wertfreie gesetzmäßige Regelmäßigkeit von Erscheinungen in der Wahrnehmungswelt, ist an diese Tatsache auch das Recht gebunden. Dem Gesetzgeber[128] und dem Rechtswissenschaftler sind insoweit Vorstellungen außerrechtlicher Herkunft, die einen be-

---

126 Schünemann, Unterlassungsdelikte, S. 24: „Der Gesetzgeber ist daher gehalten, das von ihm Gewollte möglichst ohne Veränderung der natürlichen Wortbedeutungen auszudrücken." Dies gilt grundsätzlich für das gesamte Recht. In gleichem Sinn (für die Wissenschaft im allgemeinen) Gass, Ursache, S. 15.

127 JuS 1964 S. 15.

128 Siehe hierzu Larenz, Methodenlehre, 2. Aufl., S. 218.

stimmten, mit einem gewissen Begriff verbundenen Sachverhalt nicht spezifisch rechtlicher Art betreffen, vorgegeben[129].

Insofern wäre es also sehr unzweckmäßig, weil der Sache wenig förderlich, eine Bezeichnung wie „Kausalität" für einen Sachverhalt („Begriff") zu verwenden, der von dem mit dieser Bezeichnung (ursprünglich) gemeinten Sachverhalt in wesentlichen Punkten abweicht. Gerade dies aber ist dann gegeben, wenn der Kausalitätsbegriff mit normativem Inhalt belastet wird[130, 131]. Schon einmal hat sich dieser Weg als nicht gangbar erwiesen: beim Begriff der adäquaten Kausalität. Man ist sich heute allgemein darüber einig, daß die Adäquanz mit Kausalität gerade nichts zu tun hat, sondern nur mit der rein normativen „Zurechnung" (im engeren Sinn). Es mag noch angehen, die Gruppe der echten Kausalbeziehungen danach zu unterteilen, ob sie als adäquat oder nicht adäquat zu bewerten sind. Das ist weit weniger gefährlich, als den Kausalitätsbegriff generell nur auf eine Untergruppe, nämlich die der adäquaten Fälle, zu beschränken und in Fällen der anderen Gruppe von Nichtkausalität zu sprechen. Denn solchenfalls würde die Bezeichnung (der Name) „Kausalität" nicht alle Sachverhalte treffen, die tatsächlich Kausalbeziehungen darstellen. Die entsprechende Situation würde in bezug auf das hier behandelte Problem gegeben sein. Mit Kausalität würden einerseits nicht alle die Sachverhalte bezeichnet werden, die zu dem eigentlichen Kreis der Kausalitätssachverhalte gehören (so würden etwa nach Hardwig überhaupt nur pflichtwidrige Verhaltensweisen unter einen normativen Kausalitätsbegriff fallen[132]), andererseits würden jedoch auch solche Sachverhalte hierher zählen, die vom eigentlichen Kausalitätsbegriff nicht umfaßt werden (so bezieht z.B. Hardwig den juristischen Kausalitätsbegriff ausdrücklich auch auf „manches Nichtverursachen im naturwissenschaftlichen Sinn"[133] und gibt es für Hanau Kausalbeziehungen zwischen Schadensfolgen und Pflichtwidrigkeiten an sich[134], also Sachverhalten, die jedenfalls nicht der empirischen Wahrnehmungswelt angehören; hierzu auch unten S. 98.

Abzulehnen ist die Meinung, daß es sich hier lediglich um eine die Nomenklatur betreffende Frage handele, der keine besondere Bedeutung beizumessen sei, wie

---

129 In diesem Sinn auch Schünemann, Unterlassungsdelikte, S. 36 f. und Hatz, Rechtssprache und juristischer Begriff, S. 45.

130 Solche normativ bestimmten Ursachenbegriffe sind vielfach auch im öffentlichen Polizeirecht anzutreffen, vergl. etwa Vollmuth, Ursache, S. 36 ff., 187 ff., mit ausführlichen Nachweisen.

131 Dagegen ist nicht zutreffend, wenn Gass, Ursache, S. 49, meint, daß es prinzipiell nur *eine* Kausalität geben könne. Theoretisch ist auch denkbar, daß die Bezeichnung „Kausalität" für verschiedene Sachverhalte verwendet wird.

132 Hardwig, Zurechnung, S. 143.

133 Zurechnung, S. 152.

134 Kausalität, S. 83 ff.

sie etwa Schünemann[135] in bezug auf die „Rechtskausalität" Wolffs vertritt[136]. Er stellt zwar richtig fest, daß es sich bei dieser nicht um eine „Kausal- sondern eine Zurechnungskategorie" handele. Daß hier jedoch keineswegs lediglich eine belanglose Frage der Nomenklatur vorliegt, geht aus Schünemanns eigenen Ausführungen hervor. Er vermutet nämlich zu Recht, daß Wolff mit seiner Wahl des Begriffs „Kausalität" durchaus einen spezifischen Zweck im Auge hat: nämlich eine Bezugnahme auf die „ontische Struktur" und die „seinsmäßigen Bedingungen", die der Kausalität zugrunde liegen. Also ist die Frage der Nomenklatur keineswegs belanglos![137] Denn es soll bei Wolff durch den Gebrauch des Begriffs „Kausalität" jedenfalls *auch* auf einen außerrechtlichen Bedeutungsgehalt verwiesen werden. „Rechtskausalität" umfaßt danach zwei ganz verschiedene Sachbereiche: einen außerrechtlichen und einen spezifisch rechtlichen. Hier genau liegt der Grund für die große Unklarheit, die diesem Begriff zu eigen ist: Beide Bereiche werden in einem und demselben Begriff vermengt, wobei die Trennungslinie bei jedem Autor, der ihn gebraucht, ganz verschieden verläuft. Um diese Unklarheiten zu vermeiden, ist es unbedingt nötig, Kausalität und Zurechnung (im engeren Sinn) auch begrifflich scharf zu trennen.

Nicht zugestimmt werden kann daher auch Münzberg, der zwar eine Kausalität der Unterlassung ablehnt[138] und in einer Unterlassung nur eine „negative Bedingung" für einen Erfolg sieht, der aber dennoch die Terminologie nicht für entscheidend hält. Es sei für die materielle Betrachtungsweise nicht wichtig, „ob man der negativen Bedingung den Namen Ursache geben will oder nicht, solange er nicht die Einsicht verdunkelt, daß eine Unterlassung niemals einen Erfolg herbeiführt"[139]. Dies mutet um so unverständlicher an, als Münzberg sich darüber im klaren ist, daß die Bezeichnung Ursache in diesem Zusammenhang „allzu leicht" über die Besonderheit der „normativen Bedingungen" hinwegtäuschen könne und daher fragwürdig sei. An anderer Stelle[140] sagt Münzberg selbst, daß, soweit man die Ursächlichkeit einer Unterlassung auf einen Kausalitätsbegriff im Rechtssinn stütze, es sich um einen „terminologischen Kunstgriff" handele und die Bezeichnung „Kausalität" etwas vortäusche, was nicht gemeint sei. Gemeint seien nämlich Zurechnungsprinzipien. M. M. handelt es sich nicht um einen „Kunst-"Griff, sondern um einen verhängnisvollen *Miß*griff!

---

135 Unterlassungsdelikte, S. 102.

136 Zu E. A. Wolff vergl. unten S. 40.

137 In gleichem Sinn Schmidhäuser, Strafrecht, S. 188, der zu Recht auf das „Eigengewicht auch der Terminologie" hinweist.

138 Verhalten und Erfolg, S. 43 f.

139 Verhalten und Erfolg, S. 45.

140 Verhalten und Erfolg, S. 55.

Entsprechende Kritik ist auch bei den Ausführungen Hardwigs anzumelden, der, wie erwähnt, einen spezifisch rechtlichen Kausalitätsbegriff vertritt, obwohl er die Kausalität im naturwissenschaftlichen Sinn für die „eigentliche" Kausalität hält; er verwendet also die Bezeichnung „Kausalität" bewußt anders als herkömmlich.

Auch Kahrs verwendet, obwohl er die im üblichen Sinn verstandene Conditio-sine-qua-non-Formel ablehnt[141], dennoch diese Bezeichnung ganz bewußt für einen *anderen* Sachverhalt, als herkömmlich mit ihm gemeint ist. Er meint mit dieser Bezeichnung nicht Kausalität, sondern Vermeidbarkeit, letzteres auch und gerade unabhängig vom Bestehen oder Nichtbestehen bestimmter Kausalitätsbeziehungen[142]. Er definiert „condicio"[143] ganz neu: Nach ihm ist hierunter jeder „Sachverhalt, der einen Erfolg unvermeidbar macht", zu verstehen. Dabei setzt er sich bewußt über die hinsichtlich solcher Begriffsverwendung auftauchenden Bedenken mit nur angedeuteten, m.E. unzureichenden Gründen hinweg.

Abzulehnen ist m.M. auch der Weg, den E. A. Wolff geht: Er sucht einen seiner Meinung nach richtigen Kausalitätsbegriff, der auf bestimmte Fallgruppen anwendbar sein soll, bei denen über die von ihm abgelehnte „Bedingungstheorie" seiner Meinung nach nicht zu einer Bejahung der Kausalität zu kommen ist[144]. Diese Fälle bedürften einer Lösung, „und zwar muß die Wirksamkeit des Tuns begründet werden. Denn nur so besteht die Möglichkeit, sie den Tatbeständen der Verursachungsdelikte zu subsumieren." Es dürfte schwerlich der Sinn des Verursachungsgrundsatzes sein, für die Fälle, in denen man das Gegebensein des Kausalzusammenhangs in dem für richtig gehaltenen Sinn verneint, deshalb, weil man bei ihnen dennoch zu einer Haftung gelangen möchte, nun von einem anderen Bedeutungsgehalt des Kausalitätsbegriffs auszugehen, um so doch noch zu der erwünschten „Ursächlichkeit" zu gelangen. Es ist anders vorzugehen: *Erst* ist vom Verursachungsgrundsatz der Kausalitätsbegriff her zu bestimmen und *dann* sind die zu beurteilenden Fälle hinsichtlich dieses in einer bestimmten Weise interpretierten Kausalitätsbegriffs zu prüfen und das Ergebnis für die Haftungsfrage zu verwerten[145].

Als Ergebnis ist zusammenzufassen: Im Schadensrecht gilt der Verursachungsgrundsatz, weil er für das Haftungssystem am besten als Anknüpfungspunkt an das reale Geschehen, das es von schadensrechtlichen Gesichtspunkten aus zu

141 Vermeidbarkeitsprinzip, S. 32.

142 Vermeidbarkeitsprinzip, S. 42.

143 So seine Schreibweise.

144 Kausalität, S. 18.

145 Wolff's Methode lehnt auch Schünemann, Unterlassungsdelikte, S. 102, (in bezug auf die Kausalität der Unterlassung) ab, da er die von Wolff vertretenen Ergebnisse zu Recht für nur „intuitiv gefundene Entscheidungen" hält.

regeln gilt, geeignet ist (Entsprechendes gilt für die strafrechtliche Erfolgshaftung). Gerade weil der Verursachungsgrundsatz an das reale Geschehen anknüpft, ist der Kausalitätsbegriff im natürlichen – vorrechtlichen – Sinn zu verstehen.

Unsere nächste Aufgabe besteht darin, diesen natürlichen Verursachungsbegriff inhaltlich näher zu bestimmen. Zwar scheint der Rspr. sein Bedeutungsgehalt durch die Conditio-sine-qua-non-Formel hinreichend bestimmt zu sein. Diese Formel besagt, daß ein Geschehen für ein Ereignis dann ursächlich ist, wenn es nicht hinweggedacht werden kann, ohne daß das Ereignis entfiele. Entsprechend ist danach eine Unterlassung dann kausal für ein Ereignis, wenn die unterlassene Handlung nicht hinzugedacht werden kann, ohne daß das Ereignis entfiele. Jedoch ist es fraglich, ob dieser Conditio-sine-qua-non-Gedanke wirklich geeignet ist, das Wesen des Kausalbegriffs zu verdeutlichen. Zwar gilt die Formel nach wie vor fast unangefochten[146]. Doch weiß man andererseits, daß sie gerade in kritischen Fällen versagt, wie z.B. bei den Fällen mit hypothetischer oder doppelter Kausalität. Infolgedessen hält sie z.B. Larenz für nicht mehr als eine Faustregel und keineswegs für eine exakte Definition der Kausalität[147]. Engisch lehnt sie schon immer ab[148].

Nicht zuletzt in Anbetracht der schon oben (S. 3 ff.) aufgezählten Fragen, die im Zusammenhang mit dem Kausalitätsbegriff auftreten, ist es unumgänglich, den Begriffsinhalt des natürlichen Ursachenbegriffs näher zu erhellen. Zu diesem Zweck soll auf eine Wissenschaftsdisziplin eingegangen werden, deren Erkenntnisse sich hier von ganz besonderem Nutzen erweisen werden, nämlich die moderne Wissenschaftstheorie.

---

146 Vergl. neuestens wieder Hanau, Kausalität, S. 15 f.

147 Larenz, Schuldrecht I, § 27 III a (vergl. auch unten S. 100 Fn. 357).

148 Engisch, Kausalität, S. 17/18; Weltbild, S. 129 ff.

Zweites Kapitel

Der Kausalitätsbegriff der Wissenschaftstheorie

I. Die Wissenschaftstheorie

1. Anspruch auf Allgemeingültigkeit wissenschaftstheoretischer Erkenntnisse

Vor allem unser Jahrhundert besitzt eine wissenschaftliche Disziplin, die sich seit mehreren Jahrzehnten sehr eingehend mit dem Begriff der Kausalität befaßt: die sogenannte (moderne) Wissenschaftstheorie, auch Philosophie der Naturwissenschaft[149] oder allgemein Philosophie der Wissenschaft („Wissenschaftsphilosophie")[150] genannt, ferner die Grundlagenforschung und die analytische Philosophie[151]. Die Ergebnisse dieser Wissenschaften, im Folgenden kurz als „Wissenschaftstheorie" bezeichnet[152], haben bisher, soweit ersichtlich, noch an keiner Stelle in die rechtswissenschaftliche Literatur zum Schadensersatzrecht Eingang gefunden. Im Folgenden soll daher auf sie näher eingegangen werden.

Die Beschäftigung mit der Wissenschaftstheorie ist in diesem Zusammenhang, in dem es um die Kausalität im Rahmen der Rechtswissenschaft geht, nicht zuletzt deshalb unumgänglich, weil diese wissenschaftliche Disziplin für sich in Anspruch nimmt, Grundlagenforschung für *alle* Einzelwissenschaften („Fachwissenschaften") zu betreiben[153]. Wie sich später zeigen wird, spielt z.B. für Stegmüller bei seinen Überlegungen zur Kausalität der Begriff der kausalen Erklärung eine zen-

---

149 Vergl. Carnaps Buch „Einführung in die Philosophie der Naturwissenschaft".

150 Vergl. den Untertitel des von Lorenz Krüger herausgegebenen Sammelbandes „Erkenntnisprobleme der Naturwissenschaften" und die dortige Einführung, S. 13 ff.

151 Siehe dazu Stegmüller, Hauptströmungen, S. 429 ff.

152 Vergl. Stegmüller, Fischer-Lexikon „Philosophie", Stichwort „Wissenschaftstheorie". In Hauptströmungen, S. 346 ff., spricht Stegmüller vom „modernen Empirismus". – Der Begriff „Wissenschaftstheorie" wird verschiedentlich in einem wesentlich umfassenderen Sinn verwendet, so z.B. von Seiffert, Einführung, S. 2, der ihn im Sinne von „Theorie von der Wissenschaft überhaupt" versteht und ihn damit ausdrücklich nicht auf die „analytische" Wissenschaftstheorie beschränkt wissen will; daher bezieht er in diesen Begriff auch die geisteswissenschaftlichen Vorgehensweisen wie Phänomenologie, Hermeneutik und Dialektik mit ein. Diesem weiten Begriffsverständnis wird im Folgenden jedoch nicht gefolgt. Vergl. im übrigen die instruktiven Ausführungen von Stegmüller, Wahrscheinlichkeit, S. 1 ff., „Neue Betrachtungen über die Ziele und Aufgaben der Wissenschaftstheorie".

153 Vergl. dazu Stegmüller, Einheit und Problematik der wissenschaftlichen Welterkenntnis, und P. Oppenheim und H. Putnam, Einheit der Wissenschaft als Arbeitshypothese, S. 339 ff.

trale Rolle, so daß er sich mit dessen Explikation ausführlich befaßt. Dabei betont er, daß er diesen Begriff so eingeführt habe, „daß er für sich allgemeine Anwendbarkeit in *allen* empirischen Wissenschaften beanspruchen kann“[154]. Da, wie schon gezeigt wurde, der Kausalitätsbegriff des zivilen Schadensersatzrechts (ebenso wie der des Strafrechts) im natürlichen, außerrechtlichen Sinn zu verstehen ist und da, wie sich noch zeigen wird, dieser Kausalbegriff im natürlichen Sinn nach wissenschaftstheoretischem Verständnis ein rein empirischer Begriff ist, beanspruchen die Ausführungen Stegmüllers mithin auch für den Bereich des Rechts Gültigkeit.

2. Aufgabe der Wissenschaftstheorie

Der Wissenschaftstheorie geht es nicht um die Entdeckung von Tatsachen und (Natur-)Gesetzen, ebensowenig um die Bildung von Werturteilen. Denn dies ist gerade der Aufgabenbereich der *einzelnen* Wissenschaftsdisziplinen, z.B. der verschiedenen Naturwissenschaften, aber auch der Geschichts-, Wirtschafts- und Rechtswissenschaft.

Die Wissenschaftstheorie beschäftigt sich vielmehr mit Wissenschaft als solcher und deren Grundbegriffen, deren Denkformen und Denkgesetzen. Sie ist die Metatheorie der einzelwissenschaftlichen Erkenntnis[155] und befaßt sich mit den *Wegen* und der *Methode* wissenschaftlicher Tätigkeit[156]. So stellt sie Fragen nach Ziel und Möglichkeit von Wissenschaft und grenzt sie von nichtwissenschaftlichen, mehr oder weniger spekulativen Gedankengängen, z.B. im Bereich der Metaphysik, ab. Vor allem aber geht sie der Frage nach: wie muß Wissenschaft vorgehen, um zu *Erkenntnis* zu gelangen.

Dem Menschen stehen hierzu nur zwei Hilfsmittel zur Verfügung: sein Denken und seine Beobachtungsgabe. Da er die Ergebnisse seines Denkens und Beobachtens anderen Menschen nur durch das Medium der (schriftlichen oder mündlichen) Sprache mitteilen kann, diese aber wegen der oft vielfältigen Bedeutungen ihrer Begriffe und der diffizilen Syntax häufig große Schwierigkeiten mit sich bringt, ist eine der Hauptaufgaben der Wissenschaftstheorie die *logische und semantische Sprachanalyse* (z.B. Wittgenstein, Carnap). Bei Stegmüller, auf dessen Ausführungen zur Kausalität später ausführlich einzugehen ist, ist zu beobachten, wie er immer wieder größten Wert darauf legt, sich bei den Begriffsexplikationen

---

154 Stegmüller, Erklärung, S. 336; Entsprechendes gilt für Hempel, Erklärung, S. 236.

155 Stegmüller, Wahrscheinlichkeit, S. 3. Zum besonderen Begriff der „Wissenschaftswissenschaft“ („science of science“) vergl. Stegmüller, Wahrscheinlichkeit, S. 15 ff., und weitere Literaturhinweise bei Zöpel, Ökonomie und Recht, Anm. 20.

156 Carnap, Einführung, S. 187; Stegmüller, Hauptströmungen, S. 346 f.

nicht allzuweit vom alltäglichen Sprachgebrauch zu entfernen, um das Verständnis zu erleichtern und Mißverständnissen vorzubeugen.

Durch *Denken* gewonnene wissenschaftliche Aussagen müssen *rein logisch* begründbar sein. Um dieses Erfordernis erfüllen zu können, hat die Wissenschaftstheorie ein ungeheuer komplexes System der modernen Logik aufgebaut, dessen Verständnis nur durch ein langwieriges Studium möglich wird[157].

Durch Denken allein aber ist keine Erkenntnis der wirklichen Welt, der Welt der Tatsachen zu gewinnen. Die Naturwissenschaften, die Wirtschaftswissenschaften, die Geschichtswissenschaft, die Rechtswissenschaft ebenso wie alle anderen Einzelwissenschaften befassen sich – teils mehr, teils weniger – mit den Dingen und Vorgängen der realen Welt. Diese aber können nur durch Beobachtungen und Wahrnehmungen bewußt erfaßt werden. Hierfür bedarf es der *empirischen* Begriffe. In diesem Zusammenhang ist das sog. empiristische Sinnkriterium zu sehen, das auf Moritz Schlick zurückgeht, und auf das ich später (unten S. 48) zurückkommen werde.

3. Wissenschaftstheorie und Rechtswissenschaft

Für ihre Ergebnisse nimmt, wie gesagt, die Wissenschaftstheorie in Anspruch, daß sie in allen wirklich wissenschaftlich arbeitenden Disziplinen Gültigkeit haben. Soweit es um Sprachanalyse und Logik geht, gilt dies auch für Wissenschaften, die sich mit Wertungen und nicht nur mit der Feststellung von empirischen Tatsachen befassen. Dagegen sind die wissenschaftstheoretischen Lehren, die sich mit der Erkenntnismöglichkeit von empirischen Tatsachen befassen, sinnvollerweise nicht auf die Gewinnung von Werturteilen anwendbar.

Das *Recht* hat es mit beiden Bereichen zu tun. Um die Lebensverhältnisse der der Rechtsordnung zugehörigen Menschen regeln zu können, muß es diese allererst *erkennen.* Eine so bedeutsame Rechtslehre wie die finale Handlungslehre z.B. hätte ohne ein Zurückgreifen (auch) auf empirische (etwa gewisse psychische) Faktoren der realen Welt nicht entstehen können. Jede normative Entscheidung muß den realen Gegebenheiten Rechnung tragen. Aus diesem Grund gilt z.B. für das Schadensersatzrecht, wie wir sahen, der Verursachungsgrundsatz. Kausalität aber versteht die Wissenschaftstheorie als rein empirischen Begriff, so daß sie in bezug auf deren Bereich für ihre gesamte Erkenntnistheorie Geltung beansprucht. Da überdies die Rechtsprechung bei der Anwendung des Kausalitätsbegriffs selber auf das außerrechtliche Verständnis dieses Begriffs verweist

157 Hier besonders zeigt sich die Richtigkeit der Feststellung von Priester (Rechtstheorie als analytische Wissenschaftstheorie, S. 60), „daß die moderne Wissenschaftstheorie ein Feld für Spezialisten geworden ist, das mit natürlichem Menschenverstand allein nicht mehr zu bestellen ist."

– und dies, wie wir meinen, ganz zu Recht! –, ist es um so mehr geboten, auch der Wissenschaftstheorie Aufmerksamkeit zu schenken[158].

Wir greifen auf die Wissenschaftstheorie im vorliegenden Zusammenhang aber auch *nur* aus diesem Grunde zurück: um den Kausalitätsbegriff im außerrechtlichen Sinn zu explizieren. Dagegen unterziehen wir der wissenschaftstheoretischen Prüfung nicht die übergreifenden, spezifisch normativen Grundsätze des Schadensersatzrechts, wie z.B. den Verursachungsgrundsatz; inwieweit dies in Anbetracht der Tatsache, daß sich die Wissenschaftstheorie bisher den normativen Wissenschaftszweigen allzu wenig gewidmet hat, überhaupt fruchtbar ist, muß hier dahingestellt und einer besonderen Untersuchung vorbehalten bleiben[159].

Streng genommen handelt es sich nach wissenschaftstheoretischer Denkweise beim wissenschaftstheoretisch analysierten Kausalitätsbegriff nicht um einen „außerrechtlichen" Kausalitätsbegriff, sondern um schlechthin „den" Kausalitätsbegriff, nämlich den Kausalitätsbegriff *aller* Wissenschaften, damit auch den der Rechtswissenschaft. Einen spezifisch juristischen Begriff kann es daher von diesem Standpunkt aus nicht geben. Es hat sich jedoch unter den Juristen eingebürgert, unter „außerrechtlichem" Kausalitätsbegriff den Gegensatz zum „juristischen" zu verstehen. In diesem Sinn mag der erwähnte Sprachgebrauch auch in vorliegender Arbeit zur Vermeidung von Mißverständnissen beibehalten werden.

Der Frage, welche Bedeutung Erkenntnissen nichtjuristischer Wissenschaften, z.B. der Philosophie oder der Naturwissenschaften (die häufig einen erheblichen

---

158 Wissenschaftstheoretische Überlegungen im Sinne von Erkenntnisforschung, also Forschung danach, wie Erkenntnis möglich und erreichbar ist („Erkenntnisproblem"), hat es seit ältesten Zeiten gegeben. Aus der Neuzeit ist nur an die Namen wie Kant, Dilthey oder Husserl zu erinnern. Im Grunde kreist alles philosophische Denken auch um das Erkenntnisproblem. Denn Philosophie will erkennen („Grenzenloses *Erkennen*, Wissenschaft, ist Grundelement des Philosophierens", Jaspers, Der philosophische Glaube, S. 14). Deshalb muß sie sich auch über den *Weg* der Erkenntnis Rechenschaft ablegen. Da Kausalität eine besondere Kategorie der Erkenntnis ist, ist es nur verständlich, daß auch das Kausalproblem (Kausalprinzip) und mit ihm der Begriff der Kausalität seit jeher eine teils größere, teils geringere Rolle spielt (vergl. z.B. Darstellung bei Hessen, Kausalprinzip). Man geht jedoch wohl nicht fehl in der Annahme, daß die moderne Wissenschaftstheorie als erste den Kausalitäts*begriff* einer wirklich grundlegenden Analyse unterzogen hat, wie dies bisher nicht geschehen ist. Daß sie hierbei Kausalitätsüberlegungen wie die z.B. von Hume, Kant oder Mill nicht übergeht (sondern vielfach auf ihnen aufbaut), versteht sich für sie als exakte Wissenschaft von selbst.

159 Gegen die Vereinbarkeit analytisch-wissenschaftstheoretischer Methode mit den Materien Rechtswissenschaft und Rechtstheorie Böhler, Rechtstheorie als kritische Reflexion, S. 104, 110. Zum Verhältnis der Wissenschaftstheorie zur Rechtswissenschaft siehe auch Kunz, Rechtstheorie – regionale allgemeine Wissenschaftstheorie oder Erkenntnistheorie des Rechts? Den dort vertretenen Thesen kann hier freilich nicht näher nachgegangen werden.

Einfluß auf die Philosophie ausgeübt haben und noch ausüben) für Rechtsprobleme zukommt, braucht in vorliegendem Zusammenhang nicht nachgegangen zu werden[160]. Hinsichtlich des Kausalitätsbegriffs liegt insofern ein Sonderfall vor, als das Recht, insbesondere die Rechtsprechung, von sich aus auf den „außerrechtlichen" Kausalitätsbegriff verweist (normative Entscheidung).

4. Die Vertreter der Wissenschaftstheorie

Die heutige Wissenschaftstheorie ist nicht ohne die Vertreter des Wiener Kreises[161] denkbar, dessen Gründung u.a. auf Moritz Schlick (1882–1936)[162] zurückging und der in Rudolf Carnap (1891–1970) einen seiner bedeutendsten Vertreter hatte. Während des Dritten Reiches sind die meisten dieses Wiener Kreises ausgewandert und haben die englische und amerikanische Philosophie maßgeblich beeinflußt. Unter den Rechtswissenschaftlern stand, von seinem philosophischen Standpunkt des wissenschaftlichen Positivismus[163] aus gesehen verständlich, Hans Kelsen („Wiener rechtstheoretische Schule"[164]) dem Wiener Kreis nahe; auf seine Gedanken zur Kausalität komme ich später noch zurück (unten S. 72 f.). Einer der bedeutendsten zeitgenössischen Vertreter der Wissenschaftstheorie in den europäischen Ländern ist der aus Österreich stammende, seit 1958 in München lehrende Philosoph Wolfgang Stegmüller. Auf sein grundlegendes Werk „Probleme und Resultate der Wissenschaftstheorie und Analytischen Philosophie"[165] stützen sich die Untersuchungen dieser Arbeit in besonderem Maße.

5. Die Methode wissenschaftstheoretischer Forschung

Die Wissenschaftstheorie legt Wert auf eine strikte Trennung von Erkenntnissen, die auf Beobachtung in Verbindung mit logischen Denkschlüssen beruhen, und solchen, bei denen dies nicht der Fall ist, die z.B. aus einer Apriori-Betrachtung

---

160 Für Unabhängigkeit der Rechtswissenschaft von Philosophie und Naturwissenschaft spricht sich Schünemann, Unterlassungsdelikte, S. 11, 14, aus.

161 Vergl. hierzu Stegmüller, Hauptströmungen, S. 346 ff., und Viktor Kraft, Der Wiener Kreis, 2. Aufl., 1968, Wien.

162 Zu Moritz Schlick vergl. das Vorwort von F. Waismann zu den von ihm herausgegebenen „Gesammelten Aufsätzen" von Schlick, 1938.

163 Vergl. Kelsen, Was ist juristischer Positivismus? JZ 1965 S. 465–469.

164 Vergl. die gesammelten Schriften von H. Kelsen, A. Merkel und A. Verdross in „Die Wiener rechtstheoretische Schule", hrsg. von H. Klecatsky u.a., Salzburg, 1968.

165 Band I: Wissenschaftliche Erklärung und Begründung, 1969; Band II: Theorie und Erfahrung, 1970; Band IV: Personelle und statistische Wahrscheinlichkeit, 1973.

resultieren (etwa im Bereich metaphysischen Denkens). Die früher und bisweilen noch in jüngster Zeit zu beobachtende radikal ablehnende Haltung jeglicher Metaphysik gegenüber[166] ist heute einer wesentlich toleranteren Einstellung gewichen. Stegmüller insbesondere nimmt einen betont wertfreien Standpunkt der bloßen Abgrenzung zwischen wissenschaftstheoretischer Erkenntnis einerseits und ethischer, metaphysischer usw. andererseits ein[167].

Die wissenschaftstheoretische Grundüberzeugung beschreibt Stegmüller folgendermaßen[168]: „Es ist unmöglich, durch reines Nachdenken und ohne eine empirische Kontrolle (mittels Beobachtungen) einen Aufschluß über die Beschaffenheit und über die Gesetze der wirklichen Welt zu gewinnen. Was es an wissenschaftlichen Erkenntnissen gibt, gehört entweder zu den Formalwissenschaften Logik und Mathematik oder zu den empirischen Realwissenschaften." Stegmüller übersetzt diesen Grundgedanken in die Terminologie Kants[169]: „Alle in einer Wissenschaft akzeptierten Aussagen müssen entweder analytische Aussagen oder synthetische Aussagen a posteriori (d.h. kurz: analytische oder empirische Aussagen) sein."

Die Methode, mit der ein Wissenschaftstheoretiker an eine Frage wie die nach dem empirischen Begriff der Kausalität herangeht, läßt sich gut an der Abhandlung „Kausalität im täglichen Leben und in der neueren Naturwissenschaft" von Moritz Schlick[170] aufzeigen. Dort fragt er zuallererst nach dem *Sinn* der Aussage: „Y wurde durch X verursacht". Er fragt also nach der Bedeutung des Begriffs „Ursache"[171]. Schlick stellt fest, daß man im täglichen Leben sehr wohl zwischen den Aussagen unterscheide: „Y folgte auf X" und „Y wurde durch X verursacht". Es sei daher evident, daß „wir praktisch im Besitz einer Art von Kriterium sind, das uns befähigt zu unterscheiden zwischen Ereignissen, die anderen nur folgen und Ereignissen, die einander verursachen"[172]. Der Empirist Schlick *beobachtet* nun, wie diese Unterscheidung in der täglichen Erfahrung faktisch vorgenommen wird. Hier zeigt sich seine typisch empirische Arbeitsmethode: Um den Sinn einer empirischen Aussage zu entdecken, hält es Schlick für die einzig richtige Methode, herauszufinden, „wie sie verifiziert wird, d.h. ihre Wahrheit oder Falschheit getestet wird"[173]. Schlick will nicht irgendeine Theorie

166 Z.B. Carnap, Einführung, S. 187.

167 Theorie und Erfahrung, S. 40; vergl. auch Festschrift für V. Kraft, S. 173.

168 Stegmüller, Hauptströmungen, S. 346.

169 Stegmüller, Hauptströmungen, S. 355.

170 Die gleichen Gedanken finden sich auch in dem Aufsatz „Die Kausalität in der gegenwärtigen Physik", Die Naturwissenschaften, 1931, S. 145 ff.

171 Ebenso Carnap, Einführung, S. 188.

172 Kausalität, S. 136.

173 Kausalität, S. 136; ebenso „Die Wende der Philosophie", Gesammelte Aufsätze, S.35.

der Kausalität vorschlagen, sondern die Bedeutung dieses Begriffs herausfinden, die ihm *tatsächlich* beigegeben wird. Er bringt sein Arznei-Beispiel: Wenn wir beobachten, daß eine bestimmte Arznei bei bestimmten Beschwerden *allen* Patienten, die dieses Medikament eingenommen haben, Linderung verschafft, dann sagen wir nicht, daß die Genesung nach der Einnahme des Medikaments ein Zufall war, sondern daß sie hierdurch *verursacht* wurde, ohne daß wir im übrigen zu wissen brauchen, aus welchen einzelnen Gründen die Medizin half. Daraus zieht Schlick die Folgerung, „daß der Unterschied zwischen einer rein *zeitlichen* Folge und einer *kausalen* Folge die Regelmäßigkeit, die Gleichförmigkeit der letzteren ist." Schlick legt besonderen Wert auf die Feststellung, daß wir zu dieser Unterscheidung nur dadurch kommen, daß wir die Regelmäßigkeit *beobachtet* haben. „Das Wort Ursache, wie es im täglichen Leben gebraucht wird, impliziert nichts als Regelmäßigkeit der Folge, weil nichts sonst benutzt wird, um die Aussagen zu verifizieren, in denen es vorkommt." Da Kausalität Regelmäßigkeit der Folge bedeute und sonst nichts, folge daraus zwingend: „Kausalität gehört zur realen Natur"[174]. Als Empirist wendet sich Schlick ausdrücklich dagegen, in dieser so verstandenen Kausalität irgendein unsichtbares „Band" zwischen Ursache und Wirkung zu sehen, wie dies vielfach (meist von einem sehr metaphysischen Standpunkt aus) geschieht[175].

Daß man den Sinn einer Aussage nur dadurch erfassen kann, indem man herausfindet, wie sie verifiziert wird, gehört zu den wichtigsten Grundsätzen wissenschaftstheoretischer Methodenlehre. Dieser Grundsatz betrifft das früher schon erwähnte sog. *„empiristische Sinnkriterium"*. Dieses besagt folgendes: Wissenschaftliche Erkenntnisse können nur durch Aussagen von Sätzen formuliert werden, die als Hilfsmittel *Begriffe* verwenden. Jedoch hat eine wissenschaftliche Aussage nur dann einen Sinn, „wenn die Bedeutung der vorkommenden Gegenstandsnamen angegeben werden kann"[176]. Um aber die Bedeutung eines verwendeten Begriffs einem Dritten klar machen zu können (und nur dann kann dieser auch den Sinn der Aussage verstehen), muß derjenige, der sich dessen bedient, durch Angabe von beobachtbaren, also empirischen Anzeichen das mit dem Begriff Gemeinte dem Dritten bezeichnen können[177], damit dieser dann durch *eigene* Beobachtung gleichfalls in der Lage ist, den Sinn des Begriffs zu erfassen. Auf diese Weise kann auch der Dritte feststellen, ob die Beobachtung richtig oder falsch ist, so daß er schließlich auch den Sinn einer Aussage, die diesen Begriff enthält, durch Beobachtung als wahr oder falsch zu erkennen, diese Aussage also einer Verifikationsprüfung zu unterziehen vermag. Jede Aussage muß auf

---

174 Kausalität, S. 146.

175 Vergl. z.B. Hessen, Kausalprinzip, S. 9, 16; Gass, Ursache, S. 17 f.

176 Carnap, Aufbau, S. 16.

177 Vergl. hierzu auch Kraft, Wiener Kreis, S. 77 ff.

Beobachtungssätze zurückführbar sein[178]. Dies ist freilich nur eine ganz grobe und sehr vereinfachende Darstellung dessen, um was es sich bei dem Begriff „empiristisches Sinnkriterium" handelt[179]. Ganz unerwähnt blieb das schwierige und bis heute noch nicht zufriedenstellend gelöste Problem des Verhältnisses zwischen Beobachtungssprache und theoretischer Sprache und entsprechend zwischen Beobachtungstermen (= -begriffen) und theoretischen Termen[180]. Für die Kausalitätsfragen jedoch, die im Zusammenhang mit juristischen Fällen auftreten, braucht hierauf nicht näher eingegangen zu werden.

Man erkennt leicht, daß Schlick bei dem Versuch, den Begriff der Kausalität, wie er im täglichen Leben gebraucht wird, seinen Lesern zu erklären, genau diesen eben in groben Umrissen gekennzeichneten methodologischen Weg der Wissenschaftstheorie gegangen ist. Auf diese Weise kam er zu der Ablehnung irgendeiner Bedeutung der Kausalität, die außerhalb der Erfahrung liegt, etwa einem „inneren Band" zwischen Ursache und Wirkung. „Wo es keine wohlbestmmte Verifikation gibt, kann es keinen wohlbestimmten Sinn geben"[181].

Im Anschluß an seine soeben referierten Ausführungen zum Begriff der Kausalität, wie er im täglichen Leben gebraucht wird, beschäftigt Schlick sich mit der Bedeutung dieses Begriffs in der *Wissenschaft* (besonders in der Naturwissenschaft). Hier geht er von der Frage aus, was in wissenschaftlicher Hinsicht unter dem Begriff Regelmäßigkeit, wie man ihn in der Alltagssprache im Zusammenhang mit dem Kausalitätsbegriff verwendet, zu verstehen sei. Er stellt fest, daß der Wissenschaftler die beobachteten Regelmäßigkeiten der Folge in (natur-)wissenschaftlichen *Gesetzen* formuliere (z.B. im Gesetz der Wärmeausdehnung: immer, wenn man etwa ein Metall auf eine bestimmte Temperatur erhitzt, dehnt es sich in einem gewissen Umfang aus). Wenn der Wissenschaftler nun ein solches Gesetz auf neue vergleichbare Fälle anwende, so finde er, daß die einzelnen Daten dieser Fälle mit denen des allgemeinen Gesetzes übereinstimmen. Er stelle fest, daß er mit seiner Hilfe im voraus berechnen könne, um wieviel sich z.B. ein Stück Kupfer bestimmter Beschaffenheit ausdehnen wird, wenn man es von 20 auf 80 Grad erhitzt. Hieraus folge: Auf Grund von Gesetzen, die Kausalzu-

178 Stegmüller, Hauptströmungen, S. 408, ferner S. 380 ff. und 402 ff. Vergl. auch die kritischen Ausführungen zum modernen Empirismus von Scheffler, Möglichkeiten eines bescheidenen Empirismus, S. 99 ff.

179 Auf die bedeutsamen Bedenken, die Popper gegen das empiristische Sinnkriterium im Rahmen seiner Falsifikationstheorie geltend gemacht hat, braucht für vorliegenden Zusammenhang nicht näher eingegangen zu werden; siehe dazu Stegmüller, Hauptströmungen, S. 397 ff.

180 Vergl. hierzu u.a. Sellars, Theoretische Erklärung, S. 239 ff. und Carnap, Einführung, S. 225 ff., ferner Stegmüller, Theorie und Erfahrung, S. 181 ff. und seine kritischen Betrachtungen, ebda., S. 293 ff.

181 Schlick, Kausalität, S. 138.

sammenhänge aufzeigen (sog. Kausalgesetze), vermag man zukünftige Folgen von Ereignissen vorauszuberechnen. „Das Kriterium der Kausalität ist erfolgreiche Voraussage“[182].

II. Wolfgang Stegmüller

A. Grundgedanken

Nachdem ich im vorigen Abschnitt einiges Grundsätzliche über die Wissenschaftstheorie gebracht und deren Methode am Beispiel von Schlicks Gedanken zum Kausalitätsbegriff skizziert habe, wende ich mich nun einem der wichtigsten Werke zu, die sich mit dem Kausalitätsbegriff befassen, dem schon erwähnten Werk von Wolfgang Stegmüller „Probleme und Resultate der Wissenschaftstheorie und Analytischen Philosophie“, Band 1 „Wissenschaftliche Erklärung und Begründung“.

Im Folgenden seien zunächst etwas ausführlicher Stegmüllers Grundgedanken gebracht, weil sie für die in dieser Arbeit vorgeschlagenen Lösungen der Kausalitätsprobleme im zivilen Schadensersatzrecht von größter Bedeutung sind.

1. Der Begriff der Erklärung, insbes. der kausalen Erklärung

Wie alle Wissenschaftstheoretiker geht auch Stegmüller von der alltagssprachlichen Bedeutung der Kausalaussagen aus. Die dabei am häufigsten verwendeten Begriffe sind die von „Ursache“ und „Wirkung“. Vielfach wird eine Kausalbeziehung durch einen mit „da“ oder „weil“ beginnenden Nebensatz zum Ausdruck gebracht. Beispiel[183]: „Da der Fahrer des Wagens übermüdet war, verlor er die Herrschaft über sein Auto, und der Unfall passierte“.

Die wesentliche Frage ist nun: Welchen *Sinn* haben solche Aussagen, die eine Ursache-Wirkung-Beziehung enthalten? Kausalität besteht natürlich auch für Stegmüller nicht in einem irgendwie gearteten „inneren Band“, das dem Ursache- oder Wirkungsereignis anhaftet. Eine Kausalaussage („Der Unfall geschah, weil der Fahrer übermüdet war“) hat für ihn nur den Sinn, daß das betreffende Ereignis *kausal erklärt wird.*

Der Zentralbegriff ist also der der *kausalen Erklärung* (eines singulären Ereignisses). Singuläre Kausalsätze versteht Stegmüller als eine bestimmte Art von kausa-

182 Schlick, Kausalität, S. 151.

183 Erklärung, S. 430.

len Erklärungen[184]. Die kausale Erklärung ihrerseits ist eine besondere Art der Erklärung im allgemeinen Sinn. Um diesen Begriff der *Erklärung*[185] geht es Stegmüller in seinem Werk in erster Linie, wobei er nur die Erklärung von konkreten Einzelereignissen oder Tatsachen im Auge hat, also singuläre Erklärungen (im Gegensatz zu Erklärungen von Theorien oder Gesetzen). Stegmüller läßt den Begriff der Ursache zunächst ganz aus dem Spiele und geht auf seine Explikation erst später ein.

Es ist also nötig, daß wir uns im Folgenden mit dem Begriff der Erklärung befassen, soweit dies für das Sinnverständnis von Kausalbehauptungen erforderlich ist.

Stegmüller grenzt den Begriff der Erklärung im Sinne der Antwort auf eine Warum-Frage von den übrigen zahlreichen Bedeutungsinhalten dieses Begriffs ab (z.B. im Sinne einer moralischen Rechtfertigung: mein Freund erklärt mir, warum er eine bestimmte Handlung begangen habe). Ihm geht es nur um die Erklärung von Ereignissen oder Vorgängen[186]. Im Gegensatz zu bloßen Beschreibungen von Tatsachen, die Antworten auf Fragen von der Art „Was ist der Fall?" oder „Was war der Fall?" geben, liegt das Charakteristische von Erklärungen darin, daß sie als Antwort auf die tieferliegende „Warum-Frage" („Warum ist – war – das so?") zusätzlich zu der Kenntnis der Einzeltatsachen an sich (durch die Beschreibung) die Kenntnis der *gesetzmäßigen Zusammenhänge* zwischen diesen Einzeltatsachen vermitteln[187].

Erklärt werden kann nur ein Sachverhalt, der durch einen empirischen *Satz* beschrieben wird[188]. Wenn man z.B. nach der Erklärung eines „Erdbebens", von dem man gehört hat, fragt, so muß diese unklare Fragestellung, bei der der Gegenstand der gesuchten Erklärung durch ein Hauptwort bezeichnet wird, dadurch verdeutlicht werden, daß man das zu Erklärende, das im Folgenden mit Stegmüllers Explanandum genannt werden soll, in einen Satz mit einer Reihe von Merkmalen, durch die das Explanandum näher angegeben wird, umformuliert und daraus die „Warum . . ., daß . . ."-Frage bildet: „Warum ist es der Fall, daß am . . . in . . . die Erde in Bewegung geriet und dadurch viele Häuser zerstört wurden?"

Geht man auf diese Weise vor, so fällt sofort auf, daß es nun nicht mehr um die Erklärung des Erdbebens in allen seinen Erscheinungen und in seiner ganzen Komplexität geht, sondern nur noch um gewisse *Aspekte* dieses Erdbebens. Dies entspricht auch allein der Praxis: Denn wir können niemals ein Ereignis in seiner

---

184 Erklärung, S. 430.

185 Vergl. dazu auch Hempel, Erklärung, S. 218 und Scheibe, Ursache und Erklärung, S. 259.

186 Erklärung, S. 72.

187 Erklärung, S. 77, 157.

188 Erklärung, S. 78.

Totalität und in allen seinen Auswirkungen, sondern immer nur einzelne Aspekte eines solchen Ereignisses erklären, die *Sachverhalte* genannt werden sollen[189]. Jeder Sachverhalt besteht in einem speziellen Vorkommnis an einer bestimmten Raum-Zeit-Stelle[190]. Bestehen diese Sachverhalte in der Wirklichkeit, sind sie also wahr, so spricht man von *Tatsachen*[191].

Wie wird nun ein Explanandum erklärt, genauer: wie wird ein bestimmter Sachverhalt eines Ereignisses erklärt? Dies geschieht dadurch, daß zum einen gewisse Bedingungen angegeben werden, die vor oder während des Explanandum-Ereignisses realisiert waren. Sie werden Antecedensbedingungen $A_1 \ldots A_n$ genannt. Zum anderen gibt man gewisse Gesetzmäßigkeiten $G_1 \ldots G_r$ an. Diese beiden Klassen von Sätzen, nämlich diejenigen, die die Antecedensbedingungen und jene, die die Gesetzmäßigkeiten enthalten, bilden die Prämissen. Sie werden zusammenfassend als Explanans bezeichnet[192]. Wenn man das Explanandum aus dem Explanans *logisch* ableiten kann, hat man in ihm die gesuchte Erklärung. Stegmüller bringt das Beispiel des Ruderers, der beobachtet, wie der im Wasser befindliche Teil seines Ruders als gebogen erscheint. Zu den konkreten Antecedensbedingungen gehören die Feststellungen wie: daß das Ruder ein gerades Stück Holz ist; daß sich ein Teil des Ruders oberhalb, ein anderer Teil unterhalb des Wassers befindet; daß das Ruder von einer bestimmten Stelle oberhalb der Wasseroberfläche aus beobachtet wird. Als Gesetzesaussagen werden die Gesetze der Lichtbrechung sowie das Gesetz angeführt, das besagt, daß das Wasser ein optisch dichteres Medium ist als die Luft.

Eine Warum-Frage von der Gestalt „Warum kommt dieses Phänomen vor?" wird nach Stegmüller in folgendem Sinn interpretiert[193]: „Auf Grund von welchen Antecedensbedingungen und gemäß welchen Gesetzen kommt dieses Phänomen vor?"

Da es zwei große Gruppen von Gesetzeshypothesen[194] gibt, erhebt sich die Frage, um welche Gesetzmäßigkeiten es sich bei den kausalen Erklärungen handeln muß. Die eine Gruppe der Gesetzeshypothesen besteht aus den sog. *strikten* oder *deterministischen* Gesetzen: Dies sind die sog. Universalgesetze[195]. Sie enthal-

189 Vergl. dazu auch Hempel, Erklärung, S. 223 f.

190 Zum Begriff der „Stelle" und dem der „Raum-Zeit-Stelle" vergl. Rödig, Alternative, S. 16 ff.

191 Stegmüller, Erklärung, S. 82.

192 Erklärung, S. 86.

193 Erklärung, S. 83.

194 Prinzipiell haben alle Gesetzesaussagen hypothetischen Charakter, da niemals die Möglichkeit einer abschließenden Verifizierung besteht. Von keiner Gesetzesaussage kann definitiv gesagt werden, daß es auch in Zukunft keinen sie widerlegenden Fall geben werde.

195 Vergl. dazu Carnap, Einführung, S. 11.

ten beobachtete Regelmäßigkeiten, die zu allen Zeiten und an allen Orten gelten (z.B.: „Alles Wasser gefriert bei 0 Grad Celsius"). Diese Gesetze sollen mit Stegmüller[196] *nomologische* Gesetze genannt werden[197].

Die andere Gruppe von Gesetzeshypothesen enthält die sog. *statistischen* oder *probalistischen* Gesetzesannahmen, also Wahrscheinlichkeitshypothesen. Diese Gesetze besagen, daß Regelmäßigkeiten nur in einem gewissen Prozentsatz der Fälle auftreten (z.B.: „Etwa die Hälfte der jährlich geborenen Kinder sind Knaben")[198]. In der Praxis spielt diese Gruppe von Gesetzen eine sehr große Rolle.

Wie sich später (S. 60 f.) noch zeigen wird, können für *kausale* Erklärungen nur nomologische (deterministische) Gesetze verwendet werden[199]. Denn nur aus Prämissen, die solche Gesetze enthalten, kann man das Explanandum durch einen *logischen* Schluß ableiten[199a]. Oben (S. 52) setzten wir schon einmal das Erfordernis dieser *logischen* Ableitbarkeit stillschweigend voraus. Sie wäre nicht denkbar, wenn man nur statistische Gesetzmäßigkeiten zur Verfügung hätte; denn dann könnte man nur zu *induktiven* Argumenten kommen. Während man sich bei vielen nicht speziell kausalen Erklärungen mit solchen induktiven Argumenten zufrieden geben muß, weil keine anderen als statistische Gesetze vorliegen, liegt das Wesen der kausalen Erklärung gerade in ihrer logischen Ableitbarkeit (aus den Prämissen)[200]. Zur Frage, ob es neben dieser „logischen Notwendigkeit" (auf Grund ihrer Ableitbarkeit) noch eine „*kausale* Notwendigkeit" gibt, siehe unten S. 77 f.

Wir können nun die allgemeine Struktur einer kausalen Erklärung nach Stegmüller durch folgendes Schema skizzieren:

Explanans	$A_1, \ldots, A_n$	(Sätze, welche die Antecedensbedingungen beschreiben)
	$G_1, \ldots, G_r$	(allgemeine Gesetzmäßigkeiten)
Explanandum	E	(Beschreibung des zu erklärenden Ereignisses)

Der waagerechte Strich zwischen Explanans und Explanandum symbolisiert den Argumentationsschritt, der die logische Folgebeziehung anzeigt. Es handelt sich

196 Stegmüller, Erklärung, S. 83.

197 In gleichem Sinn bereits v. Kries, Begriff der objectiven Möglichkeit, S. 181, 197.

198 Eine besondere Rolle spielen die statistischen Gesetze in der Quantenphysik.

199 Stegmüller, Erklärung, S. 453.

199a Stegmüller, Erklärung, S. 83.

200 Vergl. Stegmüller, Erklärung, S. 78 ff.; Carnap, Einführung, S. 192; Schlick, Kausalität, S. 146.

hier um eine sog. *deduktiv-nomologische Erklärung*[201]. Danach ist ein kausaler Weil-Satz, der Antwort gibt auf eine Warum-Frage, zu interpretieren als eine logische Folgerung aus gesetzesartigen Aussagen[202]. Für die kausale Erklärung gilt die Besonderheit, daß die Antecedensbedingungen niemals zeitlich später als das Explanandum liegen können[203].

2. Der Begriff der Ursache

Nun kann auch der Begriff der Ursache eingeführt werden. Er findet Anwendung fast nur noch in der Umgangssprache, während er von den Wissenschaften mehr und mehr vermieden wird[204], vor allem von den exakten Naturwissenschaften. Das hat seinen Grund darin, daß heute eine allgemeine Tendenz besteht, Gesetze, die man auf Grund von direkter Beobachtung[205] gewinnt, sog. Makrogesetze, durch Mikrogesetze[206] zu ersetzen, d.h. durch Gesetze, die sich auf Vorgänge in äußerst kleinen Räumen und Zeitintervallen beziehen (z.B. Molekularbewegungen im Bereich der Wärmelehre). Analog zu den Naturwissenschaften gilt dies auch z.B. für die Soziologie und die Wirtschaftswissenschaften. Ursache und Wirkung aber sind Begriffe, die nur im (anschaulichen) Makrobereich sinnvoll erscheinen, im „Bereich des Alltäglichen und anschaulich Vorstellbaren", während diese Begriffe, wie viele andere der Umgangssprache auch, im Mikrobereich, wo die Welt des anschaulich Vorstellbaren mehr und mehr verlassen wird, nicht mehr anwendbar sind[207,208].

---

201 Das aufgezeigte Modell geht auf Hempel und Oppenheim zurück und wird daher auch das „H-O-Schema der wissenschaftlichen Erklärung" genannt; vergl. z.B. Hempel, Erklärung, S. 215 ff.

202 Erklärung, S. 105, vergl. auch S. 447.

203 Erklärung, S. 452, vergl. auch S. 434 Fn. 1 und unten S. 61.

204 So auch Engisch, Weltbild, S. 114.

205 Vergl. hierzu Carnap, Einführung, S. 225 ff.

206 Näher hierzu Carnap, a.a.O., und Stegmüller, Festschrift für V. Kraft, S. 181 f.

207 Stegmüller, Festschrift für V. Kraft, S. 182.

208 Von Interesse ist in diesem Zusammenhang die Feststellung, daß für die alltagssprachlichen Verben „bewirken" und „verursachen" ein entsprechender „Kausalitäts-"Ausdruck als Verbum fehlt. In der Umgangssprache sagt man sowohl: Das Ereignis U hat das Ereignis W bewirkt (verursacht), als auch: zwischen den Ereignissen U und W besteht ein Ursachenzusammenhang. Dagegen läßt sich dieser Sachverhalt vermittels des Kausalitätsbegriffs nur durch die Formulierung: zwischen den Ereignissen U und W besteht ein Kausalzusammenhang, oder kurz: zwischen den Ereignissen U und W ist Kausalität gegeben, ausdrücken. Während in „verursachen" und „bewirken" ein gewisses „Tätig"- oder „Aktivwerden" steckt, von wo aus es nicht mehr weit zu der bekannten Vorstellung der „Kraftentfaltung" ist, die auch heute noch bisweilen als charakteristisch für Verursachung angesehen wird (siehe unten S. 104 f.), sind solche Vorstellungen dem Begriff „Kausalität" gänzlich fremd; vergl. hierzu auch Engisch, Weltbild, S. 112 f.

Aber auch in der Alltagssprache ist die Verwendung des Begriffs „Ursache" mehrdeutig. Carnap bringt das Beispiel eines Autozusammenstoßes auf der Straße[209]. Je nach dem, von welchem Standpunkt aus man dieses Ereignis betrachtet, können sich verschiedene Antworten auf die Frage nach der Ursächlichkeit dieses Zusammenstoßes ergeben: Der Straßenbauingenieur wird z.B. den nach seiner Meinung zu glatten Belag der Straße als Ursache für den Unfall ansehen, zumal wenn, wie unterstellt sei, es etwas geregnet hatte. Die Verkehrspolizei wird die Nichtbeachtung der Verkehrsregel, daß niemand mit überhöhter Geschwindigkeit fahren darf, für ursächlich halten. Ein Psychologe wiederum gibt vielleicht an, daß der Fahrer sich aus bestimmten Gründen in einem Angstzustand befand, auf den der Unfall zurückführbar sei. Es ließen sich weitere Antworten denken.

In keinem Fall kann man sagen, daß *die* Ursache benannt worden wäre. Wenn man hier trotzdem im Alltagssprachgebrauch von *der* Ursache spricht, so handelt es sich nach Stegmüller um eine mißverständliche Ausdrucksweise, die abzulehnen ist[210]. Stegmüller schlägt daher vor, in vorliegenden Fällen statt von „der Ursache" jeweils von einer *„Teilursache"* zu sprechen[211].

Als eigentliche Ursache eines Ereignisses dagegen müssen *sämtliche* relevanten Antecedensbedingungen dieses Ereignisses angesehen werden. „Eine Ursache eines Ereignisses E besteht danach in der Gesamtheit der Antecedensbedingungen, auf Grund deren E deduktiv-nomologisch erklärbar ist."[212] Da es nun aber, wie schon erwähnt, unmöglich ist, *sämtliche* Antecedensbedingungen eines Ereignisses in ihrer Totalität anzugeben (dies würde die Beschreibung des ganzen Universums erfordern)[213], ist dieser Begriff der Ursache praktisch nicht sehr nützlich[214].

Zu beachten ist, daß zu den relevanten Antecedensbedingungen nicht nur die sich gerade ändernden Bedingungen als besonders ins Auge fallend gehören, sondern auch und nicht minder die konstanten oder statischen Bedingungen[215]. Die Bedeutung der letzteren wird häufig unterschätzt. Gerade auch sie aber werden sich für die juristischen Schadensfälle als besonders wichtig erweisen[216].

---

209 Einführung, S. 190; auf dieses Beispiel nimmt Stegmüller, Erklärung, S. 436, Bezug.

210 Erklärung, S. 463.

211 Erklärung, S. 437.

212 Erklärung, S. 433, ebenso S. 462. Dieser Gedanke wurde vor allem von J. St. Mill scharf herausgearbeitet, Logik, Bd. II, übers. von Gomperz, S. 15 ff.

213 Erklärung, S. 112 f.

214 Für die Zwecke der Jurisprudenz ist er auch nicht nötig.

215 Erklärung, S. 433.

216 Vergl. hierzu auch Carnaps Ausführungen, auf die ich unten S. 73 ff. zu sprechen komme.

3. Unterscheiden sich historische von naturwissenschaftlichen Erklärungen?

Bevor ich in der Darstellung von Stegmüllers allgemeinen Ausführungen zum Problem der kausalen Erklärung fortfahre, möchte ich schon an dieser Stelle, wenn auch nur kurz, auf eine gerade im Hinblick auf die juristischen Fälle wichtige Fragestellung hinweisen, mit der sich Stegmüller eingehend befaßt: Unterscheiden sich historische Erklärungen prinzipiell von naturwissenschaftlichen?

Bereits oben (S. 43) sagte ich, daß Stegmüller den Begriff der kausalen Erklärung so eingeführt hat, daß er nach seiner Ansicht in *allen* wissenschaftlichen Disziplinen anwendbar ist. Er vertritt mit Hempel[217] die Meinung, daß bei historischen Erklärungen ebenso wie bei naturwissenschaftlichen *kausale* Erklärungen gewollt sind[218]. Auch bei historischen Ereignissen fragt man: „*Warum* ist a geschehen?" Und die Antworten enthalten Ausdrücke wie „daher", „weil", „wurde bewirkt durch" usw. Dem steht nach Stegmüller nicht entgegen, daß es nach verbreiteter Meinung bei naturwissenschaftlicher Erkenntnis stets nur um das „Allgemeine", bei historischen Vorgängen hingegen um Ereignisse in ihrer unwiederholbaren Einmaligkeit geht. Zum einen kommen auch bei naturwissenschaftlichen Erklärungen als Antecedensaussagen immer nur „Namen oder sonstige Bezeichnungen von individuellen Objekten, Raum-Zeit-Punkten u. dgl." in Betracht[219]. Aber abgesehen davon können sowohl die naturwissenschaftlichen als auch die historischen Ereignisse (z.B. die französische Revolution) niemals, wie schon erwähnt, in ihrer Totalität erklärt werden, sondern immer nur gewisse „*Tatsachen über* diese Ereignisse"[220] – besser würde man wohl sagen: es sind einzelne Sachverhalte von Ereignissen, die erklärt werden –, die je für sich in beiden Fällen stets ihre besondere Individualität besitzen. Auch wenn es bei historischen Erklärungen für die dabei verwendeten Gesetzmäßigkeiten de facto – wegen der sehr großen Anzahl von zu berücksichtigenden relevanten Faktoren – nur einen einzigen Anwendungsfall gibt, so besteht doch noch die wenigstens theoretische Möglichkeit ihrer Anwendbarkeit auch auf andere Fälle[221]. „In dieser Hinsicht kann also aus logischen Gründen kein Unterschied zwischen naturwissenschaftlicher und historischer Erklärung bestehen"[222].

Um Mißverständnissen vorzubeugen, muß darauf hingewiesen werden, daß unter „historischen" Ereignissen nicht lediglich „geschichtliche" im Sinne der Ge-

---

217 Vergl. Hempel, Erklärung, S. 224 ff.

218 Erklärung, S. 336 f.

219 Erklärung, S. 337. Insoweit hat Gass, Ursache, S. 15 ff. (23), Recht, wenn er sagt, daß sich die Relation Ursache-Wirkung immer auf einen ganz konkreten, individuellen Vorgang der realen Wirklichkeit beziehe.

220 Erklärung, S. 112.

221 Erklärung, S. 102.

222 Erklärung, S. 337 f.

schichtswissenschaft zu verstehen sind. Will man überhaupt an der Unterscheidung „historisch"/„naturwissenschaftlich" in diesem Zusammenhang festhalten (was durchaus Zweifeln begegnet, siehe sogleich), so sind unter historischen Ereignissen solche zu verstehen, denen ein *umfangreicher Geschehensverlauf* zugrunde liegt, der *insgesamt* nur durch Erklärung eines jeden der einzelnen Geschehens*abschnitte* erklärbar ist. In diesem Sinn typisches „naturwissenschaftliches" Ereignis: Ich erzeuge in unmittelbarer Nähe einer brennenden Kerze eine starke Luftbewegung; Folge: Die Flamme erlischt. „Historisches" Ereignis: Der Lokomotivführer L erhält vom Stellwerksbeamten S die Anweisung, den Zug z statt, wie an anderen Tagen üblich, in das Gleis a in Gleis b einfahren zu lassen; wegen eines dort von X deponierten Sprengkörpers kommt es zu einer Explosion; die Anweisung des S war mitkausal für die Explosion.

Im übrigen ist es zweifelhaft, ob die erwähnte Unterscheidung zwischen naturwissenschaftlicher und historischer Erkenntnis („Allgemeinheit" – „Einmaligkeit") überhaupt generell durchführbar ist. Denn mit zunehmendem Wissenschaftsfortschritt im Bereich der Naturwissenschaft trifft diese auf immer *individuellere* Naturvorgänge, an denen gerade das vom „Allgemeinen" *Abweichende* von Interesse und Gegenstand der Forschung ist. Besonders deutlich zeigt sich diese Tendenz in der Medizin. H. J. Leu stellt z.B. im Zusammenhang mit der Gefäßpathologie fest:[223] „Kaum zwei Individuen reagieren auf die gleiche Art auf eine äußere chronische Schadenseinwirkung an den Gefäßen." Entsprechendes gilt auch für die Bereiche der Biologie und die anderen (Natur-)Wissenschaften[224].

Nach Stegmüller besteht zwischen naturwissenschaftlichen und historischen Erklärungen auch kein Unterschied der Art, daß etwa letztere, soweit hier auf „Ziele, Zwecke, Intentionen, Motive der handelnden Personen" Bezug genommen wird, teleologischen Charakter haben. Nach Stegmüller liegt hier nur ein

---

223 Aus der Antrittsrede „Pathologie der Gefäße – Pathologie unserer Lebensweise", gehalten an der Medizinischen Fakultät der Universität Zürich, abgedruckt in der Neuen Zürcher Zeitung, Nr. 341 (Fernausgabe) vom 12.12.1972, S. 21 f.

224 Gerade die Unterscheidung zwischen dem Allgemeinen und dem sich stets gleichmäßig Wiederholenden in der Natur, dem sich die Naturwissenschaften widmen, einerseits und dem individuellen Einzelvorgang in seiner je eigenen Besonderheit und nichtwiederholbaren Einmaligkeit andererseits stellt – u.a. – einen wichtigen Gesichtspunkt für die auf Rickert zurückgehende Trennung der wertfreien Naturwissenschaften von den auf Werte und Sinnzusammenhänge bezogenen Kulturwissenschaften (zu denen danach auch die Rechtswissenschaft gehört) dar. Vergl. Rickert, Die Grenzen der naturwissenschaftlichen Begriffsbildung, S. 318 ff. Zum südwestdeutschen Neukantianismus Rickerts vergl. Larenz, Methodenlehre, S. 96 ff., ferner Schünemann, Unterlassungsdelikte, S. 18 ff. Ob die erwähnte Unterscheidung unter *diesem* Aspekt noch aufrechtzuerhalten ist, erscheint zweifelhaft; dem kann jedoch hier nicht nachgegangen werden.

Spezialfall einer kausalen Erklärung vor: eine solche aus Motiven; siehe dazu auch unten S. 71.

Zusammenfassend ist zu sagen: Soweit es sich bei historischen wie naturwissenschaftlichen Erklärungen um wissenschaftliche Erklärungen von Ereignissen (genauer: von einzelnen Sachverhalten solcher Ereignisse) im oben näher beschriebenen logisch-systematischen Sinn handelt, besteht nach Stegmüller zwischen beiden Erklärungsarten kein prinzipieller Unterschied. Auf Einzelheiten zu den historischen Erklärungen komme ich später noch zurück (vergl. S. 65 ff.). Hier ging es lediglich um den Hinweis, daß Stegmüller seine Gedanken zur kausalen Erklärung nicht auf die naturwissenschaftlichen Erklärungen beschränkt wissen will, sondern die historischen gleichberechtigt miteinbezieht.

4. Unvollkommene Erklärungen

Freilich – und hier kommen wir wieder zum allgemeinen Thema der kausalen Erklärung zurück –, in vielen Fällen weisen die kausalen Erklärungen von naturwissenschaftlichen und mehr noch die von historischen Ereignissen keineswegs jene Vollständigkeit auf, die dem oben vorgestellten allgemeinen Schema einer deduktiv-nomologischen Erklärung (S. 53) entsprechen würde. Dort handelte es sich vielmehr um ein *ideales Modell,* von dem die faktischen Erklärungen der vorwissenschaftlichen sowie der wissenschaftlichen Praxis mehr oder weniger stark abweichen. Stegmüller spricht hinsichtlich solcher Fälle von *unvollkommenen Erklärungen,* wobei er hier verschiedene Arten unterscheidet[225]:

a) Rudimentäre Erklärungen

Die – auch im Hinblick auf die juristischen Fälle – wohl wichtigste Form einer unvollkommenen Erklärung ist die sog. *rudimentäre oder elliptisch formulierte Erklärung.* Nach Stegmüller fallen hierunter die meisten derjenigen Erklärungen, die die Gestalt von Weil-Sätzen haben oder von Ursachen bzw. Wirkungen sprechen. An Beispielen bringt er u.a.: das Auto verunglückte, *weil* ein Reifen bei hoher Geschwindigkeit platzte; Hans starb, *weil* er Tollkirschen aß; der Brand der Wiener Börse wurde durch einen brennenden Zigarettenstummel *verursacht.* „Die Unvollkommenheit solcher Erklärungen besteht darin, daß die relevanten Daten nur sehr unvollständig angegeben und die benötigten Gesetze überhaupt nicht erwähnt werden, da man sie stillschweigend als geltend voraussetzt." Dabei kann es entweder so liegen, daß der Erklärende selber die Antecedensdaten und die Gesetzmäßigkeiten im nötigen Umfang geben könnte, oder daß wenigstens

---

225 Vergl. zum Folgenden Erklärung, S. 105 ff. und Hempel, Erklärung, S. 221 ff. (224 ff.).

ein geeigneter Sachverständiger hierzu fähig wäre, oder aber so, daß gegenwärtig (noch) niemand hierzu in der Lage ist, weil z.B. die einschlägigen Gesetze (noch) nicht bekannt sind.

b) Ungenaue Erklärungen

Ein anderer Typ der unvollkommenen Erklärung ist der der *ungenauen Erklärung:* Dieser Fall liegt vor allem dann vor, wenn „im Explanans Ausdrücke vorkommen, die *relativ zur gestellten Aufgabe* nicht klar genug sind", wenn „im Explanans eine zu schwache Begriffsform gewählt wird". Stegmüller bringt als Beispiel den Fall, daß erklärt werden soll, warum sich ein Eisenstab e zu einer Zeit t um 3,2 mm ausdehnte. In der Erklärung wird neben dem Antecedensdatum der Erwärmung dieses Eisenstabs zur Zeit t als Gesetz angegeben, daß alles Eisen sich bei Erwärmung ausdehnt. Diese Erklärung begründet nur, daß sich e zur Zeit t *überhaupt* ausdehnte, nicht aber, daß e sich gerade um den angegebenen Betrag ausdehnte.

c) Partielle Erklärungen

Ein weiterer wichtiger Typ der unvollkommenen Erklärung ist der der *partiellen Erklärung,* bei welcher vom zu erklärenden Ereignis im Explanandum mehr Sachverhalte beschrieben werden, als das Explanans auf Grund der angegebenen Antecedensbedingungen und Gesetzmäßigkeiten abzuleiten erlaubt, so daß ein stärkerer Erklärungswert vorgetäuscht wird als wirklich vorliegt. Stegmüller[226] gibt ein Beispiel von Hempel[227] aus dem Bereich der Psychoanalyse, das hier wiederzugeben jedoch zu weit führen würde. Im übrigen weist er ausdrücklich darauf hin, daß man auch das obige Beispiel des erwärmten Eisenstabes hier subsumieren könnte; die Grenze zwischen beiden Erklärungstypen ist demnach fließend.

d) Erklärungsskizzen

Ebenfalls fließend verläuft die Grenze zwischen den schon erwähnten rudimentären Erklärungen und den sog. *Erklärungsskizzen*[228], die am stärksten vom idealen Erklärungsmodell abweichen: Hier „besteht das Explanans nur in einem ungefähren Umriß einer Erklärung, in mehr oder weniger vagen Hinweisen darauf, wie Antecedensdaten und Gesetze so ergänzt werden könnten, daß daraus eine befriedigende rationale Erklärung entsteht." Dieser Fall ist vor allem gegeben, wenn für die Erklärung zur Zeit noch keine geeigneten empirischen Gesetzmäßigkeiten zur Verfügung stehen.

---

226 Erklärung, S. 108 f.

227 Vergl. Hempel, Erklärung, S. 222 f.

228 Vergl. hierzu Erklärung, S. 110 f., auch S. 348 ff.

e) Erklärbarkeitsbehauptungen

Stegmüller führt zu diesen Arten der unvollkommenen Erklärung aus, daß nicht alle Erklärungen, die als unvollkommen erscheinen, wirklich als solche gedeutet zu werden brauchen. Zwar handelt es sich niemals um sog. *effektive Erklärungen*, die nur dann vorliegen, wenn die Antecedensbedingungen (A) und die Gesetzmäßigkeiten (G) vollständig angegeben sind. Es kann sich aber um sog. *Erklärbarkeitsbehauptungen* handeln. Eine solche liegt vor, wenn eine Aussage von folgender Gestalt gegeben ist: „Es existiert eine Klasse von Gesetzen G, so daß aus A und G E deduzierbar ist." Eine solche Aussage ist dann richtig, wenn es tatsächlich die angegebene Klasse von Gesetzen G gibt, ohne daß es im übrigen für ihren Sinn darauf ankommt, ob G dem Erklärenden bekannt ist, ja, ob G in genauer Form gegenwärtig überhaupt jemandem bekannt ist. Entsprechendes gilt für die Angabe der Antecedensbedingungen A: Auch auf solche, die nicht angegeben worden sind, kann sich die Erklärbarkeitsbehauptung erstrecken[229]. Stegmüller weist darauf hin, daß die meisten singulären Kausalsätze mit nur unvollständiger Angabe der Antecedensbedingungen und Gesetze solche Erklärbarkeitsbehauptungen sind. Dies gilt sowohl für naturwissenschaftliche als auch für historische Erklärungen.

5. Einige Einzelheiten zur kausalen Erklärung

Betrachten wir noch einige Einzelheiten der Kausalerklärung, um danach verschiedene Spezialfälle solcher Erklärungen zu betrachten, wie etwa die historischen, dispositionellen oder psychologischen Erklärungen.

Singuläre Kausalsätze sind als rudimentäre kausale Erklärungen zu interpretieren[230]. Die Aussage „A ist eine (Teil-)Ursache von E" ist keine effektive Erklärung, sondern als eine Erklärbarkeitsbehauptung im oben beschriebenen Sinne zu verstehen. Sie besagt: „Es existieren Gesetzmäßigkeiten, aus denen zusammen mit einer genauen Beschreibung von A E logisch ableitbar ist."[231] Für eine effektive Erklärung freilich ist die Angabe der Gesetzmäßigkeiten unerläßlich.

Eine genaue Explikation des Begriffs der kausalen Erklärung hängt wesentlich davon ab, welchen Gesetzesbegriff man einführt. Denn das Explanandum wird ja aus den Antecedensbedingungen *und* den Gesetzmäßigkeiten logisch abgeleitet, so daß jedes Explanans mindestens ein Gesetz enthalten muß.

Oben S. 52 f. kamen wir schon auf den Unterschied zwischen deterministischen und statistischen Gesetzen zu sprechen. Vermittels eines deterministischen Ge-

229 Zur Erklärbarkeitsbehauptung siehe Erklärung, S. 128 ff.

230 Erklärung, S. 430.

231 Ebenso Carnap, Einführung, S. 194.

setzes vermag man aus der genauen Kenntnis der relevanten Bedingungen einen späteren Zustand mit Genauigkeit vorauszusagen. Für den Begriff des Kausalgesetzes, d.h. eines Gesetzes, das im Explanans einer kausalen Erklärung verwertbar ist, ist das Grundmerkmal „deterministisch" wesentlich[232]. „Dieser Begriff des Kausalgesetzes würde uninteressant und farblos werden, wollte man statistische Gesetze in die Klasse kausaler Gesetzmäßigkeiten mit einbeziehen." Nach Stegmüller schließen statistische Erklärungen und kausale Erklärungen einander aus[233]. Bei den Kausalgesetzen sollte es sich ferner um *quantitative* Gesetze handeln, d.h. solche Gesetze, die quantitative Begriffe, nämlich Begriffe mit Zahlenwerten, enthalten, sofern – und dies ist eine wichtige Einschränkung! – die relevanten Eigenschaften überhaupt in quantitativer Sprache beschreibbar sind, was sehr häufig, besonders bei historischen Ereignissen, nicht der Fall ist[234]. Weiter ist für ein Kausalgesetz wesentlich, daß es die *zeitlichen Änderungen* der Gegenstände, auf die es sich bezieht, betrifft. Solch ein Gesetz antwortet immer auf die Frage: Wie ist der Zustand des betreffenden Gegenstandes beschaffen, der auf den vorangegangenen folgt? Man spricht hier von *Ablauf- oder Sukzessionsgesetzen.* Beispiel: Welche Gestalt hat ein Eisenstab nach einer Erhitzung von 50° auf 150°? Demgegenüber äußern sich die Zustandsgesetze oder die Gesetze der Koexistenz über das *gleichzeitige* Vorkommen bestimmter Sachverhalte. Beispiel: Die Gasgesetze sagen über die gleichzeitig vorkommenden Werte von Druck, Volumen und Temperatur eines Gases aus.

Stegmüller gelangt zu der folgenden, wie er sagt „versuchsweisen", Explikation des Begriffs der kausalen Erklärung: „Eine kausale Erklärung ist eine deduktiv-nomologische Erklärung, für die mindestens ein deterministisches, quantitatives Ablaufsgesetz benötigt wird und deren Antecedensereignis nicht später ist als das Explanandumereignis."[235]

Nur am Rande sei angemerkt, daß wir hier stillschweigend von der Möglichkeit ausgegangen sind, ein präzises hinreichendes Kriterium für einen adäquaten Begriff der Gesetzesartigkeit (in Abgrenzung zu den nicht universellen, akzidentellen oder *Einzel*aussagen) anzugeben. Gerade hierüber aber herrscht unter den Wissenschaftstheoretikern eine bis heute nicht abgeschlossene theoretische Diskussion, auf die in unserem Zusammenhang nicht näher eingegangen zu werden braucht.

---

232 Erklärung, S. 453.

233 Erklärung, S. 431, ebenso S. 467.

234 Erklärung, S. 455, 461.

235 Erklärung, S. 462.

6. Die Unterscheidung von Ursachen und Gründen

Zum Abschluß dieser allgemeinen Ausführungen zum Begriff der kausalen Erklärung möchte ich noch zwei Themen berühren, die sich besonders für die juristischen Fälle als wichtig erweisen werden. Das eine Thema betrifft die Unterscheidung zwischen Ursachen und Gründen. Wenn wir mit einer Warum-Frage eine Erklärung für ein Phänomen suchen, so suchen wir nach Ursachen (sog. „Seins-" oder „Realgründe"). Die Warum-Frage kann jedoch auch in einem schwächeren Sinn gemeint sein, nämlich: „Warum *glaubst* du, daß ein bestimmtes Ereignis geschieht?" Hier tritt die Doppeldeutigkeit der Warum-Frage zutage: Es kann sich um eine eine Erklärung heischende oder um eine epistemische Warum-Frage handeln. Jene sucht nach Ursachen, diese nach (bloßen) Gründen. Stegmüller verdeutlicht den Unterschied, indem er die Warum-Fragen im Zusammenhang mit Voraussagen betrachtet[236]. Wenn X heute behauptet, daß übermorgen ein bestimmtes Ereignis a stattfinden werde, dann kann man ihm zwei Warum-Fragen stellen: (1) „Warum *wird* a übermorgen stattfinden?" und (2) „Warum *glaubst* du, daß a übermorgen stattfinden wird?" Als Antwort auf die Frage (1) verlangen wir die Angabe von Ursachen („Seinsgründe", „Realgründe"), als Antwort auf die Frage (2) dagegen genügt uns die Angabe von bloßen Vernunftgründen („Erkenntnisgründe", „induktive Gründe"). Jede befriedigende Antwort auf die erste Frage ist auch eine befriedigende auf die zweite, jedoch nicht umgekehrt[237].

Bloße Vernunftgründe stellen z.B. die sog. Symptome dar. Stegmüller bringt folgendes anschauliche Beispiel[238]: Ein Arzt stellt bei einem Patienten 5 Merkmale fest: einen erhöhten Puls, eine veränderte Pupillenreaktion, eine belegte Zunge, einen erhöhten Blutdruck und Schmerzen bestimmter Art. Vorausgesetzt, daß diese Merkmale Symptome für das Ausbrechen einer bestimmten Krankheit sind, die mit hohem Fieber beginnt, wird der Arzt das baldige Eintreten des hohen Fiebers *voraussagen*. Der Arzt stützt sich bei dieser Voraussage auf die 5 Symptome. Nach Eintritt des Fiebers wäre es jedoch unsinnig, diese 5 Symptome im nachhinein als *Ursachen* des Fiebers hinzustellen.

Hieraus erhellt: „Rationale Voraussage-Argumente können sich also auf Seinsgründe wie Vernunftgründe, die keine Seinsgründe sind, stützen."[239] Ganz anders dagegen liegt es bei erklärenden Argumenten: „Hier verlangen wir in jedem Fall die Angabe von Ursachen oder von Seinsgründen." Es versteht sich, daß man als Vernunftgründe auch Argumente verwerten kann, die sich auf statistische Gesetzmäßigkeiten stützen. Mehr braucht über dieses Problem hier nicht ausgeführt zu werden.

---

236 Erklärung, S. 171.

237 Erklärung, S. 171, 177.

238 Erklärung, S. 175.

239 Erklärung, S. 172.

7. Zur Struktur der kausalen Erklärung

Das andere Thema, auf das ich zum Abschluß der allgemeinen Gedanken zur kausalen Erklärung zu sprechen kommen möchte, befaßt sich mit einigen Begriffen, die für das Verständnis der Struktur der kausalen Erklärung besonders nützlich sind. Sie gehen auf einfache *Modelle* für deterministische Erklärungen zurück, die Stegmüller im Anschluß an Rescher aufstellt. Für unsere Zwecke ist es nicht nötig, diese Modelle in allen Einzelheiten zu beschreiben; dies würde überdies unverhältnismäßig viel Raum erfordern. Vielmehr beschränke ich mich auf die Einführung einiger weniger Begriffe.

Um die Probleme, die mit dem Begriff der wissenschaftlichen Erklärung zusammenhängen, anschaulich zu machen, geht Stegmüller von sog. *diskreten Zustandssystemen* (DS-Systemen) aus[240]. Er beschreibt sie als abgeschlossene physikalische Systeme, die die Eigenschaft haben, daß die in ihnen vorkommenden Prozesse von äußeren Einwirkungen gänzlich unabhängig sind. Dies ist bereits dann der Fall, wenn diese äußeren Einwirkungen konstant und daher für die Prozesse in dem betreffenden System ohne Relevanz sind. Innerhalb eines solchen Systems betrachtet man einzelne *Zeitpunkte* und die zu diesen Zeitpunkten verwirklichten *Zustände* des Systems, das heißt die Gesamtheit der Ereignisse zu diesem Zeitpunkt. Die einzelnen Zustände zu den jeweiligen Zeitpunkten bleiben für ein gewisses *endliches Zeitintervall* unverändert[241]. Der Zustand des Systems im Anfangszeitpunkt eines solchen Zeitintervalls ist daher vom Zustand im entsprechenden Endzeitpunkt nicht unterschieden. Auf den Zeitpunkt t folgt als unmittelbarer *Zeitnachfolger* t+1. Entsprechend folgt auf den Zustand zum Zeitpunkt t der unmittelbare *Zustandsnachfolger* zum Zeitpunkt t+1. Die *Übergänge* zwischen den verschiedenen Zuständen eines Systems sind durch (Sukzessions-)*Gesetze* bestimmt.

In diesem Zusammenhang taucht das Problem der *Bewegung* auf, das im einzelnen hier dahingestellt bleiben muß. Nur soviel sei angemerkt:

Bewegung liegt z.B. vor beim Ortswechsel eines Gegenstandes. Die einzelnen Zustände dieses Gegenstandes unterscheiden sich zu verschiedenen Zeiten nur in örtlicher Hinsicht (Beispiel: eine Kugel rollt auf einem Billard-Tisch). Vermittels einer kausalen Mikro-Analyse kann man zwar eine recht ausführliche Kausalkette[242] aufzeigen, die diesen Vorgang erklärt. Diese Kausalkette kann jedoch nur die Aufzählung von im einzelnen näher bezeichneten *statischen* Zuständen

---

240 Vergl. Erklärung, S. 118, 208 ff.

241 Im gleichen Sinn versteht Rödig (Alternative, S. 17) seinen Begriff der Zeitstelle: sie sei stets ausgedehnt; „Nullstellen“ gebe es nicht. Vergl. zu ähnlichen Gedanken auch Engisch, Kausalität, S. 21, der diesen Fragen jedoch nicht im einzelnen nachgegangen ist.

242 Zu den Kausalketten sogleich Näheres.

enthalten, die in mehr oder weniger geringen zeitlichen Abständen in gesetzmäßiger Weise aufeinanderfolgen. Dagegen lassen sich niemals *kontinuierliche Übergänge* zwischen den einzelnen Zuständen aufzeigen[243].

B. Spezielle Fälle von Kausalerklärungen

Nachdem ich im vorigen Abschnitt A auf Stegmüllers Ausführungen zu Themen der wissenschaftlichen Erklärung eingegangen bin, die mehr allgemeiner Art sind, will ich im Folgenden auf einige spezielle Fälle von Kausalerklärungen eingehen.

1. Genetische Erklärungen

Zunächst sollen die sog. *genetischen Erklärungen* betrachtet werden, bei denen Stegmüller zwei Typen unterscheidet: die systematisch-genetischen und die historisch-genetischen. „Die genetische Erklärung eines Phänomens x besteht, grob gesprochen, darin, daß folgendes gezeigt wird: dieses Phänomen x stellt die Endstufe eines Entwicklungsprozesses dar, der mit einem bestimmten Anfangszustand beginnt und über eine Reihe von genau beschreibbaren Zwischenstufen schließlich zu x führt"[244]. Hier wird eine Tatsache also nicht mit Hilfe nur einer einzigen Erklärung, sondern vermittels mehrerer Erklärungen, die zusammen eine *Erklärungskette* bilden, erklärt. Diese Erklärungskette weist die Entwicklungsreihe auf, die zu der Tatsache führt, die erklärt wird. Die einzelnen Glieder dieser Kette erklären die verschiedenen Stufen der Entwicklungsreihe, wobei jedes dieser Glieder eine echte Erklärung darstellt[245].

a) Systematisch-genetische und kausal-genetische Erklärungen

Zu den systematisch-genetischen Erklärungen gehört als wichtigster Fall die kausal-genetische Erklärung. Für diese gilt die Besonderheit, daß das Explanandum eines Gliedes der Erklärungskette zugleich das Antecedens für das unmittelbar folgende Glied darstellt. Weil diese letzte Voraussetzung häufig nicht gegeben ist, sind solche kausal-genetischen Erklärungen in der Praxis selten. Denn in der Regel gehört zum Antecedens eines Erklärungsgliedes mehr als was im Explanandum des vorhergehenden Gliedes enthalten ist. Im strengen Sinn kann man sich diese Voraussetzung in einem abgeschlossenen diskreten Zustandssystem als gegeben vorstellen, wie wir es oben S. 63 kennengelernt haben.

---

243 Zum Phänomen der Bewegung vergl. auch Rödig, Alternative, S. 18 (siehe unten S. 75 Fn. 280).

244 Erklärung, S. 352.

245 Erklärung, S. 117 f.

Als praktisches Beispiel, das Stegmüller von W. Dray übernommen hat[246], läßt sich das folgende anführen, das dem Idealmodell unter der Voraussetzung, daß die äußeren Umstände konstant bleiben, ziemlich nahe kommt: Wenn mein Auto stehen bleibt, so kann hierfür der Automechaniker die Erklärung geben: „Die Ursache davon ist ein Leck in der Ölwanne." Statt dessen kann er aber auch folgendermaßen sagen: „Der Motor läuft nur auf Grund einer Bewegung der Kolben im Zylinder; wenn nun in der Ölwanne ein Leck ist, so rinnt das Öl, welches sonst durch eine Pumpe von der Wanne in den Zylinder befördert wird, heraus und Zylinder und Kolben fehlt die Schmierung; Zylinderwände und Kolben bleiben trocken; es entsteht eine Reibungshitze, die zu einer Ausdehnung von Kolben und Zylinderwänden führt, so daß die Bewegung des Kolbens blockiert wird; der Motor bleibt stehen."

Wie leicht erkennbar, kann man bei dieser Erklärung das Explanandum eines jeden Erklärungsgliedes als Antecedens für das jeweils folgende Glied ansehen. Praktisch handelt es sich hier um die *Analyse* eines umfassenderen Vorganges, der in Schichten unterteilt wird[247]. Zwar wäre eine korrekte Erklärung auch möglich, indem man sich auf einen gesetzmäßigen Zusammenhang zwischen „Leck in der Ölwanne" und „der Motor versagt" beruft. Das strikte Gesetz würde etwa lauten: „Wenn immer die Ölwanne eines ordnungsgemäß gebauten Autos ein Leck hat, versagt sein Motor."[248] Gegenüber einer solchen *globalen Erklärung* aber erlaubt die entsprechende *Mikro-Analyse* einer kausalgenetischen Erklärung ein wesentlich besseres und tieferes Verständnis des Geschehensablaufs.

b) Historische Erklärungen

Am praktisch wichtigsten aber sind nicht die kausalgenetischen, sondern die *historisch-genetischen Erklärungen,* die überdies für die juristischen Fälle von größter Bedeutung sind. Daß Stegmüller keinen prinzipiellen Unterschied zwischen historischen und naturwissenschaftlichen Erklärungen annimmt, sahen wir bereits. Der entscheidende Unterschied zwischen den kausal-genetischen und den historisch-genetischen Erklärungen besteht darin, daß bei diesen das Antecedens eines Gliedes der Erklärungskette – im Gegensatz zu den kausal-genetischen Erklärungen – nicht mit dem Explanandum des vorhergehenden identisch ist. „Vielmehr müssen zur Gewinnung des ganzen Antecedens jedes einzelnen Erklärungsschrittes *neue Informationen* herangezogen werden. Die zusätzlichen Informationen bilden selbst nicht den Gegenstand eigener Erklärungen; nur der rest-

---

246 Erklärung, S. 352.

247 Vergl. hierzu Erklärung, S. 244 f.

248 Erklärung, S. 352.

liche Teil des jeweiligen Antecedens wird erklärt."[249] Bei einem historischen Sachverhalt scheidet eine globale Erklärung des Vorgangs aus, da es für die Erklärung eines späteren Zustands bis hin zum letzten (dem Endzustand) im Explanans jeweils zusätzlicher Informationen zu den Antecedensdaten des Anfangszustands bedarf. Hier besteht daher in der historisch-genetischen überhaupt die einzige Möglichkeit einer Erklärung.

Stegmüller bringt ein sehr ausführliches Beispiel aus der Geschichtswissenschaft[250], das hier anzuführen zu viel Raum einnehmen würde. Statt dessen möchte ich folgendes Beispiel aus dem zivilen Schadensersatzrecht bringen[251]: Auf seinem gewohnten Weg zur Arbeit (a) trifft A eines Tages seinen Freund F, der ihn einige Zeit aufhält (b). Als A seinen Weg fortsetzt, wird er von einem herabfallenden Dachziegel getroffen (c). Er erleidet eine Kopfwunde und eine Gehirnerschütterung (d). Die Krankenhausbehandlung umfaßt u.a. eine Tetanusinjektion (e). An der Injektionsstelle entsteht nach einigen Tagen ein septischer Herd (f), der falsch behandelt wird (g), so daß A schließlich stirbt (h). Es stellt sich heraus, daß eine unerfahrene Schwester eine unsterile Injektionsnadel verwendet hatte (i).

Bei diesem Sachverhalt ist der Endzustand (h) nicht aus dem Anfangszustand (a) allein erklärbar. Vielmehr muß man schrittweise die Entwicklungsreihe analysieren. Der Zustand (c) ist nur unter Hinzunahme der Information (b) erklärbar. Ebenso ist (f) nicht allein aus (e) erschließbar, sondern nur, wenn man die zusätzliche Information (i) verwertet.

Stegmüller weist darauf hin, daß man nur mit Hilfe dieser genetischen Erklärungsweise der ungeheuren Komplexität und Vielfalt von historischen Vorgängen gerecht werden kann. „Denn nach diesem Modell werden in die einzelnen Abschnitte einer genetischen Darstellung immer wieder große Mengen von Details in rein beschreibender Weise eingeschoben, ohne mit Hilfe anderer Tatsachen auf Grund von Gesetzen erklärt zu werden. Diese Details können u.U. wesentlich mehr enthalten als jene Aussagen, die durch erklärende Argumente begründet werden."[252] Denn es bleibt ja immer zu beachten: Niemals werden die Ereignisse in ihrer Totalität erklärt, sondern immer nur einzelne Sachverhalte dieser Ereignisse. Weil die neu eingeführten Informationen ihrerseits nicht erklärt werden, wird auch ein unendlicher Regreß vermieden.

---

249 Erklärung, S. 119.

250 Erklärung, S. 355 f.; es findet sich auch bei Hempel, Erklärung, S. 227 f.

251 Nach Gass, Ursache, S. 35.

252 Erklärung, S. 358.

Stegmüllers schematische Darstellung der historisch-genetischen Erklärung sieht so aus[253]:

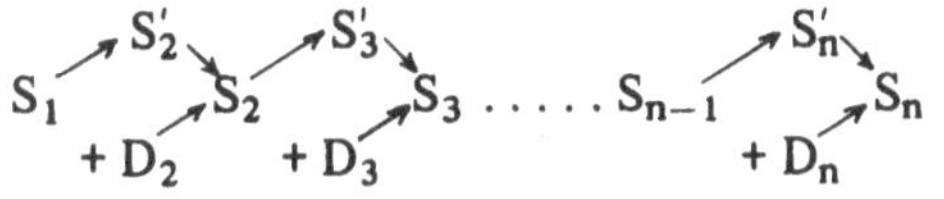

Die Symbole bedeuten Sätze, welche bestimmte Tatsachen über gewisse Zustände beschreiben. Die Pfeile symbolisieren gesetzmäßige Verknüpfungen. $S'_2, \ldots, S'_n$ sind jene Sätze, die Tatsachen beschreiben, welche aus den vorangehenden Zuständen als Antecedensdaten erklärt werden können. $D_2, \ldots, D_n$ dagegen stellen zusätzliche Informationen dar, die ohne Erklärungen eingeschoben werden müssen, um eine hinreichend umfassende Klasse von Antecedensdaten für die Ableitung des nächsten Zustandes zu erhalten.

Daß die meisten singulären Kausalsätze nur unvollkommene Erklärungen und als Erklärbarkeitsbehauptungen zu verstehen sind, sahen wir schon. Dies gilt in ganz besonderem Maße für die historischen Erklärungen[254]. Dies darf man ebensowenig vergessen wie die Tatsache, daß es für die *Begründung* einer historischen Erklärung stets erforderlich ist, die unvollkommene Erklärung zu einer effektiven zu ergänzen, die in bezug auf die zu erklärende Tatsache alle relevanten Antecedensdaten und Gesetzmäßigkeiten enthält.

Stegmüller weist darauf hin, daß echte deduktiv-nomologische Erklärungen bei historischen Ereignissen weniger häufig vorkommen als statistische Erklärungen[255], da viele Gesetzmäßigkeiten in diesem Bereich, sofern sie überhaupt bekannt und formulierbar sind, nur statistischen Charakter haben. Oftmals wird es sich darüberhinaus sogar lediglich um Erklärungsskizzen handeln. Andererseits sind viele Gesetze der alltäglichen Erfahrung entnommen und demgemäß mehr oder weniger trivial[256]. Solche Gesetze werden außerdem zumeist nicht ausdrücklich erwähnt. Viele historische Erklärungen ähneln in dieser Beziehung den Erklärungen des vorwissenschaftlichen Alltags und umgekehrt[257]. Einfaches Beispiel für eine solche triviale Erklärung: X schießt Y ins Herz, so daß Y stirbt. Dennoch aber ist auch bei historischen Ereignissen das Ziel immer, echte effektive kausale Erklärungen zu liefern (vergl. schon oben S. 56 f.).

---

253 Erklärung, S. 357.

254 Vergl. auch Hempel, Erklärung, S. 225.

255 Erklärung, S. 348, 350, 357.

256 Vergl. dazu Carnap, Einführung, S. 15.

257 Erklärung, S. 346.

c) Abgrenzung zu Pseudoerklärungen

Zuweilen wird die Grenze zur *Pseudo-Erklärung* nicht weit sein. Ich möchte in diesem Zusammenhang nur auf einen Unterfall der Pseudo-Erklärung hinweisen, nämlich auf die *zirkuläre Erklärung.*

Stegmüller behandelt folgende zwei Beispiele (nach M. Scriven)[258], die auch unter rechtlichen Gesichtspunkten eine Rolle spielen könnten: X tötet seine Frau, nachdem er erfahren hat, daß sie ihm untreu gewesen ist. Die Handlung des X wird mit seiner heftigen Eifersucht erklärt. Zu dieser Erklärung kam man freilich nur, weil man auf Grund der Tat erkannte, daß seine Eifersucht für sie stark genug war. Vor der Tat gab es zwar verschiedene konkrete, gut bestätigte Anhaltspunkte dafür, daß X durchaus zu Eifersucht neigt, ohne daß man jedoch hätte vermuten können, daß X auch zu solcher Handlungsweise fähig sein würde. Das Wissen um das Explanandum-Ereignis bildet hier somit den *einzigen* Grund, für das Explanans eine entscheidende Antecedensaussage zu akzeptieren. Das andere Beispiel: Nachdem eine Brücke eingestürzt ist, zieht man drei mögliche Ursachen für das Unglück in Betracht: übermäßige Belastung, äußere Beschädigungen und Ermüdungserscheinungen des Metalls, aus dem sie besteht. Auf Grund einer empirischen Untersuchung wird festgestellt, daß die beiden ersten Möglichkeiten ausscheiden, der dritte Faktor aber gegeben war. Der tatsächliche Einsturz der Brücke vermittelt die entscheidende zusätzliche Information, so daß man als Ursache dieses Einsturzes die Metallermüdung erkennt und damit diese Tatsache erklärt.

Handelt es sich nun bei diesen beiden Fällen deshalb um Pseudo-Erklärungen, weil ein Erklärungszirkel vorliegt? Stegmüller führt aus, daß hier zwei Arten von Zusammenhängen methodisch scharf auseinander zu halten sind: der *Erklärungszusammenhang und der Bestätigungszusammenhang*[259]. Eine Frage des Bestätigungszusammenhanges ist es, wenn „in gewissen Fällen das Explanandum eine so starke induktive Stütze für bestimmte zum Explanans gehörende Sätze bildet, daß es ohne diese Stütze nicht dazu gekommen wäre, das Explanans in seiner Gänze zu akzeptieren." Nur empirisch gut bestätigte Aussagen können ja im Explanans als Mittel für Schlußfolgerungen verwendet werden. Bevor man also eine Antecedensaussage in das Explanans aufnimmt, um sie für ein Erklärungsargument zu verwenden, hat man in bezug auf diese Aussage eine Antwort auf die im empirischen Bestätigungszusammenhang auftretende Frage zu geben: „Welche Gründe sprechen dafür, diese Aussage als richtig zu akzeptieren?" Diese Frage hat noch nichts mit dem eigentlichen Erklärungsargument zu tun; sie ist vielmehr diesem gegenüber vorrangig; nur über sie ist überhaupt zu einem Erklärungsargument zu kommen. Lediglich um *diese* im Bestätigungszusammenhang auftreten-

258 Erklärung, S. 177

259 Erklärung, S. 180

de Frage zu beantworten, stützt man sich auf das Explanandum. Die Antwort hierauf, nämlich die Behauptung, daß das Explanandum-Ereignis stattfand, wird jedoch selbst nicht zu einem *Bestandteil des Explanans,* so daß sie auch nicht im *Erklärungsargument* verwertet wird. Man kann daher bei Erklärungen, in denen ein zum Explanans gehörender Satz nur auf Grund der durch das Explanandum erlangten Information akzeptiert wird – weil man in der augenblicklichen Wissenssituation keine andere Informationsquelle hat –, nicht von einem Erklärungszirkel sprechen[260].

Angemerkt sei an dieser Stelle, daß zur Vermeidung von Pseudo-Erklärungen stets ein empirischer Gehalt der im Explanans verwendeten Antecedensaussagen nötig ist und daß diese Aussagen gut bestätigt sein müssen. Entsprechendes gilt für die verwendeten Gesetzesaussagen. Diese Forderung hängt eng mit dem früher (S. 48) erwähnten empiristischen Sinnkriterium der Wissenschaftstheorie zusammen. Auch hier spielt an sich die ganze, so sehr schwierige Problematik des Verhältnisses von empirischen zu theoretischen Begriffen und Gesetzen hinein. Da aber jedenfalls für alle empirischen Phänomene gilt, daß sie, soweit sie sich bisher überhaupt als erklärbar erwiesen haben, unter *empirische* Gesetzmäßigkeiten subsumiert werden können[261], und da wir es, wie wir noch feststellen werden, bei den rechtlichen Schadensfällen, soweit es um Kausalität geht, nur mit empirischen Phänomenen zu tun haben, können wir diese Problematik außer Acht lassen.

Eine Antecedensaussage hat dann einen empirischen Gehalt und ist gut bestätigt, wenn sie sich zum einen auf Beobachtbares bezieht und in der entsprechenden Beobachtungssprache formulierbar ist und wenn zum zweiten die betreffende tatsächliche Beobachtung eine genügend starke Information für die Aussage hergibt. Bsp: Der Eifersuchtsfall oben S. 68. Für die Forderung des empirischen Gehalts eines Gesetzes gilt Entsprechendes: Gut bestätigt ist es, wenn eine große Anzahl von positiven Fällen dieses Gesetzes und kein negativer Fall beobachtet wurde[262].

Eine Pseudo-Erklärung liegt folglich dann vor, „wenn das vorgeschlagene Explanans keinen empirischen Gehalt besitzt, so daß nicht angebbar ist, welche empirischen Daten es bestätigen oder erschüttern würden.“ Dies ist z.B. der Fall bei

---

260 Im Prinzip hat diese Schwierigkeit schon v. Kries gesehen. Er weist sogar noch auf eine weitere hin, nämlich die, daß man häufig nicht einmal die an sich nötige Kenntnis der realisierten Bedingungen eines Ereignisses erlangen kann. Er bringt das Beispiel, daß beim Werfen eines Würfels der Erfolg von einer niemals erfaßbaren Menge verschiedenartigster Umstände abhängt. „Wir können zwar sagen, daß die Umstände so beschaffen waren, daß der Erfolg eintreten mußte; welches aber diese Beschaffenheit war, gelingt uns niemals anzugeben.“ (Begriff der objectiven Möglichkeit, S. 186).

261 Erklärung, S. 95.

262 Vergl. näher Carnap, Einführung, S. 90.

Begründungen, die sich auf den göttlichen Willen, auf einen Heilsplan für die irdische Welt oder den Sinn der Geschichte stützen[263].

2. Erklärungen von Handeln durch Wollen

Zum Abschluß dieses Kapitels über Stegmüllers Lehren möchte ich eine ebenso wichtige wie schwer lösbare – und bis heute auch von der Wissenschaftstheorie noch nicht befriedigend gelöste – Frage anschneiden, die nicht nur für das Zivil-, sondern für das gesamte Recht, insbesondere auch für das Strafrecht, von größter Bedeutung ist: Sind Tätigkeiten handelnder Personen erklärbar und wie? Insonderheit interessiert die Frage, ob Handeln durch Wollen erklärbar ist.

In Anbetracht der großen erkenntnistheoretischen Schwierigkeiten dieses Problemkreises würde seine Darstellung einen den Rahmen dieser Arbeit sprengenden Raum einnehmen. Ich muß mich daher auf ein paar wenige Hinweise beschränken.

Um das Ergebnis vorwegzunehmen: Stegmüller hält Erklärungen von Handlungen durch Wollen nicht für unmöglich. Sowohl im Alltag als auch in den Wissenschaften setzen wir nach ihm voraus, daß es Regelmäßigkeiten (Gesetzmäßigkeiten) in bezug auf menschliche Handlungsweisen gibt und „daß die für ihre Anwendbarkeit auf einen konkreten Fall erforderliche Kombination von relevanten Faktoren vorliegt."[264] Wenn man Erklärungen von Handlungen durch Wollen gibt, so *meint* man damit, daß entsprechende empirische Gesetzmäßigkeiten bestehen. Man setzt deren Existenz voraus, so daß es sich tatsächlich nicht um effektive Erklärungen handelt, sondern um Erklärbarkeitsbehauptungen. Davon zu trennen ist auch hier die Frage nach der effektiven *Begründung* einer solchen Erklärbarkeitsbehauptung, die nur durch Angabe der entsprechenden Gesetzmäßigkeiten geschehen kann[265].

Freilich: solche z.B. hinsichtlich der vorsätzlichen Handlungen benötigten empirischen Gesetze über Zusammenhänge zwischen Willenszielen und Überzeugungen einerseits und Handlungen andererseits stehen uns nach dem Stande der heutigen psychologischen Theorie (noch) nicht zur Verfügung[266].

---

263 Erklärung, S. 349.

264 Stegmüller, Erklärung, S. 406.

265 Im Ergebnis ebenso Kelsen, Kausalität und Zurechnung, S. 672.

266 Wenigstens kurz seien die Gedanken Stegmüllers angedeutet, wie er sich die Erklärung von Handeln durch Wollen im einzelnen vorstellt. Eine solche „Erklärung aus Motiven" hat nach ihm die Struktur einer *dispositionellen Erklärung* (Erklärung, S. 374; zum Problem der Dispositions-Begriffe siehe Stegmüller, Theorie und Erfahrung, S. 213 ff. und Scheffler, Empirismus, S. 112 ff.). Sie enthält Sätze wie: „Sofern X der Bedingung B_1 unterworfen wird, so hat X, falls X in der Weise R_1 reagiert, die

Für verfehlt hält Stegmüller die Ansicht, die Erklärungen, in welchen auf Ziele, Zwecke oder Motive handelnder Personen Bezug genommen wird, einen *teleologischen* Charakter zuspricht mit der Begründung, daß hier statt mit einem Weil-Satz mit einem Um-zu-Satz operiert werde („X tat Y, *um* das und das zu erreichen"). Das Explanandum, die Handlung des X, kann nicht durch ein erst später stattfindendes Ereignis der Zielerreichung erklärt werden, sondern nur „aus dem dieser Handlung zugrundeliegenden und bereits vor ihrer Verwirklichung vorhandenen *Wunsch,* dieses Ziel zu erreichen, verbunden mit gewissen *Überlegungen* darüber, welche Mittel dafür zur Verfügung stehen und an welche moralischen und sonstigen Normen sich der Handelnde bei seinem Bemühen um Zielverwirklichung zu halten habe. Diese ‚teleologische Erklärung' ist also, falls man ihr keine mystische Deutung verleiht, keineswegs eine Erklärung sui generis, sondern ein spezieller Fall einer *kausalen* Erklärung: einer kausalen *Erklärung aus Motiven.*"[267]

Mit diesen nur knappen Bemerkungen zur Erklärung von Handlungen durch Wollen schließe ich den Überblick über Stegmüllers Gedanken zur wissenschaftlichen Erklärung, soweit sie für das Problem der Kausalität unter juristischen Gesichtspunkten relevant sind, ab.

Eigenschaft D" oder „Wenn X die Eigenschaft D hat, dann wird X unter den Testbedingungen B_1 in der Weise R_1 reagieren" (Erklärung, S. 123).

Unter Wollen versteht Stegmüller also eine bestimmt geartete Disposition des Wollenden. Um festzustellen, ob eine gewisse Person eine bestimmte Wollens-Disposition besitzt, *beobachtet* er diese Person und ihr Verhalten. Aus bestimmten (empirisch wahrnehmbaren) Reaktionen schließt er auf das Vorliegen oder Nichtvorliegen einer (der unmittelbaren Beobachtung ja nicht zugänglichen) Willensdisposition. Wenn die betreffende Person z.B. angesichts eines bestimmten Sachverhalts Freude empfindet und dies zeigen läßt, so läßt dies den Schluß auf das Wollen dieses Sachverhaltes zu (dabei läßt Stegmüller die „psychologischen Feinheiten" zwischen Wollen und „bloßem Wünschen" bewußt unberücksichtigt, Erklärung, S. 399). Der (an sich nicht empirische) Begriff des Wollens enthält einen empirischen Gehalt dadurch, daß er über sog. Zuordnungs- oder Korrespondenzregeln mit Begriffen der Beobachtungssprache („Freude empfinden" bzw. „Freude zeigen") verknüpft wird (zum Problem der Korrespondenzregeln vergl. Carnap, Einführung, S. 232 ff. und Sellars, Theoretische Erklärung, S. 244 ff.).

Mit Hilfe der empirisch festgestellten Wollens-Dispositionen werden Erklärungsargumente gebildet, die die betreffenden Handlungen erklären sollen. Wie schon bemerkt, handelt es sich lediglich um Erklärbarkeitsbehauptungen, weil es am Wissen um die benötigten echten Gesetzmäßigkeiten fehlt.

Es liegt auf der Hand, daß Erklärungsversuche dieser Art nur sehr bedingt für die Praxis brauchbar sind.

267 Erklärung, S. 338, ebenso S. 530 ff.

III. Hans Kelsen und Rudolf Carnap sowie andere Autoren der Wissenschaftstheorie

Im Folgenden möchte ich einige ergänzende Gedanken zum Thema „Kausalität" bringen, die auf andere Autoren zurückgehen, wobei anzumerken ist, daß bereits vieles von dem, was im vorigen Abschnitt bei Stegmüller gebracht wurde, auf Gedanken dieser Autoren wie z.B. Schlick und Carnap aufbaut; diese brauchen daher nicht noch einmal erwähnt zu werden. Zwar ergibt sich durch diese Trennung der Gedanken Stegmüllers von denen der übrigen Autoren der Nachteil des Auseinanderreißens von Zusammengehörigem. Ich glaube, diesen Nachteil jedoch in Kauf nehmen zu dürfen, um eine geschlossene Darstellung des Gedankenkomplexes von Stegmüller, wenn auch nur in groben Umrissen, zu ermöglichen und damit das Verständnis der für die Rechtswissenschaft neuen Materie zu erleichtern. Aus dem gleichen Grunde gehe ich auch in diesem Kapitel noch nicht auf rechtliche Zusammenhänge ein. Die Auswertung der wissenschaftstheoretischen Erkenntnisse für die Rechtsfragen bleibt den späteren Kapiteln vorbehalten.

1. Hans Kelsen

Der – soweit ich sehe – einzige Rechtswissenschaftler, der sich bei seinen Untersuchungen zur Kausalität auch auf die moderne Wissenschaftstheorie[268] gestützt hat, ist Hans Kelsen. In seinem 1943 erschienenen Werk „Society and Nature" hat sich Kelsen u.a. sehr ausführlich mit dem Kausalitätsbegriff und dessen historischen Ursprüngen befaßt[269]. Er weist auf die grundsätzlich verschiedenen Sinnzusammenhänge hin, die mit diesem Begriff verbunden werden können; wenn man von Kausalität spricht, so ist das „post hoc" streng vom „propter hoc" zu trennen[270]. Von der zeitlichen Folge zweier Ereignisse darf man nicht darauf schließen, daß das zeitlich spätere Ereignis *wegen* des früheren geschah, daß also das erste Ereignis das zweite im Sinn einer Ursache-Wirkung-Beziehung „hervorgebracht" hat.

Daß in früheren Zeiten Kausalität als eine notwendige innere, metaphysische Verbindung zwischen zwei Ereignissen verstanden wurde, führt Kelsen letztlich darauf zurück, daß das Kausalprinzip aus dem Vergeltungsprinzip („principle of retribution") hervorgegangen ist, wie es z.B. im antiken Griechentum vorherrschte. So wie nach dieser Auffassung die gute Tat mit Lohn und die böse Tat mit Strafe durch einen transzendentalen Willen verbunden ist, so sind auch Ursache und Wirkung miteinander verknüpft. Erst Hume unternahm die entscheidende

---

268 Z.B. auf Moritz Schlick, Hans Reichenbach, Phillip Frank u.a.

269 Society and Nature, S. 41 ff., 233 ff.; vergl. auch Kausalität und Zurechnung, S. 668 ff.

270 Society and Nature, S. 250; ebenso Schlick, Kausalität, S. 135.

Kritik an solchem Kausalitätsverständnis, die die heutige Wissenschaftstheorie mit aller Konsequenz fortführt, wie wir es bei Stegmüller sahen.

Zwar geht es Kelsen gerade darum, die Rechtswissenschaft als eine normative (Gesellschafts-)Wissenschaft verstanden zu wissen, die es – im Gegensatz zu den Kausalwissenschaften, wie z.B. den Naturwissenschaften oder den übrigen Gesellschaftswissenschaften, etwa Soziologie und Sozialpsychologie – nicht mit kausalen Naturgesetzen, sondern mit normativen Rechtssätzen zu tun hat, so daß hier nicht die kausalwissenschaftliche, sondern die normwissenschaftliche Betrachtungsweise im Vordergrund steht. An die Stelle des Begriffs der Kausalität tritt nach Kelsen im Recht der der Zurechnung[271]. Kelsen betont jedoch, daß ein Kausalzusammenhang auch für das Recht dann wesentlich werden kann, wenn es sich auf diesen in den von ihm statuierten Tatbeständen bezieht[272]. Dies aber ist in den Haftungstatbeständen des Schadensrechts der Fall. Dann hat auch die normative Rechtswissenschaft diesen Kausalzusammenhang aufzudecken und in Betracht zu ziehen. Und die Kausalität in diesem Rahmen versteht Kelsen, wie gesagt, ganz im Sinne der modernen Wissenschaftstheorie. Ausdrücklich weist er daraufhin, daß nicht nur die naturwissenschaftliche Welt im engeren Sinn, sondern auch das menschliche Verhalten selber durch Kausalgesetze bestimmt ist[273].

2. Rudolf Carnap und andere Autoren

Auch Rudolf Carnap hat sich sehr intensiv mit dem Problem der Kausalität beschäftigt. Schon in seinem ersten größeren Werk, dem „logischen Aufbau der Welt" (1928), führte er dazu aus[274], daß der Kausalbegriff für die Erfassung und Bestimmung der Dinge in der Wahrnehmungswelt eine besondere Bedeutung habe. Wegen der in dieser Wahrnehmungswelt bestehenden Gesetzmäßigkeiten sei es möglich, die Dinge der Welt zueinander in ein *Ordnungs*verhältnis zu bringen und sie dadurch näher zu erfassen. Daß Carnap jede metaphysische Bedeutung des Kausalbegriffs ablehnte, bedarf keiner besonderen Hervorhebung. Noch in einem seiner letzten Werke, in der „Einführung in die Philosophie der Naturwissenschaft", befaßte er sich sehr ausführlich mit dem Kausalitätsproblem. Uns interessieren nur noch einige besondere Fragen.

Kausal erklärt werden können, wie Carnap hervorhebt[275], nur *Vorgänge*. Wenn man auch im Alltag davon spricht, daß ein *Ding* ein Ereignis verursacht, so meint man doch damit, „daß gewisse Vorgänge oder Ereignisse andere Vorgänge oder

---

271 Vergl. Kelsen, Was ist die Reine Rechtslehre?, S. 611 ff.

272 Was ist die Reine Rechtslehre?, S. 615.

273 Kausalität und Zurechnung, S. 672.

274 A.a.O., § 165.

275 Einführung, S. 190.

Ereignisse verursachen"[276]. Wenn wir z.B. sagen: die Sonne ist die Ursache davon, daß die Pflanzen wachsen, so meinen wir damit, daß es die Sonnenstrahlung als ein Vorgang ist, der die Ursache darstellt. Als von größter Bedeutung für bestimmte Fälle des Rechtslebens wird sich Carnaps Feststellung erweisen, daß man die Begriffe „Vorgänge" und „Ereignisse" als Glieder der Kausalbeziehungen in einem sehr weiten Sinn zu verstehen hat und auch, was wir normalerweise nicht tun, Vorgänge hinzunehmen muß, die *statisch* sind. Carnap bringt folgendes Beispiel[277]: „Betrachten wir zum Beispiel einen Tisch. Ich kann an ihm nichts beobachten, das sich ändert. Gestern mag er gerückt worden sein, in der Zukunft mag er beschädigt oder zerstört werden, aber im Augenblick beobachte ich keine Veränderung. Wir können annehmen, daß seine Temperatur, Masse, sogar die Lichtreflexion an seiner Oberfläche und anderes mehr während eines gewissen Zeitraumes unverändert bleiben. Dieses Ereignis, der Tisch, der ohne Veränderung existiert, ist auch ein Vorgang. Es ist ein *statischer* Vorgang, ein Vorgang, dessen Parameter in der Zeit konstant bleiben. Wenn man davon spricht, daß Vorgänge oder Ereignisse in Ursache-Wirkungs-Beziehungen stehen, dann muß man wissen, daß auch statische Vorgänge mit diesen Ausdrücken gemeint sein können. Sie stehen für Folgen von Zuständen eines physikalischen Systems, ob sich diese nun ändern oder nicht."

An dieser Stelle knüpfen wir an die Begriffe an, die für die oben (S. 63) erwähnten Strukturmodelle für kausale Erklärungen eingeführt wurden. Wir können feststellen: Der Vorgang, daß im Carnapschen Beispiel der Tisch ohne Veränderung existiert, setzt sich aus einer Folge von einzelnen Zuständen zusammen. Die Besonderheit des Falles liegt darin, daß nicht nur der Zustand eines jeden Zeitintervalls für sich unverändert bleibt – was für *alle* Vorgänge gilt –, sondern daß auch die einzelnen Zustände, aus denen der Gesamtvorgang „Der Tisch existiert eine Zeit ohne Veränderung" zusammengesetzt ist, untereinander die gleiche Form haben, so daß sich daraus der statische Vorgang ergibt. Das Charakteristische der Übergänge zwischen den einzelnen Zuständen liegt hier gerade darin, daß, außer in zeitlicher Hinsicht, *keine* Veränderungen in den Zuständen eintreten. Auch hier handelt es sich um echte Sukzessionsgesetze, durch welche diese Übergänge bestimmt werden. Das Fremdartige an diesen Gedankengängen resultiert daraus, daß wir eben für gewöhnlich nur dann von „Vorgängen" sprechen, wenn sich etwas in der sichtbaren Wahrnehmungswelt ändert[278], nicht aber dann, wenn etwas konstant bleibt. Es sei jedoch davor gewarnt, die Begriffe

276 Vergl. auch Carnap, Logik, S. 211 ff. und ebenso Schlick, Die Naturwissenschaften 1931, S. 145.

277 Einführung, S. 190.

278 So ausdrücklich Heyde, Kausalität, S. 125 ff., ähnlich offenbar auch Gass, Ursache, S. 97, 102.

„Vorgang", „Ereignis" und „Zustand" in allzu engem Sinn zu interpretieren[279]. Dazu ist folgendes zu beachten. Sprechen wir von Kausalitätsbeziehungen, so denken wir zunächst an Fälle wie: wenn ich ein rohes Ei 10 Minuten lang in kochendem Wasser belasse, wird das Innere des Eies fest. Hier hat das eine Ereignis „ich lege das Ei in kochendes Wasser und lasse es dort eine Weile" das andere Ereignis „das Ei wird hart" zur Folge. Oder: wenn ich einen größeren Stein gegen eine Fensterscheibe schleudere, zerbricht diese. Auch hier haben wir es mit zwei Ereignissen zu tun, bei denen etwas „geschieht". Bei beiden Beispielen sprechen wir daher ohne weiteres von „Vorgängen": sowohl bei der Fensterscheibe als auch im Ei „geht etwas vor"; hier sind *Bewegungen* im Spiel, auf die die Veränderungen zurückzuführen sind.

Eine andere Fallgruppe zeichnet sich dadurch aus, daß ein Sachverhalt zu verschiedenen Zeitpunkten gleichbleibt, jedoch seinen Raum ändert: eine Billardkugel rollt auf dem Spieltisch. Die Materie der Kugel bleibt unverändert. Dagegen sind hinsichtlich der Kugel Veränderungen des Raumes (und der Zeit) gegeben. Es handelt sich um den typischen Fall einer *Bewegung*.

Wichtig ist, daß man ein Ereignis nicht nur hinsichtlich seiner Raumstelle, sondern auch bezüglich seiner Zeitstelle identifiziert[280]. Dies ist von besonderer Bedeutung für eine dritte, in praktischer Hinsicht nicht minder wichtige Fallgruppe, die von den beiden soeben erwähnten zu unterscheiden ist. Bei diesen Fällen handelt es sich darum, daß sich in bezug auf einen Gegenstand im Laufe einer gewissen Zeit *keine* Veränderungen ergeben bis auf eine Ausnahme: nämlich hinsichtlich der Zeitstellen. Bsp: Ich gehe mit meinem Gast in ein Hotel, öffne die sich selbsttätig schließende Hoteltür und halte sie geöffnet, bis mein Gast eingetreten ist. Niemand zweifelt daran, daß meine erste Handbewegung dafür ursächlich ist, daß die Hoteltür geöffnet wird. Insoweit haben wir es mit einem Ereignis der beiden ersten Fallgruppen zu tun. Niemand aber wird auch Bedenken haben, für den Sachverhalt „Tür bleibt offen, während mein Gast eintritt", meine „Tätigkeit" des Türehaltens als kausal anzusehen. Carnap würde hinsichtlich der geöffneten Türe von einem „statischen Vorgang" sprechen. Ich halte diese Bezeichnung in vorliegendem Zusammenhang für gut geeignet, das Wesentliche des zugrundeliegenden Sachverhalts zum Ausdruck zu bringen: „statisch" ist dieser Sachverhalt, weil sich der äußere Zustand der Türe als solcher nicht ändert; um einen „Vorgang" handelt es sich insofern, als dieser konkrete Zustand (des Geöffnetseins) über eine gewisse Zeitdauer hinweg gleichbleibt.

279 Jedenfalls sind sie sämtlich in einem ganz wertfreien Sinn zu verstehen, im Gegensatz etwa zum *Erfolgs*begriff von Münzberg, Verhalten und Erfolg, S. 25 ff. (29 f.).

280 Ebenso Rödig, Alternative, S. 18: „Es kann ja sein, daß sich ein Sachverhalt zu dieser an diesem, zu jener Zeit an jenem Ort ereignet. Lassen wir solche Sachverhalte . . . nicht zu, so wären wir beispielsweise nicht imstande, ein Verhalten als Bewegung zu erfassen."

Das, was hier „vor sich geht", ist der Ablauf der Zeit. Es würde aber natürlich nichts im Wege stehen, statt von einem „statischen Vorgang" von einem „fortdauernden Zustand" zu sprechen. Beide Bezeichnungen meinen dasselbe.

Unser letztes Beispiel wird noch deutlicher, wenn wir annehmen, daß ich die Türe nicht „aktiv" geöffnet halte, sondern daß ich sie vermittels einer bestehenden Vorrichtung arretiere, bis mein Gast eingetreten ist. Daß hier der statische Zustand der Arretierung für den anderen statischen Vorgang „Geöffnetsein der Türe" kausal ist, ist keine ungewöhnliche Vorstellung. Auch hier ist es einerlei, ob man von diesem „Ereignis" als einem „statischen Vorgang" oder einem „fortdauernden Zustand" spricht. Daß es sich beim Schließen der Türe, nachdem ich sie losgelassen oder die Arretierung gelöst habe, um einen neuerlichen Vorgang (Ereignis) handelt, steht außer Zweifel, stellt jedoch einen *neuen* Sachverhalt dar.

Es handelt sich bei der Erklärung des Ereignisses „Geöffnetsein der Türe" um nichts anderes als um eine genetische Erklärung, wie wir sie schon oben (S. 64 ff.) kennengelernt haben, und zwar nicht um eine systematisch-genetische, sondern um eine historisch-genetische, weil für jeden Erklärungsschritt, der sich auf den statischen Vorgang „Türe bleibt offen" bezieht, neue Informationen herangezogen werden müssen, z.B. die, daß ich die Türe (immer noch) geöffnet halte.

Der Sinn einer jeden genetischen Erklärung eines historischen Ereignisses besteht in erster Linie darin, zum besseren *Verständnis* des komplexen Vorganges beizutragen. Dieser wird in Einzelvorgänge aufgegliedert, die je für sich durch Einzelerklärungen erklärt werden. Freilich stellt sich dabei nur allzugern der Wunsch ein, auf diese Weise jenem Mysterium nahe zu kommen, das die Wirkung des Ereignisses, das untersucht wird, in der Realität herbeigeführt, das diesen Erfolg *bewirkt* hat. Bei näherem Zusehen stellen wir jedoch fest, daß wir bei keinem Vorgang mehr erfahren können als die Aufeinanderfolge von mehr oder weniger zahlreichen Einzelereignissen. Dies gilt auch für rasch ablaufende Vorgänge. Lotze-Sihler bringen als anschauliches Beispiel den Vorgang einer Explosion von Sprengstoff[281]. Sie beschreiben eine Reihe von Einzelvorgängen, die zwischen Zündung und Explosion liegen und sich in kleinsten Zeiträumen abspielen: Energiezufuhr durch den Strom, Wärmeerzeugung im Zünddraht, Erwärmung von Teilen des Sprengstoffes, Zerfall von einzelnen Sprengstoffmolekülen unter Abgabe von Energie, Zerfall von Nachbarmolekülen, Kettenreaktion usw. – Im Idealfall erlangen wir eine Erklärungskette, die „vollkommen kontinuierlich in Raum und Zeit geworden ist." „Aber offensichtlich können wir nicht weiter gehen, und es wäre Unsinn, mehr von uns zu erwarten. Wenn wir das kausale Glied suchen, das zwei Ereignisse verbindet, können wir nichts finden als ein anderes Ereignis (oder vielleicht mehrere). Was immer in der kausalen Kette beobachtet und gezeigt

281 Lotze-Sihler, Naturwissenschaft, S. 68. Vergl. auch das Beispiel bei Schlick, Kausalität, S. 141.

werden kann, werden die Verbindungsglieder sein, es wäre aber Unsinn, nach der Verbindung zu suchen."[282] Irgendeine „kausale Kraft" werden wir niemals finden können.[283]

Von den vielen bisher unerwähnt gebliebenen Problemen, die mit dem Begriff der Kausalität im Zusammenhang stehen, sei an dieser Stelle schließlich noch ein Problemkreis herausgegriffen, dessen Fragen auch für das Verständnis der im Rahmen der juristischen Fälle auftauchenden Kausalprobleme von Bedeutung sind: Wie steht es mit der schon oben S. 53 erwähnten Frage nach dem Verhältnis von logischer zu kausaler Notwendigkeit?

Wie wir sahen, ist für eine effektive kausale Erklärung wesentlich, daß das Explanandum aus dem Explanans, also den Antecedensbedingungen zusammen mit den Gesetzesaussagen, logisch ableitbar ist. Von dieser logischen Ableitbarkeit („logische Notwendigkeit") darf jedoch nicht auf die Existenz einer besonderen *kausalen* Notwendigkeit geschlossen werden[284]. Das deutsche Substantiv „Folge" und das entsprechende Verbum „folgen" werden sowohl im logischen („Satz a folgt logisch auf Satz b") als auch im kausalen (nichtlogischen) Sinn („Die langen Regenfälle hatten eine Überschwemmung zur Folge") gebraucht[285]. Bei der kausalen Folgebeziehung handelt es sich ausschließlich um die rein zeitliche (gesetzmäßige) Folge. Logische Notwendigkeit bedeutet „logische Gültigkeit"[286]. Die (formale) Logik hat es nur mit der (Folge-)Richtigkeit oder Unrichtigkeit von Gedankenzusammenhängen zu tun, unabhängig davon, ob sich diese Gedankenzusammenhänge mit der realen Wirklichkeit decken oder nicht. Bei der kausalen Folgebeziehung dagegen geht es immer und ausschließlich um Ereignisse der realen Wirklichkeit.

Eine Kausalbeziehung darf nicht als „eine Art von logischem Enthaltensein der Wirkung in der Ursache"[287] begriffen werden (Wirkung und Ursache hier im umgangssprachlichen Sinn als konkrete Ereignisse zu verstehen). Denn solches „logische Enthaltensein", also solche *Notwendigkeit* kann in keiner Weise in der realen Welt beobachtet werden. Man kann nur beobachten, wie ein Ereignis (regelmäßig) auf ein anderes zeitlich folgt. Dagegen kann man niemals beobachten, daß außer dieser (regelmäßigen) zeitlichen Folge noch eine „Notwendigkeit" vorhanden ist. Hier würde es sich um etwas Unsichtbares handeln und deshalb

---

282 Schlick, Kausalität, S. 142.

283 Vergl. dazu schon Hume, Menschlicher Verstand, S. 98 ff. Im gleichen Sinn ferner von Kries, Begriff der objectiven Möglichkeit, S. 197, 198 Fn. 1.

284 Stegmüller, Erklärung, S. 430 Fn. 1. Im gleichen Sinn Rödig, Alternative, S. 116 Fn. 271.

285 Vor dieser Verwechslung warnt auch Rödig, Alternative, S. 116 Fn. 271.

286 Carnap, Einführung, S. 198.

287 Schlick, Kausalität, S. 146.

würde ein auf diese Art verstandener Begriff der kausalen Notwendigkeit einen rein metaphysischen Begriff darstellen.

Läßt sich ein Explanandum aus einem Explanans logisch ableiten, so ist ein realer Kausalzusammenhang zwischen „der Ursache" (den Antecedensbedingungen) und „der Wirkung" (dem Explanandumereignis) nur unter der Voraussetzung gegeben, daß die angeführten Gesetzmäßigkeiten wirklich gelten und daß die erwähnten Antecedensbedingungen (wie natürlich auch das Explanandumereignis selbst) wirklich realisiert sind. Die logische Ableitung kann dagegen *nicht* zeigen, *daß* die angenommenen Gesetze gelten und die betreffenden Antecedensbedingungen wirklich gegeben sind. Dies können vielmehr nur Beobachtungen erweisen. Bei der logischen Ableitung handelt es sich um einen (bloß) gedanklichen Prozeß der Analyse, der nur zu einer solchen Aussage führen kann, die implizite bereits in den Voraussetzungen (dem Explanans) enthalten ist[288]. Die in diesen Voraussetzungen enthaltenen Gesetze besagen aber nur, daß gewisse Ereignisse (regelmäßig) auf andere zeitlich folgen. Sie wurden deshalb formuliert, weil man solches Aufeinanderfolgen in einer Reihe von Fällen (ohne Ausnahme) beobachtet hat. Da man aber niemals außerdem noch eine „Notwendigkeit" beobachten konnte, war es auch nicht möglich, sie in die Gesetze miteinzubeziehen. Und aus diesem Grunde kann sie auch nicht aus den Gesetzen logisch abgeleitet werden. Die logische Notwendigkeit gehört zum Bereich des formalen Denkens. „Kausalität gehört zur realen Natur."[289] Diese beiden Gesichtspunkte sind scharf zu unterscheiden[290].

Daß man trotz dieser Sachlage heute durchaus einen spezifischen Begriff der „kausalen Notwendigkeit" im Rahmen einer Lehre von den kausalen Modalitäten anerkennt, kann nur am Rande erwähnt werden[291]. Diese Problematik zu vertiefen, würde hier zu weit führen und für unsere später zu betrachtenden juristischen Fälle nichts bringen.

Damit schließe ich den Überblick über die wissenschaftstheoretische Lehre zum Problem der Kausalität ab. Ich habe versucht, mich auf das für unsere Zwecke Wesentliche zu beschränken. Viele Probleme blieben unerwähnt, z.B. zwei der wichtigsten, auch und gerade für die Jurisprudenz, nämlich das des Determinismus bzw. Indeterminismus und das der Willensfreiheit. Sie müssen einer gesonderten Darstellung vorbehalten bleiben.

---

288 Vergl. Schlick, Kausalität, S. 146.

289 Schlick, Kausalität, S. 146.

290 Ebenso Leonhard, Kausalität, S. 23.

291 Vergl. Carnap, Einführung, S. 208 ff. und Stegmüller, Erklärung, S. 446 ff.

ZWEITER ABSCHNITT

DIE ANWENDUNG DES NATÜRLICHEN (WISSENSCHAFTS-THEORETISCHEN) KAUSALITÄTSBEGRIFFS AUF SCHADENS-RECHTLICHE PROBLEME

Nachdem im letzten Kapitel über den Kausalitätsbegriff in der heutigen Wissenschaftstheorie referiert worden ist, stellt sich nun die Frage, welche Bedeutung diese wissenschaftstheoretischen Erkenntnisse für die rechtlichen Schadensfälle haben können.

Oben (S. 26 ff.) haben wir festgestellt, daß der Kausalitätsbegriff des Schadensersatzrechts ausschließlich im natürlichen, vorrechtlichen Sinn zu interpretieren ist. Wenn die Rechtsprechung, wie wir sahen, auf einen *nicht*rechtlichen Kausalbegriff verweist, so meint sie damit etwas Ähnliches. Mit den vielen verschiedenen Bezeichnungen für diesen von ihr vertretenen Kausalitätsbegriff (Ursachenzusammenhang z.B. im „natürlichen", „naturwissenschaftlichen", „naturwissenschaftlich-philosophischen" oder „logischen" Sinn) hat sie Hinweise gegeben, wie sie sich dessen Interpretation vorstellt. Diese soll zum einen das natürliche, also alltägliche und vorwissenschaftliche Verständnis berücksichtigen. Darauf, daß ein solches Verständnis freilich nicht mit einem *primitiven* verwechselt werden darf, komme ich noch zurück (unten S. 97). Gewicht wird zum anderen auf das naturwissenschaftliche Verständnis gelegt. Denn den Naturwissenschaften ist der Kausalbegriff besonders vertraut und daher hält die h.M. sie auf diesem Gebiet zu Recht für besonders kompetent. Verwiesen wird jedoch nicht nur auf den rein naturwissenschaftlichen Sinn, sondern zuweilen auch auf den „naturwissenschaftlich-philosophischen" Sinn. Der Grund dafür liegt darin, daß seit jeher zwischen den Naturwissenschaften und der Philosophie enge Verbindungen bestehen. Viele Naturwissenschaftler waren und sind zugleich Philosophen und umgekehrt, so daß bei ihnen häufig ein „naturwissenschaftlich-philosophisches" Kausalitätsverständnis zu finden ist. In der bedeutendsten Weise ist diese Richtung heute in der modernen Wissenschaftstheorie mitvertreten. Freilich nur *mitvertreten:* denn die Wissenschaftstheorie erhebt den Anspruch, für *alle* Wissenschaften gleichermaßen da zu sein, wenngleich sich auch ihre Herkunft vom naturwissenschaftlich-philosophischen Bereich ebensowenig verleugnen läßt wie die Tatsache, daß sie die normativen Wissenschaften bisher allzusehr vernachlässigt hat.

Demgegenüber sind keine Anhaltspunkte dafür ersichtlich, daß sich die Rechtsprechung und die h.L. auch auf einen metaphysisch-philosophischen Kausalbegriff beziehen, wie er etwa von Hessen[292] vertreten und selten auch einmal in der juristischen Literatur angetroffen wird[293].

Bedenkt man nun weiter, daß es gerade die Wissenschaftstheorie ist, die sich in besonderem Maße bemüht, alle Begriffe vom Alltagsverständnis her anzugehen und diesen natürlichen und vorwissenschaftlichen Aspekt zu berücksichtigen, und daß ferner gerade sie sich dem Kausalbegriff besonders intensiv widmet[294], so dürfte es nicht sehr fern liegen, im wissenschaftstheoretisch verstandenen Kausalitätsbegriff den für das Schadensersatzrecht maßgeblichen zu erblicken: den im natürlichen, vorrechtlichen Sinn.

Schon Rümelin[295] bedauerte es, in der juristischen Diskussion um die Kausalitätsfrage „die Mitarbeit der Philosophen" zu vermissen. „Speziell durch das Eingreifen eines Beherrschers philosophischer Methodenlehre auf Grund vollständiger Kenntnis unserer juristischen Bedürfnisse dürfte am leichtesten eine Einigung über die zu Grunde zu legende Begriffsbildung herbeigeführt werden können, während ohne ein solches voraussichtlich weiter über ‚den wahren Ursachenbegriff' und seine Verwendbarkeit in der Rechtswissenschaft gestritten werden dürfte."[296]

Die vorliegende Untersuchung ist als Arbeitsbeitrag zur Erfüllung der von Rümelin als notwendig erkannten Aufgabe gedacht: Es sollen die Erkenntnisse der Wissenschaftstheorie zum Problem der Kausalität als einem der wichtigsten Zweige der gegenwärtigen Philosophie für die Rechtswissenschaft ausgewertet und zur Diskussion gestellt werden.

Wie immer man auch zur Wissenschaftstheorie und ihrer Methode stehen mag – das eine wird man ihr nicht absprechen können: daß sich keine wissenschaftliche Disziplin unseres Jahrhunderts so tiefgründig mit dem Kausalitätsbegriff und seinen Problemen beschäftigt hat wie sie. Darüberhinaus glaube ich, daß ihr Kausali-

---

292 Kausalprinzip, S. 9, 16.

293 Einen Kausalitätsbegriff im metaphysischen Sinn hat z.B. Sauer vertreten, Grundlagen des Strafrechts, S. 415 und „Strafrechtliche Probleme in monadologischer Behandlung" (Der Gerichtssaal, 100 (1931) S. 154 ff.). „Kausalität bedeutet nämlich: eine Kraftmonade erzeugt eine andere . . ." (GerS 100 S. 179 f.). Durch eine „metaphysische Tiefenschau" kommt Sauer zu dem Ergebnis, daß Kausalität eine Beziehung zwischen den den Dingen „zugrunde liegenden metaphysischen Elementen, den Monaden" ist. Vergl. auch Allgemeine Strafrechtslehre, § 15 I 4 d. Für das Recht will Sauer den allgemeinen Kausalitätsbegriff ganz vermeiden und nur auf die „Telos-, Final-, Zweckbeziehung" abstellen, Allgemeine Strafrechtslehre, § 12 II 1 c. Gegen Sauer siehe Engisch, Kausalität, S. 24. – Zu einem metaphysischen Kausalitätsbegriff neigt offenbar auch Gass, Ursache, S. 18 f.

294 Vergl. Carnap, Einführung, S. 188: „Eine der wichtigsten Aufgaben der Wissenschaftstheorie ist es, den Begriff der Kausalität zu analysieren und seine Bedeutung zu klären."

295 AcP 90 S. 173 f.

296 A. A. Traeger, Kausalbegriff, S. 2.

tätsverständnis im Grundsätzlichen den richtigen Weg weist: indem nämlich Kausalität als wertfreier Begriff der empirischen Wahrnehmungswelt begriffen wird. Dabei soll nicht übersehen werden, daß hinsichtlich einer Reihe von Einzelfragen auch die wissenschaftstheoretische Forschung über das Stadium einer ersten Problemabgrenzung noch kaum hinausgekommen ist. Dies gilt z.B. für den Bereich der Erklärung von Handeln durch Wollen oder für die Fragen, die um den Gesetzesbegriff kreisen.

Daß im Rahmen der vorliegenden Arbeit nicht auf alle Rechtsfragen, die mit dem Kausalitätsbegriff zusammenhängen, eingegangen werden kann, versteht sich von selbst. Ich muß mich daher auf einige Problembehandlungen beschränken. Dies ist aber insofern kein Mangel, als es mir in dieser Abhandlung vornehmlich auf das Grundsätzliche ankommt und nicht auf die Behandlung einer möglichst großen Anzahl von Einzelfragen.

Erstes Kapitel

Grundsätzliche Fragen

Will man den wissenschaftstheoretischen Kausalitätsbegriff auf zivile Schadensfälle praktisch anwenden, so ist es unumgänglich, sich stets einiger grundsätzlicher Erkenntnisse hinsichtlich des Kausalbegriffs bewußt zu sein.

I. Kausalität als empirischer Begriff

1. „Äußerlichkeit" der Kausalbeziehung

Kausalität ist ein empirischer Begriff („Kausalität gehört zur realen Natur"[297]). Damit verbannt die Wissenschaftstheorie zunächst einmal alle metaphysischen Spekulationen hinsichtlich der Kausalrelation zwischen dem Ursache-Ereignis und dem Wirkungsereignis[298]. Eine Kausalbeziehung besteht in nichts

297 Schlick, Kausalität, S. 146.

298 Vergl. oben S. 67, 71 ff., 107 f.
Demgegenüber versteht z.B. N. Hartmann unter Kausalität keineswegs nur die (äußere) Regelmäßigkeit der Folge zweier Ereignisse, sondern er versteht sie mit einer „determinativen *Macht*, welche die Zustände entstehen und vergehen läßt" (Hervorhebung von mir), ausgestattet, ohne daß man diesen „inneren Kern" des Kausalnexus freilich begreifen könne. „. . . gerade im Gesetz geht sie (die Kausalität) nicht auf; als Folge, als Reihe, als fortschreitendes Hervorbringen ist sie weit mehr als ein Gesetz. Also haben wir in dem Unerkennbaren ein Stück ihres Wesens anzuerkennen, mit dem wir rechnen müssen." (Philosophie der Natur, S. 323 ff., 328 ff.).

anderem als der empirisch wahrnehmbaren (gesetzmäßigen) Aufeinanderfolge von realen Ereignissen. Jedes Explanandum-Ereignis ist ebenso wie jedes Antecedensereignis stets ein spezielles Vorkommnis an einer bestimmten Raum-Zeit-Stelle (siehe oben S. 52). Kausal erklärt werden können immer nur Vorgänge oder Ereignisse der realen Lebenswirklichkeit.

Die Aussage, daß zwischen zwei Ereignissen eine Kausalbeziehung besteht, meint, daß es für das Wirkungs-Ereignis eine kausale Erklärung gibt, die bestimmte gesetzmäßige Zusammenhänge zwischen den in Rede stehenden Ereignissen aufzeigt. Diese gesetzmäßigen Zusammenhänge besagen jedoch nur, daß bestimmte Zustände der realen Lebenswelt (regelmäßig) auf bestimmte andere Zustände zeitlich folgen[299]. Kausalität heißt demnach nicht mehr und nicht weniger: gesetzmäßige Aufeinanderfolge zweier Zustände.

Ganz in diesem Sinn versteht auch Engisch den Kausalbegriff. Für ihn heißt Kausalität „Regelmäßigkeit der Aufeinanderfolge von Vorgängen in der Erfahrung"; oder: „Kausalität ist ein Begriff, der auf Wirkliches Bezug hat, er hat eine Realbeziehung zum Inhalt . . ."[300]. Darum ist ihm der Kausalitätsbegriff ein *deskriptiver* Begriff[301]. Dies ist wohl zugleich h.M.

Andererseits findet sich in der juristischen Literatur auch heute noch gar nicht so selten die Ansicht, daß Verursachung so viel bedeute wie causa efficiens = wirkende Ursache[302]. Wirkung wird hier, z.B. von Hardwig, verstanden als „wirkliche Gestaltung der Welt" im Gegensatz zu der „Bedingung", die nur eine „Situationsgegebenheit" darstellt[303]. Daß Hardwig von hier aus z.B. die Kausalität der Unterlassung ablehnen muß, ist nur natürlich[304]. Daß Hardwig freilich meint, über diesen so verstandenen Kausalitätsbegriff seien sich alle Wissenschaften und sogar die Naturwissenschaften einig, erweckt Befremden, da dies nun wohl wirklich nicht der Fall ist.

Etwas anderes als gesetzmäßige Folgebeziehung bedeutet der Begriff „Kausalität" also nicht. Wenn in Rechtsprechung oder Literatur zuweilen Begriffe auftauchen wie „bloß äußerer" oder „innerer Zusammenhang" (vergl. z.B. oben S. 17), so

---

299 Zum Begriff des Zustands siehe oben S. 63. In engerem Sinn gebraucht Engisch (Kausalität, S. 26) den Begriff „Zustand"; er versteht darunter das Andauern einer Gegebenheit über einen längeren Zeitraum hinweg (jemand deckt einen Schacht auf, in den später ein anderer hineinstürzt).

300 Engisch, Festschrift für Hellmuth v. Weber, S. 260, ebenso bereits Kausalität, S. 20 (auch dort Fn. 3, ferner S. 31).

301 Kausalität, S. 34. Zur Unterscheidung von deskriptiven und normativen Begriffen im Sinne Engischs siehe seine Einführung, S. 109 f.

302 Unzutreffend Watermann, Ordnungsfunktionen, S. 19, für den „Kausalität als solche Realität ist". Damit meint er einen realen „Wirkungszusammenhang", der mehr als nur eine zeitliche Aufeinanderfolge von Geschehnissen darstellt (a.a.O. S. 33 f.).

303 Hardwig, Zurechnung, S. 91 f.

304 Zurechnung, S. 65, 97.

würde diese Unterscheidung im Rahmen der Kausalitätsüberlegungen nicht nur irreführend, sondern auch falsch sein. Eine Kausalitätsbeziehung ist immer nur in einem „äußeren" Sinn denkbar: Ein Ereignis folgt, nach außen wahrnehmbar, auf ein anderes. Diese (gesetzmäßige) zeitliche Folge als das einzige, was Kausalität besagt, ist rein äußerlich. Wenn man auch zuweilen meint, für ein bestimmtes, besonders schwer verständliches Ereignis mehr als eine solche Erklärung gefunden zu haben, die sich nur auf die gesetzmäßige zeitliche Reihenfolge verschiedener Einzelzustände bezieht, so erweist sich dies doch bei näherem Zusehen als Irrtum. Einen „inneren Zusammenhang"[305], ein „inneres Band" läßt sich niemals empirisch auffinden. Man kann nur versuchen, einen umfassenderen Vorgang in möglichst viele Einzelvorgänge aufzugliedern, um auf diese Weise das zu erklärende Ereignis besser zu „verstehen" (vergl. oben S. 64 ff., 76).

Der Jurist muß sich über diesen Sachverhalt klar sein, damit er weiß, daß sich eine Unterscheidung zwischen nur äußerem und innerem Zusammenhang niemals auf die Kausalität beziehen kann. Es handelt sich in diesen Fällen stets um Wertungs-(Zurechnungs-)Fragen. Dies gilt z.B. für das Problem der Vorteilsausgleichung: Hier wird zwischen Schadensereignis und Vorteil ein „gewisser innerer Zusammenhang" gefordert[306]. Entsprechendes gilt für die Schadensfälle, bei denen ein zum Erstschaden hinzugekommener zusätzlicher Schaden nur durch das Eingreifen eines Dritten möglich wurde (vergl. Operationsfall oben S. 17)[307] und bei denen z.B. Larenz für eine Haftung des Erstschädigers für den zusätzlichen Schaden einen „inneren Zusammenhang" zwischen der Handlung des Dritten und derjenigen des Erstschädigers als Voraussetzung ansieht[308].

Sehr mißverständlich hat daher der BGH den Begriff „äußerer Zusammenhang" in seinem Urteil vom 26.5.1952 (oben S. 16) gebraucht. Zwischen „äußerem Zusammenhang" und „Ursachenzusammenhang" besteht kausalitätsmäßig kein Gegensatz. Heute würde sich der BGH sicher auch nicht mehr in dieser Weise ausdrücken.

305 Einen solchen nimmt offenbar Gass (Ursache, S. 17 f.) an (unter Berufung auf Hessen, Kausalprinzip, S. 16): zum post hoc müsse immer noch das propter hoc kommen (hiergegen Leonhard, Kausalität, S. 22). Ähnlich auch Heyde (Kausalität, S. 130 ff.), für den es außer dem „Folgen nach einer Regel" noch etwas davon Getrenntes, nämlich die „*Real*-Beziehung", eben die Ursächlichkeit gibt, die „Ursächlichkeit als solche in ihrer unabdingbaren Objektivität".

306 Larenz, Schuldrecht I, § 30 II a; siehe auch unten S. 164 ff. (167).

307 Gass (Ursache, S. 53 f.) bringt folgendes Beispiel: A hantiert unvorsichtig mit einem Gewehr. Es löst sich ein Schuß, der B verletzt. Der Arzt begeht bei der Behandlung des B einen Kunstfehler. Gass nimmt nun an, daß die Folgen des ärztlichen Fehlers nicht (auch) auf das Verhalten des A als (Mit-)Ursache zurückführbar seien, sondern nur auf das Verhalten des Arztes. Dem kann nicht zugestimmt werden. Es besteht vielmehr eine lückenlose Kausalkette zwischen dem Verhalten des A und den Folgen des ärztlichen Kunstfehlers.

308 Larenz, Schuldrecht I, § 27 III b 3.

2. Zum Begriff der Erklärung in der Jurisprudenz

Der dieser Arbeit zugrunde gelegte Kausalitätsbegriff orientiert sich maßgeblich am Begriff der Erklärung, wie ihn besonders Stegmüller erhellt hat. Er ist im Zusammenhang mit dem Begriff der Kausalität auch der Jurisprudenz durchaus nicht völlig fremd. So hat z.B. schon Graf zu Dohna davon gesprochen, daß die Kausalität ein Prinzip der Erklärung (und nicht ein solches der strafrechtlichen Wertung) darstelle[309]. Ebenso taucht dieser Begriff in Literatur und Rechtsprechung auch heute immer wieder auf[310]. Natürlich ist in all den erwähnten Fällen der Gebrauch des Erklärungsbegriffs ein ganz untechnischer und vom speziell Stegmüllerschen Verständnis dieses Begriffs zu trennen. Aber sicherlich liegt beide Male ein gleicher Grundgedanke vor.

Dem wissenschaftstheoretischen Verständnis des Begriffs der kausalen Erklärung am nächsten ist Franz Leonhard in seiner bisher zu wenig beachteten Nachkriegsschrift „Die Kausalität als Erklärung durch Ergänzung" gekommen[311]. Nach ihm ist das Ziel der Ermittlung von Kausalzusammenhängen „das Begreifen einer Veränderung, die uns nur teilweise bekannt und daher noch nicht verständlich ist. Das Mittel ist: die Art des Vorgangs soweit zu ergänzen, daß dadurch sein Wesen aufgeklärt wird. Kürzer: Ursache ist, was einen Vorgang durch seine Ergänzung begreiflich macht – oder noch kürzer: Kausalität ist Erklärung durch Ergänzung."[312]

Unter dem „Wesen" eines Geschehnisses versteht er „die Art des Verlaufs in seinen wesentlichen Zügen"[313]. Damit meint er nichts anderes als die einzelnen Zwischenglieder eines komplexen Vorgangs[314]. Diese Zwischenglieder sind nach Leonhard zu *ergänzen*, um die kausale Erklärung erhalten zu können. Dabei hat sich die „Kausalforschung" überall auf *Tatsachen* zu stützen, „die sie durch Erfahrung gewinnt"[315]. Für ein *Wert*urteil[316] hat Leonhard ein Kausalurteil nur deswegen gehalten, weil man von jedem Geschehnis das, was erklärt werden soll, unter wertenden Gesichtspunkten *auswählt*[317].

---

309 MschrKrimPsych Band 2 (1906) S. 425; vergl. ebenso Kernprobleme, S. 22.

310 Z.B. schon bei Leonhard, Allgemeines Schuldrecht, S. 142, 162 ff.; Hardwig, Zurechnung, S. 92; E. A. Wolff, Kausalität, S. 13; BGH NJW 1958 S. 1579 (letzter Absatz, letzter Satz) = LM Nr. 10 zu § 287 ZPO; BGH LM Nr. 16 zu § 823(F)BGB (bei Ziff. 2); BGH NJW 1965 S. 2293 (bei I 2 e) = LM Nr. 13 zu § 249(Bb)BGB; BGH MDR 1967 S. 827 = LM Nr. 14 zu § 823(Db)BGB.

311 Vergl. schon grundlegend Leonhard, Allgemeines Schuldrecht, S. 162 ff.

312 Kausalität, S. 79 f.

313 Kausalität, S. 63.

314 Kausalität, S. 47 ff., 63, 66, vergl. auch S. 77.

315 Kausalität, S. 47.

316 Kausalität, S. 77.

317 Kausalität, S. 66.

In Leonhards Schrift treffen wir auf viele wesentliche Gedanken, die denen der Wissenschaftstheorie entsprechen; darin liegt ihre hervorragende Stellung unter den juristischen Kausalitätsschriften begründet. Im einzelnen freilich bestehen mannigfache Unklarheiten, nicht zuletzt in terminologischer Hinsicht. So unterscheidet Leonhard z.B. zwischen „Daßregeln" und „Wieregeln"[318]: Jene betreffen nach ihm die Aufeinanderfolge von Ereignissen, diese dagegen sind die für die kausalen Erklärungen maßgeblichen, die die Vorgänge „begreiflich" machen. In Wirklichkeit gibt es nur eine Art von „Regeln", wie sie Leonhard vorschwebten, nämlich die Gesetzmäßigkeiten, die die Aufeinanderfolge von einzelnen Zuständen betreffen. Im übrigen kann hier nicht weiter auf Leonhards sehr lesenswerte Schrift eingegangen werden.

3. Zum Begriff der Ursache

Die Begriffe „Ursächlichkeit"[319] und „Kausalität" unterscheiden sich inhaltlich prinzipiell nicht voneinander. Lediglich ihre Anwendungsbereiche sind verschieden. Von Ursächlichkeit ist vor allem im alltäglichen Sprachgebrauch bei sog. Makrovorgängen die Rede, während sich die exakten Wissenschaften zumeist, insbesondere im Zusammenhang mit Mikrovorgängen, des Begriffs der Kausalität bedienen (siehe schon oben S. 54).

In der Jurisprudenz werden die Begriffe „Ursachenzusammenhang" und „Kausalzusammenhang" unterschiedslos nebeneinander gebraucht. Wichtiger als diese Feststellung ist die Tatsache, daß es im Recht nicht nur auf Kausal-(„Ursachen-") Zusammenhänge im anschaulichen Makrobereich, sondern in vielen Fällen gerade auf solche im Mikrobereich ankommt. Es sei nur auf den großen und bedeutsamen Bereich der medizinischen Schadensfälle hingewiesen. So kam es z.B. zu tragischen Unglücksfällen dadurch, daß Krankenhauspatienten durch Bestrahlungen mittels defekter Bestrahlungsgeräte schwere Gesundheitsschäden erlitten[320]. In wenigen Fällen konnten die Schäden eindeutig auf die Fehlerhaftigkeit der Geräte zurückgeführt werden. In anderen Fällen dagegen bereitete die Suche nach der Ursache (also nach der Ursächlichkeit oder der Kausalität eines Ereignisses) große Schwierigkeiten: Man vermochte nicht herauszufinden, ob die Schäden durch die ursprünglichen Leiden, wegen derer die Patienten in Behandlung waren, oder durch die Bestrahlungsgeräte verursacht worden waren. In diesen Fällen kommt es für die Haftungsfrage auf den genauen Kausalverlauf im

318 Kausalität, S. 70.

319 Zur Geschichte des Ursachenbegriffs vergl. knappen Überblick bei Gass, Ursache, S. 9–14.

320 Vergl. Bericht in der Süddeutschen Zeitung vom 6.10.1972.

denkbar kleinsten Mikrobereich, z.B. der Gewebeordnungen, an[321]. Ursachen sind, wie schon ausgeführt (oben S. 62), Seins- oder Realgründe. Mit bloßen Vernunft- (oder Erkenntnis-)Gründen gibt sich auch die Rechtsordnung nicht zufrieden. Der Richter stellt im Schadensersatzprozeß die Frage: Warum *ist* der Schaden eingetreten? Eine Antwort, die z.B. die Angabe nur von bloßen Symptomen enthielte, würde er als nicht hinreichend ansehen. In der Regel wird der Richter auch die Angabe von deterministischen Gesetzmäßigkeiten (und zwar von Ablauf- oder Sukzessionsgesetzen, siehe oben S. 61) verlangen und sich nicht mit statistischen Gesetzen zufrieden geben (vergl. hierzu auch unten S. 88 f.).

4. Erklärung von rechtlichen Sachverhalten

Für das zivile Schadensersatzrecht haben wir uns für die Geltung des Verursachungsgrundsatzes ausgesprochen (siehe oben S. 27 ff.). Ein Richter kann einen Beklagten zum Schadensersatz nur verurteilen, wenn ein Kausalzusammenhang zwischen dessen Verhalten oder einem von ihm zu verantwortenden Ereignis und dem Schaden gegeben ist. Der Geschädigte muß also eine *kausale Erklärung* für den Schadenszustand geben können, die als eines der Antecedensdaten ein bestimmtes Verhalten des Schädigers oder ein von diesem zu vertretendes Ereignis enthält.

Erklärt werden kann jedoch immer nur ein bestimmter Sachverhalt, den man als einen bestimmten Aspekt eines (umfassenderen) Ereignisses aufzufassen hat (siehe oben S. 51)[322]. Entsprechend ist auch die Frage nach der kausalen Erklärung zu formulieren. Wie wir sahen, geschieht dies zweckmäßigerweise in Form eines „Warum . . ., daß . . .“-Satzes. Dieser muß die empirischen Merkmale des zu erklärenden Sachverhaltes wiedergeben. Statt zu fragen: „Wodurch ist der Körperschaden des X verursacht worden?“, formuliert man besser: „Warum ist es der Fall, daß X Beschwerden bestimmter (näher beschriebener) Art im Bereich der Nieren hat?“ Antwort: „Weil X von dem Arzt A in bestimmter gegen die Regeln der ärztlichen Kunst verstoßender Weise im Bereich der Nieren operiert wurde.“ Hieran schließt sich die nächste Frage an; sie sollte nicht lauten: „Warum erfolgte die fehlerhafte Operation?“ Denn diese Frage würde sich auf ein viel zu umfassendes Ereignis beziehen. Nehmen wir an, daß in diesem Beispiel gar nicht die

---

321 Hierher gehört auch die umfangreiche Problematik des Contergan-Falles (vergl. dazu Armin Kaufmann, JZ 1971 S. 569 ff.), auf die im vorliegenden Zusammenhang nicht näher eingegangen werden kann.

322 v. Kries spricht in diesem Zusammenhang von „Momenten“. Unser Interesse gelte zumeist irgendeiner Besonderheit der „Antecedentien“, z.B. einem einzelnen Vorgang, einem bestimmten Gegenstand oder einer bestimmten Eigenschaft eines solchen. Es ergebe sich dann die Frage, „ob und in welchem ursächlichen Zusammenhang ein solches bestimmtes Moment der bedingenden Umstände zu dem Erfolg gestanden habe.“ (Begriff der objectiven Möglichkeit, S. 197).

Frage interessiert, wie es bei dem Arzt zu dem Operationsfehler gekommen ist, weil es nicht um dessen Haftung, sondern um die eines anderen Ersatzpflichtigen geht. Deshalb muß die Frage lauten: „Warum ist es der Fall, daß A den X überhaupt im Bereich der Nieren operierte?" Antwort: „Weil A einen Schaden im Bereich der Nieren entdeckte, als er den X wegen der inneren Verletzungen (genaue Beschreibung dieser Verletzungen; sie haben mit den Nieren nichts zu tun) operierte, die dieser auf Grund eines von Y verursachten Unfalls erlitten hatte."

Natürlich ist es nicht in allen Fällen nötig, stets auf diese schematische Weise vorzugehen. In einfachen Fällen schadet eine allgemeinere Fragestellung nicht. In verwickelten Fällen jedoch empfiehlt sich eine sorgfältige Fragestellung (vergl. z.B. unten S. 127 ff. zu der Fallgruppe der Verteidigerkosten).

5. Die Natur der Erklärungen rechtlicher Sachverhalte

a) Historische Erklärungen

Bei den Rechtsfällen handelt es sich regelmäßig um „historische" Ereignisse (siehe oben S. 56). Kaum ein Rechtsfall gleicht dem anderen. Regelmäßig handelt es sich um komplexe Geschehensvorgänge sehr individueller Art. Dies gilt auch für Schadensfälle z.B. im medizinischen Bereich (bei denen regelmäßig Mikrovorgänge auch rein naturwissenschaftlicher Art eine Rolle spielen). Wir sahen schon (oben S. 56 ff.), daß Stegmüller keinen prinzipiellen Unterschied zwischen Erklärungen von naturwissenschaftlichen und solchen von historischen Geschehnissen macht. Alle seine Ausführungen zum Problem der kausalen Erklärung will er, wie ich meine: zu Recht, auf beide Sachverhaltstypen angewandt wissen. Aus diesem Grunde kommen Stegmüllers Gedanken und denen der übrigen Wissenschaftstheorie für das Recht besondere Bedeutung zu.

Bei rechtlichen Schadensfällen ist es, eben weil es sich bei ihnen um historische Ereignisse handelt, nicht möglich, jeweils mit einer einzigen Erklärung auszukommen. Um sie genau erfassen zu können, müssen sie in eine Vielzahl von Einzelvorgängen zergliedert werden. Für einen jeden der Teilvorgänge bedarf es einer gesonderten Erklärung. Man muß also *Erklärungsketten* bilden. Wir haben es dabei mit sog. historisch-genetischen Erklärungen zu tun (vergl. oben S. 65 ff., 75 ff.). Für eine Reihe von Schadensfällen wird es sich für die Haftungsfrage als entscheidend erweisen, die richtige Erklärungskette aufzuzeigen.

b) Unvollkommene Erklärungen

Wir haben oben (S. 58 ff.) die verschiedenen Typen der sog. unvollkommenen Erklärung kennengelernt. Es scheint mir nützlich zu sein, sich in bezug auf die kausalen Erklärungen, die der Jurist in Schadensfällen erhält oder selber gibt, klarzumachen, um welche Erklärungstypen es sich in den verschiedenen Fällen handelt.

Meistenteils werden nicht effektive Erklärungen, sondern lediglich Erklärbarkeitsbehauptungen vorliegen (siehe oben S. 60). Bei den relevanten Gesetzmäßigkeiten wird es sich freilich sehr häufig um solche mehr oder weniger trivialer Natur handeln (siehe oben S. 67)[323]. In zweifelhaften Fällen aber kommt es darauf an, sorgfältig zu prüfen, ob nicht doch die Angabe spezieller Gesetzmäßigkeiten nötig ist, so z.B. bei Schäden an Leib und Leben, hinsichtlich derer oft nur ein medizinischer Sachverständiger die effektive Erklärung zu geben imstande ist[324].

Im Schadensprozeß kommt es dann, wenn der Beklagte den Klageanspruch bestreitet, darauf an, daß der Kläger diesen beweist. Hier stellt sich ein besonderes Problem, das im einzelnen das eigentliche Thema des Kausalitätsbegriffs verläßt: Welche *Beweisanforderungen* sind hinsichtlich des Bestehens des Kausalzusammenhangs zu stellen?

Als Urteile über das Vorliegen eines Kausalzusammenhangs kommen nur drei Möglichkeiten in Frage: er ist gegeben, er ist nicht gegeben, es ist nicht feststellbar, ob er gegeben ist[325]. Wie hat der Richter zu verfahren, wenn die Kausalfrage ungeklärt bleibt? Dies ist eine Frage des Beweisrechts. Man denke etwa an den prima facie-Beweis: Hier geht das Gericht davon aus, daß im betreffenden Fall auf Grund allgemeiner Erfahrungssätze vom Bestehen eines Kausalzusammenhangs auszugehen ist. In solchen Fällen wird der Kläger oft nur, sich auf gewisse statistische Gesetzmäßigkeiten stützend, eine Erklärbarkeitsbehauptung im Sinne einer bloßen Erklärungsskizze geben, ohne daß er sie zu einer effektiven Erklärung zu ergänzen in der Lage wäre. Sache des Beklagten ist es in diesem Fall, diesen prima facie-Beweis zu erschüttern, d.h. konkrete Tatsachen anzugeben, aus denen zu folgern ist, daß hier die nicht ganz unwahrscheinliche Möglichkeit einer besonderen Fallsituation gegeben ist, die von der allgemeinen Lebenserfahrung nicht erfaßt wird. Das Gericht verlangt solchenfalls, daß der Kläger die Er-

323 Näheres hierzu (mit Beispielen) bei Carnap, Einführung, S. 14 f.

324 Ein besonderes Problem ist hinsichtlich der Erklärungen von Handeln durch Wollen gegeben. Denn hier sind effektive Erklärungen, wie wir sahen (oben S. 70 f.), – noch – nicht möglich. Vielmehr müssen wir uns mit Erklärbarkeitsbehauptungen zufrieden geben. Zweifelhaft könnte die Frage sein, ob in den Fällen vorsätzlichen Handelns der Verursachungsgrundsatz in letzter Konsequenz durchführbar ist, weil sich eine Kausalität zwischen dem „Wollen" und dem Schadenserfolg nicht effektiv nachweisen läßt. Jedoch dürfte diese Frage nicht von entscheidender Bedeutung sein. Denn es kommt nicht auf einen Ursachenzusammenhang zwischen dem „Wollen" und dem Schadenserfolg, sondern auf einen solchen zwischen dem (äußerlichen) Verhalten (Handeln oder Unterlassen) und dem Schadenserfolg an. Das „Wollen" spielt lediglich für die Zurechnung eine Rolle und muß bei Haftung durch Vorsatz zum äußeren Verhalten nur noch *hinzukommen*.

325 So zutreffend auch Hardwig, Zurechnung, S. 93.

klärungsskizze präzisiert, usw.[326] Wir finden somit in der Rechtspraxis alle die verschiedenen Erklärungstypen wieder, wie wir sie oben beschrieben haben. I.d.R. wird das Gericht, wenn nicht ausnahmsweise von vornherein eine effektive Erklärung gegeben wird, nur eine solche Erklärbarkeitsbehauptung als genügend ansehen, die vom Kläger durch Angabe von deterministischen Gesetzmäßigkeiten zu einer echten effektiven Erklärung ergänzt werden kann.

c) Die Ex-post-facto-Erklärung

Oben (S. 68) gab ich zwei instruktive Beispiele wieder, die Stegmüller bespricht, um die Grenze zu zirkulären Erklärungen, die natürlich keine effektiven Erklärungen darstellen, deutlich zu machen. Stegmüller zeigt, daß es einen guten Sinn haben kann, wenn man sich bei einem im Erklärungsargument zum Explanans gehörenden Satz nur auf eine einzige Information, nämlich das Explanandumereignis selbst, beruft. Es ist logisch, wie gezeigt, etwas durchaus Verschiedenes, ob man es mit dem Erklärungszusammenhang oder dem Bestätigungszusammenhang zu tun hat. Bei vielen Erklärungen für Ereignisse, die rechtliche Schadensfälle betreffen, wird diese Situation vorliegen.

Es handelt sich hier um reine *Ex-post-facto-Erklärungen.* Mit ihnen befaßt sich Stegmüller noch einmal in Band 4 seines Werkes „Probleme und Resultate der Wissenschaftstheorie". Er spricht hier vom „Paradoxon der reinen Ex-post-facto-Kausalerklärung" und bringt das sehr anschauliche folgende Beispiel (nach R. Jeffrey)[327]: „X habe mehrere Kinder. Das erste Kind, welches X bekam, war ein Knabe. Jemand fragt X: „*warum* ist dein erstes Kind ein Knabe geworden?" Unter Vorwegnahme einiger späterer Betrachtungen können wir sagen, daß auf diese Frage zwei Antworten möglich sind. *Entweder* der Befragte gibt sich mit einer ‚statistischen Antwort' zufrieden. Da die Wahrscheinlichkeit dafür, daß eine Geburt eine Knabengeburt ist, ungefähr 1/2 beträgt und da außerdem bei (genauer oder ungefährer) Gleichwahrscheinlichkeit kein vernünftiger Grund dafür angebbar ist, warum sich das eine und nicht das andere ereignete, müßte die Antwort auf der statistischen Ebene lauten: „ich kann keinen Grund nennen; es war reiner Zufall."

„Die statistische Analyse bildet aber im vorliegenden Fall nur eine *Oberflächenanalyse.* Wir haben es hier nicht, wie z.B. in der Quantenphysik, mit einer irredu-

---

326 Gelingt dem Kläger die Führung des Anscheinsbeweises, weil dem Beklagten dessen Erschütterung mißlingt, obwohl, wie wir annehmen wollen, der vom Kläger behauptete Ursachenzusammenhang tatsächlich nicht gegeben ist, so wird der Beklagte dennoch auf Schadensersatz verurteilt. Es stellt sich die Frage, ob hier der Verursachungsgrundsatz durchbrochen wird. Dies ist u.U. dann nicht der Fall, wenn der Beklagte, wie nicht selten, durch sein Verhalten zur Unaufklärbarkeit der Ursachenfrage beigetragen hat. Entsprechendes gilt für den Sonderfall des § 830 I 2 BGB.

327 Stegmüller, Personelle und Statistische Wahrscheinlichkeit, 2. Halbband, S. 289 f.

zibler statistischen Gesetzmäßigkeit zu tun. Vielmehr liegt der statistischen Regularität eine kausale zugrunde, die dem heutigen Genetiker bekannt ist und an die man ebenfalls hätte appellieren können. Der Befragte hätte daher eine kausale Begründung geben können, die in alltagsprachlicher Kurzfassung etwa so gelautet hätte: „weil die Samenzelle, die ich zu der Eizelle beitrug, aus der sich mein erstes Kind entwickelte, vom Y-Genotyp war". Diese Antwort liefert implizit eine kausale *Tiefenanalyse,* deren explizite Fassung im folgenden ‚deduktiv-nomologischen Argument' besteht:

A: Die von X stammende Samenzelle, die sich mit der Eizelle vereinigte, um den Zygoten zu bilden, aus dem sich das erste Kind von X entwickelte, war vom Y-Genotyp.

G: Wenn immer sich eine Samenzelle vom Y-Genotyp mit einer Eizelle vereinigt, um den Zygoten zu bilden, aus dem sich ein Kind entwickelt, so ist das Kind ein Knabe.

E: Das erste Kind von X war ein Knabe.

Diese Tiefenanalyse liefert eine korrekte kausale Erklärung. Die Paradoxie liegt in folgendem: Während es zwar *logisch denkbar* ist, daß *A* vor dem Wissen um *E* gewußt wurde, *wird in allen praktischen Lebenssituationen, in denen sich ein Mensch befindet, die Wahrheit von A erst aus der Wahrheit von E erschlossen werden können.* Sofern man dies zugesteht, gibt man damit zugleich zu, daß diese Erklärung nur *im nachhinein* möglich war und daß sie daher unter anderen pragmatischen Zeitumständen *nicht als Voraussage hätte verwendet werden können.*"

An diesem Beispiel wird besonders deutlich, daß eine korrekte kausale Erklärung nicht etwa deshalb unmöglich ist, weil das Explanandumereignis nicht hätte vorausgesagt werden können. Dies ist gerade bei den historischen Ereignissen des Rechtslebens, nämlich den ganz individuellen, sich fast nie wiederholenden Geschehnissen des Alltags, sehr oft nicht möglich.

6. Zur kausalen Relevanz

Im Folgenden geht es um eine Reihe von Fragen, bei denen die Abgrenzung von Kausalität und Nichtkausalität besonders problematisch ist.

Gehen wir von einem Beispiel aus, das Stegmüller bringt[328]: Herr M nimmt regelmäßig die Antibabypille ein und wird nicht schwanger. Es ist folgende Erklärung möglich: 1. Prämisse: Jeder Mann, der regelmäßig die Pille einnimmt, wird nicht schwanger. 2. Prämisse: Herr M hat die Pille regelmäßig eingenommen. Conclusio: Herr M wurde nicht schwanger. Dieses Argument ist *logisch* nicht anfechtbar.

---

328 Stegmüller, Personelle und Statistische Wahrscheinlichkeit, 2. Halbband, S. 330 f.

Stegmüller führt aus: „Trotz der Unanfechtbarkeit des Argumentes wird man dieses Argument als inakzeptabel *für eine Erklärung* bezeichnen, weil darin auf ein Merkmal – das regelmäßige Einnehmen der Antibabypille – Bezug genommen wird, welches in dieser Situation *ohne jede kausale Relevanz* für den zu erklärenden ‚Effekt' war: das Nichtschwangerwerden. Eine Pseudo-Erklärung wäre auch dann zustandegekommen, wenn wir ein anderes, auf das Individuum zutreffendes und in bezug auf das zu Erklärende irrelevantes Merkmal, z.B. „ist blauäugig", benützt hätten; denn auch der generelle Satz: „kein blauäugiger Mann wird schwanger" ist richtig. Was ein derartiges Beispiel von unserem unterscheidet, ist die Tatsache, daß die Blauäugigkeit (vermutlich) in *jedem* Fall – d.h. genauer: relativ auf *jedes* andere für den Individuenbereich der Menschen sinnvolle Attribut – für die Schwangerschaft ohne kausale Relevanz ist, während das Einnehmen der Pille *nur relativ auf das durch das Prädikat „männlich" designierte Attribut* irrelevant ist. Wir hätten ja nur eine Frau in geeignetem Alter zu betrachten und die durch die Substitution von „Frau" für „Mann" entstehende generelle Aussage zu einer statistischen Gesetzmäßigkeit abzuschwächen brauchen, um zwar keine kausale Erklärung, aber doch eine *statistische Begründung* dafür zu erhalten, daß die betreffende Frau nicht schwanger wurde. Mit der Blauäugigkeit anstelle des Einnehmens der Antibabypille würde dieser Versuch der Transformation in ein korrektes Argument nicht funktionieren.

„Der Begriff der *kausalen Relevanz*, dessen Explikat wir suchen, muß also *auf ein Bezugsattribut relativiert* werden: Das Einnehmen der Pille ist in bezug auf das Attribut *Mann* kausal irrelevant für Nichtschwangerschaft, nicht jedoch in bezug auf das Attribut *Frau*."

Betrachten wir folgendes Beispiel, das verschiedentlich in der juristischen Literatur gebracht wird[329]: A bemalt eine Vase, die dann B zu Boden wirft, so daß sie in Scherben zerbricht. Wurde hier auch A insofern kausal, als statt unbemalter bemalte Scherben auf dem Boden liegen? Man könnte folgendes Erklärungsargument geben: 1. Prämisse: Jede bemalte Vase zerbricht, wenn sie auf den Boden geworfen wird. 2. Prämisse: A hat die Vase V bemalt, die B hinuntergeworfen hat. Conclusio: Die bemalte Vase V zerbrach. Auch gegen dieses Argument ist von logischer Seite her nichts einzuwenden. Intuitiv aber sind wir überzeugt, daß es hier *sinnlos* ist, von der Kausalität des Bemaltseins und damit der Maltätigkeit des A für das Zerbrechen der Vase zu sprechen. Wir glauben, daß – entsprechend wie im Pillen-Fall – die Maltätigkeit des A nur relativ auf das Attribut ‚Bemaltsein der zerbrochenen Vasenbestandteile' kausal ist.

Eine genaue Explikation des Begriffs der kausalen Relevanz zu geben, bringt außerordentliche Schwierigkeiten mit sich, denen hier nicht nachgegangen werden kann. Auch die Wissenschaftstheorie weist hier noch große Lücken auf. Wir

---

329 Traeger, Kausalbegriff, S. 41; Engisch, Kausalität, S. 9.

müssen uns daher vorerst mit der (von theoretischer Sicht her unbefriedigenden) Einsicht zufrieden geben, daß wir in allen *praktisch* wichtigen (Rechts-)Fällen auch ohne eine präzise Explikation dieses Begriffs auskommen. Im Folgenden beschränken wir uns auf einige Überlegungen zu der Frage, inwieweit bei der Kausalitätsprüfung auf den Erfolg in seiner ganz realen Konkretheit abzustellen ist[330].

Zu den hierher gehörigen Schulbeispielen zählt das schon erwähnte Vasenbeispiel. Engisch führt noch zwei weitere Beispiele an: „A sieht, daß B von hinten kommend zum tödlichen Schlag gegen C ausholt. Er warnt den C durch einen Ruf, was zur Folge hat, daß C sich dreht und den Schlag, der ihm den Schädel zertrümmert, statt von hinten seitlich empfängt"[331]. Engisch führt aus: „Nimmt man hier den Erfolg in seiner vollen konkreten Bestimmtheit (Zerschmetterung des Schädels von der Seite her), so hat nicht nur B, sondern auch A eine c.s.q.n. zu ihm gesetzt." Hiergegen aber lehne sich das ‚Rechtsgefühl' auf. „Und wenn A bei einer Überschwemmung den Inhalt eines Wassertroges in die aus dem Damm hervorbrechenden Fluten auslaufen läßt, so daß sich die Wirkung um einen minimalen Bruchteil vergrößert, soll man ernstlich auch A als kausal für die Überschwemmung ansehen?"[332]

Viele Autoren meinen, daß man den Erfolg nicht in seiner ganz konkreten Gestalt betrachten dürfe. Nach v. Kries z.B. soll man die Kausalität für einen Erfolg dann verneinen müssen, wenn sich der Erfolg ohne das in Frage stehende Ereignis nur in „untergeordneter Modification" realisiert hätte. Abzustellen sei nicht auf die konkrete Bestimmtheit des tatsächlichen Erfolgs, sondern nur auf eine „verallgemeinerte Vorstellung, welche wir uns aus diesem bilden"[333]. Nach Traeger kommt es darauf an, ob der Erfolg ohne das betreffende Ereignis „*für die juristische Wertung* ein anderer wird."[334] In diesem Sinn hat sich – unter ausdrücklicher Berufung auf Traeger – noch der BGH in BGHZ 2,138 ausgesprochen[335]. Ebenso meint Spendel, daß der Jurist, statt nach der Kausalität für den Erfolg in seiner ganz konkreten Bestimmtheit zu fragen, den „juristischen" Erfolg zu betrachten habe, der auf Grund des gesetzlichen Tatbestandes ausgewählt und abgegrenzt sei. Hierbei handele es sich um einen „bis zu einem gewissen Grade ver-

---

330 Vergl. zu diesem Problemkreis auch ausführlich Bydlinski, Probleme der Schadensverursachung, S. 11 ff.

331 Kausalität, S. 9; dieses Beispiel geht auf Rümelin, AcP 90 (1900) S. 283, zurück.

332 Engisch, Kausalität, S. 10; dieses Überschwemmungsbeispiel stammt von v. Buri, Causalität, S. 69.

333 Begriff der objectiven Möglichkeit, S. 199, ebenso S. 223.

334 Kausalbegriff, S. 46; vergl. dazu Engisch, Kausalität, S. 10 f.

335 = NJW 1951 S. 711. Siehe zu diesem Urteil schon oben S. 15 f.

allgemeinerten Wirkungsbegriff, wie: Tod durch Vergiftung (zu einem bestimmten Zeitpunkt), Überschwemmung, Sachbeschädigung usw. . ."[336]

Engisch hat im Anschluß an M. L. Müller[337] diese Theorie der abstrakten Erfolgsbestimmung abgelehnt[338]. In die Kausalitätsprüfung gingen bei dieser Methode juristische Wertungen ein, die dem Wesen der Kausalität widersprächen. Vor allem könne sich Kausalität immer nur auf konkrete Geschehnisse, niemals aber auf abstrakte Erfolgsgattungen beziehen. Vielmehr müsse „nach der Ursächlichkeit des Verhaltens für den konkreten (zu dieser Zeit in dieser Art und Weise eingetretenen) Erfolg gefragt werden." Im übrigen seien „nur die konkreten Tatsachen, deren Bedingtsein zu ermitteln ist, *auszuwählen* und *abzugrenzen*", was im „Hinblick auf die juristischen Erfolgskategorien des Todes, der Sachbeschädigung usw." zu geschehen habe. Im Tötungsbeispiel sei zu untersuchen, „ob der seitliche Schlag auf den Schädel des C, in dem sich die Tötung verwirklichte, auch durch den Ruf des A bedingt" sei. Diese Frage sei „uneingeschränkt" zu bejahen. Anders liege es dagegen im Vasenfall: Denn das Bemaltsein der Vase bilde „gar keinen Bestandteil des gemäß dem gesetzlichen Tatbestand der Sachbeschädigung abgegrenzten konkreten Erfolges." Auch im Überschwemmungsbeispiel könne man in der geringen von A in die Fluten geschütteten Wassermenge keinen „Bestandteil des Sachverhalts, den wir als Überschwemmung bezeichnen", sehen.

Hiermit ist aber m.M. das Problem, insbes. auch in schadensrechtlicher Hinsicht noch nicht befriedigend gelöst. Wie wir bereits gesehen haben, kommt für jede Kausalitätsprüfung immer nur ein bestimmter Aspekt eines realisierten Ereignisses in Frage. Wenn Engisch im Tötungsbeispiel fragt, ob der „seitliche Schlag", der seinerseits für den Tod des C ursächlich war, durch den Ruf des A bedingt war, so ist diese Fragestellung noch zu ungenau. Denn durch den Ruf ist gewiß nicht der ganze Sachverhalt „Schlag, der seitlich niederging" erklärbar (verursacht), sondern lediglich die *Seitlichkeit* des niedergehenden Schlages. Hier liegt eine Frage der kausalen Relevanz vor. Im konkreten Fall konnte der Ruf nicht geeignet sein, den niedergehenden Schlag zu bewirken oder zu verhindern. Er konnte nur zur Folge haben (bewirken), daß C sich in bestimmter Weise drehte und den Schlag von der Seite her empfing. – Im Vasenbeispiel hat A bewirkt, daß die Scherben bemalt sind, aber nicht, daß die Vase in Scherben ging. Weder hat er damit (strafrechtlich) eine Sachbeschädigung noch (zivilrechtlich) einen Schaden verursacht. – Und im Überschwemmungsbeispiel hat A ohne Zweifel bewirkt, daß die Fluten eine geringe Menge mehr an Wasser führten. Ob der Richter im Bewirken dieses „Erfolges" (strafrechtlich) das „Herbeiführen einer

---

336 Kausalität, S. 82.

337 Die Bedeutung des Kausalzusammenhangs im Straf- und Schadensersatzrecht, S. 10 ff.

338 Engisch, Kausalität, S. 11 f. – Ablehnend (mit anderer Begründung) auch Bydlinski, Probleme der Schadensverursachung, S. 13 ff.

Überschwemmung" zu sehen hat, ist keine Kausalitätsfrage, sondern eine rechtliche Wertungsfrage. Um beurteilen zu können, ob durch A ein *Schaden* entstanden ist, müßte zunächst festgestellt werden, was die einzelnen aus dem Wassertrog stammenden Wasserteilchen für einen Weg genommen haben. Wegen der Unmöglichkeit schon dieser Feststellung kann die Schadensfrage im Streitfall nur nach § 287 I ZPO gelöst werden[339]. Dabei wird der Richter in diesem Fall wegen der minimalen Wassermenge des Troges zur Verneinung eines durch A entstandenen Schadens gelangen.

Im Fall RGSt. 22,325 f. (der Angeklagte A hatte den Rest eines bereits in Flammen stehenden Gebäudes angezündet) hat A sicherlich bewirkt, daß bestimmte Gebäudeteile durch *ihn* verbrannt sind. Daran kann auch die Tatsache nichts ändern, daß diese Gebäudeteile ohne ihn ebenfalls verbrannt wären.

Um in all diesen Fällen die Kausalitätsfrage befriedigend lösen zu können, kann es nicht darauf ankommen, ob man den Erfolg in mehr oder weniger konkreter Weise betrachtet. Da sich Kausalität immer nur auf die konkrete reale Wirklichkeit beziehen kann, kommt für die Kausalitätsprüfung gar nichts anderes als der „konkrete Erfolg" in Betracht. Die Frage ist nur, wieviel und was im einzelnen man von einem Geschehen kausal erklären will. Denn man kann ein Ereignis niemals in seiner Totalität erklären, sondern immer nur bestimmte Aspekte desselben. Gerade diese Erkenntnis ist unter den Juristen der Sache nach einhellig anerkannt. Darum ist es um so verwunderlicher, daß die oben umschriebene Frage hinsichtlich der Konkretheit des zu beurteilenden Erfolgs immer wieder aufgeworfen wird. Konkretheit bedeutet letztlich nichts anderes als: möglichst genaue Beschreibung des Ereignisses unter Berücksichtigung möglichst *aller* Aspekte. Bevor Kausalitätsüberlegungen angestellt werden dürfen, muß zunächst die *Frage* klar gestellt sein, hinsichtlich welcher Aspekte eines Ereignisses nach Kausalitätsbeziehungen gesucht wird. Im Vasenbeispiel kann ich die allgemeine Frage stellen: Was ist für den Sachverhalt: „Auf dem Boden liegen die Scherben der Vase V" in seiner ganz konkreten Realität kausal? Eine solche Frage ist allenfalls als theoretische akzeptabel, als praktische jedoch in jeder Hinsicht sinnlos. Denn eine Antwort müßte unendlich viele Ursachenketten anführen, von den Tatsachen, daß die Vase z.B. aus einem bestimmten Ton gebrannt wurde und wie dieser Ton erdgeschichtlich entstanden ist bis zur Tatsache, daß jede Scherbe ihre ganz bestimmte äußere Form erhalten hat. Sinnvoll sind nur Fragen nach *einzelnen* Teilsachverhalten des umfassenden Sachverhalts, z.B. nach der Ursächlichkeit für das Bemaltsein der Scherben, für die Tatsache, daß die Vase zu der bestimmten Zeit zu Boden fiel usw. Wir sahen schon, daß es hilfreich ist, solche Fragen in der Form einer „Warum . . ., daß . . ."-Frage zu stellen. Dadurch wird der Fragende gezwungen, das Explanandum möglichst präzise abzugrenzen.

---

339 Ebenso Bydlinski, Probleme der Schadensverursachung, S. 109.

Nehmen wir an, daß der Arzt X dem schwerkranken Y eine Spritze gibt, um ihn von seinem Leiden zu erlösen. Y wäre ohne die Spritze zwei Tage später gestorben. Es hat keinen Sinn zu fragen, ob X den Y „ermordet" hat. Man kann nur z.B. fragen: warum ist es der Fall, daß Y um 11.52 Uhr gestorben ist? Dann lautet die Antwort: Daß Y um 11.52 Uhr gestorben ist, ist u.a. damit zu erklären, daß X dem Y um 11.40 Uhr die Spritze S gegeben hat. Die Frage, ob der Richter diesen Sachverhalt als Tötung bezeichnen soll, ist eine Wertungs-, aber keine Kausalitätsfrage.

7. Einzelfragen zu den Kausalitätsbegriffen im Schadensrecht

a) Kausalität im „logischen" Sinn?

In Rechtsprechung und juristischer Literatur taucht zuweilen der Begriff der Kausalität im „logischen" oder „logisch-naturwissenschaftlichen" Sinn auf[340]. Was hat Kausalität mit Logik zu tun?

Wie wir schon (oben S. 77 f.). sahen, hat ein vollständiges (effektives) Erklärungsargument die Eigenschaft, daß man das Explanandum logisch aus dem Explanans *ableiten* kann, ohne daß es so etwas wie ein „logisches Enthaltensein der Wirkung in der Ursache" im Sinne einer logischen Notwendigkeit gibt. Freilich verbürgt die logische Ableitbarkeit noch keineswegs die *materielle* Richtigkeit des Argumentes. Diese hängt vielmehr davon ab, ob die Aussagen im Explanans (also die Antecedensdaten und die Gesetzmäßigkeiten) gut bestätigt, also „wahr" sind.

Dies läßt sich an dem bereits oben (S. 90) erwähnten Beispiel von Stegmüller verdeutlichen: Es wird beobachtet, daß kein Mann, der regelmäßig die Antibabypille einnimmt, schwanger wird. Man stellt daher folgendes „Gesetz" auf: Jeder Mann, der regelmäßig die Pille einnimmt, wird nicht schwanger. Es wird festgestellt, daß der Mann M regelmäßig die Pille einnimmt und ferner, daß er nicht schwanger wird. Daraus wird die Folgerung gezogen: die Einnahme der Pille ist kausal dafür, daß M nicht schwanger wird. Diese kausale Schlußfolgerung ist nun *logisch* aus dem Kausalgesetz und der Beobachtung hinsichtlich des M ableitbar. Dennoch ist das Argument, wie ohne weiteres einzusehen ist, falsch. Es ist deshalb falsch, weil eine Aussage im Explanans (hier: die kausale Gesetzmäßigkeit) sachlich unsinnig ist.

Versteht man das „logisch" im Begriff „Kausalität im logischen Sinn" in der erwähnten richtigen Weise, so ist gegen diesen Begriff nichts einzuwenden. Da dies

---

340 So eigenartigerweise auch bei Engisch, Kausalität, S. 21, obwohl gerade Engisch immer betont hat, daß Kausalzusammenhänge nur auf empirischem Wege festgestellt werden können.

jedoch wohl kaum dem allgemeinen Verständnis, vor allem nicht in der Jurisprudenz, entsprechen dürfte[341, 342] halte ich ihn für das Schadensrecht nicht für empfehlenswert.

b) Zu den übrigen Kausalitätsbegriffen

Welche Bezeichnung empfiehlt sich für den Begriff der Kausalität im außerrechtlichen Sinn, wie wir ihn – im Einklang mit der Rechtsprechung – im Auge haben? Ich schlage den Begriff der *Kausalität im natürlichen Sinn* vor. Dies aus folgenden Gründen: Der Begriff der Kausalität im *naturwissenschaftlichen* Sinn ist zu eng. Vor allem der auch von uns vertretene Kausalitätsbegriff der Wissenschaftstheorie ist keineswegs auf den Bereich der Naturwissenschaften beschränkt, er bezieht vielmehr alle anderen (Einzel-)Wissenschaften und besonders den vorwissenschaftlichen Lebensbereich mit ein. Der noch viel engere Begriff der Kausalität im „mechanisch-naturwissenschaftlichen Sinn" scheidet daher erst recht aus. Der Begriff der Kausalität im „naturwissenschaftlich-philosophischen Sinn" ist sehr mißverständlich. Denn in der Philosophie wird zum Teil ein metaphysisch verstandener Kausalbegriff vertreten, der für die Jurisprudenz ganz sicher nicht in Betracht kommt. Daß der Begriff der Kausalität im „logischen Sinn" nicht ratsam ist, sahen wir schon bei a).

Es bleibt der Begriff der Kausalität im „natürlichen Sinn". Mehr und mehr setzt sich heute bei den Vertretern der verschiedenen wissenschaftlichen Disziplinen die Ansicht durch, daß es nur *einen* Kausalitätsbegriff geben kann[343]. In einheitlichem Sinn kann dieser Begriff nur verstanden werden, wenn von jeder spezifisch *fach*wissenschaftlichen Interpretation abgesehen wird. In solchem Fall wird das Verständnis auf jene Grundlagen des Begriffs reduziert, die allen fachwissenschaftlichen Interpretationen dieses Begriffs gemeinsam sind. Damit ist zugleich die Übereinstimmung des wissenschaftlichen Begriffsverständnisses mit dem vorwissenschaftlichen erreicht. Auf diese Weise wird ein *natürliches* Begriffsverständnis ermöglicht, so daß es sinnvoll ist, den so verstandenen Kausalitätsbegriff als den „natürlichen" zu bezeichnen.

Von diesem natürlichen Kausalitätsbegriff als *außerrechtlichem* zu sprechen, ist, wie sich aus dem Vorhergesagten ergibt, nicht ganz korrekt. Denn der natürliche Kausalitätsbegriff ist derjenige einer *jeden* wissenschaftlichen Disziplin, also auch der Rechtswissenschaft. „Außerrechtlich" bedeutet daher nur soviel wie „nicht spezifisch rechtlich" (siehe schon oben S. 5 Fn. 25 und S. 45).

---

341 Vergl. dazu auch Rödig, Alternative, S. 116 Fn. 271.

342 So versteht Hardwig das Aufziehen einer nichtgehenden Uhr als *logische* conditio-sine-qua-non für ihr Gehen (Zurechnung, S. 94, 144 Fn. 342).

343 Außer den wissenschaftstheoretischen Autoren vergl. etwa Esser, Schuldrecht, § 44 II; Jung, AcP 170 (1970) S. 433; Gass, Ursache, S. 5 f., 49; Leonhard, Kausalität, S. 80 ff. (dort gegen die verschiedenen Ursachenbegriffe von Rickert).

Freilich ist hier mit Engisch nachdrücklich daraufhinzuweisen, daß unter einer „natürlichen" Auffassung nicht eine primitive verstanden werden darf[344]. Aus diesem Grunde scheint es mir sehr fragwürdig zu sein, wenn z.B. Hanau eine Kausalität der Pflichtwidrigkeit, die es nach wissenschaftstheoretischem Verständnis nicht geben kann (vergl. unten S. 98), u.a. unter Berufung auf den „alltäglichen Denk- und Sprachgebrauch" begründet, dem ein „ ‚natürlicher' Ursachenbegriff geläufig" sei, „der auch ideelle und normative Gegebenheiten wie die Pflichtwidrigkeit" einschließe[345]. Hier sei „jedermann bereit, von Verursachung zu sprechen". Daß „jedermann" zu irgendeiner Ansicht „bereit" ist, dürfte jedoch noch kein sehr durchschlagendes Argument für ihre Richtigkeit sein. Da das „natürliche" Verständnis nicht mit dem „primitiven" identisch ist, muß bei der Berufung auf das Verständnis von „jedermann" sorgfältig geprüft werden, ob nicht vielleicht gerade das letztere gegeben ist.

Zu welch unbefriedigenden Resultaten eine allzu unkritische Bezugnahme auf die vermeintliche „natürliche" Vorstellung des Alltagslebens führen kann, läßt sich am Beispiel der Unterlassungskausalität zeigen. Bekanntlich herrscht hier Streit darüber, ob es eine solche Unterlassungskausalität grundsätzlich geben kann oder nicht. In diesem Zusammenhang beruft man sich nicht selten auf das „natürliche Verständnis". So heißt es bei Hardwig[346]: „Mit der Umgangssprache würde sich aber nicht decken, wenn wir etwa sagen würden: der Schwimmlehrer hat den Tod des Badegastes dadurch verursacht, daß er ihn nicht gerettet hat." Ebenso lapidar stellt Hanau[347] das Gegenteil fest: „Für den natürlichen Kausalbegriff charakteristisch ist z.B. die Vorstellung einer Kausalität der Unterlassung." Weder Hardwig noch Hanau bringen jedoch eine nähere Begründung für ihre Ansichten. Bei Hardwig erstaunt dies um so mehr, als er an anderer Stelle[348] ausdrücklich darauf hinweist, daß es nichts nutze, auf „den ohnehin unsicheren Sprachgebrauch zu verweisen, ehe man nicht die Prinzipien entwickelt hat, die ihm zugrunde liegen." Sehr zu Recht sagt Hardwig dann auch, daß „nun . . . freilich die Umgangssprache kein Beweis für juristische Begriffe" sei[349].

---

344 Weltbild, S. 112: „. . . daß ‚natürliche Weltansicht' für uns nicht so viel bedeuten kann wie ‚primitive' Weltbetrachtung."

345 Kausalität, S. 24.

346 Zurechnung, S. 157.

347 Kausalität, S. 24.

348 Zurechnung, S. 149.

349 Zurechnung, S. 157.

Anhang

Zur Kausalität der Pflichtwidrigkeit und zur psychischen Kausalität

Auf beide Fragenkreise kann im Rahmen dieser Arbeit nicht näher eingegangen werden. Es sei nur angedeutet, in welche Richtung, geht man vom hier vertretenen Kausalitätsbegriff aus, eine Stellungnahme zu diesen Problemen weisen müßte.

Pflichtwidrigkeit ist stets ein *Urteil*, das sich auf ein menschliches Verhalten bezieht und etwas darüber aussagt, ob sich der betreffende Mensch so verhalten hat, wie es die gerade geltenden Rechtsnormen von ihm verlangen. Daß eine so verstandene Pflichtwidrigkeit als solche nicht für einen realen Erfolg im Sinne des natürlichen Kausalitätsbegriffs kausal sein kann, unterliegt nach den bisherigen Ausführungen keinem Zweifel[350]. Das Pflichtwidrigkeitsurteil ist zwar auf ein empirisches Geschehnis (menschliche Verhaltensweise) bezogen, die diesem Geschehnis zugesprochene Pflichtwidrigkeit selbst ist jedoch kein empirisches Faktum und kann daher nicht Glied einer Kausalkette sein. Nur wenn man den Kausalitätsbegriff in einem rein normativen Sinn versteht, kann man ihn auch auf Pflichtwidrigkeiten an sich beziehen[351]. Damit erfährt der Kausalbegriff jedoch unserer Meinung nach eine nicht zulässige Überdehnung.

Anders ist es dagegen in bezug auf die *psychische Kausalität*. Menschliche Verhaltensweisen, auch wenn sie scheinbar ausschließlich vom freien Willen getragen sind, sind stets von Charakteranlagen des betreffenden Menschen, Umwelteinflüssen usw. zum mindesten *mit*beeinflußt. Wer z.B. einen Flüchtenden wegen einer von diesem begangenen Straftat verfolgt, tut dies, weil er jedenfalls *auch* durch die Tatsache der Flucht des Flüchtenden dazu mitbestimmt worden ist. Erleidet er auf der Flucht einen Schaden, so ist dieser durch die Flucht des Flüchtenden mitverursacht worden[352]. Hier ist psychische Kausalität gegeben. Wenn auch die Möglichkeit von psychischer Kausalität durchweg bejaht wird[353], so handelt es

350 Im gleichen Sinn z.B. Arthur Kaufmann, Festschrift für Eb. Schmidt, S. 220; Hardwig, Zurechnung, S. 112; Münzberg, Verhalten und Erfolg, S. 127; Esser, Schuldrecht, § 44 II.

351 So Hanau, Kausalität, S. 23 ff., 83 ff. – Eine Verbindung zwischen der Vermeidbarkeitstheorie und einem Kausalitätsverständnis, das auf die Pflichtwidrigkeit bezogen ist, findet sich bei Hofmann, Beweislast, S. 89 ff. Nach ihm ist die „Kausalität im Sinne des Bürgerlichen Rechts . . . zumindest mitgeprägt von einer bestimmten Relation zwischen demjenigen Element der Handlung, das die Pflichtwidrigkeit beinhaltet, und dem schädlichen Erfolg", wobei ‚Ursächlichkeit' die „nachgewiesene Vermeidbarkeit der Schädigung" bedeutet.

352 Vergl. BGH NJW 1971 S. 1982 und BGH JZ 1975 S. 374.

353 So z.B. Leonhard, Kausalität, S. 64; Hardwig, Zurechnung, S. 142; Engisch, Festschrift für Hellmuth v. Weber, S. 269; Esser, Schuldrecht, § 44 III 2 c. Zweifelhaft Deutsch, JZ 1975 S. 376, der meint, daß bei der Feststellung innermenschlicher Kausalität stets schon notwendigerweise ein „Stück Zurechnung vorweggenommen" werde.

sich hier doch um ein Gebiet, das größte erkenntnistheoretische Probleme aufwirft, die auch auf Fragen der Rechtspraxis, z.B. des Beweisrechts, nicht ohne Einfluß sein können. Prinzipiell ist vom wissenschaftstheoretischen Standpunkt aus kein Grund ersichtlich, warum menschliches Verhalten nicht kausal erklärbar sollte sein können. „Es ist nicht absurd anzunehmen", so schreiben Oppenheim und Putnam[354], „daß schließlich die Gesetze der Psychologie im Sinne des Verhaltens einzelner Neuronen im Gehirn erklärt werden können, daß das Verhalten einzelner Zellen – unter Einschluß der Neuronen – endlich wird erklärt werden können im Sinne ihres biochemischen Aufbaus, und daß das Verhalten der Moleküle – die Makromoleküle, aus denen die lebenden Zellen aufgebaut sind, eingeschlossen – zum Schluß erklärt werden kann im Sinne der Gesetze der Atomphysik. Wenn dies erreicht ist, dann werden die Gesetze der Psychologie im Prinzip auf die Gesetze der Atomphysik reduziert worden sein, obgleich es nichtsdestoweniger hoffnungslos unpraktisch wäre, zu versuchen, das Verhalten eines einzelnen menschlichen Wesens im Sinne seines Aufbaus aus Elementarteilchen zu erklären." Mehr kann hier nicht zu diesem Thema gesagt werden.

II. Die Bedingungstheorie und die Conditio-sine-qua-non-Formel

Während in Rechtsprechung und Rechtswissenschaft die Kausalitätstheorie der Bedingungs- (oder Äquivalenz-)Theorie so gut wie unbestritten herrscht, gilt dies für die diese Theorie der praktischen Handhabung zugänglich machende Conditio-sine-qua-non-Formel[355] (C.-Formel) nur in (geringfügig) vermindertem Maße.

---

354 Einheit der Wissenschaft als Arbeitshypothese, S. 343.

355 Nebenbei ein Wort zur Schreibweise: heißt es condi*t*io oder condi*c*io? In der juristischen Literatur findet man beide Schreibweisen: condi*t*io schreiben u.a. Rümelin, AcP 90 S. 212; Traeger, Festgabe für Enneccerus, S. 14; v. Liszt, Strafrecht, S. 131; Enneccerus-Lehmann, Schuldrecht, § 15 III; Wolff-Bachof, Verwaltungsrecht, § 36 III c 1; Armin Kaufmann, Dogmatik, S. 60; Hanau, Kausalität, S. 25; dieser Schreibweise bedient sich auch die Rechtsprechung, z.B. BGHZ 2,139; condi*c*io schreiben u.a. Engisch, Weltbild, S. 111; Larenz, Schuldrecht I, § 27 III a; Esser, Schuldrecht, § 44 II; Welzel, Strafrecht, § 9 II; Bockelmann, Festschrift für Eb. Schmidt, S. 450; Hardwig, Zurechnung, S. 161; Arthur Kaufmann, Festschrift für Eb. Schmidt, S.208; Rödig, Alternative, S. 110. Seibert (MDR 1972 S. 482 f.) hat zu Recht darauf hingewiesen, daß es im klassischen Latein sicher condi*c*io = Bedingung hieß. Dabei ist jedoch zu berücksichtigen, daß dieses Wort nicht im Sinne von Kausalität (= Ursächlichkeit), sondern im Sinne von (aufschiebender oder auflösender) rechtsgeschäftlicher Bedingung gebraucht wurde (siehe auch Kaser, Römisches Privatrecht, § 10). Für Ursache steht im klassischen Latein das Wort causa und nicht condicio. Conditio = Kausalität ist eine Neuschöpfung des 18. Jahrhunderts (so auch Seibert a.a.O.). Um eine Verwechslung mit dem Wort condicio im Sinne des klassischen Lateins zu vermeiden, ist für die Bedeutung „Ursächlichkeit" die Schreibweise condi*t*io zu empfehlen.

Herrschend ist aber auch diese C.-Formel[356] und das ist in Anbetracht ihrer im Folgenden zu behandelnden mannigfachen Schwächen um so verwunderlicher, als es ihr gegenüber an kritischen Stimmen nie fehlte und fehlt[357].

Die Bedingungstheorie gilt vor allem im Strafrecht[358]. Im zivilen Schadensersatzrecht ist zwar anerkannt, daß allein über die Bedingungstheorie keine brauchbare Abgrenzung der zurechenbaren Folgen eines schädigenden Ereignisses zu erreichen ist. Denn eine Ursachenkette, in deren Rahmen das zu beurteilende Ereignis gegeben ist und Wirkungen nach sich zieht, ist prinzipiell unendlich[359]. Jedoch muß nach h.M. jeder Schaden, der überhaupt einem Ersatzpflichtigen zurechenbar ist, mindestens eine C.s.q.n. im Sinne der Bedingungstheorie sein[360]. Entsprechendes gilt im öffentlichen Recht für die Fälle, in denen der gesetzliche Tatbestand einen Ursachenzusammenhang voraussetzt[361]. Der Bedingungstheorie und der C.-Formel kommen insofern im Zivil- ebenso wie im Straf- und öffentlichen Recht eine gleiche Bedeutung zu[362].

Bei unbefangener Betrachtung mutet es eigenartig an, daß das Thema Ursächlichkeit (hier besonders im Hinblick auf die C.-Formel) überhaupt Gegenstand kontroverser Meinungen zu sein vermag. Die Diskussion um die Kausalität sei uferlos, hat Engisch einmal bemerkt[363] und Hanau stellt fest, daß dies selbst für das Teilproblem der rechtserheblichen Kausalität gelte[364]. Für andere ist diese Tat-

356 So etwa für das Zivilrecht: Enneccerus-Lehmann, Schuldrecht, § 15 III 1; Esser, Schuldrecht I, § 44 II (S. 299); Soergel-Reim. Schmidt, Komm. zum BGB, Rdn. 14 ff. zu §§ 249–253; Palandt-Heinrichs, Komm. zum BGB, Vorbem. 5 a zu § 249; BGHZ 2,138 (siehe oben S. 21) und st.Rspr.; für das Strafrecht: Welzel, Strafrecht, § 9 II; Schönke-Schröder, Komm. zum StGB, Rdn. 57 ff. vor § 1; Androulakis, Studien, S. 84 ff.; BGHSt 1,332 und st.Rspr.; für das öffentliche Recht: Wolff-Bachof, Verwaltungsrecht, § 36 III c; Vollmuth, Ursache, S. 19 f., 66, 187; Pesch, NJW 1958 S. 1074; Kraemer, NJW 1965 S. 183 (mit weiteren Nachweisen); BSG NJW 1961 S. 1182. – Kahrs, Vermeidbarkeitsprinzip, weist darauf hin, daß sich der C.s.q.n.-Gedanke außer in der deutschen auch in der internationalen Rspr. weitgehend durchgesetzt hat (S. 27 mit Nachweisen).

357 Vergl. etwa Engisch, Kausalität, S. 17 ff.; Arthur Kaufmann, Festschrift für Eb. Schmidt, S. 210; Hardwig, Zurechnung, S. 97; Rödig, Alternative, S. 116 ff. – Larenz, Schuldrecht I, S. 314, sieht in ihr, wie sich noch zeigen wird: zu Recht, keine exakte Definition der Kausalität, sondern nur „eine die Rechtsanwendung erleichternde, weil leicht faßliche und für die große Masse der Fälle zureichende Umschreibung", eine ‚Faustregel'.

358 Nachweise siehe oben Fn. 356.

359 Larenz, Schuldrecht I, § 27 III a; Esser, Schuldrecht I, § 44 II.

360 Nachweise siehe oben Fn. 356.

361 Nachweise siehe oben Fn. 356.

362 Vergl. dazu auch Benz, NJW 1967 S. 657.

363 Weltbild, S. 110.

364 Hanau, Kausalität, Vorwort.

sache wieder ebenso unverständlich wie absurd[365]. Wehrenberg hält speziell die C.-Formel für eine „pleonastische Leerformel“[366] und findet es erstaunlich, daß ganze Juristengenerationen in ihr einen unverrückbaren Grundsatz des Strafrechts haben sehen können[367]. Rödig ist der Ansicht, daß man – in Anspielung auf den üblichen Wortlaut der C.-Formel – gut daran täte, sie selbst hinwegzudenken und daß, indem man sich ihrer bedient habe, der Erfolg geradezu habe entfallen müssen, Licht in das Problem der Kausalität zu bringen[368].

In unserem Zusammenhang interessiert insbesondere, ob die C.-Formel als Kausalitätsformel theoretisch haltbar und praktisch brauchbar und wie sie unter wissenschaftstheoretischem Aspekt zu beurteilen ist. Bevor wir auf diese Fragen eingehen, wenden wir uns zunächst kurz der Bedingungstheorie zu.

1. Die Bedingungstheorie

a) Die Bedingungstheorie in der Jurisprudenz

Als echte Kausalitätstheorie ist im zivilen Schadensersatzrecht (ebenso wie im Straf- und öffentlichen Recht) die Bedingungs- oder Äquivalenztheorie herrschend, während die Adäquanztheorie heute zu Recht nicht mehr als Kausalitätstheorie, sondern als zum Bereich der Zurechnung gehörig angesehen wird (siehe S. 118 f.).

Als Begründer der Bedingungstheorie gilt v. Buri[369, 370]. Er ging davon aus, „daß alle Kräfte, aus welchen der verbrecherische Erfolg besteht, gleich wesentlich für denselben sind und keine einzige Kraft aus dem Erfolg ausgeschieden werden kann, ohne ihn in seinem konkreten Dasein in Frage zu stellen“[371].

---

365 Vergl. Wehrenberg, MDR 1971 S. 901: „Allein schon das Wort: Kausalitätstheorien, wie wenn der Ursachenzusammenhang ein geeigneter Gegenstand für einen Theorienstreit sein könnte.“

366 MDR 1971 S. 901. Ablehnend auch Schmidhäuser, Strafrecht, S. 187.

367 Dies ist z.B. der Fall bei Androulakis, Studien, S. 84 ff. Entsprechendes gilt im Zivilrecht. Vergl. etwa jüngst bei Hanau, Kausalität, S. 15: „. . . denn die Kausalität wird mit Hilfe der conditio-sine-qua-non-Formel ermittelt, in der sich der juristische Kausalitätsbegriff seit jeher kristallisiert.“

368 Alternative, S. 116.

369 v. Buri, Zur Lehre von der Teilnahme an dem Verbrechen und der Begünstigung, 1860 und Ueber Causalität und deren Verantwortung im Strafrecht, 1878. v. Buri seinerseits stütze sich auf die Untersuchungen von Köstlin, Berner und Hälschner. Zu diesen Autoren vergl. Spendel, Kausalität, S. 18 ff., zu Köstlin und Hälschner auch Hardwig, Zurechnung, S. 56 ff.

370 Zur geschichtlichen Entwicklung der Theorie vergl. Spendel, Kausalität, S. 14 ff.

371 Beiträge (gesammelte Abhandlungen), S. 69.

Wie wir wissen, ist ein jedes Ereignis durch mannigfache Umstände bedingt. Daß alle Bedingungen untereinander „gleichwertig" sind, daß es nicht „wichtigere" und „weniger wichtige" Bedingungen gibt, ist der eine Grundgedanke der Bedingungstheorie, die deshalb auch als Äquivalenztheorie bezeichnet wird.

Ihr zweiter Hauptgedanke bezieht sich auf den Begriff der *Ursache* (oder Kausalität). Den Juristen interessiert, gleich ob im Schadens- oder Strafrecht, immer nur die Frage nach der Ursächlichkeit *eines bestimmten Ereignisses* für den betreffenden Erfolg (und die an dieses Ereignis anzuknüpfenden Rechtsfolgen). Hier aber stellt sich die Frage: Gibt es solche Kausalität eines Einzelereignisses für den ganzen Schadenserfolg? Der allgemeine *philosophische* Ursachenbegriff kann anscheinend nicht weiterführen. Ihn versteht man, sich zumeist auf J. St. Mill berufend, dahingehend, daß für einen Erfolg Ursache die *Gesamtheit aller Bedingungen* ist. In Anbetracht der Unbrauchbarkeit[372] dieses nach verbreiteter Meinung an sich „einwandfreien"[373] Ursachenbegriffs für die Rechtswissenschaft gilt nach der Bedingungstheorie: Im *juristischen* Sinn ist Ursache für den ganzen Erfolg auch jede einzelne Bedingung. v. Buri erläutert die Lösung dieses Problems „Übergang von der Gesamtursache zur Einzelursache" folgendermaßen: „Nun scheint jedoch ein Widerspruch darin enthalten zu sein, daß die bloße Mitwirksamkeit den ganzen Erfolg verursache, dennoch aber sämtliche Mitwirksamkeiten zu einer Herbeiführung erforderlich waren. Freilich konnte ja nun auch die bloße Mitwirksamkeit als alleinstehende den Erfolg nicht verursachen, und so sind daher sämtliche Mitwirksamkeiten als vereinzelte als totes Material anzusehen, welches erst durch das Zusammentreffen aller zur Lebenskraft gelangt. Das kann aber nur dadurch geschehen, daß in dieser Vereinigung jede einzelne Mitwirksamkeit allen übrigen Mitwirksamkeiten die Kausalität verleiht, sie selbst jedoch auch von ihnen die Kausalität empfängt. Darum führt die gesamte Wirksamkeit auf jede einzelne Mitwirksamkeit zurück, wie es aber auch ebenso richtig ist, daß sämtliche Einzelmitwirksamkeiten zur Herbeiführung des Erfolgs erforderlich waren und zur Aufrechterhaltung desselben dergestalt vereinigt bleiben müssen, daß ihn auch das Ausscheiden nur einer von ihnen in seinem Dasein beseitigen würde."[374]

Zwischen den Begriffen Ursache und Bedingung besteht hiernach kein Unterschied[375] und: *jede* einzelne Bedingung ist Ursache für den ganzen Erfolg. Die

372 Spendel, Kausalität, S. 12; E. A. Wolff, Kausalität, S. 11 f.; Rödig, Alternative, S. 113.

373 Spendel, Kausalität, S. 12.

374 Beiträge (gesammelte Abhandlungen), S. 71.

375 Vergl. ferner v. Buri, Causalität, S. 3 f. So auch die heute h.M., etwa Engisch, Kausalität, S. 17, 27, Weltbild, S. 114, 135; Spendel, Kausalität, S. 11; Rödig, Alternative, S. 115 f.; Hardwig, Zurechnung, S. 70; Hardwig nimmt an anderer Stelle freilich doch wieder eine Unterscheidung zwischen Ursache (als „wirkende" Ursache) und Bedingung (als Situationsgegebenheit) an (S. 91 ff.), jedoch ohne daraus Konsequenzen für die Kausalität zu ziehen (S. 143). A. A. Gass, Ursache, S. 23.

Begründung freilich, die v. Buri gibt, daß nämlich jede einzelne Mitwirksamkeit jeder anderen die Kausalität „verleihe" und diese zugleich von ihnen empfange, dürfte heute keine Anhänger mehr finden[376]. Sie basiert nicht auf einem Kausalitätsbegriff, der auf empirische Sachverhalte Bezug nimmt. Denn an den äußeren Lebensvorgängen läßt sich diese von v.Buri angenommene gegenseitige „Kausalitätsverleihung" nicht ablesen. v.Liszt begründet diese Theorie aus dem Conditio-sine-qua-non-Gedanken heraus[377]. Dieser jedoch ist, wie noch zu zeigen ist, nach meiner Meinung als *Kausalitäts*gedanke nicht zu halten. Eine andere Begründung ist, soweit ersichtlich, nicht gegeben worden.

b) *Wissenschaftstheoretische Betrachtungsweise*

Was läßt sich zu vorstehend angeschnittenen Fragen den wissenschaftstheoretischen Erkenntnissen entnehmen?

Nachdem Stegmüller zunächst die Kausalitätsprobleme an Hand des Begriffs der kausalen Erklärung expliziert hat, untersucht er später auch den *Ursachen*begriff (den er für zu unbestimmt hält, um ihn als Ausgangsbasis für Kausalitätsprobleme nehmen zu können[378]). Unter Ursache für ein bestimmtes Ereignis versteht er, an die ältere philosophische Tradition (z.B. Mill) anknüpfend, die Totalität der Antecedensbedingungen einer adäquaten kausalen Erklärung dieses Ereignisses. „Ontologisch gesprochen sind Ursachen gewisse akzidentelle Tatsachen"[379].

Einen Unterschied zwischen Bedingung und Ursache gibt es danach nicht. Spreche man von einer Einzelbedingung A als „der Ursache", wie dies sowohl im alltäglichen als auch im wissenschaftlichen Sprachgebrauch die Regel sei, so wolle man damit zum Ausdruck bringen, daß neben A andere Bedingungen $A_1, \ldots, A_n$ vorhanden sind, die zusammen mit A die Antecedensbedingungen in einer kausalen Erklärung für das Ereignis E abgeben und daß für diese Erklärung die entsprechenden Gesetzmäßigkeiten $G_1, \ldots, G_k$ gegeben sind[380].

---

376 Ablehnend ausdrücklich Engisch, Kausalität, S. 33.

377 Strafrecht, S. 131.

378 Erklärung, S. 434.

379 Erklärung, S. 462.

380 Erklärung, S. 437. Stegmüller drückt dies wie folgt aus: „ ‚A ist die Ursache von E' muß als eine *doppelte* Existenzbehauptung interpretiert werden, in welcher die Existenzquantifikation *sowohl über geeignete weitere Bedingungen als auch über Gesetze* läuft, nämlich im Sinne der Aussage: ‚Es gibt Bedingungen $A_1, \ldots, A_n$, sowie Gesetze $G_1, \ldots, G_k$, so daß E aus A, $A_1, \ldots, A_n$, $G_1, \ldots G_k$ deduktiv erschlossen werden kann.' " – Im Ergebnis im gleichen Sinn auch Engisch, Kausalität, S. 32, Weltbild, S. 129. A.A. E.A. Wolff, Kausalität, S. 16 Fn. 16.

c) Ergebnis

Auch die Wissenschaftstheorie geht der Sache nach von den beiden Grundgedanken der Bedingungstheorie aus[381]. Insbesondere für den „Übergang von der Gesamtursache zur Einzelursache" gibt sie eine exakte theoretische Begründung der Problemlösung, indem sie die Aussage „A ist die (Einzel-)Ursache von B" in der erwähnten Weise interpretiert und sich damit an den üblichen wissenschaftlichen und vorwissenschaftlichen Sprachgebrauch hält.

Wie wir schon sahen, schlägt Stegmüller vor, statt von A als „der Ursache" von „einer Teilursache" zu sprechen (siehe oben S. 55)[382]. Wir glauben darüber hinaus, daß es unschädlich ist, wenn man weiterhin von A als „der Ursache" spricht, da sich die Erkenntnis, daß A immer nur zusammen mit anderen Bedingungen $A_1, \ldots, A_n$ „die" Ursache bilden bzw. das Ereignis E, zusammen mit den entsprechenden Gesetzmäßigkeiten, kausal erklären kann, heute allgemein durchgesetzt haben dürfte und die Feststellung „A ist die Ursache von E" auch genau in diesem Sinn verstanden wird. Der Einführung einer besonderen *juristischen* (Bedingungs-)Theorie bedarf es aus diesen Gründen nicht.

Gesamtursache heißen demnach alle Antecedensbedingungen einer kausalen Erklärung für ein Ereignis E in ihrer Gesamtheit. Teilursache oder einfach „die Ursache" heißen eine oder mehrere Antecedensbedingungen dieser Erklärung, jedoch nicht alle insgesamt. Will man – im übertragenen Sinn – von so etwas wie einer „Eigenschaft der Ursächlichkeit" sprechen, so kommt diese sowohl der „Gesamtursache" als auch jeder Einzelursache zu[383].

Daß in der Jurisprudenz der Übergang von der Gesamtursache zur Einzelursache als ein so großes Problem angesehen werden konnte, hat vielleicht einen seiner Gründe darin, daß mit dem Ursachenbegriff zuweilen eine gewisse Kraftvorstel-

---

381 Zur Gleichsetzung von Ursache und Bedingung siehe auch Carnap, Einführung, S. 190 f.

382 Zu den Schwierigkeiten, die der Gebrauch des bestimmten Artikels im allgemeinen und für das Problem der Kausalität im besonderen mit sich bringt, vergl. die scharfsinnigen Ausführungen von Stegmüller, Festschrift für Kraft, S. 171 ff.

383 Nur am Rande sei bemerkt, daß der Begriff der „Gesamtheit der Bedingungen" ohnehin, nimmt man ihn ernst, mehr ein theoretischer als ein praktischer sein dürfte. Denn zu den Bedingungen eines Umstandes zählen auch sämtliche Bedingungen dieser Bedingungen und weiter wiederum deren Bedingungen und so fort. Prinzipiell ist der Kreis dieser Bedingungen unendlich. Ein Begriff aber, der sich auf unendlich viele Bezugsmerkmale erstreckt, hat allenfalls philosophisch-theoretische Bedeutung. – Lediglich für das Kausalgesetz hier zutreffend, im übrigen (z.B. hinsichtlich des Kausalbegriffs) für völlig unbrauchbar hält Leonhard, Kausalität, S. 5 ff., den Begriff der Gesamtheit der Bedingungen.

lung verbunden wurde und noch verbunden wird[384]. Da will es dann nicht einleuchten, daß nur eine einzelne Bedingung den ganzen Erfolg zu „bewirken" soll in der Lage sein. Die gelegentlich noch anzutreffende Unterscheidung zwischen Ursache und Bedingung fördert diese Vorstellung ebenfalls.

Damit hat sich gezeigt, daß die Bedingungstheorie, entgegen einer verbreiteten Meinung[385], keine spezifisch juristische Theorie ist, sondern ihre Aussagen vom allgemeinen Kausalitätsverständnis erfaßt werden.

2. Die Conditio-sine-qua-non-Formel (C.-Formel)

Während die Bedingungstheorie eine Kausalitäts*theorie* darstellt[386], dient die *Formel* der Conditio sine qua non der *praktischen Ermittlung* von Kausalitätsbeziehungen im Sinne dieser Theorie. Der Inhalt der Bedingungstheorie, nämlich das Beziehungsverhältnis zwischen Bedingung und Erfolg, ist in ihr „ ‚auf eine Formel gebracht' "[387]. Sie „ist also der Ausdruck, das ‚Wie' des Beziehungsverhältnisses"[388]. Sie sagt uns, „*wann* nun eine Handlung als *mitwirksam* anzusehen ist."[389]

Im Folgenden unterziehen wir diese Formel einer kritischen Prüfung, auch unter wissenschaftstheoretischen Gesichtspunkten. Dabei werden wir zu vier wesentlichen Einwänden gegen sie als *Kausalitäts*formel gelangen.

---

384 So z.B. E. A. Wolff, Kausalität, S. 16 und (besonders) S. 60; Hardwig, Zurechnung, S. 91 f. (für ihn bedeutet Kausalität „Wirkkraft", die durch ein reales „inneres Band" charakterisiert ist, S. 149). A. A. schon Graf zu Dohna, Kernprobleme, S. 15 f. und vor allem Engisch, Kausalität, S. 31.

385 So schon v. Liszt, Strafrecht, S. 131; ebenso Engisch, Weltbild, S. 134; Rödig, Alternative, S. 113; Spendel, Kausalität, S. 12 (die Bedingungstheorie sei eine „wirklich juristische Kausalitätstheorie").

386 Spendel, Kausalität, S. 10 f. Die Bedingungstheorie stellt sich ihm als eine *Funktion* dar: sie hat zum Inhalt das Beziehungs- oder Bedingungsverhältnis zwischen Bedingung und Erfolg. Der Begriff Funktion ist m.M. nicht sehr glücklich gewählt und gibt zu Mißverständnissen Anlaß, solange er nicht für den vorliegenden Zusammenhang eindeutig bestimmt ist, was bei Spendel nicht der Fall ist. Gegen den Begriff der Funktion im Zusammenhang mit dem Kausalitätsbegriff wendet sich Engisch, Festschrift für Hellmuth v. Weber, S. 262 (mit weiteren Nachweisen zu diesem Problem, vor allem auf philosophische Autoren). Vergl. hierzu auch Engisch, Weltbild, S. 116 ff.; Klug, Arbeit und Gesundheit, S. 171. Aus der wissenschaftstheoretischen Literatur sei angeführt: Schlick, Kausalität, S. 144 f.; Stegmüller, Festschrift für V. Kraft, S. 182; Scheibe, Ursache und Erklärung, S. 265 f. – Wir vermeiden diesen Begriff, weil er m.M. nicht zur Klärung der hier anstehenden Probleme beiträgt.

387 Spendel, Kausalität, S. 10.

388 Spendel, Kausalität, S. 9.

389 Spendel, Kausalität, S. 87.

Der Gedanke der C.s.q.n. taucht etwa um die Mitte des vorigen Jahrhunderts fast gleichzeitig bei dem österreichischen Juristen Julius Glaser und dem deutschen Maximilian v.Buri auf[390]. v.Buri war es, der als erster diesem Gedanken die Gestalt einer (Kausalitäts-)*Formel* verlieh: „. . . Kausalzusammenhang ist jedesmal dann vorliegend, sobald es feststeht, daß ohne die eigene Thätigkeit der beabsichtigte Erfolg nicht eingetreten sein würde, daß also die eigene Thätigkeit als conditio sine qua non des eingetretenen Erfolges anzusehen ist . . ."[391]

a) Der Einwand des unendlichen Regresses

Hier bereits ist auf einen ersten grundlegenden Mangel der Formel einzugehen, der sich vom allgemeinen, denklogischen Standpunkt aus zeigt, ohne daß spezifisch wissenschaftstheoretische Gesichtspunkte eine Rolle spielen.

Nehmen wir ein einfaches Beispiel: X streift mit seinem Pkw beim Einfahren in eine Parklücke (am Straßenrand) den vorderen Nachbarwagen w und hinterläßt Lackschäden (s). Hier handelt es sich um einen Fall, bei dem die Kausalitätsfrage offensichtlich keine Schwierigkeiten bereitet. Wir sind sicher, daß X (genauer: seine konkrete Fahrweise f) für den Schaden kausal geworden ist. Prüfen wir, zu welchem Ergebnis wir bei Anwendung der C.-Formel unter konsequenter Berücksichtigung des C.-Gedankens kommen.

Um die C.-Formel anzuwenden, stehen zwei mögliche Wege offen. Beide werden in der Jurisprudenz vertreten. Entweder denken wir *nur* das auf seine Ursächlichkeit hin zu untersuchende Ereignis *fort*, oder wir denken *zugleich* den oder die Sachverhalte *hinzu*, die an Stelle des hinweggedachten dann eingetreten wären.

aa) Wenden wir uns zunächst der zweiten Alternative zu. Es wäre denkbar, daß als Alternativverhalten des X eines der folgenden in Betracht kommt: 1. X ist nicht in der Weise f, sondern in der Weise g gefahren; dann hätte er nicht den vorderen, sondern den hinteren Nachbarwagen v gestreift. 2. X ist in der Weise h gefahren; er wäre dann auf den Bürgersteig geraten und hätte dort ein abgestelltes Fahrrad umgefahren. 3. X fuhr zum fraglichen Zeitpunkt überhaupt nicht mit seinem Auto, sondern saß im Cafe (Verhaltensweise i) oder 4. er schlief zu Hause im Bett (k).

Wie immer sich X auch, wäre er nicht in der Weise f gefahren, verhalten haben würde: wesentlich ist, daß wir uns *überhaupt* ein konkretes Verhalten des X an Stelle seines Parklückenfahrens in der Weise f vorstellen. Würden wir uns für den betreffenden Zeitpunkt vorstellen, daß X sich gar nicht verhalten hätte, daß er also für diesen Zeitpunkt praktisch nicht existent gewesen wäre, so würde die

---

390 v. Buri, Zur Lehre von der Teilnahme, 1860, und Causalität, 1873 (siehe oben S. 1 Fn. 5).

391 Zur Lehre von der Tötung, Goltd. Arch. XI (1863) S. 757.

Wirklichkeit wie ein Kartenhaus zusammenfallen, aus dem man einige Karten entnimmt. „Soll das Kartenhaus bestehen bleiben, so muß man die Karten, die man beseitigen möchte, sogleich durch neue Karten ersetzen." So hat diesen Sachverhalt Rödig anschaulich umschrieben[392]. Es würde zum mindesten sehr ungenau sein, wenn wir nur sagen würden: wir stellen uns vor, daß das Fahrverhalten f des X nicht gegeben war. Und es würde, für den hier eingeschlagenen Weg, *falsch* sein, wenn wir damit offen ließen, welches Verhalten wir uns statt dessen vorstellen.

Wenn wir nun gemäß der C.-Formel fragen, ob in einem der vorgestellten Fälle der Erfolg E (das verursachte Ereignis) entfallen würde, so stellen wir auf diese Weise wieder eine Frage nach der Kausalität, diesmal nach einer *hypothetischen* Kausalbeziehung in einem nur gedachten (aber doch *möglichen*) Geschehen. Wir fragen in unserem Beispielsfall etwa: hätte das Verhalten des X „X sitzt im Cafe" (i) den Erfolg „das Auto w ist beschädigt" (s) verursacht? Oder anders ausgedrückt: hätte das Verhalten i kausalgesetzlich zur Folge gehabt, daß der Erfolg s eingetreten wäre? Jedermann würde sofort als Antwort diese Frage verneinen. Gemäß der C.-Formel wäre dann der Schluß an der Reihe: *also* hat die *Fahrweise f* des X den Lackschaden s am Wagen w verursacht.

Jedoch taucht hier ein entscheidendes Problem auf: Ist die Antwort auf die eben beschriebene Frage nach der (hypothetischen) Kausalität zwischen dem Verhalten i und dem Erfolg s überhaupt auf richtige Weise gewonnen worden?

Nach der Voraussetzung der gegenwärtigen Überlegungen sind Fragen nach der Kausalität über die C.-Formel zu beantworten. Dies muß auch für alle *Hilfsfragen* gelten, die im Rahmen der C.-Formel auftreten und echte *Kausal*fragen sind (auch wenn sie vielleicht nur Fragen nach lediglich hypothetischen Kausalbeziehungen betreffen). Um eine solche aber handelt es sich hier. Der Ausgangsfrage nach der Kausalität zwischen f und s wird eine *andere* Kausalfrage vorgeschaltet, nämlich die nach der (hypothetischen) Kausalität zwischen i und s. Halten wir uns streng an die Regeln, die uns die Befürworter der C.-Formel an die Hand geben, so bleibt uns kein anderer Weg, als auch diese vorgeschaltete Hilfsfrage nach der C.-Formel zu beantworten. Es ist stets davon auszugehen, daß wir um die wahren Kausalitätsbeziehungen noch nichts wissen, daß wir vielmehr diese vermittels der C.-Formel erst ausfindig machen wollen. Wir haben uns also streng davor zu hüten, hier mit (mehr oder weniger intuitiven) Vorurteilen an die aufgeworfenen Kausalitätsfragen (auch die bloßen Hilfsfragen!) heranzugehen. Auch wenn wir zu ahnen glauben, daß wir um die Kausalitätsverhältnisse wissen, so wollen wir diese Ahnung doch erst auf dem Weg über die C.-Formel exakt bestätigt oder widerlegt finden.

Um also die Frage beantworten zu können, ob das Verhalten i den Schadenserfolg s herbeigeführt hätte, müssen wir zunächst im Sinne der C.-Formel fragen:

392 Rödig, Alternative, S. 122 f.

könnte man das Verhalten *i* fortdenken, ohne daß der Schadenserfolg entfiele? Konsequenterweise müssen wir nun für i wiederum ein anderes (mögliches) Verhalten des X betrachten und so fort. Damit wird deutlich, daß dieser eingeschlagene Weg in einen unendlichen Regreß führen muß. Zugleich hat sich gezeigt, daß auf dem eben beschriebenen Weg, der anscheinend der der C.-Formel gemäße ist, eben diese C.-Formel gar nicht konsequent angewandt werden kann, weil sie sich selber ad absurdum führt.

bb) Die andere Möglichkeit, die C.-Formel anzuwenden, besteht darin, daß wir das in Rede stehende Ereignis (im Beispielsfall das Fahrverhalten f des X) hinwegdenken und uns *kein* anderes Ereignis *an dessen Stelle* hinzudenken[393]. Betrachten wir wieder unseren Beispielsfall. Für den gewissen fraglichen Zeitraum würden wir X als nicht existent fingieren. Nur am Rande sei darauf hingewiesen, daß es fraglich ist, ob dieser Weg wirklich, wie die Befürworter des anderen (aa) meinen, den Boden der Wirklichkeit mehr verläßt als jener. Denn wenn wir uns X zwar als existent vorstellen, uns aber ein anderes als das tatsächlich gegebene Verhalten von ihm denken, entfernen wir uns ebenfalls von der Wirklichkeit in ein nur gedachtes Weltgeschehen. Ob wir uns nun durch die Vorstellung der Nichtexistenz noch „mehr" von der Wirklichkeit entfernen können, dürfte eine wenig einträgliche Frage sein.

Stellen wir uns also den Verlauf der Dinge ganz so vor, wie er tatsächlich geschehen ist mit nur einer Ausnahme: nämlich ohne das Fahrverhalten f. Da wir jedoch kein anderes Verhalten des X hinzudenken wollen, X andererseits nicht „verhaltenslos" sein kann, bedeutet dies nichts anderes als: X existierte im fraglichen Zeitraum seines Parklückenverfahrens nicht. Es ist die Frage zu beantworten: wäre der Erfolg s (trotzdem) eingetreten? Werden wir uns auch hier zunächst wieder über das Wesentliche dieser Fragestellung klar: Wir wollen untersuchen, ob sich in diesem gedachten Geschehen an irgendein Ereignis (z.B. an ein Verhalten einer bestimmten Person) kausalgesetzlich der Erfolg (das Ereignis) s angeschlossen hätte. Zu diesem Zweck müssen wir aus dem angenommenen Gesche-

393 So etwa Spendel, Kausalität, S. 37 f., 82, und Festschrift für Eb. Schmidt, S. 185; ebenso Welzel, Strafrecht, § 9 II c, E. A. Wolff, Kausalität, S. 14; Hofmann, Beweislast, S. 63. Die Spendelsche Formel der C.s.q.n. lautet: „Eine Handlung gilt dann als notwendige Bedingung (kausal), wenn bei ihrem Ausscheiden aus dem historischen (Wirklichkeit gewordenen) Geschehen – unter Außerachtlassung aller (wahrscheinlich oder sicher) ersatzweise eintretenden oder auch nur verhinderten, tatsächlich jedoch nicht verwirklichten Umstände! – der konkrete Erfolg entfiele, oder kürzer: eine Handlung gilt dann als kausal, wenn ohne sie – unter alleiniger Berücksichtigung der dann übrigbleibenden, tatsächlich auch verwirklichten Umstände! – der konkrete Erfolg nicht eingetreten wäre." (S. 38). Gegen diese Fassung der Formel Engisch, Weltbild, S. 131 Fn. 288: die Spendelsche Formel bedeute bereits eine partielle Preisgabe des eigentlichen C.s.q.n.-Gedankens. Ebenso Arthur Kaufmann, Festschrift für Eb. Schmidt. S. 209 und Armin Kaufmann, Dogmatik, S. 60. Vergl. zur Kritik Armin Kaufmanns die Replik von Spendel, Festschrift für Eb. Schmidt, S. 187 Fn. 14.

hen (Wirklichkeit ohne X) mehr oder weniger einzelne Ereignisse auswählen, um diese auf die bezeichnete Kausalbeziehung hin zu untersuchen. Wir wählen so viele Ereignisse aus, bis wir annehmen, daß kein anderes mehr überhaupt nur in Frage kommen kann. Bezüglich eines jeden solchen Ereignisses aber kommen wir nun in genau die gleichen Schwierigkeiten, wie wir sie schon bei aa) kennengelernt haben. Denn auch hier müssen wir davon ausgehen, daß wir über die wahren Kausalitätsverhältnisse noch nichts wissen, diese vielmehr erst über die C.-Formel erfahren wollen. Wir sehen uns hier vor eine entsprechende Situation gestellt, wie wenn wir z.B. beim Autofahren ein bisher unbekanntes Geräusch wahrnehmen und nun auf die Suche nach der Ursache gehen: Nacheinander überprüfen wir verschiedene denkbare Möglichkeiten, bis wir etwa entdecken, daß eine Radkappe locker sitzt oder bis wir auch nichts entdecken können und die Suche einem Kraftfahrzeugmeister überlassen, der sodann prinzipiell nicht anders vorgeht.

Zurück zu unserem Beispiel: Nehmen wir nun an, zur gleichen Zeit, als X in die Parklücke einfuhr, warfen Kinder einen Ball auf den Wagen w (Ereignis b). Wir wollen nun prüfen, ob zwischen b und s eine Kausalbeziehung besteht. Dabei dürfen wir, getreu unserem Vorsatz, nur über die C.-Formel Kausalfragen zu beantworten, wieder nur so vorgehen, daß wir b fortdenken. Und wieder befinden wir uns in dem gleichen Regreß, wie er uns bereits von aa) her bekannt ist. Wir kommen selbst dann in diese Schwierigkeiten, wenn kein einziges Ereignis vorhanden ist, das uns würdig erscheint, überhaupt nur auf eine Kausalitätsbeziehung zu s hin untersucht zu werden. Wer käme etwa auf den Gedanken, hier das Ereignis „Fußgänger F geht auf dem Bürgersteig“ auszuwählen und zu untersuchen. Und doch: selbst zu diesem Ergebnis: „Es kommt kein einziges Ereignis für eine Kausalbeziehung zu s in Betracht“ gelangen wir nur, wenn wir im Geiste – und geschehe dies noch so rasch – wenigstens ein paar der räumlich und zeitlich nächstliegenden Ereignisse in Betracht gezogen und dann freilich sofort wieder verworfen haben.

cc) Wir kommen also zu dem Ergebnis: Beide angezeigten möglichen Wege, die C.-Formel anzuwenden, scheitern an ihr selber. Beide Wege führen in einen unendlichen Regreß. Der Grund liegt darin, daß die Anwendung der C.-Formel die Beantwortung einer Hilfsfrage voraussetzt, die ihrerseits eine echte Kausalfrage darstellt, deren Beantwortung konsequenterweise über die C.-Formel zu erreichen versucht werden muß.

Nur am Rande sei noch auf eine weitere Schwierigkeit hingewiesen, die sich beim *ersten* Lösungsweg (zu aa) ergibt. Nach diesem müssen wir uns an Stelle des auf seine Ursächlichkeit hin zu untersuchenden Ereignisses ein anderes vorstellen, im Beispielsfall etwa das Verhalten g, h, i oder k. Daneben kommen jedoch noch zahlreiche andere Möglichkeiten in Betracht. Für welches Ereignis sollen wir uns für die kausalen Hilfsprüfungen entscheiden? Nach welchem Kriterium sollen wir die Auswahl treffen? Genügt es, nur wahllos *irgendein* anderes Ereignis anzunehmen? Sicher nicht! Wir wollen dieser Frage nicht im einzelnen nachgehen und nur darauf hinweisen, daß diese Schwierigkeit bereits v.Kries gesehen hat, ohne in der Lage gewesen zu sein, eine Lösung vorzuschlagen. Die Frage, ob das an Stelle des realisierten Ereignisses vorgestellte Ereignis den gleichen Erfolg nach sich gezogen haben würde, „kann nun zunächst deswegen eine mehr oder weniger unbestimmte werden, weil das Verhalten, welches an Stelle des wirklichen gedacht werden soll, nicht scharf anzugeben ist“[394]. Bei der Entscheidung darüber, welche Bedingung an Stelle der fortgedachten heranzuziehen sei, bleibe „also dem arbitrium boni viri eine Aufgabe, welche durch keinerlei logische Analyse oder Untersuchung des concreten Falles umgangen werden“ könne[395].

b) Der Einwand der unsicheren Prämisse

Der Einwand des unendlichen Regresses ist freilich nicht das einzige Argument gegen die Brauchbarkeit der C.-Formel zur Ermittlung von Kausalbeziehungen. Um eine weitere Schwäche deutlich werden zu lassen, gehen wir von folgender Erläuterung aus, die v.Kries[396] in seinem berühmt gewordenen Werk über den „Begriff der objectiven Möglichkeit“[397] zur C.-Formel gegeben hat und die deren Sinngehalt in besonders klarer Weise umreißt. „Daß ein Gegenstand im concreten Falle etwas bewirkt habe, können wir nicht an dem Vorgange selbst beobachten; wir können es vielmehr nur sagen auf Grund einer gewissen Kenntnis der Gesetze des Geschehens, welche uns zu beurtheilen gestattet, wie der Gang der Ereignisse sich bei *Fehlen* des Gegenstandes gestaltet hätte. Die . . . Vorstellung des Wirkens löst sich also auf in die einer Gesetzmäßigkeit, auf Grund deren wir anzugeben im Stande sind, was unter gewissen *nicht realisierten* Bedingungen *hätte erfolgen müssen.*“ So kommt v.Kries zu dem Schluß: „Die Frage nach der Causalität eines bestimmten Gegenstandes ist also *gleichbedeutend* mit der, was geschehen *wäre,* wenn in dem Complexe der Bedingungen jenes Reale (ein bestimmter Theil) *gefehlt,* alles Uebrige aber sich genau gleich verhalten hätte.“[398]

Das Bemerkenswerte an diesen Gedanken ist, daß nach ihnen eine Kausalbeziehung z.B. zwischen den Ereignissen a und b nicht dadurch zu erfassen ist, daß sie auf Grund solcher Gesetzmäßigkeiten, welche etwas über die regelmäßige Aufeinanderfolge von a und b aussagen, festgestellt oder nicht festgestellt wird. Viel-

394 v. Kries, Begriff der objectiven Möglichkeit, S. 212.

395 v. Kries, Begriff der objectiven Möglichkeit, S. 213.

396 v. Kries war übrigens von Haus aus kein Jurist, sondern Naturwissenschaftler, nämlich Physiologe.

397 Vierteljahresschrift für wissenschaftliche Philosophie, 1888, S. 179–240, 287–323, 393–428.

398 A.a.O. S. 197 f. (Hervorhebungen von mir); ebenso S. 400.

mehr sind Gesetzmäßigkeiten zu betrachten, die zwischen den ganz anderen Situationen c und d bestehen, wobei sich c von a gerade darin unterscheidet, daß c die zu beurteilende reale Situation *ohne a* (als einer der vielen Aspekte der tatsächlich gegebenen Situation) darstellt. Ergibt sich nach diesen Gesetzmäßigkeiten über die Folgebeziehung von c und d, daß d regelmäßig auf c folgt und daß d mit b *identisch* ist, so war a für b nicht kausal. Ergibt sich dagegen, daß d auf c regelmäßig folgt, ohne daß d mit b identisch ist, so ist damit – gemäß dem C.-Gedanken – erwiesen, daß a für b kausal war.

Ein Beispiel: A fährt nachts auf völlig vereister und unbeleuchteter Straße mit seinem Auto. Als vor seinen Augen ein unerwartetes Hindernis auftaucht, kann er seinen Wagen nicht mehr rechtzeitig zum Stehen bringen und fährt auf das Hindernis auf. Es soll festgestellt werden, ob das Glatteis (a) für das Auffahren (b) kausal war. Zu diesem Zweck ist nicht danach zu fragen, ob es eine Gesetzmäßigkeit gibt, nach der b (unter der Voraussetzung, daß auch die übrigen Antecedensbedingungen vorliegen, z.B. „zu schnelles Fahren") regelmäßig auf a folgt, sondern es ist zu fragen, was gefolgt wäre, wenn a nicht gewesen wäre, wenn also die Situation c vorgelegen hätte und welche Gesetzmäßigkeiten für *diesen* Fall gegolten hätten. Wäre dann das Ereignis d = Halten vor dem Hindernis (also $d \neq b$) eingetreten, so ist zu schließen: also war a für b kausal. Wäre dagegen d = Auffahren (also d = b) eingetreten (z.B., weil die Bremsanlage des Autos funktionsuntüchtig war), so folgt daraus: a war für b nicht kausal.

An dieser Stelle ist auf eines der zwei Hauptargumente von Engisch gegen die C.-Formel hinzuweisen. Er betont zu Recht, daß die Frage: hat das Verhalten V den konkreten Erfolg E verursacht (bedingt)? streng zu unterscheiden ist von der Frage: wäre nach Lage der Umstände der konkrete Erfolg E auf demselben Wege auch ohne V eingetreten?[399, 400]

Die Anwendung der C.-Formel besteht in einem *Schlußverfahren*. Dabei bezieht sich mindestens *eine* der Prämissen auf einen oder mehrere Sachverhalte, die *nicht wahr*, d.h. nicht tatsächlich in der empirischen Wirklichkeit gegeben sind. So wird im obigen Beispiel etwas über die Situation *c* (und die sie betreffenden Gesetzmäßigkeiten) ausgesagt, die jedoch in Wirklichkeit gerade nicht gegeben ist. Dagegen ist in den Prämissen nicht von Gesetzmäßigkeiten die Rede, die sich auf die empirisch *wahren* Ereignisse (a und b) beziehen.

---

399 Kausalität, S. 17, ebenso Weltbild, S. 132.

400 Auf die vielleicht größte erkenntnistheoretische Schwierigkeit, die die C.-Formel mit sich bringt, kann hier nicht eingegangen werden: die Problematik der irrealen Konditionalsätze („was wäre, wenn . . ."). Das Problem hat in der juristischen Literatur, wohl bisher als einziger, Androulakis behandelt (Studien, S. 87 ff.). Vergl. zu diesem Problem ausführlich Stegmüller, Erklärung, S. 283 ff. und Carnap, Einführung, S. 208 ff.

Dieses Schlußverfahren der C.-Formel führt jedoch nur in den Fällen zu richtigen Ergebnissen, in denen als *zusätzliche* Prämisse mit Sicherheit die erfüllt ist, die besagt, daß neben dem auf seine Ursächlichkeit hin zu untersuchenden Ereignis kein anderes realisiert ist, das den gleichen Erfolg herbei zu führen geeignet ist (wir nennen sie „Ausschließlichkeitsprämisse")[401]. Für eine wichtige Gruppe von Fällen ist diese Voraussetzung nicht gegeben, nämlich die der sog. doppelten Kausalität (siehe unten S. 180 ff.). Schulbeispiel: A und B geben gleichzeitig je einen tödlichen Schuß auf C ab; jeder Schuß hat eine jeweils andere, schon für sich tödliche Wunde zur Folge[402]. – Will man die C.-Formel nur unter Berücksichtigung der Ersatzereignisse anwenden, so ist diese Prämisse auch im großen Bereich der sog. hypothetischen Kausalität nicht erfüllt. Das vorliegende Problem resultiert aus der Tatsache, daß es verschiedene Gesetzmäßigkeiten geben kann, die *dasselbe* Konsequens, aber jeweils ein *anderes* Antecedens aufweisen. Verschiedenartige Ausgangszustände können dann zu demselben Endzustand führen[403].

Selbstverständlich muß die Feststellung, daß nur *ein* Ereignis als ursächlich in Frage kommt, *ohne* Anwendung der C.-Formel getroffen werden. Wo in dieser Hinsicht keine Zweifel auftreten, wird es sich immer um Fälle handeln, in denen auch die Ursächlichkeit oder Nichtursächlichkeit des in Rede stehenden Ereignisses auf der Hand liegen, so daß es keiner speziellen Kausalprüfung (mit Hilfe der C.-Formel) bedarf. In allen zweifelhaften Fällen dagegen, in denen die erwähnte Voraussetzung nicht sicher vorliegt, in denen das Erfülltsein dieser Prämisse mithin *unsicher* ist, darf mit Hilfe der C.-Formel die Kausalitätsprüfung nicht vorgenommen werden.

Dieser Mangel der Formel wird besonders deutlich, wenn man ihr das wissenschaftstheoretische Schema der kausalen Erklärung gegenüberstellt (siehe oben S. 53). Die anzuführenden Antecedensbedingungen des Explanans sind solche, die empirisch wahr sein müssen, und die Gesetzmäßigkeiten müssen solche sein, die sich auf diese (wahren) Antecedensbedingungen beziehen. Anderes gehört nicht in die Prämissen! Nur die wissenschaftstheoretische Erklärungsmethode sichert die Ermittlung von Kausalbeziehungen auf Grund ausschließlich *wahrer* empirischer Sachverhalte.

Auch das wissenschaftstheoretische Erklärungsargument ist ein Schluß aus Prämissen. Keine Conclusio kann jedoch mehr aussagen, als nicht potentiell schon in

---

401 Im Ergebnis ebenso Weckerle, Verantwortlichkeit, S. 6.

402 Lebensnäher als dieses alte Schulbeispiel ist folgender Fall (hierzu auch Larenz, Schuldrecht I, § 27 III a, S. 314): Zwei Fabrikanten leiten unabhängig voneinander in den gleichen Fluß gleiche Mengen von Schadstoffen ihrer Fabriken ein. Dadurch kommt es zu einem Fischsterben. Eine jede Menge der Schadstoffe hätte das Fischsterben schon allein herbeiführen können.

403 Näheres bei Stegmüller, Erklärung, S. 223 ff.

den Prämissen enthalten ist. Sagt eine Prämisse (wie im C.s.q.n.-Argument) etwas über Ereignisse aus, die sich nicht realisiert haben, so enthält sie (in Verbindung mit den entsprechenden Gesetzmäßigkeiten) *für sich* potentiell noch *nichts* über andere Ereignisse, die verwirklicht worden sind. Erst wenn zusätzlich die Ausschließlichkeitsprämisse erfüllt ist, wird das C.s.q.n.-Argument brauchbar (unbeschadet der S. 111 Fn. 400 erwähnten Problematik). Jedoch kann diese Prämisse in *allen zweifelhaften* Kausalitätsfällen gerade nicht als erfüllt angesehen werden, so daß die C.-Formel *praktisch* wertlos ist[404, 405].

c) Der Einwand der vorausgesetzten Kausalitätsfeststellung

Dieser Einwand geht auf das zweite Hauptargument Engischs gegen die C.-Formel zurück, wenngleich er noch über dieses hinausgeht.

Engisch verweist darauf, daß die Anwendung der C.-Formel einen Kausalitätsbegriff bereits voraussetzt, über den sie selbst keine Auskunft gibt. Es handelt sich hier letztlich um eine Konsequenz aus unserem ersten Einwand des unendlichen Regresses, wenngleich beide Einwände systematisch scharf zu trennen sind. Zu Engischs Einwand kommt man nämlich erst dann, wenn man nach einem *praktischen* Ausweg aus dem Dilemma des unendlichen Regresses sucht. Will man diesen Regreß vermeiden, muß man spätestens die *Hilfskausalfrage ohne* die C.-Formel zu lösen imstande sein. Diese Hilfskausalfrage lautet: Wäre der Erfolg auch im Verlauf der Dinge ohne das betreffende Ereignis eingetreten? „Die Konstruktion dieses letzteren Verlaufs ist aber nur an Hand der Kausalkategorie möglich . . ."[406] Beispiel (nach Engisch)[407]: A gibt dem B versehentlich statt eines Glases Cognac ein Glas Essigsäure zu trinken, da er die beiden gleich aussehenden Flaschen verwechselt hat. B stirbt. „Nach natürlicher Auffassung liegt hier deshalb Kausalzusammenhang vor, weil es den Regeln der Erfahrung entspricht, daß Essigsäure Verletzungen im menschlichen Organismus hervorruft, die so beschaffen sind, daß sie in Verbindung mit der Besonderheit der menschlichen Konstitution zum Tode führen." Nach der üblichen juristischen Argumentation aber sei B gestorben, weil ohne den Genuß der Essigsäure der Tod bei ihm in diesem Zeitpunkt nicht eingetreten wäre. Das aber sei falsch. „Nur wenn ich festgestellt habe, daß ein gesetzmäßiger Zusammenhang zwischen dem Genuß der Säure und bestimmten Verletzungen besteht, daß also in diesem Sinne das eine

404 Hier liegt letztlich auch der Grund, warum Spendel zu dem Ergebnis kommt, daß es für alle zweifelhaften Fälle keine allgemeingültige Kausalitätsformel gebe (Kausalität, S. 85).

405 Im Ergebnis ebenso Weckerle, Verantwortlichkeit, S. 102.

406 Kausalität, S. 18; zustimmend Nickel, Unterlassungsdelikte, S. 36 Fn. 92.

407 Weltbild, S. 130.

das andere verursacht hat, kann ich behaupten, daß ohne den Genuß der Säure der Tod nicht eingetreten wäre."[408]

Freilich ist zu ergänzen, daß diese letzte Annahme Engischs nur dann zutrifft, wenn die Ausschließlichkeitsprämisse (siehe oben b) erfüllt ist. Denn sofern der B im gleichen Zeitraum von einem Gehirnschlag getroffen wurde, der mit der Vergiftung in keinem Zusammenhang stand, so *kann* der Fall gegeben sein, daß das tödliche Stadium der Vergiftung und der Gehirnschlag zusammenfielen, so daß zwar ein gesetzmäßiger Zusammenhang zwischen Säuregenuß und den entsprechenden tödlichen Verletzungen zu bejahen ist, *ohne* daß jedoch der Tod ohne den Genuß der Säure nicht eingetreten wäre. Die gleiche Einschränkung gilt für Engischs Feststellung, daß „der Erfolg E nicht um deswillen die Wirkung von V" sei, „weil er ohne V nicht eingetreten wäre, sondern eher umgekehrt: E wäre ohne V nicht eingetreten, weil V Ursache für ihn war (und kein Ersatz für diese Ursache bereitstand)"[409]. Außer der Prämisse, daß kein Ersatz-Ereignis gegeben sein darf, das dann eingetreten wäre, wenn V nicht stattgefunden hätte, muß auch hier die Ausschließlichkeitsprämisse erfüllt sein.

d) Der Einwand der Nichtberücksichtigung von kausalen Zwischengliedern

Zur Erläuterung der Problematik sei folgendes von Engisch behandelte Beispiel angeführt[410]: A schlägt auf B ein und ruft den in der Nähe dabeistehenden C und D zu, er könne einen ordentlichen Knüppel gebrauchen, um den B noch besser verprügeln zu können. Die damit einverstandenen C und D laufen sogleich in einen nahegelegenen Schuppen, um dort nach einem Prügel zu suchen, den sie auch sofort entdecken. Beide greifen nach ihm. C bekommt ihn in seinen Besitz, indem er zugleich die Hand des D abwehrt. Er läuft zu A zurück und reicht ihm den Prügel, der daraufhin mit diesem den B niederschlägt („Prügelbeispiel"). Ihrem Sinne nach dürfe die C.-Formel nicht so angewandt werden, daß man auf den „ganz besonderen Verlauf" der Dinge abstelle. So hat Engisch die Formel erläutert, die er nicht zuletzt aus diesem Grunde ablehnt. Im Prügelbeispiel sei es falsch zu argumentieren: „*Auf diese Weise*, nämlich durch Erlangung des Prügels *aus der Hand des C* ... wäre der Erfolg nicht eingetreten, wenn es nicht eben ... C gewesen wäre, der den Knüppel gereicht ... hätte. Sein Verhalten lasse sich also nicht wegdenken, ohne daß der ganz besondere Verlauf zum Erfolg hin in Wegfall komme." Bei dieser Erwägung werde nämlich „gerade das bereits als kausal vorausgesetzt, was als kausal allererst erwiesen werden" solle. Engisch fährt fort: „Ich frage nach der Kausalität des Verhaltens und wünsche die Frage durch die Formel der c.s.q.n. beantwortet zu wissen und diese erklärt mir: auf dem Weg

408 Weltbild, S. 130.

409 Kausalität, S. 17, ebenso Weltbild, S. 132.

410 Kausalität, S. 15.

über die besonderen im konkreten Falle vorliegenden *kausalen* Zwischenglieder, nämlich auf dem Wege über das Verhalten des C wäre ohne dessen Verhalten der konkrete Erfolg nicht eingetreten. Daß eine solche Gedankenfolge unzulässig ist, liegt auf der Hand."[411]

Nach Engischs eigener Definition der Kausalität besteht eine Kausalbeziehung zwischen einem Verhalten (er betrachtet nur das menschliche Verhalten als Ursachenereignis; Entsprechendes gilt aber für alle anderen Ereignisse) und einem Erfolg (nur) dann, „wenn sich an jenes Verhalten als zeitlich nachfolgend Veränderungen in der Außenwelt angeschlossen haben, die mit dem Verhalten *und untereinander in ihrer Aufeinanderfolge* (natur-)gesetzlich verbunden waren"[412]. Leider ist Engisch auf das Problem der kausalen Zwischenglieder nicht weiter eingegangen[413].

Spendel schließt sich der Interpretation der C.-Formel, wie sie Engisch vornimmt, an und hält es in der Tat für den Sinn der Formel, daß man, unter ausdrücklicher Nichtberücksichtigung von kausalen Zwischengliedern, die beiden „Endpunkte" (z.B. Handlung und Schadenserfolg) vermittels ihrer in Beziehung setzt[414]: Man führt in Gedanken das Eliminationsverfahren durch[415] (Wegdenken des auf seine Ursächlichkeit hin zu prüfenden Ereignisses: entfällt der Erfolg ohne die Handlung?) und gelangt zu einem hypothetischen Urteil, aus dem man die Schlußfolgerung für die Ausgangsfrage zieht („Wenn ohne die Handlung der Erfolg nicht eintreten würde, gilt diese als kausal"). Im Prügelbeispiel kommt Spendel nur deshalb zum zutreffenden Ergebnis (daß nämlich C für die Niederprügelung mitkausal wurde), weil nach seiner Meinung bei der Kausalitätsprüfung gemäß der C.-Formel nur das Verhalten des C hinweggedacht, nicht aber das nichtrealisierte Ersatzereignis (D reicht dem A den Knüppel) hinzuzudenken ist. Daß diese Interpretation der C.-Formel vom C.-Gedanken aus gesehen nicht zweifelsfrei ist, sahen wir bereits.

Abgesehen von diesem zuletzt erwähnten Gesichtspunkt, der mit der Problematik der kausalen Zwischenglieder nichts zu tun hat, kann fraglich sein, ob es wirklich im Sinne der C.-Formel liegt, daß, wie Engisch meint, der Beweis der

---

411 Kausalität, S. 16.

412 Kausalität, S. 21 (Hervorhebung von mir).

413 Lediglich im Weltbild, S. 113 Fn. 246, kommt Engisch noch einmal kurz auf dieses Thema zu sprechen. Dort führt er aus, daß man für ein „volles kausales Begreifen" auch die Zwischenglieder und deren Kausalitätsbeziehungen auffinden müsse. Er fährt fort: „Aber die kausale Verknüpfung selbst, die zwischen den Zwischengliedern und zwischen ihnen und dem Anfangs- wie dem Endpunkt des aufzuklärenden Sachverhalts obwalten soll und muß, falls die kausale Erklärung gelingen soll, besteht recht besehen auch wieder nur in einer gesetzmäßigen Aufeinanderfolge."

414 Kausalität, S. 33.

415 Kausalität, S. 88.

Kausalzusammenhänge hinsichtlich der Zwischenglieder dadurch zu führen ist, daß über die C.-Formel die Kausalität zwischen Anfangs- und Endereignis ermittelt wird, daß also, mit anderen Worten, vom Kausalzusammenhang zwischen Anfangs- und Endereignis auf die Kausalzusammenhänge zwischen den einzelnen Zwischengliedern zu schließen ist. Wenn die C.-Formel, wie häufig angenommen wird, vor allem den Zweck hat, die Ermittlung von Kausalzusammenhängen auf schnellem und einfachem Wege zu ermöglichen, so kann es sich bei der Vernachlässigung der Zwischenglieder auch um eine bewußt in Kauf genommene *Vereinfachung* der Kausalitätsprüfung handeln. Ebenso wäre denkbar, daß auch die Vernachlässigung der Ausschließlichkeitsprämisse (oben S. 110 ff.) unter diesem Aspekt zu sehen ist.

Wie aber die Anwendbarkeit der C.-Formel bei Nichtberücksichtigung jener Prämisse auf die hinsichtlich der Kausalfrage unproblematischen Fälle beschränkt ist (wobei die Frage entsteht, nach welchem Maßstab die Entscheidung „problematisch"/„unproblematisch" zu treffen ist), so kann auch auf die Betrachtung der kausalen Zwischenglieder nur in solchen problemlosen Fällen verzichtet werden. Dies zeigt sich ganz besonders deutlich wieder bei den Fallgruppen der hypothetischen und der doppelten Kausalität (siehe unten S. 170 ff. u. 180 ff.). Damit wird die C.-Formel jedoch auch *praktisch* wertlos.

Zwar sagt Spendel[416]: „Daß allerdings jedes ‚*Zwischenglied*' einer Kausalreihe ‚Wirkung' hinsichtlich des vorausgegangenen (auslösenden) Gliedes der Kette, hinsichtlich des *nachfolgenden* (ausgelösten) dagegen ‚Bedingung (*Ursache*)' ist", stehe mit seiner Ansicht, daß nur die beiden „Endpunkte" (durch die C.-Formel) zueinander in Beziehung zu setzen seien, nicht im Widerspruch. Wie wir jedoch gesehen haben, trifft diese Ansicht Spendels nur auf spezielle Fallsituationen zu: nämlich auf solche, für die, wissenschaftstheoretisch gesprochen, *kausalgenetische* Erklärungen (siehe oben S. 64) möglich sind. Bei den Rechtsfällen jedoch handelt es sich regelmäßig um *historische Ereignisse*, für die nur *historisch-genetische* Erklärungen in Betracht kommen. Nur wenn zwischen sämtlichen benachbarten Einzelgliedern eines solchen komplexen Ereignisses jeweils echte Kausalbeziehungen bestehen, besteht auch zwischen voneinander entfernt liegenden Gliedern ein Kausalzusammenhang.

Beispiel[417]: Der betrunkene X stürzte auf dem Nachhauseweg nachts auf die Straße und blieb dort auf der rechten Fahrbahnseite gegen die Straßenmitte zu liegen. Kurz darauf hielten die Eheleute H, die X auf der Straße liegen sahen, mit ihrem Pkw an, trugen ihn auf die Straßenseite und lehnten ihn gegen einen Zaunpfahl. Bei ihrer Rückkehr zum Wagen wurde Frau H vom Wagen des betrunkenen P erfaßt und getötet. P wurde wegen fahrlässiger Tötung verurteilt.

---

416 Kausalität, S. 33.

417 Nach BGHSt 3,62 = NJW 1952 S. 1184.

Uns interessiert hier die Frage: Hat auch X den Tod von Frau H (mit-)verursacht? In Betracht kommt nur eine historisch-genetische Erklärung. Innerhalb der Kausalkette sind mehrere Kausalglieder vorhanden, die zusammen mit dem Explanandum des vorhergehenden Kausalgliedes, nur unter Zuhilfenahme von neuen Informationen erklärt werden können, welche ihrerseits nicht kausal erklärt werden können. Wir können, unter Beschränkung auf die uns hier interessierenden Kausalglieder, die folgende Kausalkette aufstellen:

(a) X betrinkt sich.

(b) Auf dem Weg nach Hause wird X bewußtlos.
Zusätzliche Information (i): X verläßt das Lokal, um nach Hause zu gehen.

(c) X stürzt auf die Straße (Zeitpunkt t) und bleibt dort liegen.

(d) Die Eheleute H sehen X auf der Straße liegen und halten mit ihrem Wagen an (Zeitpunkt t_n), um X zu helfen.
Zusätzliche Information (i_1): Die Eheleute H nähern sich zum Zeitpunkt t_{n-1} der Unglücksstelle.

(e) Der betrunkene P erfaßt mit seinem Wagen Frau H, als sie zu ihrem Auto zurückkehrt.
Zusätzliche Information (i_2): P fährt betrunken in Richtung Unglücksstelle.

(f) Frau H wird getötet.

Bereits (b) kann nicht allein aus (a) (und den entsprechenden Gesetzmäßigkeiten, die wir hier und im Folgenden immer als gegeben voraussetzen wollen) erklärt werden. Dies ist erst möglich, wenn wir neben dem Antecedensdatum (a) noch die zusätzliche Information (i) erhalten. Ebensowenig kann (d) allein aus (c) erklärt werden. Zuvor benötigen wir die zusätzliche Information (i_1). Nur aus (c) und (i_1) zusammen kann (d) erklärt werden.

Der BGH hatte übrigens in diesem Fall sehr wohl einzelne Zwischenglieder betrachtet. Er führte aus: „An der Ursächlichkeit . . . kann . . . kein begründeter Zweifel bestehen. Denn ohne seine Teilnahme am Verkehr und seinem Unfall hätten die Eheleute H keinen Anlaß gehabt, ihm zu helfen; ohne diese Hilfe wären sie nicht in die Gefahr geraten, die ihnen von P her drohte und deren Opfer Frau H geworden ist. Das Verhalten des Angeklagten[418] kann somit nicht hinweggedacht werden, ohne daß der tödliche Erfolg entfällt. Es war also Ursache für den Tod der Frau H." Jedoch stellt es die C.-Formel einem jeden juristischen Beurteiler ins mehr oder weniger freie Belieben, inwieweit er sich der Prüfung solcher einzelner Zwischenglieder annimmt oder nicht. Die Formel selber gibt hier keinerlei Anhaltspunkte. In Fällen mit doppelter Kausalität ist es jedoch

418 In vorstehender Wiedergabe des Falles: X.

ebensowenig eine Frage des persönlichen Geschmacks, ob man eine genaue Kausalanalyse unter Berücksichtigung der Zwischenglieder vornimmt oder nicht (siehe unten S. 183 ff.), wie z.B. in den Verteidigerkostenfällen (siehe unten S. 127 ff.). Die Bereitschaft, die kausalen Zwischenglieder in die Kausalprüfung miteinzubeziehen, muß grundsätzlich immer vorhanden sein.

e) Ergebnis

Damit dürfte sich gezeigt haben, daß die C.-Formel als Kausalitätsformel theoretisch wie praktisch untauglich ist. Nur das wissenschaftstheoretische Schema der kausalen Erklärung ist geeignet, zur Erhellung von Kausalbeziehungen beizutragen. Das Wesentliche dieses Schemas enthält bereits Engischs Definition des Kausalitätsbegriffs. Er formuliert[419]: „Ein Verhalten – wir denken zunächst nur an ein positives Tun – erweist sich dann als ursächlich für einen nach einem bestimmten strafgesetzlichen Tatbestand abgegrenzten konkreten (positiven) Erfolg, wenn sich an jenes Verhalten als zeitlich nachfolgend Veränderungen in der Außenwelt angeschlossen haben, die mit dem Verhalten und untereinander in ihrer Aufeinanderfolge (natur-)gesetzmäßig verbunden waren und die ausgemündet sind in irgendein Bestandteil des konkreten Sachverhalts, der dem Strafgesetze gemäß als Erfolg abgegrenzt ist."

III. Das Verhältnis zwischen Kausalität und Adäquanz

Nach heute ganz h.M.[420] ist die Frage, ob ein Schaden „adäquat" (im Sinne des Schadensersatzrechts) verursacht worden ist, keine Frage der empirischen und deshalb wertneutralen Kausalität. Sie betrifft vielmehr die wertende (objektive) Zurechnung[421] der (im empirischen Sinn verursachten) Schadensfolgen zum Verantwortungsbereich des Schädigers, um dessen Haftung angemessen zu begrenzen („normatives Korrektiv"[422]). Daß sich vom wissenschaftstheoretischen Verständnis des Kausalbegriffs her hinsichtlich dessen Verhältnis zum Begriff der Adäquanz nichts von dieser h.M. Abweichendes ergeben kann, liegt auf der Hand.

Nach der Adäquanztheorie soll der Ersatzpflichtige nicht für ganz ungewöhnliche und außerhalb aller menschlichen Lebenserfahrung liegende Folgen seines Ver-

---

419 Kausalität, S. 21.

420 Statt aller: Larenz, Schuldrecht I, § 27 III b; st.Rspr., BGHZ 2,138 (= NJW 1951 S. 711); BGHZ 3, 261 (Anm. von Lindenmaier bei LM Nr. 1 zu § 823(C)BGB); BGH LM Nr. 33 zu § 823(C)BGB). A.A. E.A.Wolff, Kausalität, S. 20, der die Adäquanztheorie als echte Kausalitätstheorie glaubt halten zu können.

421 Zum Begriff der Zurechnung vergl. Hardwig, Zurechnung, S. 5 ff.; siehe schon oben S. 1 Fn. 7.

422 Hagen, Drittschadensliquidation, S. 157.

haltens haften, deren Eintritt ganz unwahrscheinlich ist[423, 424]. Für die Beurteilung der Frage, wann eine Folge ganz unwahrscheinlich ist, hat der Richter nicht auf eine statistische Wahrscheinlichkeit abzustellen, sondern ihm obliegt es, in Grenzfällen eine *Wertung* vorzunehmen, um auf diese Weise die für ein gerechtes, d.h.: die konkreten Umstände des Einzelfalles berücksichtigendes Urteil nötige Flexibilität zu erlangen[425]. Wie ich schon zeigte, findet man in den neueren BGH-Urteilen in jenen Abschnitten, die sich mit der Frage der Adäquanz befassen, den Begriff „Ursache" (im Rechtssinn) nicht mehr. Der BGH hat also die vollen Konsequenzen aus dieser nötigen strengen Trennung von Kausalitäts- und wertender Adäquanzfrage auch in terminologischer Hinsicht gezogen[426].

IV. Kausalketten

1. Allgemeines

Wir sahen bereits (oben S. 65 ff.), daß für die Erklärung von historischen Ereignissen und mithin auch von Schadensereignissen des Rechtslebens (oben S. 87) nur der spezielle Typ der historisch-genetischen Erklärung in Betracht kommt. Den Juristen interessiert zwar regelmäßig nur *ein* bestimmter Kausalzusammenhang, z.B. der zwischen einem bestimmten Verhalten des Beklagten und einem eingetretenen Schaden. Ob jedoch eine Kausalbeziehung zwischen den voneinander weiter entfernt liegenden Ereignissen „Verhalten" und „Schaden" besteht, hängt davon ab, ob die dazwischen liegenden (Einzel-)Vorgänge untereinander kausalmäßig verknüpft sind. Daher bedarf es des Aufzeigens der betreffenden Kausalkette (oder Kausalreihe), bestehend aus den einzelnen Erklärungen für die verschiedenen Kausalglieder (Einzelvorgänge). Natürlich ist dieser umständliche Weg in vielen einfach gelegenen Fällen entbehrlich. Auch hier kommt es nur wieder auf zweifelhafte und Grenzfälle an.

---

423 Vergl. BGHZ 3,262; 7,198; 20,137.

424 Umstritten ist die Frage, ob eine Einschränkung des reinen Bedingungszusammenhanges unter dem Adäquanzgesichtspunkt nur für den Bereich der haftungsausfüllenden (so z.B. Esser, Schuldrecht, § 44 II 1) oder auch für den der haftungsbegründenden Kausalität (so z.B. Enneccerus-Lehmann, Schuldrecht, § 15 I) in Betracht kommt. Der BGH hat diese Frage bisher offen gelassen (BGH NJW 1971 S. 1982, dort auch weitere Nachweise, ebenso BGH NJW 1972 S. 195 (197)).

425 Vergl. Weitnauer, Festgabe für Oftinger, S. 337; Larenz, Schuldrecht I, § 27 III b 1; BGHZ 18,288 = NJW 1955 S. 1876.

426 Ein Urteil wie das des OLG Hamburg MDR 1972 S. 872, das die Adäquanz in terminologischer Hinsicht noch ganz unter dem Begriff der Kausalität (wohlgemerkt: *nicht* unter dem Begriff der „adäquaten Kausalität"!) behandelt, kann heute mit Fug als Ausnahmeerscheinung angesehen werden.

Die Bildung von Kausalketten für eine umfassende Erklärung ist nicht nur für Makrovorgänge, sondern vielfach auch für Mikrovorgänge nötig, da im Schadensrecht Vorgänge *beider* Art eine Rolle spielen (siehe schon oben S. 85 f.).

Im Einzelnen knüpfen wir an das oben (S. 63) besprochene Strukturmodell der kausalen Erklärung an. Einen jeden komplexen Vorgang hat man sich zwecks Aufzeigens einer Kausalkette aus einer endlichen Anzahl von aufeinanderfolgenden Zuständen vorzustellen. Für ein gewisses endliches Zeitintervall bleibt jeder Zustand unverändert, bis der Zustandsnachfolger gemäß eines Sukzessionsgesetzes eintritt.

2. Einführendes Beispiel

Betrachten wir folgendes Beispiel: Ein Junge wirft einen Ball in Richtung auf eine Fensterscheibe, auf die der Ball auftrifft, so daß sie zerbricht. Wir können den Flug des Balles von dem Augenblick an, in welchem er von dem Jungen fortgeschleudert wird, bis zum Eintritt des Schadenserfolges eine gewisse Weile beobachten, so daß man hier durchaus von einem Makrovorgang sprechen kann. Und doch setzt sich dieser Vorgang aus einer Reihe von Einzelzuständen in kleinsten räumlichen und zeitlichen Bereichen zusammen, die wir uns endlich denken. Der Gegenstand Ball befindet sich, ohne Änderung seiner Substanz, während des Fluges zu den verschiedenen Zeitpunkten in jeweils verschiedenen räumlichen Bereichen („Bewegung", siehe oben S. 75). Die Übergänge zwischen den einzelnen Zuständen können mit Hilfe der entsprechenden physikalischen Gesetze (z.B. über Impulse und Bewegung) erklärt werden. Dies gilt auch für den entscheidenden Übergang vom Zustand z_{r-1} zum Zeitpunkt t_{r-1} in den Zustand z_r zum Zeitpunkt t_r, wobei unter z_r der Zustand verstanden werden soll, in welchem sich der Ball in genau demjenigen räumlichen Bereich befand, der noch zum unmittelbar vorangegangenen Zeitpunkt t_{r-1} vom entsprechenden Teil der Fensterscheibe eingenommen wurde.

Eine (Teil-)Ursache für einen jeden Zustand dieses Flugvorganges des Balles ist die Handlung des Jungen. Denn bis zu diesem Zustand z_x führt eine ununterbrochene Kausalreihe, an deren Anfang diese Handlung steht. Andere Teilursachen sind die übrigen vorliegenden Bedingungen (statische Vorgänge) dafür, daß keine Störung des Fluges eintritt, wie dies etwa in der folgenden Fallabwandlung gegeben ist: Während der Ball des Jungen J_1 auf die Fensterscheibe zuflog, ließ ein zweiter Junge J_2 einen anderen Ball aus einem höher gelegenen Fenster herabfallen, das sich direkt über dem von J_1 angepeilten befand. Der Zufall wollte es, daß dieser Ball den auf die untere Fensterscheibe zufliegenden kurz vor ihr traf und ihn von der Flugbahn ablenkte, so daß die Fensterscheibe nicht zertrümmert wurde.

Ich möchte hinsichtlich beider Fälle die Vorgänge schematisch darstellen. Das Kausalschema des Ausgangsbeispiels sieht danach so aus:

	Zustandsbeschreibung	
	Kausalreihe (a)	Kausalreihe (b)
$z(t_n)$	Der Junge wirft den Ball in Richtung auf die Fensterscheibe.	Die Fensterscheibe existiert ohne Veränderung im räumlichen Bereich q.
$z(t_{n+1})$	Der Ball befindet sich im räumlichen Bereich p, der auf der Flugbahn (in Richtung Fensterscheibe) unmittelbar hinter deren Ausgangspunkt gelegen ist.	Aufrechterhaltung dieses Ausgangszustandes während der Zeit t(n+1) bis t(r−1).
$z(t_{n+2})$ bis $z(t_{r-2})$	Der Ball befindet sich in den verschiedenen räumlichen Bereichen der Flugbahn.	
$z(t_{r-1})$	Der Ball befindet sich im räumlichen Bereich unmittelbar vor dem räumlichen Bereich q.	
$z(t_r)$	Der Ball befindet sich im räumlichen Bereich q – die Fensterscheibe zerbricht.	
Folgende Zustände $z(t_{r+x})$	Der Ball fliegt weiter	Die Glasscherben fallen zu Boden.

Anmerkung: Den Zustand zum Zeitpunkt t bezeichnen wir mit z(t). Den gesamten Vorgang, den wir betrachten, unterteilen wir in einzelne Zustände, die endliche Zeitintervalle andauern (vergl. oben S. 63). Die Anfangszeiteinheit nennen wir t_n, die Endzeiteinheit t_r. Entsprechend bezeichnen wir den Anfangszustand mit $z(t_n)$ und den Endzustand mit $z(t_r)$. Dazwischen liegt eine endliche Folge von Zwischenzuständen, die wir folgendermaßen ausdrücken: $z(t_{n+1})$, $z(t_{n+2})$, . . ., $z(t_{r-2})$, $z(t_{r-1})$.

Zum aufgezeigten Schema: Aus den unendlich vielen Kausalreihen, die im Universum zum Zeitpunkt t_n liefen, als der Junge den Ball warf, greifen wir jene zwei heraus, die für uns von Interesse sind: die eine (Kausalreihe (a)), die mit dem Ballwurf begann, und die andere (Kausalreihe (b)), die zunächst aus dem statischen Vorgang „Fensterscheibe existiert ohne Veränderung" bestand. In der Zeit zwischen t_n bis t_{r-1} liefen beide Kausalreihen unabhängig voneinander parallel. Zum Zeitpunkt t_r trafen beide Kausalreihen aufeinander. Der zu diesem Zeitpunkt realisierte Zustand $z(t_r)$ wurde also, wie man dem Schema entnehmen kann, von beiden Kausalreihen (a) und (b) *gemeinsam* verursacht.

Das folgende Schema stellt die Vorgänge des abgewandelten Beispiels dar.

	Zustandsbeschreibung		
	Kausalreihe (a)	Kausalreihe (b)	Kausalreihe (c)
$z(t_n)$ ↓	Der Junge J_1 wirft den Ball B_1 in Richtung auf die Fensterscheibe F_1. ↓		Die Fensterscheibe F_1 befindet sich im intakten Zustand im räumlichen Bereich q. ↓
$z(t_{n+1})$ ↓	Der Ball B_1 befindet sich im räumlichen Bereich p. ↓		
$z(t_{n+x})$ ↓	Der Ball B_1 befindet sich im räumlichen Bereich p_x. ↓	Der Junge J_2 läßt aus dem Fenster F_2 den Ball B_2 herabfallen. ↓	Aufrechterhaltung dieses Ausgangszustandes während aller folgenden Zeiteinheiten.
usw. ↓	usw. ↘	usw. ↙	↓
$z(t_r)$ ↓	Die Bälle B_1 und B_2 treffen im räumlichen Bereich q aufeinander. ↙	↘	
Die auf $z(t_r)$ folgenden Zustände	Der Ball B_1 befindet sich auf einer Flugbahn, die nicht auf die Fensterscheibe F_1 trifft.	Der Ball B_2 verfolgt eine bestimmte Falllinie.	↓

Hier erkennt man, wie die Kausalreihe (b) dafür ursächlich wurde, daß die Kausalreihe (a) nicht auf die Kausalreihe (c) traf; daher blieb die Fensterscheibe intakt.

3. Rechtsfälle

Nach diesem Einführungsbeispiel betrachten wir nun schwierigere rechtliche Schadensfälle. Zuweilen ist es sehr nützlich, eine genaue Analyse der Kausalkette der zu beurteilenden Schadensereignisse vorzunehmen, um die tatsächlichen Kausalbeziehungen präzise aufdecken zu können.

a) Fall BGH NJW 1965 S. 1177

Zunächst sei der schon oben (S. 20) erwähnte Fall BGH v. 9.3.1965 (NJW 1965 S. 1177) als ein Beispiel dafür besprochen, wie auch die Rechtsprechung in vielen Fällen über eine Analyse der Kausalkette des zugrunde liegenden Schadensverlaufes zum richtigen Ergebnis der Kausalfrage gekommen ist[427]. Ich bringe hier ein etwas genaueres Schema, um die Kausalbeziehungen anschaulicher werden zu lassen, als dies durch wenige bloß beschreibende Sätze, wie sie das Urteil enthält, möglich ist. Wegen des der Entscheidung zugrunde liegenden Sachverhalts verweise ich auf oben S. 20.

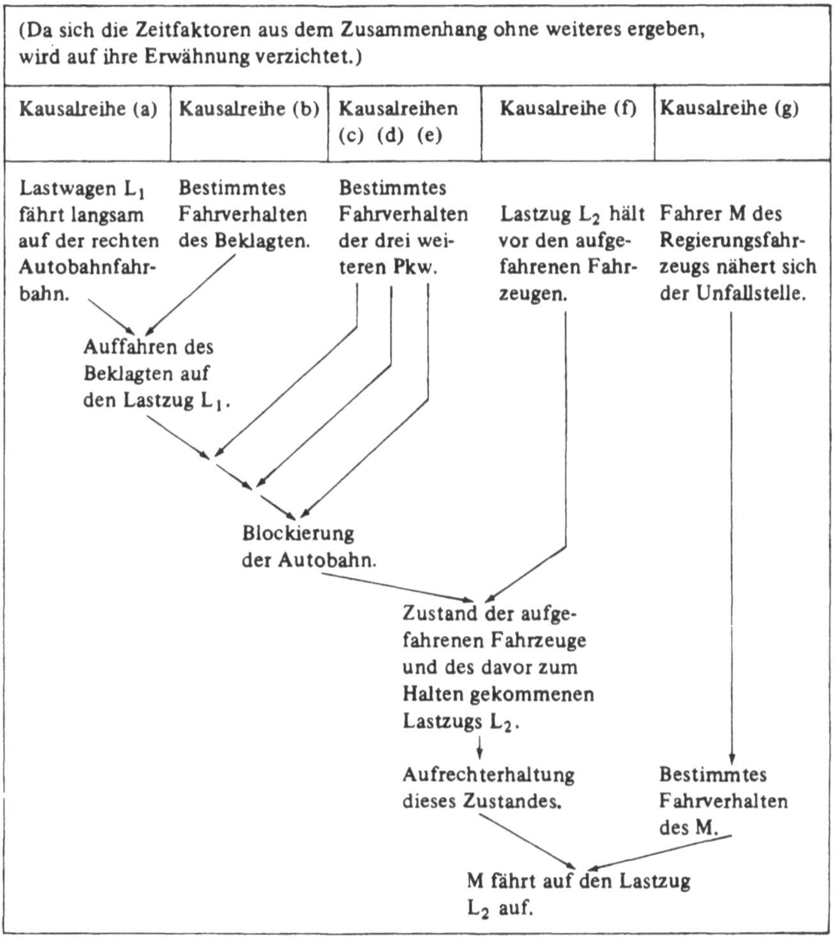

Wegen der Ausführungen des BGH zur Frage der Kausalität verweise ich wieder auf oben S. 20. Das Schema zeigt deutlich die Kausalbeziehungen an: wie nacheinander die einzelnen aufgeführten Kausalreihen für die Realisierung der jeweili-

427 Vergl. auch die Überlegungen zum Kausalverlauf im Schadensfall BGH v. 18.9.1973, NJW 1973 S. 2022.

gen Zustände kausal wurden. Um mit einem Blick festzustellen, welche Kausalreihe für einen bestimmten Zustand relevant geworden ist, ist es nur nötig, die sich in diesem Zustand vereinigenden Kausalreihen nach oben zu den Ausgangszuständen zurückzuverfolgen. So führt vom Zustand „M fährt auf den Lastzug L_2 auf" u.a. auch eine durchgehende Linie zum Beginn der Kausalreihe (b) („Fahrverhalten des Beklagten"). Auch zum Beginn der Kausalreihe (a) führt eine Linie. Der Fahrer des Lkw L_1 ist mithin ebenfalls für den Auffahrunfall des M ursächlich geworden. Eine Haftung von ihm scheidet jedoch wegen seines nicht schuldhaften Fahrverhaltens aus (§ 18 I 2 StVG). Entsprechendes gilt für die Kausalreihe (f) und den Fahrer des Lkw L_2. In bezug auf die Kausalreihen (c), (d) und (e) muß hier mangels anderer Hinweise im veröffentlichten Urteil davon ausgegangen werden, daß es erst durch das Verhalten aller drei weiteren Pkw-Fahrer zur Blockierung der Autobahn gekommen ist. Sie sind daher ebenfalls für den Auffahrunfall des M (mit)ursächlich geworden, so daß bei Vorliegen der übrigen Voraussetzungen eine Haftung auch von ihnen in Betracht kommt, die jedoch nicht Gegenstand des Verfahrens vor dem BGH war.

b) Fall BGH LM Nr. 28 zu § 823(F)BGB

In einem anderen vom BGH entschiedenen Fall (Urteil vom 27.10.1970, LM Nr. 28 zu § 823(F)BGB) ging es, anders als im eben besprochenen, nicht um mehrere zusammentreffende Kausalreihen, sondern nur um eine einzige. Selbst hier tauchen bei der Kausalfrage Schwierigkeiten auf, die meiner Meinung nach nur über eine sorgfältige Analyse der Kausalkette befriedigend gelöst werden können.

Der Sachverhalt: Der Kläger kaufte bei der Firma G einen neuen Pkw und ließ den zweiten vorgeschriebenen Ölwechsel bei der Firma des Beklagten (Inhaber einer Tankstelle) vornehmen. Drei Tage nach diesem Ölwechsel versagte bei einer längeren Fahrt die Gangschaltung, so daß der Kläger den Wagen zum Beklagten abschleppen ließ. Dieser wies den Kläger darauf hin, daß er wegen der noch laufenden Garantie der Firma G nichts am Wagen machen könne. Der Kläger ließ deshalb den Wagen zur Firma G abschleppen. Diese stellt einen durch Überhitzung entstandenen schweren Getriebeschaden fest und lehnte eine Garantiehaftung ab, weil sie den Schaden auf einen vermuteten fehlerhaften Motorölwechsel zurückführte. Als sich der Kläger nun erneut mit dem Beklagten in Verbindung setzte, bestritt dieser, einen Fehler begangen zu haben. Die Firma G führte die Reparatur aus und verlangte die entstandenen recht hohen Reparaturkosten. Wegen dieser kam es zum Rechtsstreit zwischen der Firma G und dem Kläger, den dieser in beiden Rechtszügen verlor. Nach umfangreichen Beweiserhebungen wurde festgestellt, daß der Getriebeschaden infolge eines unsachgemässen Ölwechsel durch den Beklagten entstanden war, weil statt der Ablaßschraube für das Motoröl diejenige für das Getriebeöl geöffnet worden war. Der Haftpflichtversicherer des Beklagten zahlte die Reparaturkosten, lehnte aber eine Erstattung der Kosten des Vorprozesses ab, um die es im vorstehenden Rechtsstreit ging.

Uns interessiert hier vor allem die auf einen Einwand der Revision zurückgehende Frage: War die unrichtige Prozeßführung die Folge des fehlerhaften Ölwechsels oder, wie die Revision meinte, die der Auskünfte des Beklagten und der Firma G? Die Frage hatte deshalb entscheidende Bedeutung, weil der Schaden der Prozeßkosten als Vermögensschaden nach § 823 I BGB nur als Folgeschaden einer Eigentumsverletzung (andere Rechtsverletzungen kamen nicht in Betracht) ersatzfähig sein konnte.

Das Schema für die Kausalkette sieht unter Berücksichtigung der hier interessierenden Kausalglieder etwa so aus:

Kausalglieder

(1) Fehlerhafter Ölwechsel durch den Beklagten.
↓
(2) Auftreten des Getriebeschadens.
↓
(3) Der Kläger läßt den Wagen zum Beklagten abschleppen.
↓
(4) Der Beklagte lehnt eine Reparatur wegen der noch laufenden Garantie der Firma G ab.
↓
(5) Der Kläger wendet sich deshalb an die Fa. G.
↓
(6) Die Firma G stellt einen schweren Getriebeschaden fest und vermutet als Schadensursache einen fehlerhaften Ölwechsel.
↓
(7) Die Firma G lehnt eine Garantiehaftung ab.
↓
(8) Der Kläger wendet sich erneut an den Beklagten.
↓
(9) Dieser bestreitet, einen Fehler beim Ölwechsel begangen zu haben.
↓
(10) Der Kläger läßt die Reparatur durch die Firma G ausführen.
↓
(11) Es kommt zum Prozeß zwischen Kläger und Firma G.
↓
(12) Die Beweiserhebung ergibt, daß der Beklagte einen fehlerhaften Ölwechsel durchgeführt hatte.
↓
(13) Der Kläger verliert den Prozeß und hat die Prozeßkosten zu tragen.

Zu dieser Kausalkette ist folgendes zu sagen: An mehreren Stellen sind Einzelvorgänge durch Willensentschlüsse der Beteiligten hervorgerufen worden, so vor allem bei den Vorgängen (4), (7), (9) und (10). Oben (S. 70 f.) setzten wir mit

Stegmüller voraus, daß Erklärungen von Handeln durch Wollen möglich sind. Wir nehmen daher die vorgenannten Kausalglieder in die Kausalreihe mit auf. Im übrigen spielen diese Fragen hier keine Rolle.

Wichtig ist zu sehen, daß jedes Glied der Kausalkette – immer unter Berücksichtigung der entsprechenden zusätzlichen Informationen – wirklich kausalgesetzlich auf das andere folgt. Daß es sich dabei um ganz individuelle Vorgänge handelt, steht dem, wie wir schon sahen, nicht entgegen, vielmehr ist dies gerade für historische Ereignisse charakteristisch (vergl. oben S. 56 f., 65 ff., 87). Hat man dies einmal erkannt, so fällt es nicht schwer, durch Zurückgehen vom letzten Kausalglied (13) (Entstehung des Schadens) über die früheren Kausalglieder zum Kausalglied (1) (fehlerhafter Ölwechsel) zu gelangen. Im übrigen dürfen die Schwierigkeiten, die sich dabei ergeben, die relevanten Antecedensbedingungen und Gesetzmäßigkeiten aufzufinden (etwa in bezug auf die Kausalglieder (8) und (9)), nicht dazu verleiten, den skizzierten Weg der Kausalitätsprüfung zu verwerfen und statt dessen etwa auf die „praktikablere" Conditio-sine-qua-non-Formel zurückzugreifen. Gerade in solchen Fällen, in denen die Kausalfrage zu Zweifeln Anlaß gibt, versagt die Conditio-sine-qua-non-Formel besonders nachhaltig (siehe oben S. 106 ff.).

Der BGH führte aus: „Die Revision irrt, wenn sie meint, die adäquate Ursache für die unrichtige Prozeßführung des Klägers sei nicht in dem fehlerhaften Ölwechsel, sondern nur in den Auskünften zu sehen, die dem Kläger nach dem Auftreten des Getriebeschadens von der Firma G und von den Beklagten über die Ursache dieses Schadens erteilt wurden. Richtig ist zwar, daß die Auskünfte der Firma G und der Beklagten mitbestimmend für den Entschluß des Klägers waren, zunächst die Firma G in Anspruch zu nehmen. Sie mögen letztlich sogar ausschlaggebend für diesen Entschluß gewesen sein, bilden aber gleichwohl nur eine mitwirkende Schadensursache. Daneben blieb der auf dem fehlerhaften Ölwechsel beruhende Getriebeschaden ebenfalls als adäquate Ursache für den Vorprozeß wirksam."

Der BGH kam zwar zum richtigen Ergebnis. Ich halte aber seine Ausführungen für zumindest mißverständlich. Nichts einzuwenden ist dagegen, daß der BGH die Auskünfte der Firma G und des Beklagten (der BGH spricht von *den* Beklagten, weil neben dem Inhaber der Tankstelle noch der Tankwart mitverklagt war), also die Glieder (4), (7) und (9), für „mitbestimmend", also mitursächlich für den Entschluß des Klägers hielt, die Firma G in Anspruch zu nehmen. Dagegen ist nicht deutlich, was im nächsten Satz das Wort „ausschlaggebend" bedeuten soll. Denn entweder ist irgendetwas (mit-)ursächlich, dann ist es „ausschlaggebend", oder es ist nicht ursächlich, dann ist es auch nicht „ausschlaggebend". Unrichtig ist auch die Formulierung, daß das Kausalglied des Getriebeschadens (2) ursächlich „geblieben" sei. Hier wird man an jenen unrichtigen Gedankengang erinnert, daß Kausalität etwas mit einer „inneren Kraftwirkung" oder mit einem „inneren Band" zu tun habe. Kausalität bedeutet aber nichts anderes, als daß ein bestimmtes Ereignis auf ein bestimmtes anderes nach einer Gesetzmäßigkeit zeitlich folgt. Bei einem historischen Ereignis bedeutet eine Kausalbeziehung zwischen zwei entfernten Ereignissen (z.B. im vorliegenden Fall zwischen den Kausalgliedern (1) und (13)) nichts anderes, als daß Kausalbeziehungen zwischen den *einzelnen* Kausalgliedern der Kausalkette bestehen. Die Kausalbeziehung zwischen den Gliedern (1) und (2) ist eine ganz andere als zwischen den Gliedern (12) und (13). Nur weil auch alle übrigen benachbarten Kausalglieder kausalmäßig miteinander verbunden sind, ist die Kausalkette vollständig und kann vom letzten bis zum ersten Glied zurückverfolgt werden, so daß damit eine Kausalbeziehung auch zwischen dem Glied (1) und dem Glied (13) vorliegt. Genau genommen aber handelt es sich um eine Gesamtheit von vielen einzelnen Kausalbeziehungen.

Da es sich bei dem Vermögensschaden des Klägers (13) um einen Folgeschaden der Eigentumsverletzung (2) handelte und auch alle übrigen Voraussetzungen gegeben waren, war er, wie der BGH zutreffend entschied, vom Beklagten zu ersetzen.

Hält man sich streng an die von der Wissenschaftstheorie erarbeiteten Gedanken zur Kausalität, so wird man nicht zu zweifelhaften Überlegungen und entsprechenden mißverständlichen Formulierungen verleitet. Ein exaktes Schema der Kausalkette kann, wie ich meine, in entscheidenden Punkten Fehler vermeiden helfen. Dies wird auch an der nun zu besprechenden Fallgruppe deutlich.

c) Die Gruppe der Verteidigerkosten-Fälle

In den Urteilen des LG Münster vom 24.8.1955[428], des OLG Karlsruhe (Senat Freiburg) vom 7.2.1957[429] und des BGH vom 22.4.1958[430] ging es jeweils darum, daß bei einem Verkehrsunfall Kläger und Beklagter Sach- und (oder) Personenschäden erlitten hatten und gegen den Kläger ein Strafverfahren eingeleitet worden war, das jedoch durch Einstellung oder Freispruch geendet hatte. Der Kläger verlangte nun vom Beklagten zum mindesten teilweisen Ersatz (entsprechend seiner Mitschuld am Unfall) der ihm entstandenen Verteidigerkosten (im Fall des LG Münster lag es z.B. so, daß die Zuhilfenahme eines Verteidigers nicht „notwendig" war, vergl. § 467 I StPO).

Das LG Münster prüfte und bejahte den natürlichen Kausalzusammenhang zwischen dem „Verkehrsunfall" und den Verteidigerkosten. Das OLG Karlsruhe ging genauer vor und differenzierte zwischen den Tatsachen „Körperschaden" und „Sachschaden" einerseits und dem „Unfall (Zusammenstoß)" andererseits.

---

428 MDR 1956 S. 101.

429 NJW 1957 S. 874.

430 NJW 1958 S. 1041; Anm. von Hauß bei LM Nr. 11 zu § 823(F)BGB.

Es meinte, der vom Kläger erlittene Körper- und Sachschaden sei nicht „Bedingung im logischen Sinn (conditio sine qua non)" für die Einleitung des Strafverfahrens gewesen. „Das Strafverfahren gegen den Kläger wäre nicht etwa entfallen, wenn nur der Beklagte bei dem Zusammenstoß verletzt worden wäre." Dagegen sei die Einleitung des Strafverfahrens verursacht worden durch den „Unfall (Zusammenstoß)" und damit durch das schuldhafte Verhalten des Beklagten, durch das dieser Unfall mitverursacht worden sei. Denn ohne den Unfall wäre es nicht zu einem Strafverfahren gekommen. Es handele sich hier um zwei getrennte Kausalreihen, „nämlich die eine vom Unfall zum Personen- (und Sach-) Schaden und die andere unmittelbar vom Unfall zum Vermögensschaden." Dieser Vermögensschaden sei daher nicht aus der Verletzung eines der in § 823 I BGB geschützten Rechtsgüter entstanden und als „reiner Vermögensschaden" aus diesem Grunde nicht erstattungsfähig.

Das Gericht unterscheidet hier zwischen zwei zeitlich getrennten, wenn auch eng benachbarten Kausalgliedern der Gesamtkausalkette: dem „Unfall (Zusammenstoß)" und den „Verletzungen". Entscheidend war für den Senat, daß nach seiner Ansicht bereits beim Kausalglied „Zusammenstoß" eine neue Kausalreihe abzweigte, noch bevor das Kausalglied „Verletzungen" realisiert war, in deren Verlauf dann der Vermögensschaden eintrat. Das entsprechende Schema der Kausalbeziehungen, wie sie sich das Gericht vorstellte, würde etwa so aussehen:

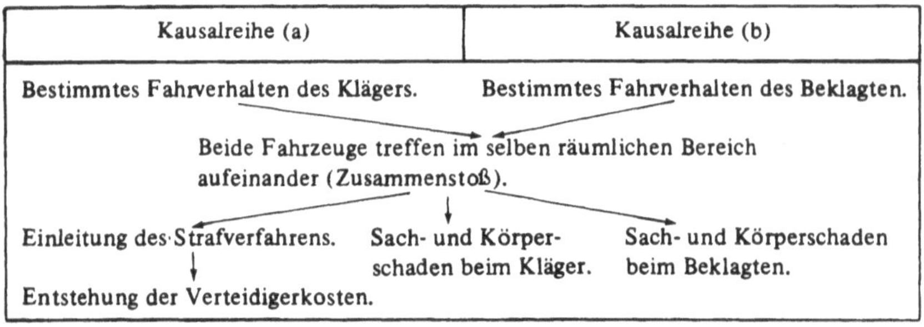

Der BGH schließlich meinte in seinem Urteil, daß die Aufwendungen für die Verteidigung des Klägers mit den von diesem erlittenen Personen- und Sachschäden nichts „zu tun" hätten, da sie darauf „beruht" hätten, daß die Strafverfolgungsbehörde wegen des Verdachts einer von ihm begangenen strafbaren Handlung ein Strafverfahren eingeleitet hätte. Anscheinend aber hatte der BGH mit dieser Überlegung nicht eigentlich die Kausalität im Auge, sondern vielleicht irgendeinen „inneren Zusammenhang". Denn er ließ im übrigen die Kausalitätsfrage offen und entschied den Fall auf Grund einer ganz anderen Argumentation: er meinte, daß der dem Kläger entstandene Schaden nicht mehr im Schutzbereich des § 823 I BGB gelegen habe.

Ich halte diese Argumentation insofern für richtig, als ich nicht glaube, daß die Klage schon wegen Fehlens des Kausalzusammenhangs mit Sicherheit abgewiesen werden durfte. Dies *kann* bei Fällen dieser Art zwar zutreffen, muß es aber nicht, wie sogleich zu zeigen sein wird.

Larenz hat sich gegen diese Entscheidung des BGH gewandt[431]. Er ist der Ansicht, daß das Strafverfahren gegen den Kläger nicht wegen der von ihm erlittenen Verletzungen, sondern deshalb eingeleitet worden sei, weil „seine Verwicklung in den Unfall den Verdacht nahelegte, er habe sich durch seine Fahrweise strafbar gemacht. Nicht die von dem Beklagten zu verantwortende Körperverletzung war ursächlich für das Strafverfahren, sondern allein die Tatsache des Unfalls."

Um die Frage nach der Kausalität entscheiden zu können, empfiehlt es sich auch in diesem Fall wieder, eine genaue Analyse der Kausalkette, die zum Schaden geführt hat, vorzunehmen. Leider lassen sich aus den verschiedenen Urteilsmitteilungen die einzelnen Sachverhalte nicht sehr genau rekonstruieren. Dies wäre aber für die Beurteilung der Kausalkette unbedingt nötig.

Häufig wird es etwa folgendermaßen liegen: Nach einem Unfall, der Personen- und (oder) Sachschäden zur Folge hatte, entscheiden die Beteiligten, ob sie die Polizei rufen wollen. War der Unfall schwer, wird man sie auf jeden Fall rufen. Diese Benachrichtigung der Polizei ist ein unentbehrliches Glied in der zur Einleitung des Strafverfahrens führenden Kausalkette. Oftmals wird es so sein, daß die Polizei *nur* deswegen gerufen wird, weil es zu Schäden, auch des Klägers, gekommen ist. Dann kann meiner Meinung nach kein Zweifel daran bestehen, daß die Einleitung eines Strafverfahrens die kausale Folge auch des entstandenen Schadens des Klägers ist. Ebenso ist es aber möglich, daß der *Beklagte* die Polizei deshalb ruft, weil er am Fahrverhalten des Klägers Anstoß genommen hat. In diesem Fall wäre das Schema oben S. 128 in etwa zutreffend; zwischen die beiden Kausalglieder „Zusammenstoß" und „Einleitung des Strafverfahrens" sind deutlichkeitshalber noch die beiden folgenden einzuschieben: „Beklagter nimmt am Fahrverhalten des Klägers Anstoß" → „Beklagter meldet den Unfall bei der Polizei" . . . In der Regel wird sich freilich die wirkliche Kausalreihe kaum klären lassen. Unterstellt man, daß Kläger und Beklagter durch den Unfall bewußtlos geworden sind und den Unfall auch kein Zeuge beobachtet hat, so wird der nächste, der zum Unfallort kommt, die Polizei benachrichtigen. Da er das Fahrverhalten des Klägers nicht gesehen hat, tut er dies *nur* auf Grund der Unfallfolgen, nämlich der entstandenen Personen- und Sachschäden. Hier scheint mir erneut klar zu sein, daß der Schaden des Klägers bezüglich der Verteidigerkosten auf Grund der zuvor eingetretenen Personen- und Sachschäden (auch des Klägers!)

---

431 Schuldrecht I, § 27 III b 2 (S. 321 Fn. 6); zustimmend Schwerdtner, NJW 1971 S. 1678. Der gleichen Ansicht sind ferner Esser, Schuldrecht I, § 45 II 4; Friese, Haftungsbegrenzung für Folgeschäden, S. 238; J. G. Wolf, Normzweck, S. 14; Berg, JuS 1961 S. 319.

entstanden ist. Daran ändert auch nichts die Tatsache, daß die Staatsanwaltschaft letztlich natürlich deswegen das Strafverfahren gegen den Kläger eingeleitet hat, weil der Verdacht eines strafbaren Verhaltens gegen ihn bestand.

Sehen wir uns das Schema der Kausalkette für diese letzte Fallsituation an:

Kausalglieder	Kausalreihe (a)	Kausalreihe (b)	Kausalreihe (c)
(1a) (1b)	Bestimmtes Fahrverhalten des Klägers (1a).	Bestimmtes Fahrverhalten des Beklagten (1b).	
↓ (2)	Zusammenstoß		
↓ (3)	Beschädigung der Fahrzeuge: Kläger und Beklagter verletzt, Bewußtlosigkeit beider.		
↓ (4)			Passant X trifft auf die Unfallstelle.
↓ (5)		X faßt den Entschluß, die Polizei zu benachrichtigen.	
↓ (6)		Die Polizei kommt zur Unfallstelle.	
↓ (7)		Benachrichtigung der Staatsanwaltschaft durch die Polizei.	
↓ (8)		Der Staatsanwalt erfährt die von der Polizei ermittelten Tatsachen.	
↓ (9)		Der Staatsanwalt schöpft auf Grund dieser Tatsachen den Verdacht einer strafbaren Handlung des Klägers.	
↓ (10)		Der Staatsanwalt erhebt Anklage.	
↓ (11)		Einstellung oder Freispruch. Verteidigerkosten.	

Die Erklärung für (10) ist, daß – u.a. – (9) der Fall war. Die Erklärung für (9) ist, daß – u.a. – (8) der Fall war. Die Erklärung für (8) ist, daß – u.a. – (7) der Fall war, usw. Es führt eine lückenlose Kausalkette von (11) zurück zu (3). (3) aber enthält auch den Zustand der Verletzung des Klägers.

Wir können also festhalten, daß beide Fallsituationen gleichermaßen vorkommen können: daß nämlich eine Kausalbeziehung zwischen dem Schaden der Verteidigerkosten des Klägers und den von ihm erlittenen Körper- und (oder) Sachschäden, die der Beklagte (mit-)verursacht hat, besteht und daß dies nicht der Fall ist. In jenem Fall kommt für eine Ablehnung der Haftung nur die Begründung des BGH in Betracht. Im anderen Fall kann man die Haftung zwar bereits an der fehlenden Kausalität scheitern lassen. Jedoch wird die Kausalkette in nur wenigen Fällen so weit aufklärbar sein, daß diese Entscheidung möglich ist.

Berg[432] meint, daß ein Strafverfahren auch dann hätte eingeleitet werden können, wenn sich ein Unfall überhaupt nicht ereignet hätte, falls nämlich die Verkehrspolizei das Fahrverhalten des Klägers bei einer Streife festgestellt hätte. Diese Argumentation ist in vorliegendem Zusammenhang m.M. deshalb nicht zutreffend, weil es für die Feststellung der empirischen Kausalbeziehung nicht darauf ankommt, was alles *hätte* sein können, sondern *allein* darauf, was tatsächlich geschen *ist*!

An dieser Fallgruppe zeigen sich die *Grenzen* der Kausalitätsprüfung. Sie verlaufen oft etwas versteckt. Wie sich gezeigt hat, kann man in vielen Fällen der eben besprochenen Fallgruppe, entgegen der h.M. im Schrifttum, die Haftung nicht schon an der mangelnden Kausalität scheitern lassen. Die negative Haftungsentscheidung kann erst bei der Erörterung der Zurechnung fallen[433].

Die richtige Einordnung der entscheidenden Haftungsfrage in diesen Fällen empfiehlt sich nicht nur um der dogmatischen Klarheit willen. Es ist für den Juristen etwas grundsätzlich Verschiedenes, ob er eine Schadenshaftpflicht wegen mangelnder Kausalität oder wegen mangelnder Zurechenbarkeit verneint. In jenem Fall beruht die Entscheidung auf einer wertfreien empirischen Feststellung, über die sogar Beweis erhoben werden kann. Für wertende Gesichtspunkte jeglicher Art ist nicht der geringste Raum. Oftmals mag sicher die Entscheidung über das Bestehen oder Nichtbestehen der Kausalität große Schwierigkeiten bereiten. Jedoch darf dies nicht dazu führen, die Kausalitätsfrage mit Hilfe einer gerade in den kritischen Fällen untauglichen, dafür aber „praktikablen", leicht

---

432 JuS 1961 S. 319. Ebenso Lorenz-Meyer, Haftungsstruktur, S. 35.

433 Entsprechendes gilt für den viel besprochenen Fall RGZ 148,48: Weil der Kläger als neu gewählter Stadtverordneter einer antisemitischen Partei judenfeindlich eingestellt gewesen sei, forderte in einem Brief der Beklagte als Vertreter jüdischer Interessen die Firma, die den Kläger bis dahin angestellt hatte, auf, entweder auf den Verzicht politischer Tätigkeit durch den Kläger hinzuwirken oder ihn zu entlassen, da die jüdischen Kunden andernfalls ihre Geschäftsbeziehungen zu ihr abbrechen würden. Da der Kläger auf sein Mandat nicht verzichtete, kündigte ihm die Firma. Vom Beklagten verlangte er Schadensersatz. Das Reichsgericht führte zur Frage der Ursächlichkeit aus, daß der Brief deş Beklagten für die Entlassung des Klägers nicht ursächlich habe werden können (die Problematik der hypothetischen Kausalität, die in diesem Fall eine wichtige Rolle spielte, lassen wir hier außer Betracht). Der „wirkliche" Grund habe in der (zukünftigen) politischen Betätigung des Klägers gelegen. Dieser Kündigungsgrund sei unabhängig von dem Brief des Beklagten gegeben gewesen. Ries, Die überholende Kausalität, S. 51 f., und Cassens, Gegliederter Schadensbegriff, S. 24, haben zu Recht darauf hingewiesen, daß das RG hier die Ursachenreihe nicht zutreffend analysiert habe und die Haftung des Beklagten nicht (schon) wegen mangelnder Kausalität habe scheitern können.

zu handhabenden „Faustregel" (nämlich der Conditio-sine-qua-non-Formel) zu lösen. Auch können die meisten Schwierigkeiten mit Hilfe der Regeln über die Beweiswürdigung (z.B. § 287 ZPO, Grundsätze des Anscheinsbeweises usw.) oder die Beweislastverteilung[434] überwunden werden. Ist die Frage jedoch einmal im Sinne des *Nicht*bestehens eines Kausalzusammenhangs entschieden (auch etwa nur mit Hilfe eines Sachverständigen), so kann der Richter seine negative Haftungsentscheidung ganz auf diese stützen, ohne auch nur auf ein einziges Zurechnungsargument eingehen zu brauchen, ja zu dürfen! Im anderen Fall bedarf es der Abwägung der widerstreitenden rechtlichen Interessen, um zu einem Urteil zu gelangen. Der Richter muß die seine Entscheidung tragenden, nach rechtlichen Wertungsmaßstäben ausgerichteten Gründe darlegen.

Wie wichtig ist diese Unterscheidung nicht zuletzt für die Überzeugungskraft eines Urteils für die Parteien, insbesondere für die unterlegene Partei! Wird der Kläger davon überzeugt, daß er wegen mangelnder Kausalität leer ausgeht, so kann eine solche Entscheidung für ihn oftmals eine größere Evidenz haben, als wenn er den Prozeß aus Gründen mangelnder Zurechenbarkeit des Schadens zum Verantwortungsbereich des Beklagten verliert. Im letzteren Fall sind an die Begründung eines solchen Urteils daher besonders strenge Anforderungen zu stellen.

Wir werden im weiteren Verlauf der Arbeit noch an anderen Stellen auf die soeben vorgestellte Arbeitsmethode der Kausalitätsprüfung über die Aufstellung einer Kausalkette zurückkommen. Hier ging es zunächst vor allem um das Grundsätzliche.

Zweites Kapitel

Rechtliche Einzelprobleme

I. Die Kausalität der Unterlassung

Die Zentralfrage lautet: Gibt es eine Kausalität der Unterlassung? Im Folgenden soll dieser Frage im Hinblick auf den wissenschaftstheoretisch verstandenen Kausalitätsbegriff nachgegangen werden. Zufolge einer verbreiteten Meinung ist sie bekanntlich schon deshalb zu verneinen, weil ein Nichts nicht ein Etwas verursachen könne. Werfen wir zunächst einen Blick auf das Gesetz, die Rechtsprechung und die Literatur.

---

434 Vergl. etwa BGH NJW 1968 S. 2291 (Haftung des Arztes für Behandlungsfehler); BGH NJW 1973 S. 1688 (Haftung für die Verletzung einer vertraglichen Aufklärungs- und Mitteilungspflicht); ferner Hofmann, NJW 1974 S. 1641 ff.; Mertens, VersR 1974 S. 509 (513); vergl. im übrigen schon oben S. 88 f.

A. Überblick über Gesetz, Rechtsprechung und Literatur

1. Das Gesetz

Im Gesetz ist nur sehr vereinzelt einmal von Verursachung durch Unterlassen die Rede, so etwa im praktisch bedeutungslosen § 1875 I BGB oder in den §§ 95, 380 I ZPO. Bis auf die Tatsache, daß es offenbar als selbstverständlich von der Möglichkeit einer Unterlassungskausalität ausgeht, läßt sich dem Gesetz für unsere Ausgangsfrage nichts entnehmen[435].

2. Zum Stand der Rechtsprechung

Die Rechtsprechung hat sich am Streit um die Frage, ob es überhaupt eine Kausalität der Unterlassung geben kann, wie er in der Rechtswissenschaft so intensiv ausgetragen wird, niemals beteiligt. Für sie war und ist es selbstverständlich, daß auch Unterlassungen straf- und zivilrechtlich haftungsrelevant sein können, so daß sich ihr dieser Streit nur als ein theoretischer ohne praktische Konsequenzen darstellt.

Wie sich aus den zahlreichen Urteilen ergibt, in denen die Frage der Haftung für Unterlassungen eine Rolle spielt, geht die Rspr. von der Möglichkeit einer echten Kausalität der Unterlassung aus (und nimmt nicht etwa nur eine „Quasikausalität" an). So heißt es z.B. in einem neueren Urteil des BGH; „. . . die Verletzung der durch § 823 Abs. 1 BGB geschützten Rechte oder Rechtsgüter kann auch durch Unterlassen eines den Verletzungserfolg abwendenden Tuns begangen werden."[436] Mehr wird hinsichtlich unserer Frage nicht gesagt und dies kann durchaus als repräsentativ für die gesamte Rechtsprechung gelten[437].

Für die Feststellung der Kausalität der Unterlassung bedient sich die Rechtsprechung ebenso wie beim positiven Tun des Conditio-sine-qua-non-Gedankens. Auch dies kommt in zahlreichen Urteilen mehr oder weniger deutlich zum Ausdruck. Im Urteil BGH LM Nr. 16 zu § 823(Db) BGB z.B. heißt es, daß der Ursachenzusammenhang gegeben sei, sofern „der Schaden nicht entstanden sein würde, wenn der Hersteller die Maßnahmen getroffen hätte, die er zur Gefahrenabwehr hätte treffen müssen." In diesem Fall ging es um Schadensersatz wegen einer vom Beklagten gelieferten Maschine, die nach Ansicht der Klägerin nicht

---

435 Auch § 13 StGB i.d.F. v. 2.1.1975 vermeidet es, von Verursachung durch Unterlassen zu sprechen.

436 BGHZ 55,153 = NJW 1971 S. 886.

437 So sei beispielsweise auf folgende Urteile hingewiesen: RG, Das Recht 1909 Nr. 1677; RGZ 52, 373(376); 147,129(130); RGSt 58,130(131); 63,392(393); 75,49(50); BGH NJW 1953 S. 700 (Besprechung von Larenz, NJW 1953 S. 686 f.) = BGHZ 7,198; BGH LM Nr. 25 zu § 222 StGB; BGH LM Nr. 8 zu § 823(Ec)BGB; BGH LM Nr. 15 zu § 823 (Aa)BGB; BGH NJW 1961 S. 455; BGH LM Nr. 80 zu § 823(Dc)BGB; NJW 1968 S. 1182; BGH NJW 1971 S. 1314; BGH NJW 1973 S. 277 (zu II 1 e).

die erforderlichen Sicherungseinrichtungen aufwies, also besonders unfallträchtig war[438].

Mehr läßt sich der Rspr. für unsere Frage, ob es eine echte Unterlassungskausalität gibt, nicht entnehmen.

3. Zum Stand der Literatur

So viel Einigkeit in der Rechtsprechung herrscht, so viel Streit findet sich in der juristischen Literatur zu unserer Frage. Die Tatsache, daß ihn die gesamte Praxis auch der höchstrichterlichen Rechtsprechung für entbehrlich hält, spricht nicht gerade dafür, daß es sich hier um einen sehr fruchtbaren Streit handelt. Teilweise wird er auch in der Literatur unverblümt als völlig nutzlos verurteilt[439]. Wir wollen uns jedoch, eingedenk der Erkenntnis, daß Wissenschaft auch der theoretischen Klarheit wegen ihre Berechtigung hat[440], diesem Urteil nicht anschließen, sondern versuchen, dem Phänomen Unterlassung, hier insbesondere unter dem Blickwinkel der Kausalität, so gut es geht auf die Spur zu kommen, zumal es niemals ausgeschlossen ist, daß sich aus bestimmten theoretischen Erkenntnissen nicht doch einmal auch praktische Konsequenzen ergeben können[441].

Wir können hier nur einige der unübersehbar vielen verschiedenen Meinungen zur Unterlassungskausalität anführen. Im übrigen sei auf die mehreren Monographien verwiesen, die sich mit der Unterlassung befassen[442]. Die Strafrechtswissenschaft hat sich übrigens wesentlich intensiver mit der Unterlassungsproblematik befaßt als das Zivilrecht. Da jedoch alle Fragen nach dem Wesen der Unterlassung und

---

438 Vergl. auch die Urteile BGH LM Nr. 80 zu § 823 (Dc)BGB; BGH LM Nr. 8 zu § 823 (Ec)BGB; BGH NJW 1971 S. 1314; BGH NJW 1973 S. 1688.

439 So schon v. Liszt, Strafrecht, S. 139, der diesen Streit als einen „der unfruchtbarsten" bezeichnet hat, „welche die strafrechtliche Wissenschaft je geführt hat." Ebenso Rümelin, AcP 90 (1900) S. 319. Vergl. auch Welzel, Strafrecht, § 28 A I 3 c, der die Kausalität der Unterlassung für ein Phantom hält, dem die Strafrechtswissenschaft fast zwei Jahrzehnte nachgejagt sei. Dazu ferner Armin Kaufmann, Dogmatik, S. 59 ff.

440 Larenz, Methodenlehre, S. 51 f.

441 Larenz, Festschrift für Dölle, I, S. 174. – Größte gerade auch praktische Bedeutung mißt der vorliegenden Frage E. A. Wolff, Kausalität, S. 33, für das von ihm behandelte Strafrecht bei. Ausgehend von dem Verursachungsgrundsatz, hängt für ihn die Strafbarkeit eines unechten Unterlassungsdeliktes maßgeblich davon ab, ob es eine Kausalität zwischen dem Unterlassen und dem strafrechtlichen Erfolg geben kann. Sollte dies nicht der Fall sein, dann, so meint Wolff, „könnten auch die differenziertesten Werterwägungen nichts daran ändern, daß ein Unterlassen einem Bewirken durch Tun nicht wertmäßig gleichsteht."

442 Etwa: Armin Kaufmann, Die Dogmatik der Unterlassungsdelikte; Schünemann, Grund und Grenzen der unechten Unterlassungsdelikte; Herzberg, Die Unterlassung im Strafrecht und das Garantenprinzip (mit umfassenden Nachweisen). – Zur gemeinrechtlichen Literatur siehe gute Darstellung bei v. Liszt, Strafrecht, § 30 III. Zur früheren Literatur siehe auch Hardwig, Zurechnung, S. 41 ff. (zu Pufendorf), S. 64 f. (zu Hälschner) und S. 71 ff. (zu v. Buri).

ihrer Kausalität im Straf- wie im Zivilrecht durchaus die gleichen sind und folglich auch nur in gleichem Sinn beantwortet werden können, beziehen wir in unsere Übersicht auch die Strafrechtsliteratur mit ein.

Verschiedentlich begnügt man sich, ebenso wie die Rechtsprechung, von der Kausalität der Unterlassung auszugehen, ohne dafür eine nähere Begründung zu geben[443]. Mangels näheren Eingehens auf die vorliegende Problematik läßt sich diesen Stimmen nicht entnehmen, in welchem Sinn der Kausalitätsbegriff in diesem Zusammenhang verstanden wird, ob im natürlichen (außerrechtlichen) oder in einem spezifisch juristischen. Typischer Vertreter in dieser Hinsicht war bereits Oertmann, der die Frage, ob „ein Unterlassen als solches Ursache eines Erfolges sein konnte", ausdrücklich dahingestellt sein ließ und davon ausging, „daß das Recht, insbesondere auch das BGB, die Unterlassungen in ihren Rechtsfolgen in weitem Umfang den positiven Handlungen gleichstellt . . ."[444]. Auch Frank ging unter Berufung auf das Gesetz von der Kausalität der Unterlassung aus, da dieses nicht etwa „das Nichtkausale dem Kausalen" (wie man ergänzen müßte: nur) gleichstelle, sondern „die Unterlassung als kausal" ansehe[445].

Die wohl als herrschend anzusehende Meinung geht jedoch davon aus, daß es sich bei einer Unterlassung um ein „nullum", ein Nichts handele, das daher auch kein Etwas realiter verursachen könne[446, 447].

443 So etwa Palandt-Heinrichs, Komm. zum BGB, Vorbem. 5 d dd zu § 249.

444 Oertmann, Komm. zum BGB, Vorbem. 4 d vor §§ 249–254. Ähnlich äußerte sich auch schon v. Kries, Begriff der objectiven Möglichkeit, S. 222 f. Es sei unerheblich, so meinte er, daß einer Unterlassung als etwas Normativem keine Wirklichkeit zugeschrieben werden könne. Wenn jemand, obgleich er hierzu verpflichtet sei, es unterlasse, in bestimmter Weise zu handeln, so genüge es für die rechtliche Verantwortlichkeit, daß der Erfolg nicht eingetreten wäre, wenn er „in normaler Weise" gehandelt hätte.

445 Strafgesetzbuch, S. 15.

446 Vergl. etwa Radbruch, Handlungsbegriff, S. 132; v. Liszt, Strafrecht, § 30; Schönke-Schröder, Komm. zum StGB, Rdn. 141 vor § 1; Dreher, Komm. zum StGB, Anm. B II 3 d vor § 1; Bockelmann, Festschrift für Eb. Schmidt, S. 450; Hardwig, Zurechnung, S. 65, 97; Münzberg, Verhalten und Erfolg, S. 40, 44; Arthur Kaufmann, Festschrift für Eb. Schmidt, S. 214; Kaufmann-Hassemer, JuS 1964 S. 152; Samson, Festschrift für Welzel, S. 579 ff.; im Ergebnis ebenso Welzel, Strafrecht, § 28 A I 3 c. – Larenz, NJW 1953 S. 687; Esser, Schuldrecht I, § 9 I 2 und § 44 IV; Soergel-Reim. Schmidt, Komm. zum BGB, Rdn. 30 zu §§ 249–253; Kahrs, Kausalität, S. 1; Mertens-Reeb, JuS 1971 S. 470; Bickel, NJW 1972 S. 609; ähnlich bereits Traeger, Festgabe für Enneccerus, S. 17 und Kausalbegriff, S. 72f. Unklar Hofmann, Beweislast, S. 39 ff., der einerseits eine Unterlassungskausalität im „naturwissenschaftlichen" Sinn ablehnt, andererseits jedoch davon spricht, daß neben der den Erfolg „unmittelbar herbeiführenden Ursache" eine „Mitkausalität" der Unterlassung „im Sinne der unterbliebenen Erfolgsverhinderung" in Betracht komme; vergl. auch a.a.O. S. 90. – Im übrigen weitere Nachweise bei Hanau, Kausalität, S. 5 Fn. 15.

447 In diesem Zusammenhang wird gern der Satz zitiert: ex nihilo nihil fit – aus nichts wird nichts. Er stammt in dieser Formulierung von Descartes, dem Begründer des neu-

Besteht hinsichtlich dieser negativen Feststellung auch weitgehend Einigkeit, so weichen die aus ihr gezogenen Konsequenzen erheblich voneinander ab. Viele Autoren nehmen eine Kausalität im *Rechts*sinn an, die sie freilich ihrerseits wieder verschieden interpretieren. Nach Larenz[448] ist unter bestimmten Voraussetzungen (Möglichkeit der Verhinderung des Erfolgs, Rechtspflicht zum Handeln) die Unterlassung einer Handlung „der Verursachung des eingetretenen Erfolgs rechtlich (wie auch vielfach im Sinn der Lebensanschauung) gleich zu erachten." Nach Esser[449] wird „bei rechtlicher Betrachtungsweise auch das Nichteingreifen möglicher Faktoren wertend" berücksichtigt. Für ihn geht es hier überhaupt nicht um Ursächlichkeitsfragen, sondern um die wertende Zurechnung. Mertens-Reeb[450] wollen an die Stelle der Kausalitätsfrage generell (beim Tun *und* beim Unterlassen) die Frage nach der Vermeidbarkeit des eingetretenen Erfolgs durch den Täter setzen und umgehen auf diese Weise die Kausalitätsfragen[451]. Auch nach Soergel-Reim. Schmidt[452] ist die Frage, ob eine Unterlassung für einen Schaden kausal geworden ist, „an sich falsch gestellt". Es sei darauf abzustellen, ob der Unterlassende durch eine bestimmte Handlung den eingetretenen Erfolg hätte vermeiden können. Der Schadenszurechnung auf Grund von Unterlassungen seien in der Gestalt des „juristischen Kausalitätsbegriffs" in besonderer Weise wertende Aspekte eigen. Für das Strafrecht formuliert Welzel: „Die Unterlassung als Nichtvornahme einer Handlung verursacht schlechterdings nichts. Die einzig legitime Frage innerhalb der Unterlassungsdelikte geht dahin, ob die Vornahme der unterlassenen Handlung den Erfolg abgewendet hätte."[453]

Hanau[454] betrachtet bei Tun und Unterlassen nicht das reale Geschehen selbst, sondern stellt ausschließlich auf die Pflichtwidrigkeit beider Verhaltensformen ab. In bezug auf diese bejaht er – einheitlich für Tun und Unterlassen und ausgehend von der von ihm übernommenen Conditio-sine-qua-non-Formel[455] –

---

zeitlichen Rationalismus (vergl. dazu Hessen, Kausalprinzip, S. 12) und wurde von ihm aus dem Kausalprinzip gefolgert. Ablehnend diesem Satz gegenüber Baumann, Strafrecht, § 18 II 2 a und Grundbegriffe, S. 62 f.

448 NJW 1953 S. 686. Ähnlich auch Bydlinski, Probleme der Schadensverursachung, S. 4 und im Ergebnis schon v. Liszt, Strafrecht, S. 137 f.

449 Schuldrecht I, § 44 IV.

450 JuS 1971 S. 470, siehe auch oben S. 35.

451 So schon Traeger, Festgabe für Enneccerus, S. 24 ff., 27.

452 Komm. zum BGB, Rdn. 30 zu §§ 249–253.

453 Strafrecht, § 28 A I 3 c; ebenso bereits Traeger, Festgabe für Enneccerus, S. 21; ferner Schönke-Schröder, Komm. zum StGB, Rdn. 141 vor § 1 und v. Liszt, Strafrecht, S. 137.

454 Kausalität, S. 23 ff., 95 ff.

455 Kausalität, S. 15; siehe oben schon S. 101 Fn. 367.

die Möglichkeit des Kausalzusammenhangs zwischen ihr und dem Erfolg, wobei er hier den so verstandenen Kausalbegriff für den natürlichen hält[456].

Rein normativ lösen E. A. Wolff und Rödig die vorliegende Frage. Beide bejahen eine Kausalität der Unterlassung, jedoch in einem besonders verstandenen Rechtssinn. Wolff stellt auf einen speziellen Begriff des „Bewirkens" ab: „Der Täter wendet es dem anderen zum Schlechten – nicht versäumt er es nur, es ihm zum Guten zu wenden."[457] Bewirkt ist ein Erfolg durch eine Unterlassung nach ihm nur dann, wenn zwischen dem Unterlassenden und dem Geschädigten ein bestimmtes Abhängigkeitsverhältnis besteht, das sich aus der bestehenden Seins- und Sollensordnung ergibt[458] und wenn der Unterlassende eine echte, d.h. freie Wahl zwischen verschiedenen realen Möglichkeiten, sich zu verhalten, treffen kann[459]. Rödig versteht die (Rechts-)Kausalität der Unterlassung auf die ihm eigentümliche Weise über die „Denkform der Alternative" des in Rede stehenden Verhaltens (vergl. schon oben S. 14), hier also über die Kausalität einer dem Unterlassenden möglichen Handlung[460], wobei, und dies ist von entscheidender Bedeutung, für ihn eine *Handlung* nur dann gegeben ist, wenn dem Handelnden noch wenigstens *eine* andere Verhaltensmöglichkeit zur Wahl gestanden hatte[461] (hier berühren sich Rödigs und Wolffs Gedankengänge).

Nur in aller Kürze erwähnt seien noch die folgenden Autoren, um zu zeigen, *wie* bunt die Palette der Meinungen zu unserem Thema ist. Nach Kollmann etwa ist die Unterlassung nur in der gedanklichen Welt gegeben. „Das Unterlassen ist das *Urteil* der Diskrepanz zwischen dem wirklichen und dem als relativ *möglich* vorgestellten Verhalten eines Willensträgers"[462]. Mezger meint entsprechend, es sei für den Begriff und das Wesen der Unterlassung „konstitutiv", daß „eine Handlung vom Beurteiler *gedacht* wurde"[463]. In gleicher Richtung weisen die Überlegungen von Schönke-Schröder[464]: Unterlassung sei ein ontisches Nichts und nur normativ von Bedeutung, nämlich dadurch, „daß bestimmte Urteile über dieses Nichts abgegeben werden." Eine Unterlassung könne daher nicht kausal sein, sondern sei ein Urteil. Nach Schönke-Schröder muß freilich noch etwas hinzukommen: Unterlassung sei (nur) die „enttäuschte Erwartung", so daß für ihren Begriff die aus einem bestimmten Normenkomplex resultierende Erwartung der

456 Kausalität, S. 24.

457 Kausalität, S. 37.

458 Kausalität, S. 37 ff.

459 Kausalität, S. 37, 45 ff. - Zu Wolff ausführlich und kritisch Schünemann, Unterlassungsdelikte, S. 94 ff.

460 Alternative, S. 126.

461 Alternative, S. 95.

462 ZStW 29 S. 385.

463 Strafrecht, S. 132.

464 Komm. zum StGB, Rdn. 81 vor § 1.

unterlassenen Handlung wesenlich sei[465]. Folgerichtig verneinen alle Autoren – bis auf Mezger freilich[466] – die Möglichkeit einer Unterlassungskausalität[467]. Demgegenüber hat sich als einer der wenigen Engisch seit seiner Kausalitätsschrift von 1931[468] klar für die reale Kausalität der Unterlassung ausgesprochen[469, 470]. Für ihn bedeutet Kausalität das gesetzmäßige „Aufeinanderfolgen

465 So bereits Gallas, ZStW 67 S. 8 ff.

466 Strafrecht, S. 136.

467 Gegen Kollmann, Mezger und Gallas siehe Rödig, Alternative S. 49 f.

468 Engisch, Kausalität, S. 29 ff.

469 Zuletzt Festschrift für Hellmuth v. Weber, S. 264 f. Ebenso schon Leonhard, Allgemeines Schuldrecht, S. 173 ff.

470 Auch Nickel, Unterlassungsdelikte, S. 46 ff., spricht sich für eine Unterlassungskausalität aus. Er meint, „daß ein auf die naturgesetzmäßige Verbundenheit von Täterverhalten und Erfolg abstellender Kausalitätsbegriff auf Tun und Unterlassen gleichermaßen anwendbar ist, sofern man erstens entgegen der ex-nihilo-nihil-fit-Doktrin eine ermöglichende Kausalität anerkennt und zweitens die Einbeziehung hypothetischer Kausalentwicklungen zuläßt". Allerdings handelt es sich nach Nickels eigener Feststellung hier um einen „juristischen" Kausalitätsbegriff, der nicht mit dem naturwissenschaftlichen oder einem außerrechtlichen Kausalbegriff gleichzusetzen sei.

Ferner bejaht Androulakis die Kausalität der Unterlassung, genauer: die Unterlassung ist nach ihm im Sinne der „kausalen Kategorie des Lassens als (das Seiende) Seinlassen" kausal (Studien, S. 101). „Die Kausalität der Unterlassung hat mit dem Bewirken von Erfolgen nichts zu tun. Paradox ausgedrückt: Die Unterlassung kann Ursache nicht des *Ent*stehens, sondern des *Be*stehens eines Erfolges sein, d.h. nicht notwendig des Noch-Bestehens des Erfolges an sich, sondern des Bestehens eines autodynamen, im Prozeß befindlichen Seienden, dessen abschließendes Glied der konkrete Erfolg ist, des Nichtverändertwordenseins der Wirklichkeit" (a.a.O. S. 83). Jedoch versteht Androulakis die Unterlassung zu sehr (auch) im normativen Sinn (vergl. a.a.O. S. 68 f., 81, 84); darüberhinaus wendet er die von uns abgelehnte Conditio-sine-qua-non-Formel an, die er offenbar als Ausdruck der naturwissenschaftlichen Kausalität versteht (vergl. a.a.O. S. 90). Daher kann seinen einschlägigen Ausführungen vom hier eingenommenen Ausgangspunkt nicht gefolgt werden. Der von Schünemann (Unterlassungsdelikte, S. 12 Fn. 45) angenommene Realcharakter der im Sinne von Androulakis verstandenen Unterlassung dürfte jedenfalls nicht im rein empirischen Sinn zu verstehen sein. Darüber kann auch eine Formulierung von Androulakis wie „Unterlassung ist daseiendes Nichtdasein, also sie selbst kein Nichtdaseiendes" nicht hinwegtäuschen (a.a.O. S. 68). Androulakis entwickelt den Unterlassungsbegriff vom Begriff des Lassens bzw. der Lassung her (a.a.O. S. 52 ff.). Dabei ist ihm Lassung „Stellungnahme . . . gegen eine Energieeinsetzungsmöglichkeit" (a.a.O. S. 57). Bereits hier kommt eine Willenskomponente ins Spiel (entsprechend wie beim finalen Handlungsbegriff), die für den Kausalitätsbegriff, wie wir ihn verstehen, nicht von Bedeutung ist. Vor allem aber wird für Androulakis eine Lassung zu einer Unterlassung nur dann, wenn es sich bei der unterlassenen Handlung um eine auf Grund bestimmter (rechtlicher, moralischer oder sonstiger) *Normen* zu erwartende (nicht erwartete) Handlung handelt (a.a.O. S. 68 ff.). Hier wird der empirische Bereich, für den allein es sinnvoll ist, von Kausalität zu sprechen, endgültig verlassen. – Vergl. im übrigen zu Androulakis Schünemann a.a.O. S. 148 ff.

von realen („tatsächlichen") Erscheinungen in der Zeit"[471]. Zur realen Kausalität der Unterlassung konnte Engisch nur dadurch kommen, daß er unter „Erscheinungen" auch „Nichtveränderungen" versteht[472]. Hier liegt genau der Ansatzpunkt, der auch vom wissenschaftstheoretischen Standpunkt aus der entscheidende ist (Näheres hierzu später).

Armin Kaufmann schließt sich Engischs Ausführungen insofern an, als auch er sowohl Änderungen als auch Nichtänderungen der Wirklichkeit, sowohl den Eintritt eines Ereignisses als auch dessen Nichteintritt, in die Kausalbetrachtung miteinbezieht[473]. Darum kann für ihn das *Ausbleiben* einer bestimmten (der unterlassenen) Handlung kausal für den Eintritt eines Ereignisses oder für dessen Nichteintritt sein. Jedoch – und hier weicht er von Engisch grundsätzlich ab – sieht Kaufmann in diesem Ausbleiben der unterlassenen Handlung nur ein „Element des Unterlassungsbegriffs". Es mag wohl sein, so argumentiert er, daß das Fehlen einer Handlung für einen Erfolg ursächlich sei. Dies aber interessiere den (Straf-)Juristen gar nicht. Ihn interessiere vielmehr einzig die Frage, ob der unterlassende *Mensch* für dieses Fehlen der Handlung ursächlich sei. Eine solche Kausalität des Menschen aber bestehe nicht. „Denn ich kann den Unterlassenden ‚hinwegdenken', ohne daß das Unterlassen entfiele."[474] Abgesehen davon, daß Kaufmann hier über die Conditio-sine-qua-non-Formel argumentiert, was wegen deren Untauglichkeit schon grundsätzlich abzulehnen ist, bleibt er uns eine nähere Erläuterung dessen schuldig, was nun eigentlich unter der „Kausalität eines Menschen" im Gegensatz zur Kausalität einer realisierten oder nichtrealisierten Handlung zu verstehen ist[475].

B. Die Kausalität der Unterlassung unter Berücksichtigung der wissenschaftstheoretischen Erkenntnisse

Zum Gang der folgenden Untersuchung: Wir werden zunächst feststellen, daß der Unterlassungsbegriff im allgemeinen Sprachgebrauch (auch des Rechtslebens) eng mit den Begriffen der Handlung und des Verhaltens zusammenhängt. Ande-

---

471 Festschrift für Hellmuth v. Weber, S. 264. Vergl. schon grundlegend Kausalität, S. 21 ff.

472 Kausalität, S. 20 f., 30. Im gleichen Sinn meinte schon Rümelin, AcP 90 (1900) S. 176, daß nicht nur Veränderungen bewirkt werden könnten, sondern auch die „Fortdauer eines bestimmten tatsächlichen Zustandes"; vergl. auch unten S. 169 Fn. 541. Anders dagegen Radbruch, Handlungsbegriff, S. 132.

473 Dogmatik, S. 60, 202 f.

474 Dogmatik, S. 61; zustimmend Münzberg, Verhalten und Erfolg, S. 43 Fn. 88, vergl. auch S. 110.

475 So auch Rödig, Alternative, S. 135 Fn. 305. Ablehnend zu Kaufmann: Lampe, ZStW 72 S. 98 ff. und Hardwig, ZStW 74 S. 27 ff.

rerseits werden wir finden, daß sowohl der Begriff der Handlung als auch der der Unterlassung von dem Kausalitätsbegriff ganz unabhängig ist, so daß wir über diese Begriffe für die Lösung des Problems der Kausalität von Sachverhalten, die als Unterlassungen bezeichnet werden, nichts gewinnen können. Unter Ziffer 3 befassen wir uns mit einer eingehenden Analyse dieser Unterlassungsachverhalte. Wir werden finden, daß als kausales Ereignis (Explanans) einer „Unterlassung" das betreffende Sosein des unterlassenden Menschen in Betracht kommt, und zwar das Sosein zu dem Zeitpunkt, für den die Handlung, die unterlassen wurde, vorgestellt wird. Wir lassen anschließend einen Vergleich unseres gefunden Ergebnisses mit einigen Ansichten aus Rechtsprechung und Literatur folgen und betrachten zum Abschluß die Frage nach der Bedeutung der Unterscheidung von Tun und Unterlassen unter zwei spezifischen Gesichtspunkten.

1. Der Unterlassungsbegriff im Verhältnis zu den Begriffen der Handlung und des Verhaltens

a) Zum Allgemeinverständnis dieses Begriffs

Bevor wir uns Gedanken über die „Kausalität der Unterlassung" machen können, ist es unumgänglich, uns über den Begriff „Unterlassung" klar zu werden. Denn sonst sprechen wir über Kausalität von etwas, von dem wir gar nicht positiv wissen, ob es Gegenstand einer solchen Untersuchung zu sein verlohnt[476].

Betrachten wir die vier folgenden Aussagen: Beispiel 1: „X hat es unterlassen, den Wasserhahn über seiner Badewanne abzudrehen. Es kam zu einer Überschwemmung und zu beträchtlichen Schäden sowohl in seiner als auch in der unter dieser liegenden Wohnung." Beispiel 2: „Ein Hirsch nähert sich im Winter einer Futterstelle, kehrt jedoch wieder um, als er in der Nähe der Futterstelle Spaziergänger sieht und unterläßt es, sich Futter zu holen." Beispiel 3: „Der neu gepflanzte Rosenstrauch wuchs in den ersten drei Wochen kontinuierlich um eine gewisse Länge. Dann setzte eine große Trockenheit ein. Nun unterließ er es, weiter zu wachsen und setzte sein Wachstum erst nach einem großen Regen fort." Beispiel 4: „Vor meinem Fenster hat sich im Winter ein großer Eiszapfen gebildet, der von der Dachrinne herabhängt. Als die Sonne tagsüber scheint, beginnt er zu schmelzen. Das Wasser tropft in einen unter dem Eiszapfen befindlichen Kübel. Gegen Nachmittag, als die Sonne untergegangen ist, hört es mit einem Mal auf zu tropfen. Die Eisteilchen unterlassen es nun, weiter zu schmelzen."

---

476 Da es vorliegend um die Kausalität geht, diese aber, wie wir sahen, im natürlichen (vorrechtlichen) Sinn zu verstehen ist, kommt es uns auch hinsichtlich der Unterlassung hier nur auf das außer- oder vorrechtliche Phänomen der Unterlassung an (vergl. dazu auch Armin Kaufmann, Dogmatik, S. 49 ff.).

Nur die erste Aussage erkennen wir, was die Verwendung des Begriffs „Unterlassung" angeht, ohne weiteres als zutreffend an. Bei der zweiten zweifeln wir bereits: kann ein Tier etwas unterlassen? Daß eine Pflanze nichts unterlassen kann, scheint uns nicht bezweifelbar und daß Eisteilchen dies nicht vermögen, erst recht nicht.

Ergänzen wir diese vier Beispiele noch durch drei weitere: Beispiel 5: „X sitzt im Wartezimmer seines Arztes und wartet, daß er zur Behandlung aufgerufen wird. Er unterläßt es sowohl, sich die vor ihm auf dem Tisch liegende Illustrierte zu nehmen als auch aufzustehen und sich von der Wand die dort hängende Tageszeitung zu holen." Beispiel 6[477]: „Vor mir steht ein Tisch. Ich stelle (durch entsprechende Messungen) fest, daß sein Zustand über eine gewisse Dauer gleichbleibt, z.B. seine Temperatur, seine Maße und seine Lichtreflexion. Die in Frage kommenden äußeren Umstände (Bedingungen, „Einwirkungen"), wie Wärme oder Licht, unterlassen es also, die Eigenschaften des Tisches zu verändern." Wandeln wir schließlich noch Beispiel 5 in einer bestimmten Hinsicht ab: Beispiel 7: „Wie Beispiel 5. Jedoch war X so müde, daß er auf seinem Stuhl im Wartezimmer einnickte. Während dieser Zeit unterließ er es, sich Leselektüre zu holen."

Während wir im Beispiel 5 wieder keine Bedenken haben, von Unterlassungen zu sprechen, kommen uns im Beispiel 7 Zweifel. Im Beispiel 6 dagegen erscheint es uns, ebenso wie in den Beispielen 3 und 4, vielleicht auch in Beispiel 2, unangemessen, von Unterlassungen zu sprechen.

Aus den Beispielen dürfte deutlich geworden sein, daß wir – im allgemeinen Sprachgebrauch, auch des Rechtslebens – je mehr geneigt sind, von einer Unterlassung zu sprechen, desto eher wir beim unterlassenden Subjekt von einer freien Entscheidungsmöglichkeit glauben ausgehen zu können. Im Beispiel 5 haben wir keine Zweifel, daß sich X ohne weiteres dafür hätte entscheiden können, die Illustrierte oder die Zeitung zu holen, anstatt nur „nichtstuend" auf seinem Stuhl zu sitzen und zu warten. Im Beispiel 1 sind wir der Meinung, daß X, nachdem er den Wasserhahn aufgedreht hatte, seine Gedanken so hätte zusammenehmen können, daß er das Abstellen des Wassers nicht vergessen würde. Wir sehen also: X hat sowohl im Beispiel 1 wie im Beispiel 5 etwas „unterlassen".

Im Beispiel 2 sind wir uns nicht so ganz sicher, ob der Hirsch nur aus Instinkt so gehandelt hat, wie er es tat, oder ob er so etwas wie eine Entscheidung traf, da wir ihn doch für ein „kluges" Tier halten. Von Unterlassen sprechen wir daher hier, wenn überhaupt, nur mit einem gewissen Vorbehalt. Dagegen erscheint es uns für den Rosenstrauch im Beispiel 3 von vornherein ebenso absurd zu sein wie im Beispiel 4 für die Eisteilchen, von Unterlassungen dieser Objekte zu sprechen. Vollends lehnen wir es im Beispiel 6 ab, Unterlassungen anzunehmen. Im Bei-

477 Nach Carnap, Einführung, S. 190.

spiel 7 zweifeln wir wieder: stand X hier eine Entscheidungsmöglichkeit offen? Der Schlaf übermannte ihn und zu einer Willensbildung war er daher nicht imstande. Dennoch scheint uns hier von Unterlassung zu sprechen nicht gar so abwegig zu sein.

b) Unterlassung / Handlung

Der Begriff Unterlassung scheint uns also strukturell einem anderen Begriff, der im Recht von größter Bedeutung ist, zu ähneln: nämlich dem der Handlung. Für die „Finalisten" gibt es kein Handeln, wenn es sich nicht um ein vom finalen Willen gesteuertes Verhalten handelt[478]. Auch wer den Handlungsbegriff weiter faßt, wie etwa Larenz[479], und außer dem tatsächlich vom Willen beherrschten Verhalten noch solches zur Handlung zählt, welches zwar unbedacht geschehen ist, jedoch bei der nötigen Aufmerksamkeit hätte vermieden werden können, stellt auf eine Willenskomponente ab. Vertreter der sog. kausalen Handlungslehre endlich verlangen immerhin, daß das (auslösende) körperliche Verhalten willensgetragen sein muß[480]. Was immer auch darunter verstanden werden mag: es kommt entscheidend auf die Vorstellung an, daß Handlung auch hier noch etwas mit *Willens*verwirklichung zu tun hat. Soweit besteht also Einigkeit. Für den Unterlassungsbegriff bedeutet dies, daß wir ein Spezifisches, das sich für uns mit der Vorstellung einer Unterlassung verbindet, im Handlungsbegriff wiederfinden: die freie Entscheidungsmöglichkeit.

c) Unterlassung / Verhalten

Weit verbreitet ist die Ansicht, daß die Begriffe der Handlung und der Unterlassung unter den Oberbegriff des „Verhaltens" fallen[481]. Läßt sich hieraus etwas für den Unterlassungsbegriff entnehmen? Was unter Verhalten zu verstehen ist, ist ebenso, wie dies bei der Handlung und der Unterlassung der Fall ist, Gegenstand vieler scharfsinniger Überlegungen[482].

Rödig definiert den Begriff des Verhaltens als „jeden durch eine Zeitstelle und den Körper eines und desselben Lebewesens bestimmten Ausschnitt einer

---

478 Statt aller: Welzel, Strafrecht, § 8 I.

479 Larenz, Allg. Teil, 1.A. (1967), § 6 I.

480 Radbruch, Handlungsbegriff, S. 75 f., 129 ff.; Schönke-Schröder, Komm. zum StGB, Rdn. 25 ff. vor § 1; differenzierend Baumann, Grundbegriffe, S. 45 f.

481 Z.B. Rödig, Alternative, S. 89; Münzberg, Verhalten und Erfolg, S. 23; Hardwig, Zurechnung, S. 101 ff. (105).

482 Siehe etwa Münzbergs Monographie „Verhalten und Erfolg", vor allem S. 20 ff. Siehe ferner Armin Kaufmann, Dogmatik, S. 81 ff. Vergl. zum Stand der Meinungen umfassend Herzberg, Unterlassung, S. 158 ff.

Welt."[483] Wir wollen hier von einem Begriff des Verhaltens im weiten Sinne sprechen. Rödig bezieht diesen Begriff auf generell alle Lebewesen[484], so daß für ihn auch der Umstand, „daß ein Hirsch von einer Kugel getroffen zu Boden sinkt", ein Verhalten ist. Erst der Tod des Lebewesens gebe diesem Begriff die Grenze[485].

Demgegenüber erkennt die h.M. nur ein Verhalten des *Menschen* an. Verschiedentlich wird als menschliches Verhalten sogar nur die „körperliche Aktivität oder Passivität des Menschen" verstanden, die „der Fähigkeit zu zweckhafter Willenslenkung" untersteht[486]. Diesen Verhaltensbegriff können wir einen solchen im engen Sinn nennen.

Übereinstimmung besteht jedenfalls darin, daß zu einem Verhalten und damit etwas zu „unterlassen" nur ein Lebewesen und von diesen nach h.M. nur ein Mensch in der Lage ist, während es nicht üblich ist, etwa im Beispiel 3 vom Verhalten des Rosenstrauchs und schon gar nicht, in den Beispielen 4 und 6 vom Verhalten der Eisteilchen oder der Temperatur, des Druckes usw. zu sprechen. Damit hat sich auch der Weg als unfruchtbar erwiesen, über den Verhaltensbegriff zu einem genaueren Verständnis des Unterlassungsbegriffs zu gelangen.

Den vorstehenden Überlegungen können wir entnehmen: Der Begriff der Unterlassung ist grundsätzlich auf ein mehr oder weniger vom Willen getragenes menschliches Verhalten bezogen, der in dem Handlungsbegriff sein (positives) Korrelat hat.

2. Das Verhältnis der Begriffe „Unterlassung" und „Kausalität" zueinander

Bevor wir nun das Verhältnis des Kausalitätsbegriffs zum Unterlassungsbegriff untersuchen, wenden wir uns zur Verdeutlichung der Problematik zunächst dem *Handlungs*begriff zu, weil sich hier weniger Schwierigkeiten auftun. Kausalität nehmen wir für menschliches Tun nicht nur dann an, wenn es willentlich geschehen ist, sondern auch, wenn dies nicht der Fall ist. Beispiel: X schlägt (vorsätzlich) auf Y ein und verletzt ihn. Das Tun des X, genauer: seine Körperbewegungen sind kausal für die Verletzungen des Y. – Z hat nachts im Schlaf einen Alptraum und schlägt mit seinen Armen um sich, wobei er die von A geliehene und auf seinem Nachttisch befindliche Uhr auf den Boden schleudert, so daß sie be-

483 Alternative, S. 78.

484 Ebenso Hardwig, Zurechnung, S. 6.

485 Alternative, S. 78, vergl. auch S. 95: für Rödig gibt es tierisches, zweckgerichtetes Verhalten.

486 So Welzel, Strafrecht, § 27 II und ihm folgend Armin Kaufmann, Dogmatik, S. 85. Dagegen hebt Münzberg, Verhalten und Erfolg, S. 39 Fn. 77, – wohl mit Recht – hervor, daß die Willentlichkeit kein Merkmal des allgemeinen Verhaltensbegriffs ist.

schädigt wird. Die Körperbewegung des Z halten wir für kausal für den Uhrenschaden. In beiden Beispielen stellen wir hinsichtlich des Kausalitätsurteils in keiner Weise darauf ab, ob die Körperbewegungen des X und des Z *willentlich* geschehen sind oder nicht. Der Jurist mag, wenn er den Uhrenfall rechtlich überdenkt, sich sagen, daß hier schon keine „Handlung" vorgelegen habe, so daß bereits deswegen dieses Geschehen z.B. in strafrechtlicher Hinsicht nicht relevant sei. An der Kausalität des Tuns für den Schaden hingegen wird er nicht zweifeln. Für die Kausalitätsfrage ist also beim aktiven Tun, d.h. bei positiven Körperbewegungen, nur das Geschehen der objektiven Wirklichkeit entscheidend. Es gibt viele Fälle in der Rechtspraxis, in denen menschliche Körperbewegungen nur von diesem objektiven Gesichtspunkt aus auf ihre Kausalität hin überprüft werden, ohne daß es auf die Willensrichtung des betreffenden Menschen ankäme (man denke etwa an den Bereich der Gefährdungshaftung). Mit anderen Worten: Der Kausalitätsbegriff ist vom juristischen Handlungsbegriff unabhängig. Dem Handlungsbegriff kommt seine wesentliche Bedeutung auf einem ganz anderen Gebiet zu: auf dem der *Zurechnung* bei *schuldhaftem* Tun.

Wenden wir uns nun dem Verhältnis zwischen dem Kausalitäts- und dem Unterlassungsbegriff zu. Sollte zwischen diesen beiden Begriffen eine Abhängigkeit gegeben sein? Betrachten wir den Sachverhalt des Urteils BGHZ 23,90[487]. Während einer Autofahrt verlor X, zugleich Halter des Unglücksautos, sein Bewußtsein, und zwar absolut unvorhersehbar. Ursache dafür war eine Gehirnblutung, die ihrerseits ihren Grund in einem auch von den Ärzten, in deren Behandlung X stand, nicht erkannten Gehirnarteriengeschwulst hatte, das häufig zu anhaltenden Kopfschmerzen führte. Der BGH verneinte jede Sorgfaltspflichtverletzung des X und bejahte die Haftung aus § 7 StVG. Das „Unterlassen" des X bestand hier darin, daß er aufhörte, sein Fahrzeug zu lenken und im übrigen zu bedienen. Durch die Bewußtlosigkeit verlor er jede Aktivität zu handeln. Zwar können erhebliche Bedenken in der Hinsicht geltend gemacht werden, ob es sich hier wirklich um ein echtes Unterlassen handelt, wie es im oben angezeigten Sinn von der Jurisprudenz als willentliches Verhalten verstanden wird. Dies wird man mit der h.M. verneinen müssen. Dagegen wird niemand bezweifeln, daß ein Kausalzusammenhang besteht zwischen dem auf den Eintritt der Bewußtlosigkeit folgenden „Verhalten" (im weiten Sinn) des X, nämlich dem Nichtlenken seines Fahrzeuges, und dem entstandenen Schaden[488].

Ob Kausalbeziehungen gegeben sind oder nicht, hängt also in keiner Weise mit der anderen Frage zusammen, ob es sich bei dem in Rede stehenden Ereignis um

---

487 Anmerkung von Martin bei LM Nr. 17 zu § 7 StVG.

488 Obwohl es für die Haftung des X nach § 7 StVG nicht auf die Kausalität zwischen dessen Verhalten und dem Schaden ankam (sondern darauf, ob dieser „beim Betrieb" des Fahrzeugs entstanden war), bejahte der BGH gleichwohl das Bestehen dieses Kausalzusammenhanges.

eine „Unterlassung" handelt oder nicht. Jedenfalls für das Zivilrecht können, entsprechend wie im Bereich des positiven „Tuns" (siehe oben), auch Kausalitätsbeziehungen von Bedeutung sein, bei denen die Ursache ein „Nichtstun" darstellt, das wir nicht als Unterlassung im eigentlich juristischen Sinn ansehen.

Als Ergebnis läßt sich feststellen: Kausalität ist ein Sachverhalt, der in bezug auf die Begriffe Handlung und Unterlassung, wie sie speziell in der Jurisprudenz verstanden werden, mit deren Begriffsmerkmalen in keiner Abhängigkeit steht. Die ganze Handlungslehre in ihren verschiedenen Ausprägungen, vor allem die sog. finale Handlungslehre, mag auf ontologischen Gegebenheiten basieren, diese als Ausgangspunkt haben. Aber sie wählt bereits unter normativen, allermeist strafrechtlichen Gesichtspunkten aus und erkennt nur gewisse *Verhaltens*weisen als (straf-)rechtlich relevant an. Dies hat für den Bereich der Zurechnung seine nicht bezweifelbare Berechtigung. Der Kausalitätsbegriff jedoch ist nicht auf diese Verhaltensweisen (im weiteren Sinn) beschränkt.

3. Der einer „Unterlassung" zugrunde liegende Sachverhalt als Bestandteil (Explanans) einer kausalen Erklärung

Wenn wir nun festgestellt haben, daß der Unterlassungsbegriff zur Verdeutlichung des Begriffs der Kausalität hinsichtlich solcher Sachverhalte, die im Rechtsleben „Unterlassungen" genannt werden, nichts beitragen kann, da beide Begriffe voneinander ganz unabhängig sind, so müssen wir weiter fragen, was von den Unterlassungssachverhalten für die Kausalitätsfrage von Bedeutung ist. Denn die Frage nach der Kausalität einer Unterlassung ist ja mit der bisherigen Feststellung nicht aus der Welt geschafft. Wenn wir davon ausgehen, daß unter Kausalität die gesetzmäßige Aufeinanderfolge von Ereignissen zu verstehen ist, so heißt unsere nächste Frage: in welchem Verhältnis stehen die beiden Begriffe „Ereignis" und „Unterlassung" zueinander? Was ist an einer Unterlassung Ereignis? Ist überhaupt etwas an ihr Ereignis? Was kann als Ereignis einer Unterlassung kausal für ein anderes Ereignis sein?

Besinnen wir uns auf die Grundlagen der kausalen Erklärung. Nach wissenschaftstheoretischer Methode, die wir in dieser Arbeit zugrunde legen, bedeutet die Aussage „a ist kausal für b" soviel wie: „b kann aufgrund gewisser Gesetzmäßigkeiten und bestimmter gegebener Antecedensdaten, zu denen u.a. auch a gehört, erklärt werden" (vergl. oben S. 52 f.). Um zu der Aussage „a ist kausal für b" zu kommen, bedarf es zuvor der richtigen Fragestellung. Wir sahen, daß die Kausalitätsfrage zweckmäßigerweise immer in der Form einer „Warum . . ., daß . . ."-Frage formuliert wird (oben S. 51). Wir fragen also: „Warum ist es der Fall, daß b ist?" Wir sahen weiter, daß es sich bei dem zu erklärenden Gegenstand der Kausalitätsfrage (dem Explanandum) um ein spezielles Vorkommnis an einer bestimmten Raum-Zeit-Stelle handelt (oben S. 52), genauer: daß es sich um einen bestimmten Sachverhalt („Aspekt") dieses Vorkommnisses handelt, der empirischer Natur sein muß. Entsprechendes gilt für die Antecedensdaten: Auch sie bestehen in bestimmten Vorkommnissen an bestimmten Raum-Zeit-Stellen und sind demnach rein empirische Sachverhalte. Schließlich bedarf es mindestens einer (auf die Antecedensdaten bezogenen und gut bestätigten) Gesetzmäßigkeit.

a) Ein Beispiel

Wenden wir diese Grundgedanken auf den Unterlassungssachverhalt des Beispiels 1 (oben S. 140) an. Anlaß für die Kausalitätsfrage bietet in praktischer Hinsicht das Ereignis der Überschwemmung. Für diese suchen wir eine kausale Erklärung. Wir finden eine erste in der Tatsache, daß sich der Wasserhahn über eine bestimmte Dauer hinweg in einer bestimmten, nämlich geöffneten Stellung befand. Mit dieser gewiß richtigen Erklärung: „Für die Überschwemmung war kausal das Offensein des Wasserhahns", stellen wir uns jedoch nicht zufrieden. Wir wollen erfahren, warum es der Fall war, daß sich der Wasserhahn über den bestimmten Zeitraum hinweg in geöffneter Stellung befand. Nehmen wir an, daß der Hahn während des Zeitraums t_1 bis t_n geöffnet war. Wir denken uns diesen Zeitabschnitt aus einer Reihe von kleinen Zeitintervallen bestehend, nämlich aus $t_1, t_2, \ldots t_{n-1}, t_n$. (Der Einfachheit halber verstehen wir die Symbole, z.B. t_1, sowohl als Zeit*intervall* – als eine gedachte Zeit*dauer* – wie auch als jeweiligen Zeit*punkt*, nämlich den Anfangs- oder Endpunkt des Zeitintervalls, welche letztere wegen der gedachten Kürze der Zeitdauer für die hier verfolgten Zwecke nicht unterschieden zu werden brauchen.) Während jedes dieser Zeitintervalle war der Hahn geöffnet.

Wir stellen folgende Frage: „Warum war es der Fall, daß zum Zeitpunkt t_{n+1} die Überschwemmung in dem konkreten Umfang gegeben war?" Die Erklärung lautet: „Dies war der Fall, weil der Wasserhahn während des Zeitraumes t_1 bis t_n geöffnet und während des Zeitraumes t_{n+1} geschlossen war."

Wir können nun für die einzelnen Sachverhalte dieses umfassenden Vorkommnisses Erklärungen suchen. Z.B.: „Warum war es der Fall, daß der Hahn zum Zeitpunkt t_{n+1} geschlossen war?" Antwort: „Weil X ihn zu diesem Zeitpunkt (oder zum Zeitpunkt t_n, dem als unmittelbar vorhergehend gedachten Zeitpunkt) zugedreht hatte." Diese Erklärung läßt sich leicht und präzise formulieren.

Anders ist es dagegen in bezug auf folgende Frage: „Warum war es der Fall, daß der Hahn zum Zeitpunkt t_n offen war?" Die Erklärung: „weil X den Hahn zum Zeitpunkt t_1 geöffnet hatte", ist nicht adäquat. Es müßte nämlich u.a. folgende Gesetzmäßigkeit gelten, wobei wir nun zur Verdeutlichung konkrete Zeitangaben annehmen wollen, nämlich für t_1 die Zeit 11.15 Uhr und für t_n die Zeit 11.53 Uhr: „Immer wenn jemand einen Wasserhahn zum Zeitpunkt t_x öffnet, so ist er auch nach Ablauf von 38 Minuten offen." Eine solche Gesetzmäßigkeit steht uns jedoch nicht zur Verfügung. Denn es gibt zahllose Fälle, in denen sich ein geöffneter Wasserhahn 38 Minuten nach seiner Öffnung im zugedrehten Zustand befindet. Es würde auch nicht, wie leicht einzusehen, die Erklärung genügen: „weil X den Wasserhahn zum Zeitpunkt t_1 geöffnet hatte und der Wasserhahn zum Zeitpunkt t_2 geöffnet war." Auch die Erklärung: „weil X den Wasserhahn zum Zeitpunkt t_1 geöffnet hatte und er zu den Zeitpunkten $t_1, t_2, \ldots, t_{n-2}, t_{n-1}$ geöffnet war", ist immer noch keine adäquate Erklärung, da es an einer entsprechenden Gesetzmäßigkeit fehlt. Selbst wenn wir die Erklärung geben würden: „weil X den Wasserhahn zum Zeitpunkt t_1 geöffnet hatte und dieser zu den Zeitpunkten $t_1, t_2, \ldots, t_{n-1}, t_n$ geöffnet war", könnten wir uns mit dieser nicht zufrieden geben. Denn sie würde soviel besagen wie: „Der Wasserhahn war um 11.53 Uhr geöffnet, weil X den Hahn um 11.15 Uhr geöffnet hatte und weil dieser um 11.16, 11.17, . . . und 11.53 Uhr (korrekt müßten wir ergänzen: und zu allen dazwischen liegenden Zeitpunkten) geöffnet war." Der ganze erste Teil dieses Erklärungssatzes, nämlich bis zur Angabe des vorletzten Zeitpunktes, ist entbehrlich: denn es gibt keine Gesetzmäßigkeit, die besagt, daß, wenn ein Wasserhahn in einem bestimmten Zeitmoment geöffnet ist, er dann auch im nächsten Zeitmoment noch geöffnet ist. Der letzte Teil der Erklärung aber besagt eine Tautologie: „der Wasserhahn war um 11.53 Uhr geöffnet, weil er um 11.53 Uhr geöffnet war." Das ist keine Erklärung.

Eine Erklärung auf unsere Frage: „Warum ist es der Fall, daß der Hahn zum Zeitpunkt t_n offen war?" ist also gar nicht so leicht zu geben. Eine adäquate Erklärung müßte folgendes enthalten: zum einen eine Beschreibung der Antecedensdaten im Zeitpunkt t_{n-1} (und vielleicht sogar im Zeitpunkt t_n), nämlich der Bedingungen im vorangegangen und, wenn nötig, im gleichen Zeitpunkt des zu erklärenden Ereignisses. Diese Antecedensdaten dürften aber nicht mit dem Explanandum identisch sein. Und ferner müßte die Erklärung die entsprechenden Gesetzmäßigkeiten enthalten. Aus beiden Teilen müßte das Explanandum (logisch) ableitbar sein.

Für die von uns gesuchte Erklärung ist sicher das Antecedensereignis nötig: „der Hahn war zum Zeitpunkt t_{n-1} offen." Aber, wie wir sahen, reicht dies nicht aus. Eine logische Ableitung des Explanandums ist aus diesem Antecedensdatum mangels Vorliegens der entsprechenden Gesetzmäßigkeit nicht möglich.

Nehmen wir an, daß im Zweifamilienhaus des X zum Zeitpunkt t_{n-1} folgende Situation vorlag: Frau X befand sich im Keller, in den sie, kurz nachdem X den Wasserhahn aufgedreht hatte, hinuntergegangen war. Der Bruder B des X, der zu dieser Zeit bei der Familie X zu Besuch war, ruhte sich von seiner Reise aus und schlief im Gästezimmer. Die Bewohner der Wohnung, die unter der der Familie X liegt, waren alle außerhalb des Hauses in der Arbeit. X befand sich auf dem Balkon und befaßte sich mit einer Bastelarbeit. Wenn wir diese Beschreibung der im Hause des X gegebenen Umstände in unsere gesuchte Erklärung zu dem schon vorhandenen Faktum („Der Hahn war zum Zeitpunkt t_{n-1} geöffnet") hineinnehmen würden mit dem Zusatz, daß es sich hierbei um eine *vollständige* Beschreibung aller diejenigen Menschen betreffenden Umstände handelt, die zu dem fraglichen Zeitpunkt mit dem Hause in irgendeiner Beziehung standen, so würde nun die Erklärung vollständig sein. Denn aus der Gesamtheit dieser Umstände läßt sich in der Tat ableiten, daß der Hahn zum Zeitpunkt t_n geöffnet war. Wer hätte ihn schließen können? Alle Personen, die hierfür in Frage kamen, waren während der Zeitpunkte $t_{n-1} - t_n$ mit anderen Dingen beschäftigt.

In gleicher Weise können wir nun erklären, warum der Wasserhahn zu den übrigen Zeitpunkten $t_{n-1}, t_{n-2}, \ldots, t_3, t_2$ geöffnet war. Die Erklärung endlich dafür, daß der Hahn zum Zeitpunkt t_1 geöffnet war, lautet: „weil X ihn zu diesem Zeitpunkt aufgedreht hatte."

Damit haben wir für die Geschehnisse, die die Zustände des Wasserhahnes in der Zeit zwischen t_1 bis t_{n+1} betreffen, ausreichende Erklärungen gefunden und die oben gestellte Aufgabe an sich gelöst, nämlich herauszufinden, wie die Überschwemmung zu erklären ist[489].

Nun würde freilich ein Jurist, der mit einem entsprechenden Sachverhalt in einem praktischen Rechtsfall befaßt ist, eine ganz andere Erklärung geben. Er würde sagen: „Für die Überschwemmung war kausal, daß der Wasserhahn in der Zeit zwischen t_1 und t_n geöffnet war und hierfür wiederum war (mit-)kausal die Unterlassung des X, den Hahn rechtzeitig zu schließen." Diese Aussage in Form einer Erklärung ausgedrückt würde lauten: „Daß der Wasserhahn in der Zeit zwischen t_1 und t_n geöffnet war, ist damit zu erklären, daß X es unterlassen hatte, ihn rechtzeitig zu schließen (und weil folgende Gesetzmäßigkeiten gelten . . .)." Hieran fällt zunächst auf, daß nur von X, nicht aber von den anderen Personen die Rede ist, die in unserer gefundenen Erklärung erwähnt sind. Korrekt hätte daher unser Jurist, in seiner Ausdrucksweise, sagen müssen: „. . . weil es X, seine Frau, sein Bruder B und die anderen Hausbewohner unterlassen hatten, den Wasserhahn rechtzeitig zu schließen." Jedoch interessiert ihn *rechtlich* nur der X, da er sich hinsichtlich der Verhaltensweisen der anderen Personen nicht veranlaßt sieht, rechtliche Konsequenzen in Erwägung zu ziehen. Deshalb erwähnt er bei der Kausalitätsprüfung nur die „Unterlassung" des X[490].

Aus welchem Grunde nun bedient man sich in solchen Fällen im Recht mit Vorliebe des Unterlassungsbegriffs? Es dürften zwei Gründe maßgebend sein: ein nichtjuristischer und ein spezifisch rechtlicher. Zunächst zum ersten, allgemeinen Grund. Er liegt darin, daß mit Hilfe des Unterlassungsbegriffs eine viel einfachere

---

489 Streng genommen müßte das Erklärungsargument auch darüber eine Aussage enthalten, daß eine ständige Wasserzufuhr gegeben war, daß zum Beispiel das Wasserwerk störungsfrei arbeitete usw. Jedoch kann niemals die Gesamtheit *aller relevanten* Bedingungen aufgezeigt werden, da es ihrer *unendlich* viele gibt.

490 Wir wollen annehmen, X habe den Hahn *bewußt* geöffnet gelassen, um, ohne Einwendungen gewärtigen zu müssen, von „Unterlassung" sprechen zu können.

und weniger umständliche Erklärung gegeben werden kann, als wir sie etwa für das Ereignis „der Wasserhahn war zum Zeitpunkt t_n geöffnet" vorgeschlagen haben. Auch für Erklärungen rechtlicher Sachverhalte würde aus diesem Grunde die Anwendung des Unterlassungsbegriffs nahe liegen. Denn viel einfacher würde die folgende Erklärung lauten: „Der Wasserhahn war zum Zeitpunkt t_n geöffnet, weil X ihn zum Zeitpunkt t_1 auf- und niemand ihn bis zum Zeitpunkt t_n zugedreht hatte." Das heißt also: „weil ihn (auch) X nicht zugedreht hatte", oder: „weil X es unterlassen hatte, ihn zuzudrehen." Mit anderen Worten: es handelt sich hier um einen *ausdrucks-* oder *sprach*technischen Grund[491].

Will ich zum Ausdruck bringen, daß X zum Zeitpunkt t_n den Hahn nicht zudrehte, so kann ich dies entweder so tun, wie ich es soeben im Vordersatz tat, oder ich beschreibe, was X *statt dessen* zu diesem fraglichen Zeitpunkt tat, wie er sich *verhielt.* Freilich muß ich dazu noch die tatsächlich gegebenen Umstände, die den Wasserhahn betreffen, beschreiben, damit mein Gegenüber den Schluß auf die „Unterlassung" ziehen kann. Tue ich dies, dann geht aus alldem hervor, daß X also den Hahn nicht zudrehte (und auch alle anderen ihm möglichen Handlungen nicht vornahm, bis auf jene, die er tatsächlich realisierte). Entsprechendes gilt auch für jene anderen Personen, wie Frau X, den Bruder B usw. Denn wenn ich höre, daß B zum Zeitpunkt t_n schlief, so geht daraus hervor, daß er also den Wasserhahn *nicht* zudrehte. Beides zugleich konnte er nicht tun[492]. Dieser Weg ist jedoch höchst umständlich und darüberhinaus unsicher. Denn der Zuhörer oder Leser, der nicht schon bereits weiß, worum es mir bei meiner Beschreibung geht, wird kaum erraten können, worauf es mir nun wirklich ankommt. Darum dient es der klaren Verdeutlichung des von mir Gemeinten, wenn ich kurz und bündig sage, was *nicht* geschehen ist.

Der andere Grund dafür, daß man im Recht den Begriff der Unterlassung verwendet, ist ein spezifisch rechtlicher, der vor allem für die haftungsrechtliche Frage der Zurechenbarkeit eine Rolle spielt. Man will mit ihm zum Ausdruck bringen, daß der Unterlassende die unterlassene Handlung unter gewissen Bedingungen *hätte* vornehmen können und – wieder unter bestimmten Voraussetzungen – *sollen.* Wir stellten bereits fest, daß der Unterlassungsbegriff vornehmlich dort gebraucht wird, wo man bei dem Unterlassenden von einer irgendwie gearteten Entscheidungsfreiheit ausgeht. Aus diesem Grunde, so sahen wir, sagt man nicht, daß in den Beispielen 3 und 4 (oben S. 140) der Rosenstrauch bzw. die Eisteilchen etwas „unterlassen" haben.

---

491 Siehe dazu auch unten S. 157 f.

492 Wenn ich sage, daß X die Handlung a vornahm, so folgt daraus *logisch*, daß X alle Handlungen, die nicht a sind, *nicht* vornahm. Mit Kausalität hat dies schon deswegen nichts zu tun, weil es sich hier nicht um eine Aussage handelt, die *zeitliche Änderungen* betrifft (vergl. oben S. 61).

b) Unterlassung als kausales Ereignis

Nun endlich sind wir in der Lage, das Verhältnis zu klären, in dem der Begriff „Ereignis", der für den in unserem (wissenschaftstheoretischen) Sinne verstandenen Kausalitätsbegriff eine entscheidende Rolle spielt, und der (rechtliche) Begriff „Unterlassung", der für gewisse normative Aspekte von Bedeutung ist (siehe oben), zueinander stehen.

Ein Ereignis in einer Kausalrelation ist, wie gesagt, ein Vorkommnis an einer bestimmten Raum-Zeit-Stelle. Ist von einer Unterlassung die Rede, so ist damit zunächst ein Sachverhalt gemeint, der gerade nicht in einem solchen Vorkommnis besteht, sondern der nur im Zusammenhang mit einer gedanklichen Vorstellung des von der Unterlassung Sprechenden gegeben ist. Dieser meint eine Handlung, die *nicht* realisiert worden ist und die er sich nur im Geiste vorstellt. Gehen wir dem noch ein wenig nach. Dieser nur gedachte Sachverhalt ist Inhalt eines Denkaktes. Er ist von diesem existenzabhängig und umgekehrt: ohne den gedachten Inhalt gibt es keinen Denkakt; es gibt kein inhaltsloses „Denken an sich". Der Denkakt stellt einen physiologischen Vorgang im Körper des Vorstellenden dar; ihm ist also eine empirische Existenz eigen (im „Bewußtsein" des Vorstellenden). Er ist empirisch wahrnehmbar jedoch nur durch den denkenden Menschen selbst; jedenfalls besitzt die heutige Naturwissenschaft noch kein Verfahren, Gedanken anderer Menschen, etwa durch Analyse der Gehirnströme, von außen her aufzudecken. Nur wenn ich den Sachverhalt aktuell denke, ist er – als Denkakt – gegeben. Wenn ich mir einen Menschen Y vorstelle, der in meinem Nachbarhause mit zwei großen Flügeln geboren wird und sich schon als kleines Kind nicht nur gehend, sondern auch mit seinen Flügeln fliegend durch die Gegend bewegt, so ist der Sachverhalt „Mensch Y mit Flügeln usw." als mein *Denkakt*, den ich aktuell verwirkliche, existent. Denke ich diesen Sachverhalt nicht mehr, verliert er auch seine Existenz. Ich kann den Gedanken niederschreiben, so wie es hier gerade geschehen ist. Dann ist, unabhängig von meinem und anderer Menschen Denken, existent geworden zunächst nur die Druckerschwärze in Gestalt der Buchstaben des betreffenden Satzes. Dieser Sachverhalt ist jedoch ganz unabhängig von jenem anderen, der in einem Denkakt besteht („Mensch Y mit Flügeln usw."). Letzterer wird immer erst dann wieder durch einen Menschen existent, wenn die Buchstaben von diesem gelesen werden *und* er sich das Gelesene vorstellt. Bei einem des Lesens Unkundigen wird er beim Anblick der Buchstaben nicht existent.

Dieses empirische Vorkommnis, das in dem Denkakt besteht, durch welchen ein Sachverhalt gedacht wird, ist sicherlich von irgendetwas verursacht worden, ohne daß sich die Ursachen, in Anbetracht der begrenzten menschlichen Erkenntnismöglichkeit, auch nur ungefähr werden entdecken lassen können. Dieses Vorkommnis ist auch geeignet, seinerseits ursächlich zu sein. Es können aus einem Gedanken (Denkakt) weitere Gedanken (Denkakte) „entspringen". Schließlich kann es zu einem Gedanken kommen, den wir einen Willen nennen, und durch ihn kann ein körperliches Verhalten des Vorstellenden verursacht werden. Dieses Verhalten seinerseits kann schließlich, wenn die entsprechenden Voraussetzungen gegeben sind, auch für einen Schaden ursächlich sein. Dagegen kann ein von dem *Denkakt* (in Form des konkreten Gedankens) *unabhängiger Sachverhalt,* etwa die (gedachte) Handlung, die nicht realisiert wurde, für nichts ursächlich sein. Dadurch, daß ich mir die Handlung a, die es real nicht gibt, in Gedanken vorstelle, wird sie nicht existent und kann daher auch nicht für etwas ursächlich sein.

Nach diesem Exkurs zurück zur Frage, was an einer Unterlassung „Ereignis" ist. Wir stellten fest, daß mit Unterlassung zunächst etwas gemeint ist, das ganz gewiß kein empirisches Vorkommnis an einer bestimmten Raum-Zeit-Stelle ist, nämlich der nur gedachte Sachverhalt einer Handlung, die selber nicht existent ist. In bezug auf diese kann es keine Kausalbeziehungen geben.

Wer jedoch von einer Unterlassung spricht, und sich also in Gedanken eine Handlung vorstellt, die nicht verwirklicht ist, stellt sich zugleich entweder irgendeinen beliebigen oder einen bestimmten Menschen vor. Denn sonst würde es keine *Handlung* sein, die er sich vorstellt. In den Beispielen 2, 3, 4 und 6 (oben 140 f.) sprechen wir, wie wir sahen, gerade nicht von einem *Verhalten* (als Oberbegriff für den der Handlung). In der Regel wird es sich um einen existierenden Menschen handeln, der mit der nicht verwirklichten Handlung in Verbindung gebracht und als der „Unterlassende" vorgestellt wird, wenngleich dies nicht notwendig ist. Es mag Fälle geben, in denen man sich vorstellt, daß z.B. ein noch nichtgeborener Mensch eine bestimmte Handlung nicht vornehmen wird. Für uns sind diese Fälle jedoch nicht von Interesse. Dagegen ist es nicht möglich, sich eine Handlung, die unterlassen ist, ohne (auch nur irgend-)einen Menschen vorzustellen. Es gibt keine Unterlassung „an sich". So wie es richtig ist und häufig betont wird, daß es nur eine Unterlassung *von etwas* geben könne[493], eben von einem bestimmten Tun, ebenso wichtig ist es, sich darüber im klaren zu sein, daß es nur ein Unterlassen von *wenigstens irgendeinem Menschen* gibt[494]. Wenn, wie allermeist und vor allem stets in den rechtlichen Sachverhalten, aus dem Kontext des von der Unterlassung Sprechenden hervorgeht, daß es sich um einen existierenden Menschen handelt oder jedenfalls um einen solchen, der zu der Zeit, für die die unterlassene Handlung gedacht wird, existiert hat (nur auf diese Fälle beschränken wir uns künftig), so ist mit der Erwähnung der Unterlassung also zugleich – inzidenter – die Existenz dieses Menschen behauptet. Und damit wiederum ist vorausgesetzt, daß sich dieser Mensch (auch wenn es kein bestimmter,

493 Z.B. Rödig, Alternative, S. 86; Hardwig, Zurechnung, S. 76; ebenso schon v. Liszt, Strafrecht, S. 116 und Radbruch, Handlungsbegriff, S. 135. Zur sog. Transitivität des Unterlassungsbegriffs vergl. Androulakis, Studien, S. 37 ff.

494 Ähnlich Armin Kaufmann, Dogmatik, S. 27.

sondern nur irgendeiner ist) zu der für die unterlassene Handlung angenommenen Zeit in irgendeiner Weise verhalten hat („Verhalten" verstanden im weiten Sinn, vergl. oben S. 143). Ein „Garnichtverhalten" gibt es nicht[495]. Dieses *Dasein* des Menschen, der die bestimmte Handlung unterläßt, und dessen *Sosein*, müssen bei einer Unterlassung immer, wenn auch nicht aktuell, so doch mindestens potentiell mitgedacht sein. Selbst wenn der von einer Unterlassung Sprechende dieses Dasein und Sosein des Unterlassenden leugnen oder jedenfalls als von der Unterlassung unabhängig ansehen möchte[496], bleiben ihm nur zwei Möglichkeiten: entweder muß er damit die Vorstellung der „Handlung", die unterlassen ist, ebenfalls als sinnlos leugnen – was er aber gerade nicht möchte – oder er gerät zu sich selbst in unaufhebbaren Widerspruch. Eine Unterlassung, genauer: die Vorstellung einer Handlung, die unterlassen wird, setzt – wie immer der Unterlassungsbegriff auch im einzelnen abzugrenzen sein mag – stets ein irgendwie geartetes *Sosein des Unterlassenden* voraus[497]. Dieses Sosein aber ist nun jenes Ereignis, welches für eine Kausalrelation im Zusammenhang mit einer Unterlassung in Betracht kommt.

Wir erkennen nun: Bei einem als Unterlassung beschriebenen Sachverhalt geht es, wenn nach der *Kausalität* gefragt wird, nicht darum, ob ein „nullum" ein Etwas verursacht hat. Der Blick ist vielmehr immer auf das real gegebene Verhalten gerichtet, durch das die „Unterlassung", nämlich das Verhalten, das unterlassen wird, allererst sinnvoll angenommen werden kann.

Betrachten wir folgendes Beispiel: „X hat im Zeitpunkt t das Ei a in die Pfanne geschlagen." In bezug auf die Wahrheit dieser Aussage gibt es nur zwei Möglichkeiten: entweder war der Sachverhalt der Aussage gegeben oder er war es nicht. Er war gegeben, wenn X tatsächlich zum Zeitpunkt t das Ei a in die Pfanne geschlagen hat. Dann ist die obige Aussage wahr. Andernfalls war der Sachverhalt nicht gegeben und die Aussage ist nicht wahr. Für Kausalitätsüberlegungen hinsichtlich des Sachverhalts: das Ei a war in der Pfanne, kommt nur der erste Fall in Betracht. Ist die genannte Aussage nicht wahr, war aber X zum Zeitpunkt t existent, so ist irgendein anderer Sachverhalt, der ein Verhalten des X zu diesem Zeitpunkt betrifft, gegeben, z.B. „X hat zum Zeitpunkt t die Zeitung gelesen." Unter gewissen Umständen sagen wir nun: „X hat es zum Zeitpunkt t unterlassen, das Ei a in die Pfanne zu schlagen." Frage ich nach der Kausalität für die Tatsache, daß das Ei a zum Zeitpunkt t+1 noch ganz war, so kann ich, von allem

---

495 In diesem Sinn auch Rödig, Alternative, S. 82 f.: „Daß der, der etwas unterläßt, an Stelle des Unterlassenen etwas anderes tut, das ist nun aber nicht nur eine Möglichkeit. Es ist vielmehr eine Notwendigkeit."

496 So etwa Radbruch, Handlungsbegriff, S. 137.

497 Daß die Handlung, die unterlassen wird, vorgestellt werden kann, ohne daß zugleich das reale Sosein des Unterlassenden *bestimmt* werden müßte, unterliegt keinem Zweifel (insoweit zutreffend Armin Kaufmann, Dogmatik, S. 26).

anderen abgesehen, nicht die Handlung „X hat das Ei a in die Pfanne geschlagen", die X nicht verwirklicht hat, in die Kausalitätsüberlegungen einbeziehen, denn dieses Ereignis hat gar nicht stattgefunden. Für einen *gegebenen* Sachverhalt („Ei a war zum Zeitpunkt t+1 ganz") kann nur ein anderer Sachverhalt, der realisiert worden war, ursächlich sein. Ich muß also auf den Sachverhalt zurückgehen, der zugleich mit der Aussage gemeint ist, die die Unterlassung zum Inhalt hat, und der – im Gegensatz zu der Handlung, die unterlassen wurde – tatsächlich gegeben war. Und dies ist *das Sosein des X zum Zeitpunkt t.* Aus diesem Sachverhalt als Antecedensdatum in Verbindung mit allen übrigen relevanten Antecedensdaten und den entsprechenden Gesetzmäßigkeiten läßt sich nun der Sachverhalt „Das Ei a war zum Zeitpunkt t+1 ganz" ableiten.

Da unter dem real gegebenen Verhalten eines Menschen dessen „Sosein" zu verstehen ist, fällt hierunter auch das, was gelegentlich als „Nichtstun" im strengen Sinne des Wortes bezeichnet wird[498]: etwa ein Mensch in Bewußtlosigkeit oder während seines Schlafs.

Mit diesen Überlegungen haben wir das gefunden, was von einer „Unterlassung" kausal sein kann. Das, was wir Unterlassung zu nennen gewohnt sind, hat sich als etwas sehr Komplexes erwiesen. Ohne eine genaue Analyse dessen, was mit diesem Begriff gemeint wird, kommen wir nicht aus. Fassen wir noch einmal kurz zusammen. Mit der Aussage „X hat es unterlassen, a zu tun" sind zwei ganz verschiedene Sachverhalte gemeint. Zunächst bringt diese Aussage zum Ausdruck, daß der Aussagende sich eine Handlung des X *denkt,* die dieser zu einer bestimmten Zeit nicht realisiert hat. Dieser Sachverhalt „Handlung a" ist ausschließlich in den und durch die gedanklichen Vorstellungen des oder der Menschen existent, die diese aktuell denken. Er scheidet für eine Kausalbeziehung zwischen der Person des „Unterlassenden" und einem Erfolg aus. Mit diesem Sinn der Aussage ist aber zugleich notwendig, d.h.: sinnvollerweise ein zweiter verbunden: Der Aussagende stellt sich einen Menschen vor, dem er diese Handlung, die nicht stattgefunden hat, zuordnet, indem er von ihm sagt, er habe diese Handlung nicht vorgenommen. Sinnvoll aber ist eine solche Vorstellung des Aussagenden (jedenfalls in rechtlichen Zusammenhängen) nur, wenn sie einen existenten Menschen betrifft. Ist dieser nicht existent, ist jede Haftungsfrage unsinnig. Dieses *Sosein* des betreffenden Menschen war ein spezielles Vorkommnis an einer bestimmten Raum-Zeit-Stelle – es war ein Ereignis der empirischen Gegebenheiten. *Dieses Ereignis* ist geeignet, ein Glied der haftungsrechtlich interessierenden Kausalitätsbeziehungen zu sein. Dieses Sosein ist das Ereignis, welches einer Unterlassung „anhaftet"[499].

---

498 Münzberg, Verhalten und Erfolg, S. 39; Schünemann, Unterlassungsdelikte, S. 12.

499 Ein ähnlicher Gedanke klang schon bei Luden (Abhandlungen aus dem gemeinen teutschen Strafrecht, Bd. I S. 469 ff., 474, Bd. II S. 219 ff.) an. Er hielt für den be-

Es liegt der Einwand nahe: Für die Tatsache, daß in unserem Überschwemmungsfall der Wasserhahn geöffnet blieb, komme es in keiner Weise darauf an, ob X, statt den Hahn zu schließen, während der bestimmten Zeit die Zeitung las, bastelte, einkaufen ging oder sonst etwas anderes tat; wesentlich sei nur, daß X *nicht den Hahn schloß;* ursächlich sei nur diese negative Bedingung[500]. Hierauf ist zu erwidern: Es darf nicht die Kausalitätsfrage mit der Frage nach der Bewertung der unterlassenen und der statt ihrer vorgenommenen Handlung verwechselt werden. Es ist zwar in der Tat richtig, daß allermeist *jede* an Stelle der unterlassenen mögliche andere Handlung gleich(un-)wertig ist. Jedoch gibt es eine juristisch wichtige Fallgruppe, bei der dies nicht zutrifft: nämlich die der Pflichtenkollision. Beispiele: Der Arzt hilft einem Unfallverletzten nicht und begibt sich zu einem Schwerkranken; der Bademeister rettet von zwei Ertrinkenden nur einen. Hier ist es zwar für die Kausalfrage ebenfalls an sich unwichtig, was der Täter statt der unterlassenen Handlung tat. Für die Zurechnungsfrage (sei es hinsichtlich der Rechtswidrigkeit oder der Schuld) jedoch ist es von ausschlaggebender Bedeutung, wie die positive Handlung zu werten ist. Die Unterlassung wird hier nur „im Lichte" der Handlung gesehen. In diesen Fällen aber liegt dann auch hinsichtlich der Kausalfrage der Gedanke am nächsten zu sagen: der Gesundheitsschaden des Unfallverletzten wurde verursacht dadurch, daß der Arzt zu dem Schwerkranken ging (und nicht zu ihm) oder: der Tod des einen der Ertrinkenden wurde verursacht dadurch, daß der Bademeister den anderen rettete. Es ist kein Grund ersichtlich, warum dann für die große Masse der anderen Fälle etwas anderes gelten soll[501].

---

treffenden Erfolg kausal die konkrete positive Handlung, die der Unterlassende vornahm, während er die (gebotene) Handlung unterließ. „Denn während er das Eine unterließ, muß er nothwendig etwas Anderes gethan haben, und das muß immer eine positive Handlung gewesen sein, sollte es auch in bloßem Zusehen oder in einer Ortsentfernung bestanden haben. Und diese positive Handlung ist alsdann die alleinige Ursache des verbrecherischen Erfolges." (Bd. I S. 474). – Eine der gegen diese Theorie vorgebrachten Haupteinwände geht dahin, daß sie keine Begrenzung auf die haftungsrechtlich relevanten Unterlassungen ermögliche, vergl. etwa für das Strafrecht Herzberg, Unterlassung, S. 38 mit weiteren Nachweisen. Jedoch kann die Kausalitätsprüfung vom hier vertretenen Standpunkt aus diese rein *normative* Aufgabe einer solchen Begrenzung ohnehin nicht erfüllen, so daß dieser Einwand verfehlt ist.

500 In diesem Sinn meinte z.B. schon Rümelin, AcP 90 (1900) S. 198 Fn. 26: „Ob die Mutter, die ihr Kind unbeaufsichtigt ließ, in der betreffenden Zeit Strümpfe stopfte oder mit der Nachbarin klatschte oder auf dem Feld arbeitete, ist gleichgültig und wird von der Betrachtung als gleichwerthig gesetzt. Ihr thatsächliches Verhalten wird nur mit dem erwarteten der Beaufsichtigung verglichen."

501 Auch Hardwig, Zurechnung, S. 76, hält das positive Verhalten des Unterlassenden für rechtlich belanglos. Eine Begründung jedoch für diese Ansicht fehlt bei ihm.

4. Rückblick auf Rechtsprechung und Literatur

Werfen wir an dieser Stelle noch einmal einen Blick auf die schon oben erwähnte Rechtsprechung und Literatur und stellen wir die bisher erarbeiteten Ergebnisse den dort vertretenen Ansichten gegenüber, soweit diese im vorliegenden Zusammenhang einschlägig sind.

a) Zunächst zur Rspr.: Von Interesse ist eine Formulierung in BGH LM Nr. 25 zu § 222 StGB; „An der Ursächlichkeit des Untätigbleibens des Angekl. für die Todesfolge ist nicht zu zweifeln." Den Sachverhalt der Unterlassung umschreibt der BGH mit „Untätigbleiben". Im „bleiben" liegt ein Hinweis auf dieses Sosein des Angeklagten, das wir oben als für einen Sachverhalt der Unterlassung immer vorausgesetzt kennengelernt haben.

In Gegensatz zu dieser durchaus zu billigenden Ausdrucksweise steht eine andere im Urteil BGH LM Nr. 8 zu § 823(Ec)BGB: „Zu Unrecht zieht die Rev. in Zweifel, daß die unterlassene Sicherung des Motorrades für den Unfall ursächlich geworden ist." Dies bedeutet soviel wie: ursächlich war die Sicherung, die unterlassen, d. h. nicht vorgenommen worden ist. Diese nichtexistente Sicherung konnte aber für nichts ursächlich gewesen sein. Denn sie war nur in der gedanklichen Welt des oder der diese (unterlassene) Sicherung denkenden Menschen (z.B. der Richter des BGH) vorhanden. Aber der BGH meinte, wie aus seinen weiteren Überlegungen hervorgeht, auch etwas anderes: Ursächlich war nach seiner Meinung nicht „die Sicherung, die unterlassen worden war", sondern der „Zustand des Motorrads ohne Sicherung." Für diesen Zustand wiederum war das tatsächlich realisierte Verhalten des Beklagten kausal. Zwar war nicht die Handlung, die der Beklagte unterlassen hat, kausal, wohl aber sein *Verhalten*, das er tatsächlich an den Tag gelegt, also nicht unterlassen hat.

b) Zur Literatur: aa) Einer weit verbreiteten Meinung zufolge ist, wie wir sahen, bei Unterlassungen nicht zu fragen, ob der Unterlassende den Erfolg verursacht, sondern ob er ihn *nicht verhindert* habe. Denn eine Verursachung des Erfolgs komme deswegen nicht in Betracht, weil die Unterlassung als ein *nullum*, als ein ontologisches Nichts nichts verursachen könne. Welzel schreibt: „Der Unterlassungstäter wird nicht dafür bestraft, daß er den tatbestandsmäßigen Erfolg *verursacht* hat, sondern dafür, daß er ihn nicht *abgewendet* hat."[502] Die Vertreter dieser Ansicht interpretieren eine Aussage wie: „X hat es unterlassen, die Handlung a vorzunehmen" so, daß sie mit ihr ausschließlich den Sachverhalt in der psychischen Gedankenwelt des Aussagenden als gemeint ansehen (siehe oben

---

502 Strafrecht, § 28 A I 3 c. Ähnlich schon v. Liszt, Strafrecht, § 30 I; ferner Arthur Kaufmann, Festschrift für Eb. Schmidt, S. 214 f.; auch Herzberg, Unterlassung, S. 170 ff., vertritt die Vermeidbarkeitstheorie („das vermeidbare Nichtvermeiden"). Entsprechend für die zivilrechtliche Haftung: Esser, Schuldrecht, §§ 9 I 2, 44 IV; Soergel-Reim. Schmidt, Komm. zum BGB, Rdn. 30 zu §§ 249–253.

S. 153). Den zweiten Sachverhalt, den der Außenwelt, nämlich das Sosein des Unterlassenden zum Zeitpunkt der gedachten Handlung, wollen sie in dieser Aussage offenbar nicht ausgedrückt finden. Folgerichtig kommen die meisten von ihnen zum Ergebnis, daß diese so verstandene Unterlassung als ein „Nichts" nicht kausal für einen Erfolg sein könne.

Was aber meinen diese Autoren mit der Wendung, daß der Unterlassende den Erfolg nicht abgewendet habe? Wenn ich sage: „X hat den Erfolg b nicht abgewendet", so verbinde ich damit die Vorstellung eines Verhaltens a des X, welches X *nicht* verwirklicht hat, welches aber das Ereignis c zur Folge gehabt hätte, wobei c für ein Ereignis steht, welches nicht in b besteht. Interpretiere ich diese Aussage in der gleichen Weise, wie die erwähnten Autoren die Aussage verstehen: „X unterläßt die Handlung a", so komme ich zu dem Ergebnis, daß es sich bei diesem Nichtabwenden um ein ebensolches „nullum" handelt wie die „Unterlassung der Handlung a". Das hieße aber, daß der Täter auch hier für ein nullum bestraft wird (bzw. haftet): Nichtabwendung des Erfolgs. Dann ist jedoch nicht einzusehen, warum die Aussage: „X hat die Handlung a unterlassen", durch die andere: „X hat den Erfolg b nicht abgewendet", ersetzt werden soll, die im Grunde soviel bedeutet wie: „X hat es unterlassen, den Erfolg b abzuwenden".

Sicherlich wollen Welzel und die anderen Autoren die Nichtabwendung oder Nichthinderung des Erfolgs nicht in diesem Sinne verstanden wissen. Aber ich kann nicht sehen, wo der Unterschied zwischen den beiden Aussagen: „ich habe den Erfolg b nicht abgewendet", und „ich habe den Erfolg b verursacht", liegen soll. Auch die Aussage: „X hat den Erfolg b nicht abgewendet", ist sinnvoll nur dann, wenn ich mit ihr außer dem gedanklichen Sachverhalt (Denkakt): Abwendung des Erfolgs b, die nicht gegeben ist, noch den empirischen Sachverhalt des Soseins des X zum Zeitpunkt der gedachten Nichtabwendung meine. Dieses Sosein ist das, was der BGH mit „Untätigbleiben" meinte[503]. Die ganze Unterlassensproblematik ist mit diesem Ausweg über die „Nichtabwendung" nur verschoben und vielleicht verschleiert, keineswegs jedoch gelöst[504].

bb) Es war Radbruch, der bereits 1904 die Theorie vertrat, daß sich der Begriff der Unterlassung durchaus in der Negation einer bestimmten Handlung erschöpfe und daß sie „eine Existenz nur in der Gedankenwelt des Menschen habe."[505] Radbruch lehnte es ausdrücklich ab, in den Begriff der Unterlassung das mithineinzunehmen, das wir das der empirischen Wirklichkeit zugehörige *Sosein* des unterlassenden Menschen genannt haben. Radbruch schrieb: „Und schließlich ist auch das Vorhandensein einer *Tat* bei der Unterlassung zu leugnen." Zwar stehe

503 Ebenso formuliert Esser, Schuldrecht, § 44 IV.

504 Gegen die Vermeidbarkeitstheorie auch Lampe, ZStW 71 S. 601 f.; vergl. ferner Arthur Kaufmann, Festschrift für Eb. Schmidt, S. 223.

505 Handlungsbegriff, S. 139.

fest, daß sich der Täter, während er eine Handlung unterläßt, sich irgendwie verhalte. Dieses Verhalten aber gehöre nicht etwa als ihre äußere Seite zum Begriff der Unterlassung[506].

Diese Gedanken sind zum mindesten mißverständlich. Verstehe ich unter Unterlassung nur die Handlung, die unterlassen wurde, so stimmen Radbruchs Ausführungen natürlich. Hier von Kausalität zu reden ist sinnlos. Habe ich aber mit der Aussage: „X unterläßt zum Zeitpunkt t die Handlung a“, *auch* das Sosein des X zum Zeitpunkt t im Auge, so meine ich mit dieser Aussage zwar ebenfalls die Handlung a, die X unterlassen hat, daneben aber außerdem noch das reale Verhalten des X zum Zeitpunkt t. Und dieses vermag ursächlich für etwas anderes zu sein. Ob dieses Sosein als „die äußere Seite“ des Begriffs der Unterlassung anzusehen ist, hängt also davon ab, was man unter „Unterlassung“ versteht. Daß Radbruchs Verständnis des Unterlassungsbegriffs dem Allgemeinverständnis entspricht, möchte ich nicht annehmen. Und daß es ein *sinnvolles* ist, glaube ich auch nicht. Dazu verweise ich auf die Ausführungen oben S. 150 ff.

cc) Was ist zu jenen Autoren zu sagen, die die Unterlassung als ein *Urteil* über ein Nichts ansehen (oben S. 137)? Unsere bisherigen Erörterungen haben gezeigt: Erst das Urteil (Denkakt) eines Menschen mit dem Inhalt: „X hat die Handlung a unterlassen“, bringt den gedanklichen Sachverhalt der Unterlassung zustande. Freilich ist mit Arm. Kaufmann darauf hinzuweisen, daß der Urteils*vorgang* nicht mit dem Urteil selber, also dem durch den Urteilsvorgang zum Ausdruck gekommenen Sachverhalt, gleichgesetzt werden darf[507]. Aber hiervon einmal abgesehen: Auch hier liegt meiner Meinung nach wieder der Fehler vor, daß mit Unterlassung nur die eine Hälfte dessen verstanden wird, was mit diesem Begriff gemeint ist, eben nur der als Gedanke existierende Sachverhalt der Handlung, die nicht vorgenommen wurde[508].

5. Unterscheidung von Tun und Unterlassen

a) Ausdruckstechnischer Aspekt

Wir haben in den bisherigen Erörterungen die Ausgangsbasis erarbeitet, von der aus die Kausalität eines Sachverhalts, den wir Unterlassung nennen, zu untersuchen ist. Wenn wir im Folgenden wieder lediglich von einer „Unterlassung“ sprechen, so haben wir neben dem gedanklichen Sachverhalt der Handlung, welche wir uns als nicht verwirklicht vorstellen, auch das konkrete Sosein des „unterlas-

---

506 Handlungsbegriff, S. 137.

507 Dogmatik, S. 53.

508 So auch Münzberg, Verhalten und Erfolg, S. 40.

senden" Menschen im Auge. Geeignet, für einen Erfolg kausal zu sein, ist von einem solchen Unterlassungs-Sachverhalt (nur) das Sosein des betreffenden Menschen zum Zeitpunkt der vorgestellten Handlung.

An dieser Stelle taucht die Frage auf, was es überhaupt mit der Unterscheidung von „Tun" und „Unterlassen" auf sich hat. Dazu ist zu sagen, daß sie für das Recht nach h.M. zunächst aus *normativen* Gründen von Bedeutung ist. Denn das Recht regelt die *Zurechnung* von Verhaltensweisen eines Menschen, die einen tatbestandsmäßigen Erfolg zur Folge hatten, verschieden, je nachdem, ob es ein Tun oder Unterlassen annimmt. Hinsichtlich einer straf- oder zivilrechtlichen Haftung für ein Unterlassen ist z.B. – anders als bei einem Tun – erforderlich, daß die unterlassende Person eine sog. Garantenstellung innehatte, d.h. sie muß Garantin für die Unversehrtheit des von ihr verletzten Rechtsgutes des Dritten gewesen sein. Nur wenn sie diese Rechtspflicht zur Verhinderung des Erfolgseintritts hatte, kommt eine Haftung in Betracht. *Wann* eine solche Garantenstellung anzunehmen ist, richtet sich nach den Wertungsmaßstäben des Rechts, also nach rein normativen Gesichtspunkten. Diese sind jedoch, wie leicht einsehbar, für Kausalitätsfragen ohne jede Bedeutung.

Zum anderen dient, wie wir schon sahen, die Unterscheidung von Tun und Unterlassen – und zwar allgemein und nicht nur der Jurisprudenz – als ausdruckstechnisches Hilfsmittel zur Verdeutlichung dessen, worauf es dem von einem menschlichen Verhalten Sprechenden vor allem ankommt. Dies ist in praktischer Hinsicht für die menschliche Kommunikation von nicht zu unterschätzender Wichtigkeit. Bedient sich jemand, z.B. ein Richter, des Begriffs der Unterlassung, so macht er damit deutlich, daß ihm das Verhalten des betreffenden Menschen vor allem hinsichtlich der Tatsache von Bedeutung ist, daß es an einer bestimmten positiven Handlung mangelte. Auch diesem Aspekt kommt kein Einfluß auf das Kausalitätsproblem der Unterlassung zu. Eine Kausalprüfung kann nur von den positiven Gegebenheiten der empirischen Wirklichkeit ausgehen. Dies ist beim „Tun" nicht anders als beim „Unterlassen". Es liegt auf der Hand, daß man ausnahmslos jedes Verhalten einer Person in der Art beschreiben kann, daß man das real Geschehene wiedergibt oder daß man irgendetwas anführt, das diese Person während des betreffenden Zeitpunktes nicht getan hat. An dem realen, empirischen Verhalten als solchem ändert sich dadurch nichts. Wie man es *beschreibt*, ist ohne Belang[509]. Gibt man es in der Ausdrucksform der Unterlassung wieder, so ist nichts dagegen einzuwenden, hier von (bestehender oder nicht bestehender) Kausalität dieser „Unterlassung" zu sprechen. Man weiß, wie diese Feststellung zu verstehen ist: Die Beschreibung als „Unterlassung" meint nichts

509 Vergl. auch Leonhard, Allgemeines Schuldrecht, S. 175: Der Gegensatz von positiv und negativ (bezogen auf den Unterschied zwischen Handlungen als positiven und Unterlassungen als negativen Tatsachen) sei gar kein sachlicher, sondern ein formaler.

anderes als das *reale positive Verhalten*, welches unter einem bestimmten Gesichtspunkt (nämlich einem Tun, das nicht geschehen ist) gesehen wird.

Etwas ähnliches meint Hardwig, wenn er im Zusammenhang mit den „negativen" Bedingungen sagt, daß die Unterscheidung zwischen positiver und negativer Bedingung eine Frage der *sprachlichen Bequemlichkeit* sei. Er stellt die Frage, ob ein „ungedeckter Brunnen", in den jemand hineingefallen ist, eine negative Bedingung sei. Dies sei der Fall, wenn man davon ausgehe, daß bei zugedecktem Brunnen niemand hineingefallen wäre. Letzteres wäre aber auch dann nicht geschehen, wenn der Brunnen gar nicht existiert hätte. „Die negative Wendung kennzeichnet daher gar nicht vollkommen die Situation. Die konkrete Situation ist vielmehr die tatsächliche Gestaltung der Erdoberfläche. Diese ist positive Bedingung des Ereignisses. Wenn auch oft die negative Wendung sprachlich bequemer ist, die positive ist unter allen Umständen die präzisere."[510]

Wenn auch „die Negationen zur Bestimmung des So-Seins der Wirklichkeit unerläßlich" sind[511], so kann doch nicht der Ansicht beigetreten werden, daß die Negationen aus diesem Grunde auch „an dem Da-Sein des substanziellen Etwas" teilnehmen würden, jedenfalls nicht in einem (für die Kausalität maßgeblichen) empirischen Sinn[512].

b) Einfluß auf die Kausalitätsprüfung bei Anwendung der C.-Formel

Während nach der hier vertretenen Auffassung die Unterscheidung zwischen Tun und Unterlassen auf die Kausalprüfung keinen Einfluß hat, ist sie in dieser Hinsicht von ausschlaggebender Bedeutung dann, wenn man die Kausalität anhand der Conditio-sine-qua-non-Formel prüft. Bekanntlich wird diese für die Unterlassungsfälle modifiziert: Es ist nicht die Unterlassung hinwegzudenken, sondern es ist die Handlung, die unterlassen wurde, als verwirklicht hinzuzudenken und zu prüfen, ob dann der Erfolg entfallen würde.

Spendel legt diese Problematik an der schon oben (S. 18) erwähnten, vor allem in vorliegendem Zusammenhang instruktiven Entscheidung des BGH in BGHSt. 11,1 dar[513]. Wegen des Sachverhalts verweise ich auf oben a.a.O. Nach Spendel, der ja, wie wir sahen, ein Vertreter des Conditio-sine-qua-non-Gedankens ist, ist zunächst zu prüfen: Kommt es für die (straf-)rechtliche Beurteilung auf das *Überholen* in zu geringem (verkehrs*widrigem*) Abstand oder auf die *Nicht*einhaltung eines größeren (verkehrsgemäßen) Abstands während des Überholvorgangs an? Im ersten Fall sei das Verhalten des Lkw-Fahrers (X) als ein Tun zu

510 Hardwig, Zurechnung, S. 96.

511 So nach Schünemann, Unterlassungsdelikte, S. 12, unter Berufung auf Nicolai Hartmann, die „naturalistische" Sehweise.

512 Vergl. zur naturalistischen Betrachtungsweise Schünemann a.a.O.

513 Festschrift für Eb. Schmidt, S. 184 ff.

beurteilen. Gemäß der Conditio-sine-qua-non-Formel sei dieses Tun hinwegzudenken. Man komme dann zu dem Ergebnis, „daß *ohne* das (falsche) Überholen der betrunkene Radfahrer nicht irritiert, zu Fall gebracht und überfahren worden, sondern ungehindert weiter gefahren wäre. . ." X hätte dann den Tod des Radfahrers (R) verursacht. Stelle man dagegen auf die Nichteinhaltung eines größeren Abstandes durch X beim Überholvorgang ab, „so ist nach der anerkannten Kausalitätsformel die unterlassene Handlung, d.h. die Einhaltung eines Abstandes von etwa 1,50 m *hinzu*zudenken. Es ergibt sich dann auf Grund der Sachverständigengutachten, daß der betrunkene Radfahrer ‚mit hoher Wahrscheinlichkeit' auch unvernünftig reagiert und sein Fahrrad nach links gezogen hätte. . ." R wäre dann sehr wahrscheinlich ebenfalls getötet worden[514].

Der BGH nun ging dieser Frage, ob ein Tun oder ein Unterlassen auf seine Ursächlichkeit für den Tod des R zu prüfen ist, nicht nach, womit er sich denn auch die massive Kritik Spendels eingehandelt hat, der die Entscheidung aus diesem Grunde für „bereits im Ansatz unklar und verfehlt" hält[515]. Der entscheidende Satz zur eigentlichen Ursachenfrage lautet in der Entscheidung, wie wir schon (oben S. 18) sahen: „Natürlich war die Fahrweise des Angeklagten eine Bedingung im mechanisch-naturwissenschaftlichen Sinn für den Tod des Radfahrers." Trotz der schon oben beklagten großen terminologischen Verwirrung, von der diese Entscheidung beherrscht ist, konnten wir feststellen, daß der BGH der Sache nach deutlich zwischen dem Ursachenzusammenhang im außerrechtlichen, also wertfreien Sinn und der spezifisch rechtlichen Bewertung dieses festgestellten Kausalzusammenhangs unterschied.

Auf welchem Wege der BGH zur Bejahung des Ursachenzusammenhangs im außerrechtlichen Sinn zwischen der Fahrweise des X und dem Tod des R gekommen ist, hat er in seiner Entscheidung nicht deutlich werden lassen. Diese Tatsache könnte seine Erklärung in Folgendem finden: Der BGH stellte und stellt die Kausalität stets mit Hilfe der Conditio-sine-qua-non-Formel fest. Dazu ist es, wie schon gesagt, nötig zu wissen, ob man ein Tun oder ein Unterlassen auf seine Kausalität hin zu überprüfen hat. Der BGH aber vermied es, wie man den Eindruck hat: peinlich – von ganz wenigen Ausnahmen abgesehen –, sich in dieser Hinsicht für den zu entscheidenden Fall festzulegen. Statt dessen ist ständig die Rede lediglich vom (schuldhaften oder pflichtwidrigen oder auch verkehrsgemäs-

---

514 Zu Recht bemerkt Münzberg, Verhalten und Erfolg, S. 131, daß man es als ein „dringendes Warnzeichen" für fehlerhafte Argumentation ansehen müsse, wenn man je nach Beurteilung eines Verhaltens als Tun oder Unterlassung zum jeweils gegenteiligen Ergebnis der Zurechnung komme. Noch mehr müßte freilich zu denken geben, so meinen wir, daß man zu unterschiedlichen Ergebnissen auch hinsichtlich der *Kausalität* gelangen kann. Denn wenn man unter Kausalität etwas Wertfreies der empirischen Wahrnehmungswelt versteht, so kann die Kausalbeurteilung eines Sachverhalts nicht davon abhängen, ob man dieses als Tun oder Unterlassen *wertet*.

515 Festschrift für Eb. Schmidt, S. 186.

sen) „Verhalten des Täters", vom „Täterverhalten", von der „Fahrweise" oder auch von der „Handlungsweise" des X, wobei mit dem letzten Ausdruck nichts anderes als „Verhaltensweise" gemeint ist und nicht etwa eine Bezugnahme auf den rechtstechnischen Begriff „Handlung". Diese Tatsache wiederum dürfte darauf zurückzuführen sein, daß es dem BGH nicht zutreffend erschien, das Verhalten des X ausschließlich im Sinne eines Tuns oder Unterlassens zu qualifizieren. Und dies mit Recht! Denn hier ist einer jener sehr zahlreichen Fälle gegeben, in denen es immer mehr oder weniger willkürlich ist, das maßgebliche Täterverhalten als Tun oder Unterlassen anzusehen[516], es sei denn, man tut dies im Hinblick auf wertende, z.B. normative Gesichtspunkte. Man denke etwa an den Fall, daß ein Radfahrer A nachts ohne Licht auf der Straße fährt, wodurch es zu einem Unfall kommt[517]. Lag hier ein Tun („lichtloses" Fahren) oder eine Unterlassung (der Lichteinschaltung) vor? Nach dem RG ist eine Unterlassung anzunehmen, nach Exner[518] eine Handlung[519]. Man könnte auch durchaus sagen, daß hier beides gegeben ist, je nachdem, worauf man in erster Linie abstellt. Eine unterschiedliche Betrachtungsweise wird jedoch erst bei der normativen Frage der *Zurechnung* sinnvoll. Hier ist es denkbar zu sagen, daß das Fahren „an sich", wenn auch nur mit Licht, nicht verboten war. Nicht erlaubt war nur, daß X, wenn er schon mit seinem Rad fuhr, das Licht nicht einschaltete. Nur dieser letzte Sachverhalt interessiert den Juristen wegen dessen (möglicher) *Rechtswidrigkeit.* Also fragt er auch nur hinsichtlich *dieses* Sachverhalts nach der Ursächlichkeit.

Daß er *vor* der Kausalitätsfrage eine Frage der Rechtswidrigkeit behandelt, hat seinen guten Grund. Wenn auch systematisch die Frage nach der Ursächlichkeit derjenigen nach der Rechtswidrigkeit vorgeht, so grenzt doch der Jurist in der Praxis immer zunächst den großen Bereich der für den betreffenden Erfolg als Ursachen in Frage kommenden Sachverhalte unter *normativen* Gesichtspunkten ein, um nicht von vornherein irrelevante Sachverhalte zu würden[520]. Daß die Tatsache des „Radfahrens an sich" ursächlich für den Unfall war, weiß er natürlich genau. Weil er aber ebenso selbstverständlich weiß, daß an diese Tatsache keine Rechtsfolgen anzuknüpfen sind, läßt er sie von Anfang an außer Betracht. Dies wäre nur dann anders, wenn z.B. die Lichtanlage des Rades nicht intakt gewesen wäre und der A das Licht gar nicht hätte einschalten können. Dann knüpft der Jurist unmittelbar an die Tatsache an, daß A die Fahrt mit einem solchen Rad überhaupt angetreten hat.

---

516 Für die fahrlässigen Verhaltensweisen betont Münzberg, daß hier eine Unterscheidung zwischen Tun und Unterlassen entweder „nur mit Mühe" oder aber gar nicht getroffen werden könne (Verhalten und Erfolg, S. 60 Fn. 118, ebenso S. 131).

517 RGSt 63,392.

518 Fahrlässiges Zusammenwirken, Festgabe für Frank, I, S. 586.

519 Zustimmend Spendel, Festschrift für Eb. Schmidt, S. 190.

520 Vergl. im gleichen Sinn Bydlinski, Probleme der Schadensverursachung, S. 11.

Um in dem RG-Fall nun auf das rechtlich Wesentliche des Tatsächlichen hinzuweisen, das hier eben darin liegt, daß A, wenn er schon bei Dunkelheit fuhr, wenigstens das Licht hätte einschalten müssen, bedient sich der Jurist des Ausdrucks der *Unterlassung*. Dies alles darf aber nicht darüber hinwegtäuschen, daß in dem Moment, wo ein bestimmter Sachverhalt – nach gewissen normativen Gesichtspunkten aus dem Bereich der Gesamtumstände ausgewählt – auf Kausalitätsbeziehungen hin überprüft wird, die vorhergegangenen normativen Überlegungen keine Rolle mehr spielen. Infolgedessen kann auch keine Rolle mehr spielen, daß dieser Sachverhalt als „Unterlassung" beschrieben wurde.

Es liegt im Radfahrerfall entsprechend wie im oben ausführlich besprochenen Überschwemmungsfall: Auch dort „unterließ" der X etwas, so wie im vorliegenden Fall der A etwas „unterließ". Ebenso wenig wie in jenem kann auch in diesem Fall eine Handlung, die nicht verwirklicht worden ist, kausal für einen Erfolg sein.

Die ganze Problematik, die mit der Unterscheidung von Tun und Unterlassen zusammenhängt, ist für den Bereich der Kausalität also prinzipiell von keiner Bedeutung. Daß diese Unterscheidung dagegen für die Zurechnung von größter Wichtigkeit ist, steht auf einem anderen Blatt und wurde schon gesagt. Sie kann für diesen Bereich nur auf Grund *wertender* Kriterien durchgeführt werden; diese aber sind nicht Gegenstand des in dieser Arbeit behandelten Kausalitätsthemas.

Der BGH trug im Ausgangsfall diesen Überlegungen – bewußt oder unbewußt – dadurch Rechnung, daß er zu Recht davon absah, das Verhalten des R als Tun oder Unterlassen zu qualifizieren. Hierin liegt also keineswegs eine Schwäche der erwähnten Entscheidung, wie Spendel meint, sondern gerade ihre Stärke. Daß das Gericht zu dem Ergebnis kam, daß „natürlich" die „Fahrweise" des X für den Tod des R ursächlich (im außerrechtlichen Sinn) war, zeigt, daß es der Kausalitätsprüfung wie selbstverständlich das konkrete Sosein des X zum fraglichen Zeitpunkt zugrunde gelegt hat. In gleichem Sinn ist auch Spendels Feststellung zu verstehen, es sei eine „unumstößliche Tatsache", daß „der Lenker des Lastzuges einen anderen Verkehrsteilnehmer überfahren und so getötet hat"[521]. Ebenso sagt Arthur Kaufmann für diesen Fall, es sollte über jeden Zweifel erhaben sein, daß das „wirkliche Verhalten" des X für den Tod des R kausal war: „Der Lastzugführer *hat* den Radfahrer überfahren."[522]

6. Ergebnis

Als Ergebnis ist festzuhalten, daß alle Zweifel an der Möglichkeit einer Unterlassungskausalität unberechtigt sind. Daß es eine Kausalität der Unterlassung gibt,

---

521 Festschrift für Eb. Schmidt, S. 185.

522 Festschrift für Eb. Schmidt, S. 207.

ist von großer dogmatischer Wichtigkeit im Hinblick auf den Verursachungsgrundsatz. Im übrigen freilich hat diese Erkenntnis, vor allem für die Rechtspraxis, keine allzu große Bedeutung. Die Kausalitätsprüfung vermag bei Verhaltensweisen, die unter dem Gesichtspunkt von nicht vorgenommenen (unterlassenen) Handlungen interessieren, zu keiner sinnvollen Eingrenzung im Hinblick auf die haftungsrechtlich relevanten Verhaltensweisen beizutragen. Denn jede Unterlassung ist für zahllose Erfolge kausal.

Zu den schwierigsten Fragen dürfte die nach der Grenze von kausaler Relevanz zur kausalen Irrelevanz im Bereich der Unterlassungskausalität gehören. Soll der Kausalitätsbegriff für diesen Bereich nicht inhaltsleer und damit sinnlos werden, muß es diese Grenze geben, jenseits der eine Unterlassungskausalität nicht mehr möglich ist. Freilich wird diese Grenze sehr weit verlaufen. Es sei daran erinnert, daß der BGH selbst im oben (S. 144) erwähnten Fall BGHZ 23,90 das „Versagen" des Fahrzeugführers, obwohl es absolut unvermeidbar war, als ursächlich für den Schadenserfolg angesehen hat und dies, wie wir meinen, zu Recht.

Wenn Baumann sagt: „Jeder Mensch ‚unterläßt' die Handlungen, deren Vornahme ihm unmöglich ist, z.B. die Abgabe eines Schusses ohne Munition"[523], so scheint für ihn das Abgrenzungsproblem von Kausalität und Nichtkausalität im Bereich der Unterlassungen nicht zu bestehen. Jedoch dürfte diese Ansicht zu weit gehen. Wir können in vorliegendem Rahmen diesem Problem nicht näher nachgehen. Auch in der Wissenschaftstheorie ist es bisher, soweit ersichtlich, nicht behandelt worden.

Vermutlich wird es freilich in der Rechtspraxis kaum je einen Unterlassungsfall geben, bei welchem eine Haftung an mangelnder (Unterlassungs-)Kausalität scheitert, so daß für diese Fälle der Kausalitätsprüfung keine besondere Bedeutung zukommt. Das Hauptgewicht liegt bei der *Zurechnungs*prüfung.

Ich hielte es jedoch für unbedingt verfehlt, aus *diesen* Gründen wieder zu einem Kausalitätsbegriff im *Rechts*sinn zurückkehren zu wollen, um ihn für die Rechtspraxis „effektiver" zu machen, d.h. um mit seiner Hilfe die bessere Abgrenzung haftungsrechtlich relevanter (unterlassener) Verhaltensweisen von nichtrelevanten zu ermöglichen. Damit würde man den Kausalitätsbegriff notwendigerweise verwässern und ihn seines eindeutigen Inhaltes berauben. Man würde der Sache nach doch wieder nur reine *Zurechnungs*kriterien in den Kausalitätsbegriff verlagern, wofür kein Bedürfnis besteht, was im Gegenteil um der dogmatischen Klarheit willen abzulehnen ist.

---

523 Strafrecht, § 16 II 4 b, ebenso Grundbegriffe, S. 65 f.

II. Einzelprobleme zum Schaden

Der Begriff des Schadens, vor allem der des Vermögensschadens, ist in den letzten Jahren sehr viel diskutiert worden, ohne daß man sagen könnte, es habe sich dadurch bis heute ein einheitliches Verständnis dieses Begriffs herausgebildet. Es ist nicht Aufgabe dieser Abhandlung, umfassend auf die Problematik des Vermögensschadensbegriffs einzugehen. Es sollen hier nur einige jener grundsätzlichen Fragen angeschnitten werden, die speziell mit dem Problem der Kausalität in Berührung stehen.

Im Schadensrecht gilt der Verursachungsgrundsatz, so daß eine Schadenshaftung nur dann in Betracht kommt, wenn als Mindestvoraussetzung ein Kausalzusammenhang zwischen einem Verhalten des Ersatzpflichtigen oder einem von ihm zu verantwortenden Ereignis und dem eingetretenen Schaden gegeben ist. Hierbei ist auf den natürlichen (außerrechtlichen) Kausalitätsbegriff abzustellen. Kausalität kann sich danach nur auf reale Gegebenheiten der empirischen Wahrnehmungswelt beziehen. Welchen Einfluß haben diese beiden Grundsätze auf den Schadensbegriff im Recht?

1. Differenztheorie – Vorteilsausgleichung

Ein Schaden, der real verursacht worden ist, kann nur in einem bestimmten realen Zustand der empirischen Wahrnehmungswelt bestehen; denn sonst kann er eben nicht „verursacht" worden sein. Der Begriff „Schaden" setzt nun notwendigerweise den Vergleich zweier Zustände voraus[524]: nämlich des Zustands, wie er real gegeben ist, und eines anderen Zustands, wie er sich realisiert hätte, wenn das Schadensereignis nicht eingetreten wäre. Ein Schaden kommt nur dann in Betracht, wenn sich der hypothetische Zustand mit seinen konkret beschriebenen Eigenschaften von dem verwirklichten Zustand mit dessen konkreten, tatsächlichen Gegebenheiten irgendwie unterscheidet. Wo zwischen diesen beiden beschriebenen Zuständen hinsichtlich der hypothetischen bzw. der realen empirischen Umstände nicht der geringste Unterschied vorliegt, wo sie vielmehr *identisch* sind, dort kann auch kein Schaden entstanden sein.

Das Wesen eines Schadens besteht darin, daß ein Zustand vorliegt, von dem der Geschädigte meint, daß statt dessen ein anderer Zustand gegeben sein müßte, der ihm günstiger sein würde. Dieser andere Zustand hätte dann realisiert werden müssen, wenn nicht ein bestimmtes Ereignis oder mehrere den tatsächlich eingetretenen Zustand „verursacht" hätten. In diesem Zusammenhang soll nicht untersucht werden, ob ein solcher Vergleich *an sich* berechtigt ist. Dies kann, je nachdem, wie man sich zur Frage des Determinismus oder Indeterminismus stellt,

---

524 Larenz, Schuldrecht I, § 27 II a und Mertens, Vermögensschaden, S. 121.

durchaus zweifelhaft sein. Hier gehen wir von der herkömmlichen Vorstellung aus, daß es einen guten Sinn hat, von Schaden in der angeführten Bedeutung zu sprechen.

Nach immer noch fast einhelliger Meinung gilt nun aber in unserem Schadensrecht die sog. Differenztheorie[525]. Nach ihr kommt es für das Vorliegen eines Vermögensschadens nicht darauf an, ob die zu vergleichenden Zustände in bezug auf eines oder mehrere *einzelne konkrete* Vermögensgüter einen Schaden ergeben. Vielmehr ist nach ihr auf die nachteiligen Veränderungen in der *Gesamt*vermögenslage abzustellen. Bsp. (nach Larenz[526]): Beim Umzug beschädigt der beklagte Spediteur einen alten Schreibschrank des Klägers. Dadurch kommt ein diesem bis dahin unbekannt gebliebenes Geheimfach zutage, das dieser sonst nicht entdeckt hätte. In ihm befinden sich wertvolle Münzen, deren Eigentümer nicht mehr zu ermitteln ist (§ 984 BGB). Eine isolierte Betrachtung des früheren und jetzigen Zustands des Schreibschranks läßt ohne Zweifel eine „Schadensdifferenz" erkennen. Nach der Differenztheorie ist eine solche Betrachtungsweise jedoch zu eng, da sie die Gesamtvermögenslage des Klägers vernachlässigt. Diese weist durch den Schatzfund einen Vorteil auf, der gemäß den Grundsätzen der Vorteilsausgleichung zu berücksichtigen ist. Der Kläger steht sich nach der Beschädigung des Schrankes und dem Schatzfund weit besser als vorher. Insgesamt hat er keinen Schaden erlitten, sondern sogar einen Vorteil erlangt. Folglich steht ihm kein Schadensersatzanspruch zu.

Die Differenztheorie ist nach Ansicht ihrer Vertreter auch unentbehrlich, um den Schaden, den der entgangene Gewinn darstellt, erfassen zu können. Denn hier ist ja kein reales, bestehendes Vermögensgut getroffen, sondern der Schaden besteht darin, daß der Geschädigte ein solches Vermögensgut erst gar nicht erlangt hat (Näheres weiter unten).

Die Differenztheorie stellt ihrer Idee nach lediglich auf die *Wert*beträge der zu vergleichenden Vermögensgesamtlagen ab, erkennt freilich an, daß Naturalrestitution dort zu leisten ist, wo sie möglich ist[527]. Diese Wertbeträge sind rechnerische Größen, auf Grund deren die Differenzrechnung vorzunehmen ist. Kann nun, so lautet die sich von unseren Kausalitätsüberlegungen her ergebende Frage, ein solcher nach der Differenztheorie zu ermittelnder Schaden real verursacht werden? Die Antwort kann nur lauten: nein. Wenn der Schaden in einer rechnerischen Differenz zweier Wertbeträge besteht, die für die zwei zu vergleichenden Vermögenslagen stehen, so ist es nicht möglich, zwischen einem auf diese Weise

525 So etwa Enneccerus-Lehmann, Schuldrecht, § 14 I; Erman-Sirp, Komm. zum BGB, Rdn. 4 zu § 249; Staudinger-Werner-Kaduk, Rdn. 9 vor § 249; differenzierend Larenz, Schuldrecht I, § 29 I a; a.A. Oertmann, Komm. zum BGB, Vorbem. 2 vor §§ 249–254.

526 Schuldrecht I, § 30 II.

527 So schon Windscheid, Pandekten, II, § 257.

ermittelten Schaden und einem realen Ereignis eine Kausalbeziehung festzustellen. Hier kann es gar keine Kausalität geben[528]. Kausalität kann, es muß immer wieder betont werden, nur zwischen einem Ereignis und *einzelnen* Zuständen bestehen, aus denen der Gesamtvermögensstand ermittelt wird. Schon der Begriff „*Gesamt*vermögenslage" weist darauf hin, daß hiermit etwas gemeint ist, das sich aus *einzelnen* Faktoren zusammensetzt, eben zu einer Gesamtheit. Zutreffend hat Larenz bemerkt, „daß sich jede Vermögensgesamtrechnung aus Einzelposten zusammensetzt, und daß diese Einzelposten auch in der Schadensrechnung Beachtung verdienen."[529] Nur hinsichtlich dieser Einzelposten auch können Kausalbeziehungen bestehen.

Die Methode der Schadensermittlung nach der Differenztheorie ist jedoch noch von einem anderen Gesichtspunkt her scharf gegen die Kausalitätsprüfung abzugrenzen. Betrachten wir noch einmal das eben angeführte Schreibschrank-Beispiel von Larenz für einen Fall der Vorteilsausgleichung. Der Kläger hat zunächst einen Schaden am Schreibschrank selbst erlitten, denn dieser wurde durch den Spediteur beschädigt. Damit, daß er außerdem noch den Schatz gefunden hat, ist nicht von vornherein selbstverständlich, daß ihm somit im Endergebnis kein „Schaden" (im Sinne der Differenztheorie) entstanden ist. Zwar scheint es so, als ob die Differenztheorie die Frage nach dem Bestehen eines Schadens und seiner Höhe auf wertneutraler Grundlage entscheidet. Denn nach ihr ist ja „nur" die Differenz zwischen zwei rein rechnerischen Beträgen, die für die zwei zu vergleichenden Vermögenslagen stehen, zu bilden, also „eine reine Rechenaufgabe"[530] zu lösen. Aber ganz so einfach ist es mit der Frage nach dem rechnerischen Schaden, d.h. nach dem Schaden, für den der Beklagte haftpflichtig ist, nicht[531].

Hinsichtlich der Vorteilsausgleichung gilt zunächst der Grundsatz, daß für sie überhaupt nur die Vorteile in Betracht kommen, die mit dem schadenstiftenden Ereignis in ursächlichem Zusammenhang stehen. Gemeint ist hier die Kausalität

---

528 In diesem Sinn schon ganz klar Rümelin, AcP 90 (1900) S. 175 f.: „Es bleibt also dabei, der Ausdruck Schadensverursachung ist nur eine abgekürzte Bezeichnung für die Verursachung des bei der Schadensberechnung zugrunde gelegten realen Geschehens . . ."

529 Schuldrecht I, § 29 I a.

530 Hagen, Drittschadensliquidation, S. 157.

531 Eine „wertneutrale" Schadensermittlung scheitert übrigens schon am nach h.M. zu berücksichtigenden schadensrechtlichen Prinzip der Adäquanz, da dieses als „normatives Korrektiv" zu „einer wertungsbedingten Auslese – letztlich nach § 242 BGB – unter den einzelnen Folgen des schädlichen Ereignisses" führt (Hagen, Drittschadensliquidation, S. 156). Zu weiteren „Schwächen" der Differenztheorie siehe Honsell, JuS 1973 S. 69 ff. und, besonders im Hinblick auf das Problem des Drittschadens, Hagen, Drittschadensliquidation, S. 158 ff. Instruktiv auch BGH NJW 1965 S. 1430.

im natürlichen Sinn; die Adäquanz spielt dabei keine Rolle[532]. Schon durch dieses Kriterium wird deutlich, daß die Wertbeträge der beiden zu vergleichenden Vermögensgesamtlagen nicht summarisch aus sämtlichen Aktiven und Passiven zu bilden sind, sondern daß z.B. für die gegenwärtige Vermögenslage solche Aktiven (erlangte Vorteile) außer Betracht bleiben, die mit dem Schadensereignis in keinem Kausalzusammenhang stehen. Aber damit nicht genug: Auch wenn dieser Kausalzusammenhang gegeben ist, muß die Frage, ob der betreffende Vorteil anzurechnen ist, noch nach besonderen rechtlichen *Wertungs*gesichtspunkten entschieden werden, z.B. danach, ob zwischen dem Schadensereignis und dem Vorteil ein „gewisser ‚innerer Zusammenhang' " besteht[533]. Dies ist nach heute allgemeiner Ansicht eine *Wertungs*frage, bei der eine „differenzierende Betrachtung erforderlich ist" und bei der es „vornehmlich auf die Art des erlangten Vorteils und, wenn dieser auf der Leistung eines Dritten beruht, auf den Zweck dieser Leistung" ankommt[534]. Es dürfte keinem Zweifel unterliegen, daß dies mit Kausalität nichts zu tun hat. Im Schreibschrank-Beispiel kommt man demgemäß auch erst nach solcher wertenden Betrachtung zu dem Ergebnis, daß der Schatzfund als Vorteil anzurechnen ist.

Schließlich sei noch auf eine weitere Überlegung hingewiesen: Könnte das Gericht, z.B. im Schreibschrank-Fall, Beweis darüber erheben, ob und in welcher Höhe dem Kläger ein vom Beklagten zu ersetzender Schaden entstanden ist, z.B. hierüber einen Sachverständigen vernehmen? Beweis kann, vom seltenen Fall des § 293 ZPO (wo Beweisgegenstand Rechtssätze sind) abgesehen, immer nur über Tatsachen oder Erfahrungssätze (Regeln der allgemeinen Lebenserfahrung) erhoben werden, nicht dagegen können Beweisgegenstand tatsachenwertende Urteile sein[535]. Die Frage aber, ob ein bestimmter Vorteil in die Schadensberechnung miteinzubeziehen ist oder nicht, stellt, wie wir gesehen haben, eine Wertungsfrage dar. Über sie kann daher kein Beweis erhoben werden. Dagegen ist die Frage, ob ein Ursachenzusammenhang zwischen einem Ereignis und einem Schaden oder zwischen einem Schadensereignis und einem Vorteil besteht, eine Frage des Beweisrechts[536]. Denn Kausalität gehört zum Bereich der Tatsachen.

In allen Fällen, so können wir abschließend festhalten, in denen mit dem Sachverhalt eines Schadens im Sinne der Differenztheorie etwas anderes gemeint ist als einer oder mehrere konkrete Einzelzustände, also in all den Fällen, in denen die Vorzüge der Differenztheorie nach Ansicht ihrer Verteidiger allererst zur

532 Larenz, Schuldrecht I, § 30 II a.

533 Larenz, a.a.O.

534 Larenz, Schuldrecht I, § 30 II.

535 Rosenberg-Schwab, Zivilprozeßrecht, § 116.

536 BGH NJW 1970 S. 1970; ebenso Gass, Ursache, S. 59.

Geltung kommen, kann es zwischen dem so verstandenen Schaden und dem schadenstiftenden Ereignis keinen Kausalzusammenhang im natürlichen (außerrechtlichen) Sinn geben.

2. Entgangener Gewinn

Schwierigkeiten ergeben sich scheinbar beim Schaden des entgangenen Gewinns, da nach verbreiteter Meinung hier der „verwirklichte“ (Schadens-)Zustand gerade in einem „Nichts“ besteht. So meint z.B. Reinecke[537], daß sich der Schaden, den ein Gläubiger deshalb erleidet, weil ihm ein geschuldeter Gegenstand nicht geliefert wird, nur im Gesamtvermögen äußere. „Denn bloßem Nichtsein eines ‚etwas‘ im Vermögen ist keine Zeichenfunktion eigen.“ Allgemein sagt Reinekke[538], daß überhaupt jeder wirkliche Einzelschaden, „für sich genommen“, etwas Nichtseiendes sei und auf etwas Nichtseiendes hinweise. „Die wirklichen Einzelschäden . . . gehören . . . einem außerhalb des Seins gelegenen Bereich an.“[539] Hiervon unterscheidet Reinecke die „rechtlichen Einzelschäden“, die dem „rechtlichen Sein“ angehörten.

Hierzu ist zu sagen, daß es jedenfalls für die Fragen der Kausalität, auch in bezug auf den Gewinnschaden, nicht auf das „rechtliche Sein“, sondern nur auf das allgemeine, wenn man so will: außerrechtliche, das empirische oder reale Sein ankommen kann[540]. Erkennt man den Verursachungsgrundsatz an, so ist es unumgänglich, die Frage nach der wirklichen Kausalität zwischen einem bestimmten Ereignis und dem Schaden (als Einzelzustand oder mehreren Einzelzuständen) zu stellen. Und da Kausalität nur zwischen zwei realen Zuständen gegeben sein kann, ist eine Schadenskausalität nur dann möglich, wenn auch dieser Schaden dem realen Sein angehört.

Beschädigt der Beklagte den Lieferwagen des Klägers, den dieser für seinen Betrieb benötigt, und erleidet der Kläger dadurch einen Verdienstausfall, so hat der Beklagte ihm, wenn auch alle weiteren Voraussetzungen vorliegen, den Schaden des entgangenen Gewinns zu ersetzen. Die Vertreter der Differenztheorie meinen nun, in diesem Fall sei nicht ein einzelnes Rechtsgut des Klägers verletzt, sondern der Schaden berühre nur das Gesamtvermögen als solches. Die erste Feststellung ist sicher richtig, denn der Gewinnschaden berührt in der Tat kein einziges klägerisches Rechtsgut. Die zweite Feststellung ist dagegen – zum mindesten im Hinblick auf das Kausalitätsproblem – angreifbar.

---

537 Schaden und Interesseneinbuße, S. 34 ff., vergl. auch S. 17, 51 und 62.

538 Schaden und Interesseneinbuße, S. 62.

539 Schaden und Interesseneinbuße, S. 51.

540 So Reinecke selbst, Schaden und Interesseneinbuße, S. 66 Fn. 16.

Hätte der Beklagte den Lieferwagen des Klägers nicht beschädigt, so hätte sich im Bereich des klägerischen Lebenskreises in empirischer Hinsicht dadurch etwas geändert, daß der Kläger Vermögensgüter, z.B. bestimmte Geldmittel, erhalten hätte. Für die Kausalitätsbeziehungen spielt es jedoch keine Rolle, ob die betreffende empirische Veränderung in irgendeiner Weise *vermögensmäßig* relevant gewesen wäre oder nicht; dies betrifft eine reine Wertungsfrage, die mit Kausalität nichts zu tun hat. Um also die Kausalbeziehungen in bezug auf das vom Kläger nicht erworbene (Vermögens-)Gut erhellen zu können, ist auf die einzelnen empirischen Umstände („Zustände") abzustellen, die seinen (sozialen) Lebenskreis tangieren. Diese bleiben als Folge der vom Beklagten verursachten Beschädigung des klägerischen Lieferwagens unverändert. Weder ist bei dieser Kausalprüfung auf eine „Differenz" abzustellen, noch spielt es eine Rolle, ob die einzelnen Umstände („Zustände") vermögenswert sind oder nicht. Erst für die Frage, ob ein (Gewinn-)*Schaden* entstanden ist, ist entscheidend, ob der verhinderte Umstand als vermögenswert zu bewerten ist (so etwa im Beispielsfall). Unerheblich ist, ob im übrigen andere *Vermögens*güter vorhanden sind und in welcher Größenordnung.

Entscheidend ist, daß wir den wesentlichen Vorgang, der uns im Falle eines Gewinnschadens interessiert, als einen *statischen* erkennen[541] (zum statischen Vorgang siehe schon oben S. 74 ff.). Wir haben es hier mit einer Parallele zur Problematik der schon besprochenen Unterlassungskausalität zu tun. In beiden Fällen handelt es sich darum, daß ein gewisses Ereignis *nicht* eintritt. Bei einer Unterlassung nimmt der Unterlassende eine Handlung nicht vor und beim Gewinnschaden tritt ein bestimmter Gewinn nicht ein. Hinsichtlich der Kausalitätsbeziehungen besteht ein Unterschied nur insofern, als der Nichteintritt des bestimmten Ereignisses bei den Unterlassungssachverhalten (die unterlassene Handlung) als *Antecedensdatum* interessiert, während bei den Fällen entgangenen Gewinns dessen Nichteintritt als *Explanandum-Ereignis* von Bedeutung ist. Im einen Fall geht es um das reale, konkrete Sosein des Unterlassenden, im anderen Fall um das konkrete, reale Sosein der einzelnen den Lebenskreis des Geschädigten tangierenden Umstände („Zustände"). Nur solches reale Sosein kann – als statischer Vorgang – ursächlich sein oder – wie im Falle des entgangenen Gewinns – verursacht werden.

---

541 Auch Rümelin weist bereits auf den richtigen Weg hin (AcP 90 (1900) S. 176): Er stellt fest, „daß es sich bei der Schadensverursachung keineswegs bloß um das Bewirken von Veränderungen handelt, sondern auch um das Bewirken der Fortdauer eines bestimmten tatsächlichen Zustands. Eine Schadensverursachung liegt beispielsweise auch vor, wenn durch nicht rechtzeitige Erfüllung einer Verbindlichkeit der Gläubiger daran verhindert wird, einen Erwerb, den er sonst gemacht haben würde, zu machen."

III. Die hypothetische Kausalität

1. Die Abgrenzung der hypothetischen von der realen Kausalität

Zum Problem der sog. hypothetischen Kausalität (im Folgenden: h.K.) ist bereits eine fast unübersehbare Literatur vorhanden[542]. Das Problem kann und braucht hier nicht in seinem ganzen Umfang behandelt zu werden. Im Rahmen dieser Arbeit interessieren vor allem Fragen der eigentlichen Kausalität, während Probleme der Schadenszurechnung, auch wenn sie bisweilen als solche des Kausalzusammenhanges behandelt werden, ausgeklammert bleiben.

Anhand einiger Beispiele soll im Folgenden die *Methode* dargelegt werden, wie von dem hier vertretenen Verständnis des natürlichen (außerrechtlichen) Kausalitätsbegriffs aus die Fälle mit *echter hypothetischer* Kausalität von solchen mit *realer* abzugrenzen sind. Dabei wird sich herausstellen, daß es eine Reihe von Fällen gibt, die bisher zu Unrecht als solche mit h.K. angesehen werden. Da es im Rahmen dieser Arbeit nur um das *Grundsätzliche* der Abgrenzungsmethode gehen kann, bedarf es der Beschränkung auf einige wenige Falltypen jener großen Fallgruppe, bei denen nach allgemeiner Meinung h.K. gegeben ist.

a) Allgemeines

Der Begriff „hypothetische" Kausalität weist bereits auf das entscheidende Merkmal der hier interessierenden Fallgruppe hin (weshalb diese Bezeichnung auch den anderen zuweilen gebrauchten, wie etwa jener der „überholenden" Kausalität, vorzuziehen ist): Sie zeichnet sich dadurch aus, daß in rechtlicher Hinsicht Kausalbeziehungen als bedeutsam angesehen werden, die tatsächlich nicht verwirklicht worden sind, sondern nur als mögliche, eben als hypothetische gedacht werden können. Das bedeutet umgekehrt: wo die maßgeblichen Kausalbeziehungen in der empirischen Wirklichkeit real gegeben sind, kann *kein* Fall mit h.K. vorliegen[543].

Bei diesen Fällen handelt es sich darum, daß ein Schädiger S einen Schadenserfolg verursacht hat, der auf andere Weise (im Rahmen einer – zumindest teilweise – nicht verwirklichten Kausalreihe) ebenfalls eingetreten wäre, hätte ihn nicht der Schädiger S bereits herbeigeführt. Schulbeispiele: 1) X setzt den vor der Garage auf der Straße parkenden Wagen des A in Brand, der andernfalls wenige Stunden

---

542 Lit.-Nachweise bei Staudinger-Werner-Kaduk, Komm. zum BGB, Rdn. 46 vor § 249. – Zum römischen Recht siehe gute und ausführliche Darstellung bei Ries, Die überholende Kausalität, S. 1–30.

543 Diese Feststellung erweist sich bei den Fällen mit (realer) doppelter Kausalität als bedeutsam (siehe unten S. 180 ff.).

später durch ein in der Garage ausbrechendes Feuer ebenfalls zerstört worden wäre[544]. 2) A besitzt einen Spezial-Büchereiwagen, mit dem er ein Mietbücherei-Unternehmen unterhält. X rammt diesen, vor dem Hause des A geparkten Wagen und fügt ihm einen Schaden auf der linken Seite zu. Noch bevor ihn A zur Reparatur geben kann, wird er von Y so gerammt, daß er auf der rechten Seite beschädigt wird. 3) B verursacht einen Verkehrsunfall, bei dem A verletzt und erwerbsunfähig wird. Es stellt sich heraus, daß A mit Sicherheit einige Zeit später auf Grund einer anlagebedingten Krankheit (die mit den Unfallverletzungen in keiner Beziehung steht) seine Erwerbsfähigkeit ebenfalls verloren hätte. 4) C überfährt mit seinem Auto, das er wegen mangelhafter Bereifung nicht sicher abbremsen kann, den Fußgänger D, der tödlich verletzt wird. Es steht fest, daß D auch dann unter das Auto geraten wäre, wenn der Wagen gute Reifen aufgewiesen hätte, da D blindlings auf die Fahrbahn gelaufen und der Unfall daher unvermeidbar gewesen war.

Wurde das Problem der h.K. früher allermeist, insbesondere von der Rechtsprechung des Reichsgerichts[545], als ein *Kausalitäts*problem angesehen, hält man es heute im allgemeinen für ein Problem der *Schadensberechnung*[546]. Dadurch ist jedoch, wie sich zeigen wird: zu Unrecht, die Kausalitätsfrage wiederum zu sehr in den Hintergrund getreten. Grundsätzlich muß zunächst einmal in jedem Fall die Frage nach der Kausalität gestellt und beantwortet werden, um feststellen zu können, ob reale oder hypothetische Kausalität vorliegt[547]. Erst im Anschluß an diese Prüfung sind Erwägungen hinsichtlich der Schadensberechnung und der Zurechnung sinnvoll. Wir wiesen oben bereits in anderem Zusammenhang darauf hin, daß die Schadensberechnung, insbesondere nach der sog. Differenztheorie, scharf von der Kausalitätsprüfung zu trennen ist.

Wenn am Anfang die Kausalitätsfrage steht, also die Frage, ob zwischen einem bestimmten Ereignis und einem Schadenserfolg ein Kausalzusammenhang gegeben ist und ob dieser ein realer oder hypothetischer ist, und wenn Kausalität sich

---

544 Ähnliches Beispiel bei Esser, Schuldrecht I, § 46 a.

545 RGZ 1,66; 169,117 und wiederholt dazwischen; vergl. Nachweise zur RG-Rspr. und älteren Literatur in BGHZ 10,6 = NJW 1953 S. 977.

546 So etwa Staudinger-Werner-Kaduk, Komm. zum BGB, Rdn. 46 vor § 249; Erman-Sirp, Komm. zum BGB, Rdn. 41 zu § 249; Zeuner, AcP 157 (1958/59) S. 441; Esser, Schuldrecht I, § 46 II; BGH NJW 1967 S. 551; a.A. Enneccerus-Lehmann, Schuldrecht, § 15 III 5.

547 Bydlinski kommt in allen einschlägigen Fällen über die Anwendung der Conditio-sine-qua-non-Formel einheitlich zum Ergebnis *hypothetischer* Kausalität eines *jeden* Ereignisses, das für sich allein zur Herbeiführung des Schadenserfolgs geeignet ist (Probleme der Schadensverursachung, S. 20, 22, 26), wobei es für ihn keinen Unterschied macht, ob die betreffenden Ereignisse gleichzeitig oder nacheinander geschehen sind. Damit stellt sich für ihn in diesen Fällen die Unterscheidung von realer und hypothetischer Kausalität nicht.

ausschließlich auf empirische Gegebenheiten der realen Lebenswirklichkeit bezieht, bedarf es als erstes der Bestimmung jener empirischen Sachverhalte, die der Kausalitätsprüfung zugrunde zu legen sind.

b) Zum Objektschaden

Wenden wir uns bezüglich der gegebenen Beispielsfälle zunächst dem sog. *Objektschaden* zu, d.h. dem Schaden, der an dem jeweils betroffenen Rechtsgut selbst eingetreten ist[548], und zwar in der Form eines realen, nicht lediglich rechnerischen Schadens. Hier tauchen in den Fällen 1 bis 4 keine Schwierigkeiten auf. Im Fall 1 besteht der empirische (Objektschadens-)Sachverhalt im Auto, das verbrannt ist, genauer: im Zustand des Autos nach dem Brand. Im Fall 2 haben X und Y jeweils verschiedene äußere Beschädigungen verursacht. In den Fällen 3 und 4 bestehen die Objektschäden in den Veränderungen der körperlichen Zustände des A und des D.

Wo stellt sich hinsichtlich dieser Objektschäden die Frage nach einer nichtrealisierten, bloß hypothetischen Kausalität? Dies ist in den Beispielen 1 und 4 der Fall. Im Beispiel 1 ist eine reale Kausalkette gegeben, die von der Verhaltensweise des X zum konkreten Schadenszustand des Autos des A führt. Hätte jedoch X das Auto des A nicht inBrand gesteckt, so wäre der genau gleiche Schadenszustand gewisse Zeit später im Verlauf einer *anderen* Kausalkette eingetreten: nämlich durch den Garagenbrand. Diese Kausalbeziehung konnte sich freilich nicht realisieren, da das Auto zum entsprechenden Zeitpunkt bereits ausgebrannt *war*. Der konkrete empirische Schadenserfolg indes *wäre* genau der gleiche gewesen. Entsprechend liegt es im Fall 4. Das tatsächlich geschehene Unfallereignis zeichnet sich u.a. dadurch aus, daß C mit seinem nicht ordnungsgemäß bereiften Auto gefahren ist und ein folglich nicht ordnungsgemäßes Bremsmanöver vorgenommen hat. Dieses konkrete Fahrereignis hatte den Tod des D zur Folge. Wäre dieses Ereignis nicht realisiert worden, hätte sich ein anderes verwirklicht (Fahren mit einem ordnungsgemäß bereiften Wagen und entsprechend anderem Bremsvorgang), das dann den genau gleichen Schadenserfolg, nämlich ebenfalls den Tod des D, genauer: den Stillstand der Herztätigkeit, der Atmung und der Tätigkeit des Zentralnervensystems, zur Folge gehabt hätte. Da sich dieses Ereignis jedoch tatsächlich nicht verwirklicht hat, kann eine Kausalbeziehung zwischen ihm und dem Tod des D nur als hypothetische vorgestellt werden. Nebenbei sei angemerkt, daß es in bezug auf das Hypothetische der Kausalbeziehungen keinen Unterschied macht, ob, wie im Fall 1, das Ereignis, welches den Schaden zur Folge gehabt hätte, als solches tatsächlich stattgefunden hat (nämlich der Garagenbrand) oder ob dies, wie im Fall 4, nicht der Fall war, wenn nur feststeht, *daß* es letzterenfalls jedenfalls stattgefunden hätte. Ob von einer hypothetischen Kausal-

548 Larenz, Schuldrecht, I, § 27 II 3.

beziehung nur das End- oder aber das End- *und* das Anfangsglied nicht realisiert worden sind, ist unerheblich: verwirklicht ist die Kausalbeziehung in keinem Fall; sie bleibt beide Male hypothetisch.

In den Fällen 2 und 3 werden dagegen jeweils zwei Objektschadenszustände realisiert, die voneinander verschieden sind. Im Fall 2 geht auf das Fahrverhalten des X ein anderer Schaden zurück, als auf dasjenige des Y, und im Fall 3 hat der von B herbeigeführte Unfall andere reale Veränderungen des Körpers des A zur Folge als der spätere Ausbruch der anlagebedingten Krankheit. Hier liegen also je zwei reale Kausalketten mit verschiedenen realen Schadensfolgen vor.

Die Fälle 1 und 4 sind mithin, was die Objektschäden angeht, echte Fälle mit hypothetischer Kausalität, wie wir sie oben gekennzeichnet haben. Fall 4 gehört dabei zu der besonderen Gruppe der Fälle sogenannten pflichtgemäßen Alternativverhaltens[549] (siehe dazu unten S. 178 ff.).

c) Zum (Vermögens-)Folgeschaden

Wir haben bisher nur auf die realen *Objekt*schäden abgestellt, also auf die Beeinträchtigungen an den verletzten Rechtsgütern als solchen, soweit diese der empirisch wahrnehmbaren Wirklichkeit zugehören und insoweit real (nachteilig) verändert werden können. Es handelt sich um Schäden an den Gegenständen „Autos" (Fälle 1 und 2) und an den Körpern des A und des D (Fälle 3 und 4)[550]. Sofern Naturalrestitution verlangt und geleistet wird (etwa im Fall 2 denkbar, wenn auch wenig wahrscheinlich), spielt sich der gesamte Schadensfall – von der Entstehung des Schadens bis zu dessen Ausgleich – ausschließlich im Bereich der realen gegenständlichen Welt ab, ohne daß die Kausalitätsbeziehungen Probleme aufwerfen. Dagegen tritt z.B. im Fall 3 der mit der Verletzung direkt zusammenhängende Schaden nicht nur als reale Veränderung des verletzten Rechtsguts (Körper, Gesundheit) selbst auf, sondern daneben als „rechnerischer" Schaden, in Gestalt etwa der ärztlichen Behandlungskosten. Genau betrachtet handelt es sich bereits hier um einen *Folge*schaden, den der reale Objektschaden nach sich gezogen hat. Dieser Schaden „Behandlungskosten" stellt innerhalb der Kausalreihe, die mit dem Schadensereignis (Verkehrsunfall) ihren (hier angenommenen) Anfang hatte, ein *späteres* Kausalglied dar als der reale Objektschaden, also ein diesem nach*folgendes* Glied. *Kausal*strukturmäßig liegt es daher hier ebenso wie bei den eigentlichen („allgemeinen") Vermögensschäden in Form des Vermögens*folge*schadens, nämlich den Einbußen, „die sich als Folge der Rechtsverletzungen

549 Hierzu ausführliche Monographie von Hanau, Die Kausalität der Pflichtwidrigkeit.

550 Daß auch die *Verhinderung* einer (positiven) Veränderung hierher gehört, sei nur am Rande bemerkt (vergl. oben S. 169: „entgangener Gewinn"). Um die Darstellung nicht zu sehr zu verkomplizieren, gehen wir auch im Folgenden i.d.R. nur von (negativen) *Veränderungen* aus.

im sonstigen Vermögen des Betreffenden darstellen"[551] (z.B. entgangener Gewinn, Verdienst- oder Nutzungsausfall). Zwar sind Anlaß für die Unterscheidung von Objekt- und Vermögensfolgeschäden an sich keine Kausalitätsüberlegungen[552]. Regelmäßig aber bestehen zwischen Schadensereignis und den beiden Arten von Schäden *auch* unterschiedliche *Kausal*strukturen der Art, daß der reale Objektschaden ein früheres Kausalglied der Schadenskausalkette darstellt als der Vermögensfolgeschaden. Diesen Unterschied zu beachten, wird sich gerade bei der hier zu betrachtenden Fallgruppe der h.K. empfehlen. Entsprechend liegt es natürlich, wenn ein erster realer Objektschaden einen weiteren realen Objektschaden zur Folge hat. Beispiel: X verletzt den Y, der in der Folge gehbehindert ist und aus diesem Grunde drei Jahre später stürzt, wobei er sich einen Arm bricht. Auch hier liegt ein *Folge*schaden vor.

Untersuchen wir nun die Frage, wann hinsichtlich eines *Vermögensfolgeschadens* der Fall einer nichtrealisierten, bloß hypothetischen Kausalbeziehung gegeben ist und wann nicht (der Einfachheit halber beschränken wir uns bei den folgenden Überlegungen auf den *Vermögens*folgeschaden als dem weitaus häufigeren gegenüber dem *Objekt*folgeschaden, für den jedoch Entsprechendes gilt)[553].

Auszugehen ist von der Tatsache, daß jeder real verursachte Vermögensfolgeschaden einen real verursachten Objektschaden zur Voraussetzung hat. Nicht überall dort jedoch, wo reale Objektschäden gegeben sind, liegt auch hinsichtlich eines evtl. entstandenen Vermögensfolgeschadens reale Kausalität vor; hier bedarf es stets einer sorgfältigen Prüfung.

Betrachten wir unsere Beispielsfälle: Nehmen wir an, daß im Fall 1 der A in der Zeit bis zur Anmietung eines Ersatzfahrzeugs einen Kundenauftrag nicht hat ausführen können, so daß ihm hierdurch ein Verdienstausfall entstanden ist. Den Kundenauftrag konnte er nicht ausführen, weil er sein Auto nicht gebrauchen konnte. Er konnte es nicht gebrauchen, weil es sich zur betreffenden Zeit in zerstörtem Zustand befand und dieser Zustand andauerte. Zerstört wurde der Wagen durch die Handlung des X. Aufrechterhalten wurde der Zustand „zerstörtes

---

551 Esser, Schuldrecht, § 41 I 3.

552 Larenz, Schuldrecht I, § 27 II 2, S. 311 Fn. 1; Esser a.a.O.

553 Honsell, JuS 1973, S. 69 (73), meint, der reale Objektfolgeschaden oder – wie er ihn nennt – der positive Folgeschaden sei in Fällen hypothetischer Kausalität ebenso wie der („unmittelbare") Objektschaden stets zu ersetzen, ohne daß hieran das Vorliegen eines hypothetischen Kausalverlaufs etwas ändern könne. Er stellt in solchen Fällen ab auf die Unterscheidung zwischen realem Schaden und hypothetischem entgangenem Gewinn. Das ist zumindest mißverständlich. Entscheidend ist, ob auch in bezug auf den Objektfolgeschaden – nicht anders als hinsichtlich des Vermögensfolgeschadens, also etwa des entgangenen Gewinns – echte reale oder nur hypothetische Kausalität gegeben ist.

Auto" dadurch, daß keine Umstände eintraten, die ihn geändert hätten. Dagegen spielte in dieser Beziehung keine Rolle der Umstand, daß nach der Brandstiftung des X ein Garagenbrand ausbrach. Andererseits steht fest, daß A den erwähnten Kundenauftrag auch dann verloren und den entsprechenden Verdienstausfall erlitten hätte, wenn sein Wagen nicht durch die Brandstiftung des X, sondern durch den späteren Garagenbrand zerstört worden wäre. Fall 1 ist also ein Fall mit echter hypothetischer Kausalität nicht nur in bezug auf den Objektschaden (siehe schon oben S. 172), sondern auch in bezug auf den Vermögensfolgeschaden des Verdienstausfalls (der Einfachheit halber nehmen wir an, daß die Garage und das Auto nicht brandversichert waren). Entsprechendes gilt im Fall 4 hinsichtlich des Unterhaltsschadens, den die Angehörigen des D erlitten haben.

Wie aber steht es in den Fällen 2 und 3? Nehmen wir an, daß im Fall 2 der A einen Verdienstausfall erlitten hat, da er seinen Büchereiwagen eine Zeitlang nicht benutzen und auch keinen Ersatzwagen erhalten konnte. X und Y haben, wie wir sahen, jeweils verschiedene *reale Objekt*schäden verursacht. In Fall 3 sind die körperlichen Veränderungen des A, die auf den von B verursachten Unfall zurückgehen, ganz verschieden von denen, die auf der anlagebedingten Krankheit beruhen; auch hier bestehen also verschiedene *reale* Veränderungen. In den Fällen 2 und 3 kommen mithin, anders als in den Fällen 1 und 4, jeweils zwei verschiedene Objektschäden, zu denen verschiedene Kausalreihen geführt haben, für die Verursachung der Vermögensfolgeschäden in Betracht. So können wir im Fall 3 hinsichtlich des Erwerbsschadens nach Krankheitsausbruch nicht ohne weiteres sagen, ob dieser die Folge *nur* der Unfallverletzungen oder *nur* der anlagebedingten Krankheit oder die Folge vielleicht gar beider Ereignisse ist. Jeder Objektschaden ist zur Herbeiführung des *ganzen* Vermögensfolgeschadens schon für sich allein geeignet. Die Conditio-sine-qua-non-Formel, ganz abgesehen davon, daß wir sie schon grundsätzlich abgelehnt haben, versagt hier bekanntlich auch nach Meinung ihrer Befürworter[554].

An dieser Stelle, wo die Kausalität hinsichtlich der Vermögensfolgeschäden erhebliche Schwierigkeiten bereitet in Fällen, die in bezug auf den realen Objektschaden keine Fälle mit echter h.K. darstellen, möchte ich, unter Vorwegnahme des späteren Ergebnisses, daß es sich hier nach richtiger Meinung auch bezüglich des Vermögensfolgeschadens *nicht* um Fälle mit echter h.K. handelt, auf eine genaue Erörterung der Problematik zunächst verzichten. Im nächsten Kapitel über die sog. doppelte Kausalität wird diese Fallgruppe an systematisch richtiger Stelle ihre eingehende Behandlung erfahren. Hier ging es vor allem um eine erste Abgrenzung von realer und hypothetischer Kausalität in bezug auf die zwei wichtigen Schadensarten des Objekt- und des Vermögensfolgeschadens.

---

554 Anders nur Bydlinski, siehe oben S. 171 Fn. 547.

2. Einzelfragen

a) Problem der Schadensberechnung bzw. der Schadenszurechnung

Im Folgenden wollen wir noch einige Überlegungen zu den Fällen mit echter h.K. anschließen.

Der wesentlichen Erkenntnis des Reichsgerichts und der älteren Lehre, der auch die h.M. heute folgt[555], daß auf einen einmal realisierten Schadensverlauf nicht mehr nachträglich ein anderes Ereignis einen (kausalen) Einfluß ausüben kann, ist nichts entgegenzuhalten. Im Gegenteil: ihre Richtigkeit kann nur betont werden.

Es handelt sich hier um die entsprechenden Aspekte wie bei der Vorteilsausgleichung (siehe oben S. 164 ff.). Auch dort geht es um die Frage nach der Schadens*berechnung* (Schadenszurechnung) nach Klärung der maßgeblichen Kausalitätszusammenhänge zwischen den realen Gegebenheiten, die die Grundlage für die Schadensberechnung abgeben. Welche Vorteile, d.h. welche realen positiven Auswirkungen aus dem Schadensereignis in die Schadensberechnung miteinzubeziehen sind, kann nur auf Grund von normativen Erwägungen entschieden werden. Bei Fällen mit h.K. ist es eine ebensolche *Wertungs*frage, welche Umstände für die Schadensberechnung heranzuziehen sind.

Nehmen wir als Beispiel jenen „Schleusen-Fall“, den das RG in RGZ 156,187[556] entschieden hat. Stark vereinfacht ging es um folgendes: Die Beklagte (Bayer. Staatsfiskus) veranlaßte eine Schleusenöffnung, um einen sonst bevorstehenden Dammbruch zu verhindern. Die durch die geöffnete Schleuse strömenden Wassermassen stellten auf den Feldern des Klägers erhebliche Schäden in bestimmter Höhe an. – An Kausalzusammenhängen lassen sich u.a. aufzeigen: die Wasserfluten, die auf die Felder des Klägers strömten und dort Gemüsepflanzen vernichteten; die Verhinderung des Dammbruches und damit die Verhinderung einer noch größeren Überschwemmung. Über die Entstehung eines „Schadens“ und über dessen Höhe ist damit jedoch noch nichts gesagt. Fest steht nur, daß die tatsächlichen Zerstörungen auf den Feldern des Beklagten von den Wasserfluten herrührten, die durch die geöffnete Schleuse herausgebrochen waren, und eben nicht von den Wasserfluten, die sich später auf die Felder infolge eines Dammbruches ergossen *hätten*, wenn der Damm gebrochen *wäre*. Dem Recht obliegt nun die Aufgabe, die tatsächlichen Gegebenheiten unter Berücksichtigung der maßgeblichen Grundsätze (etwa der §§ 249 ff. BGB) wertend zu beurteilen und festzustellen, was es als „Schaden“ ansieht und was nicht.

---

555 Vergl. etwa BGH LM Nr. 19 zu § 249(Ba)BGB bei II 2 a.

556 = JW 1938 S. 323. Zu diesem Fall ausführlich Ries, Die überholende Kausalität, S. 52 ff.

Im Sachverhalt, der dem Urteil RGZ 141,365[557] zugrunde lag, ging es darum, daß der Beklagte für die Kläger Grundstücke verwaltete und Mietgelder auftragswidrig nicht bei einer Bank, sondern anderweitig und dort verlustbringend anlegte. Da die Bank, bei der die Gelder sonst angelegt worden wären, zusammengebrochen war und ihre Gläubiger nur in Höhe von 15–20 % ihrer Forderungen befriedigte, wollte der Beklagte Schadensersatz ebenfalls nur in dieser Höhe leisten. – Die Kausalbeziehung zwischen der Handlungsweise des Beklagten und dem Verlust der von ihm vereinnahmten Gelder steht außer Zweifel. Auch die Tatsache, daß durch diese Handlung die Gelder nicht zu der (zusammengebrochenen) Bank flossen, liegt auf der Hand. Was von diesen Sachverhalten jedoch als *Schaden* zu beurteilen ist, können die Kausalbeziehungen nicht anzeigen.

b) Ausgleichsprinzip, § 249 BGB und C.-Formel als Grundsätze der Zurechnung

Das Problem der h.K. ist also kein solches der Kausalität, sondern der *wertenden Schadenszurechnung* (oder, mißverständlicher ausgedrückt: der Schadensberechnung; mißverständlich ist dies deshalb, weil der Ausdruck „. . .*berechnung*" den Anschein erweckt, als handele es sich um bloße wertfreie Rechenoperationen, wie Addition oder Substraktion). Dem näher nachzugehen, würde das Thema dieser Arbeit verlassen. Auf einen Gesichtspunkt jedoch sei noch hingewiesen, weil er Erinnerungen an herkömmliche Kausalitätsgedanken weckt.

Wie immer man an einen Fall mit h.K. (gemeint ist immer die *echte* h.K.) herangeht: stets schwingt bei allen Überlegungen ein und derselbe Gedanke mit: Es ist nun einmal unabweisbar, daß der Schaden auch dann entstanden wäre, wenn das schadenstiftende Ereignis nicht geschehen wäre, daß der Geschädigte also ohne dieses Ereignis auch nicht besser dastünde, als es nun tatsächlich der Fall ist. Mit diesem dem Rechtsempfinden sich immer wieder aufdrängenden Gedanken stehen nicht weniger als 3 schadensrechtliche Grundüberlegungen im Zusammenhang. Da ist zum einen der nach h.M. das gesamte Schadensrecht beherrschende Grundsatz des *Ausgleichsprinzips:* Der Geschädigte soll durch die Schadensersatzleistung nicht besser und nicht schlechter gestellt werden, als er ohne das Schadensereignis stehen würde[558]. Derselbe Gedanke kommt in gewissem Sinn in *§ 249 BGB* zum Ausdruck, wenn dort im Zusammenhang mit der Naturalrestitution im Satz 1 die Rede davon ist, daß der Zustand herzustellen sei, der bestehen würde, wenn der zum Ersatz verpflichtende Umstand nicht eingetreten wäre. Und schließlich meint auch der Conditio-sine-qua-non-Gedanke Ähnliches, wenn er danach fragt, was wäre, wenn das schadenstiftende Ereignis nicht geschehen wäre.

557 = JW 1933 S. 2383 f.

558 Erman-Sirp, Komm. zum BGB, Rdn. 74 zu § 249; vergl. ebenso Larenz, Schuldrecht I, § 27 I und Esser, Schuldrecht, § 40 II; h. Rspr., zuletzt BGH NJW 1972 S. 1460.

Hier handelt es sich um *einen* gemeinsamen Grundgedanken: Es erscheint nicht als billig – zumindest nicht in jedem Fall –, einen Ersatzpflichtigen für einen Schadenserfolg haften zu lassen, der auch ohne sein Verhalten oder das von ihm zu verantwortende Ereignis eingetreten wäre. Für alle drei Grundsätze gilt das, was Engisch für die Conditio-sine-qua-non-Formel schon in seiner Kausalitäts-Schrift[559] angedeutet und später (im Weltbild[560]) näher ausgeführt hat: Hier ist ein spezifisch juristischer Gesichtspunkt gegeben, der die Frage der (straf- oder zivilrechtlichen) *Verantwortlichkeit,* also der Zurechnung betrifft[561]. Wenn Engisch freilich sagt, daß die Kausalität „im Gewande" der C.-Formel auftrete, so würde ich eher umgekehrt sagen: nicht die Kausalität, sondern die Frage der Zurechnung erscheint im Gewande dieser C-Formel. Die drei erwähnten Grundsätze sind solche der Zurechnung, nicht der Kausalität. Ob und welche Rolle sie in diesem Sinn bei Fällen mit echter hypothetischer Kausalität spielen, kann hier nicht untersucht werden. Vielmehr muß es für die angeschnittene Problematik mit diesem nur kurzen Hinweis sein Bewenden haben.

3. Die Fälle pflichtgemäßen Alternativverhaltens

Zum Abschluß dieses Kapitels noch ein Wort zu der besonderen Fallgruppe des sog. pflichtgemäßen Alternativverhaltens und ihres Verhältnisses zur h.K.

Diese Fälle zeichnen sich dadurch aus, daß der Täter durch ein rechtswidriges Verhalten einen Schaden herbeiführt, der durch entsprechendes pflichtgemäßes Verhalten in gleicher Weise entstanden wäre. Die entscheidende Frage ist dann immer: kann sich der Täter auf die Möglichkeit solchen Verhaltens zum Zwecke der Haftungsbefreiung berufen? Außer dem oben (S. 171) erwähnten Fall 4 seien beispielhaft folgende Fälle angeführt: a) D fährt mit überhöhter Geschwindigkeit innerhalb einer geschlossenen Ortschaft und überfährt dabei einen Fußgänger F. Dieser wäre auch dann unter die Räder gekommen, wenn D die vorgeschriebene Geschwindigkeit eingehalten hätte, weil F blindlings vor den Wagen des D gelaufen und der Unfall für D daher unvermeidbar war. b) Der Arzt A nimmt eine Operation vor, ohne zuvor die Einwilligung des Patienten eingeholt zu haben. Die Operation mißglückt; der Patient P stirbt. P hätte die Einwilligung, wäre er befragt worden, gegeben. c) Der Arzt B gibt dem Patienten Q in seiner Sprechstunde eine Spritze, ohne ihn darauf aufmerksam zu machen, daß diese Spritze gewisse Nebenwirkungen hervorrufen kann, die die Fahrtüchtigkeit des Q einschränken können. Q verunglückt auf der Heimfahrt. Er wäre jedoch auch dann mit seinem Wagen gefahren und folglich verunglückt, wenn B ihn pflichtgemäß

559 Kausalität, S. 18 Fn. 1.

560 Weltbild, S. 132 f.

561 Ebenso Bydlinski, Probleme der Schadensverursachung, S. 10.

über die Spritze aufgeklärt hätte[562]. d) Auf Grund eines Rezeptes verkauft der Apotheker A der Mutter M des kranken Kindes K ein phosphathaltiges Medikament. Obwohl dieses Rezept keinen Hinweis des Arztes enthält, daß K nach Verbrauch der ersten Menge dieses Medikament erneut soll nehmen dürfen, händigt es A der M noch weitere vier Male aus. K stirbt an Phosphorvergiftung. Der Arzt hätte, wäre er gefragt worden, eine erneute (mehrfache) Einnahme des Mittels gestattet[563].

Die Fälle pflichtgemäßen Alternativverhaltens nehmen insofern eine Sonderstellung ein, als die meisten von ihnen zwar grundsätzlich solche mit h. K. sein *können*, jedoch häufig nicht sind[564]. Vielfach steht nämlich nicht fest, daß tatsächlich ein mit dem realisierten Schaden identischer dann eingetreten wäre, wenn sich der Täter pflichtgemäß verhalten hätte[565]. Wäre im Falle a) der D langsamer gefahren, so wäre er sicherlich später an die Unglücksstelle gekommen und F hätte dann vielleicht die Straße bereits vor Annäherung des D überquert[566]. Ob im Fall c) der B wirklich auch dann gefahren wäre, wenn B die nötige Aufklärung gegeben hätte, dürfte nur schwer oder kaum nachweisbar sein. In den Fällen b) und d) dagegen ist es nicht undenkbar, daß der entsprechende Nachweis geführt wird, so daß dann echte h.K. angenommen werden könnte. Von Interesse ist ein neueres Urteil des BGH (NJW 1972 S. 36 ff.): K erlitt mit einem von V gekauften Wagen einen schweren, von ihm allein verschuldeten Unfall; der Wagen wurde total beschädigt. V hatte den K beim Kauf arglistig getäuscht (indem er zwei Unfälle verschwiegen hatte, die den Wagen in Mitleidenschaft gezogen hatten). Es steht fest, daß K ohne Täuschung zwar nicht diesen, dafür aber einen anderen, mängelfreien Wagen von V gekauft hätte. – Der BGH bejahte bei der Prüfung von Schadensersatzansprüchen aus Delikt zunächst (bei I 3 a) den Ursachenzusammenhang „im natürlichen Sinn" zwischen dem Täuschungsmanöver des V und dem Unfall. Daß K mit einem anderen Wagen den *gleichen* Unfall erlitten hätte, meinte der BGH jedoch, gewiß zu Recht, nicht als sicher annehmen zu können. „Ein Autounfall hängt in seinem Geschehensverlauf so weitgehend von den individuellen Eigenschaften des in den Unfall verwickelten Fahrzeugs ab, daß sich

---

562 Abwandlung des Sachverhaltes, der dem Urteil des LG Konstanz NJW 1972 S. 2223 zugrunde lag.

563 Nach RGSt 15,151. – Auch der oben erwähnte Fall RGZ 141,365 gehört zu dieser Fallgruppe (siehe S. 177).

564 Daß diese Fälle generell nichts mit h.K. zu tun haben, wie Esser, Schuldrecht I, § 46 IV 2, meint, ist nicht richtig. Esser nimmt hier ein Problem des Rechtswidrigkeitszusammenhanges an. Beide Problemkreise schließen sich jedoch nicht gegenseitig aus.

565 So auch Münzberg, Verhalten und Erfolg, S. 130, 132 und Wissmann, NJW 1971 S. 550.

566 Richtig OLG Karlsruhe NJW 1958 S. 430. Vergl. auch BGH, Verkehrsrechtssammlung 20 S. 129. Zu beiden Urteilen Kahrs, Vermeidbarkeitsprinzip, S. 9, 176 ff.

unmöglich feststellen läßt, mit einem anderen Fahrzeug wäre der gleiche Unfall mit dem gleichen Geschehenslauf und den gleichen Unfallfolgen eingetreten."[567]
Wir brauchen jedoch diesen Fragen hier nicht weiter nachzugehen. Soweit in diesen Fällen echte h.K. gegeben ist, ist nicht die Frage nach der Kausalität, sondern die nach der Zurechnung problematisch[568]. Und soweit keine echte h.K. vorliegt, ergeben sich weder in bezug auf die Kausalität noch auf die Zurechnung Besonderheiten. Daß vielfach Fragen des *Beweisrechts*[569] Schwierigkeiten bereiten, liegt in der Natur der Sache, berührt jedoch unser Kausalitätsthema nicht unmittelbar.

IV. Die doppelte Kausalität

Wir stellten oben bei III. fest, daß die Fälle mit echter hypothetischer Kausalität hinsichtlich der Zurechnungsfrage nicht mit Hilfe von Kausalitätsüberlegungen gelöst werden können. Für die Abgrenzung der hypothetischen Kausalität von der realen ist wichtig die Unterscheidung von Objekt- und Vermögensfolgeschaden. Die Fälle mit echter hypothetischer Kausalität zeichnen sich, wie schon näher dargelegt, dadurch aus, daß ein Ereignis E stattgefunden hat, welches als konkreten (realen) Schaden den Zustand Z zur Folge hat und daß ein zweites Ereignis E' zu einem anderen Zeitpunkt, hätte nicht schon das Ereignis E stattgefunden, als konkreten (realen) Schaden einen Zustand Z' herbeigeführt hätte, der mit Z identisch sein würde. Weiter sahen wir, daß, wenn zwischen einem Ereignis E' und einem Objektschaden echte hypothetische Kausalität gegeben ist, damit zugleich zwischen E' und einem eventuell eingetretenen Vermögensfolgeschaden nur hypothetische, nicht aber reale Kausalität in Betracht kommen kann. Ein solcher ist real nur vom Ereignis E verursacht. War E' bereits für den Objektschaden nur hypothetisch kausal, kann es auch für den Vermögensfolgeschaden nicht *real* kausal geworden sein. Reale Kausalität für diesen setzt reale Kausalität für jenen voraus.

Demgegenüber geht es im Folgenden um die kausalstrukurmäßig wesentlich verschiedene Fallgruppe, zu der jene beiden Fälle 2 und 3 gehören, deren Erörterung wir uns oben (S. 175) für dieses Kapitel vorbehalten hatten. In diesen Fällen haben zwei verschiedene Ereignisse E und E' je *verschiedene Objekt*schäden Z und Z' zur Folge. Fraglich ist, welche Kausalitätsbeziehungen hinsichtlich der Vermögensfolgeschäden bestehen: ob und in bezug auf welche Ereignisse hier reale oder vielleicht hypothetische Kausalität gegeben ist.

567 Insoweit zustimmend Huber, JuS 1972 S. 440.

568 An der Kausalität ist nicht zu zweifeln; so auch Münzberg, Verhalten und Erfolg, S. 130 f.

569 Siehe hierzu Hofmann, Die Umkehr der Beweislast in der Kausalfrage.

Auch hier kann es wieder nur um einige grundsätzliche Überlegungen zum Problem der doppelten Kausalität gehen, das anhand einiger Beispielsfälle erörtert werden soll. Auf zahlreiche andere Falltypen und deren Varianten[570] kann im Rahmen dieser Arbeit nicht eingegangen werden. Denn ein jeder Falltyp erfordert eine spezielle und ins Einzelne gehende Kausalanalyse, ferner genaue Darlegungen zur Zurechnungsfrage. Diese Aufgabe muß späteren Untersuchungen vorbehalten bleiben. In vorliegendem Zusammenhang geht es darum, die *Methode* aufzuzeigen, nach der an die einschlägigen Fälle heranzugehen ist.

1. Doppelte Kausalität beim Erwerbsschaden

a) Zwei Beispielsfälle

Fall 1: X verursacht einen Verkehrsunfall, durch den A verletzt wird und als Dauerschaden die Lähmung des rechten Armes davonträgt. Er kann seinem Beruf als Geiger nicht mehr nachgehen. Ein Jahr später wird A erneut in einen Unfall verwickelt, den Y verursacht hat. Als Dauerschaden bleibt ein Rückenmarksleiden zurück, das bereits für sich allein geeignet ist, den A arbeitsunfähig zu machen.

Fall 2[571]: X fährt den auf der Landstraße gehenden A an und verletzt ihn so, daß dessen rechter Arm für Dauer gelähmt ist. Dadurch kann A seinem Beruf als Geiger nicht mehr nachgehen. Er leidet jedoch zugleich an einer anlagebedingten Rückenmarkskrankheit, die ihn – wie sich auf Grund eines ärztlichen Sachverständigengutachtens herausstellt – nach einem Jahr ebenfalls erwerbsunfähig gemacht hätte.

In beiden Fällen liegen jeweils zwei verschiedene reale Objektschadenszustände vor. Im Fall 1 hat X für alle Behandlungskosten, die dem A infolge der Armverletzung entstehen, und Y für diejenigen zu haften, die durch das Rückenmarksleiden veranlaßt werden. Entsprechendes gilt für Fall 2, nur daß sich hier der A wegen der durch das Rückenmarksleiden veranlaßten Kosten nicht an einen Dritten halten kann. Unzweifelhaft steht auch in beiden Fällen die Haftung jedes Erstschädigers für den *Erwerbs*schaden bis zum Eintritt des zweiten Gesundheitsschadens fest.

Die uns im Folgenden interessierende Frage lautet: Wie steht es mit der Haftung für den *nach* Eintritt des zweiten Gesundheitsschadens auftretenden Erwerbs-

570 Vergl. etwa bei Bydlinski, Probleme der Schadensverursachung, S. 94 ff.

571 Nähere Ausgestaltung des Falles 3 von oben S. 171.

schaden? Dieser stellt keinen Objektschaden, sondern einen echten Vermögensfolgeschaden dar (vergl. schon oben S. 173 ff.).

Handelt es sich hinsichtlich der Kausalität des 2. Ereignisses für diesen Erwerbsschaden um (echte) hypothetische oder um reale Kausalität? Bekanntlich versagt hier die Conditio-sine-qua-non-Formel selbst nach Ansicht ihrer Befürworter: Fragt man: „Was wäre, wenn der erste Unfall nicht geschehen wäre?", so lautet die Antwort nicht anders als auf die Frage: „Was wäre, wenn der zweite Unfall nicht geschehen wäre?" Für beide Fälle gilt, daß derselbe Schadenszustand durch das jeweils andere, nicht weggedachte Schadensereignis realisiert worden wäre, daß der Schaden also in beiden Fällen *nicht* entfallen wäre. Die Folgerung, daß demnach, etwa im Fall 1, der Erwerbsschaden weder die Folge des von X verursachten Objektschadens, noch die des von Y verursachten, also weder von X noch von Y verursacht worden ist, wird, außer von Bydlinski[572], wohl von niemandem gezogen. Was sollte auch als Ursache in Frage kommen, wenn nicht einer der beiden Objektschäden oder vielleicht gar beide gemeinsam?! Zum entsprechenden Ergebnis führt die Anwendung des Vermeidbarkeitsprinzips. X hätte im Fall 1 den Schaden nicht dadurch *vermeiden* können, indem er es nicht zum Unfall hätte kommen lassen. Ebensowenig hätte Y den Schaden durch Verhinderung des zweiten Unfalls vermeiden können. Um das Vermeidbarkeitsprinzip dennoch zu retten, „setzt" z.B. Kahrs[573] die „Bezugsebene zurechenbaren Geschehens" für jeden Täter so fest, daß der jeweils andere Täter nicht gehandelt hat. Hier wird das Vermeidbarkeitsprinzip besonders deutlich als reines *Zurechnungs*prinzip angewandt (siehe schon oben S. 35).

Da die Conditio-sine-qua-non-Formel in diesen Fällen versagt, erwartet man sich im allgemeinen von Kausalitätsbetrachtungen keinen Nutzen für die Lösung der Haftungsfragen. Regelmäßig versucht man über die Anwendung der Differenztheorie zu billigen Lösungen zu gelangen, indem man auf den Vergleich der beiden „Gesamt-"Vermögenslagen (mit und ohne in Rede stehendem Schadensereignis) abstellt. Im Fall 1 etwa, so argumentiert man hinsichtlich der Haftpflicht des X, würde, wenn der erste Unfall nicht geschehen wäre, Y für den Schaden haften. Tatsächlich hafte er aber nicht, weil der von ihm zu verantwortende Unfall nicht mehr real kausal für den Erwerbsschaden habe werden können. Also solle sich A an den X halten können. Im Fall 2 wäre A „schicksalsmäßig" ohnehin erwerbsunfähig geworden, so daß X aus diesem Grunde *nicht* zu haften brauche (siehe auch unten S. 195 ff.).

572 Siehe unten S. 187.

573 Vermeidbarkeitsprinzip, S. 108.

Der Differenztheorie liegt der Sache nach jedoch der gleiche Gedanke wie der Conditio-sine-qua-non-Formel zugrunde[574], nur daß sie i.d.R. als Theorie der Schadensberechnung aufgefaßt wird[575]. Die Fragestellungen sind beide Male gleich: wie wäre die Lage ohne das zu beurteilende Ereignis? (Hier zeigt sich erneut, daß der Conditio-sine-qua-non-Gedanke in Wahrheit nichts mit Kausalität, sondern mit – wertender – Zurechnung zu tun hat.) Die Differenztheorie kann daher ebensowenig zur Lösung der Haftungsfrage beitragen wie die C.-Formel.

Daß man der Kausalitätsfrage üblicherweise nicht näher nachgeht, stellt einen entscheidenden Fehler dar. Denn wir deuteten bereits an, daß eine genaue Analyse der Kausalitätsbeziehungen zu einem eindeutigen, von der h.M. abweichenden Ergebnis führt.

b) Wissenschaftstheoretische Kausalitätsprüfung

Wenden wir uns daher im Folgenden dieser Kausalitätsprüfung zu. Wir nehmen sie vom wissenschaftstheoretischen Verständnis des natürlichen (vorrechtlichen) Kausalitätsbegriffs ausgehend vor.

Wie bei fast allen Rechtsfällen handelt es sich auch bei den Erwerbsschadensfällen 1 und 2 um historische Ereignisse. Wir müssen also auf die Suche nach historisch-genetischen Erklärungen gehen, um die Kausalitätsverhältnisse erhellen zu können. Dabei ist die Besonderheit zu beachten, daß wir hier ausnahmsweise nicht nur *einen* Aspekt des historischen Sachverhaltes ins Auge fassen, sondern deren zwei.

Nehmen wir an, daß im Fall 1 der Unfall U, der von X verursacht wird, zum Zeitpunkt t_n geschieht. Die Folge dieses Unfalls ist eine bestimmte organische Veränderung des Körpers des A, die sich in der Lähmung des rechten Armes äußert. Damit hat der statische Vorgang „gelähmter rechter Arm" eingesetzt. Zum Zeitpunkt t_{n+x+1} kommt es zum zweiten Unfall U'. Auch von diesem Unfall ist die Folge eine bestimmte organische Veränderung des Körpers des A, die diesmal im Bereich des Rückenmarks lokalisiert ist. Vergl. hierzu das auf Seite 184 folgende Kausalschema.

Dieses Kausalschema berücksichtigt die realen *Objekt*schäden. Uns interessieren nun aber nicht in erster Linie diese, da die sie betreffenden Kausalbeziehungen, wie wir bereits sahen, keine Schwierigkeiten bieten. Wir wollen vielmehr den Vermögensfolgeschaden des Erwerbsschadens betrachten. Da dieser jedoch notwendig auf einem oder mehreren realen Objektschäden beruht, müssen wir an das eben aufgezeigte Kausalschema anknüpfen.

---

574 Vergl. die Ausführungen im Urteil des BGH LM Nr. 7 a zu § 840 BGB, bei 3 b.

575 Esser, Schuldrecht I, § 41 II 6; Enneccerus-Lehmann, Schuldrecht, § 14 I.

	Zustandsbeschreibung		
Zeit	Kausalreihe (a)	Kausalreihe (b)	Kausalreihe (c)
vorher	Fahrverhalten des A.	Fahrverhalten des X.	
t_n	Zusammenstoß der beiden Autos (Unfall).		
t_{n+1}	Organische Veränderungen des Körpers des A (Lähmung).		
in der Folgezeit	Aufrechterhaltung dieses organischen Zustands.		
t_{n+x}	Aufrechterhaltung dieses organischen Zustands *und* Fahrverhalten des den A chauffierenden Taxifahrers.		Fahrverhalten des X.
t_{n+x+1}		Aufrechterhaltung des organischen Zustands „Armlähmung" *und* Zusammenstoß der beiden Autos.	
t_{n+x+2}		Aufrechterhaltung des organischen Zustands „Armlähmung" *und* organische Veränderung des Körpers des A (Rückenmarksleiden).	
in der Folgezeit		Aufrechterhaltung beider organischer Schadenszustände.	

Der Erwerbsschaden äußert sich als *Schaden* letztlich in der Tatsache, daß A keine *Geldmittel* (oder evtl. Naturalien) erwerben kann, die er als gesunder Mensch auf Grund seiner Arbeitstätigkeit erworben hätte[576] (sei es als Freiberuflicher, sei es als Arbeitnehmer). Er erhält diese Geldmittel nicht, weil er nicht mehr als – wie wir annehmen wollen – angestellter Orchestermusiker in einem Arbeitsverhältnis stehen kann. Dies kann er nicht, weil er keinen Arbeitgeber findet und er findet keinen, weil er seine Geige nicht mehr spielen kann. An diesem Punkt der insgesamt sehr verwickelten Kausalkette zwischen Unfallverletzungen und Erwerbsschaden wollen wir ansetzen und alle späteren, eben angedeuteten Kausalglieder außer Betracht lassen, da sie unproblematisch sind. Auch gehen wir davon aus, daß keine Versicherungsansprüche usw. bestehen. Wir brauchen ferner nicht der Frage näher nachzugehen, wann sich im einzelnen der Vermögens-

576 BGH NJW 1970 S. 1411 (bei I 2 b bb).

schaden realisiert, ob z.B. nur zum jeden 1. eines Monats, wenn die Bezüge fällig geworden wären; denn diese Fragen haben auf die hier interessierende Problematik keinen Einfluß.

Was also ist für die Tatsache „A ist nicht in der Lage, die Geige zu spielen" kausal geworden? Wir müssen die Frage sogleich präzisieren. Denn bei dieser Tatsache handelt es sich um einen *Dauerzustand*, d.h.: zu jedem Zeitmoment nach t_{n+1} ist dieser Sachverhalt realisiert. Die Frage muß daher lauten: Was ist in jedem der einzelnen Zeitmomente t_{n+1}, t_{n+2}, . . . bis zum gegenwärtigen Zeitmoment für den Zustand „A ist nicht imstande, seine Geige zu spielen" kausal?

Greifen wir aus dem angeführten Kausalschema einige Zeitmomente heraus und untersuchen wir die ihnen zugehörigen Zustände auf die entsprechenden Kausalbeziehungen hin. Der zum Zeitpunkt t_{n+1} realisierte Zustand „Organische Verletzung ‚Lähmung' " hat u.a. zwei Einzelzustände zur Folge: zum einen den gleichen Zustand „organische Verletzung ‚Lähmung' " im folgenden Zeitpunkt t_{n+2} (statischer Vorgang) und zum anderen den Zustand des „Nicht-Geigespielen-Könnens", ebenfalls im Zeitpunkt t_{n+2}. Der Zustand „organische Verletzung ‚Lähmung' " zum Zeitpunkt t_{n+2} hat wiederum die entsprechenden zwei Zustände zur Folge u.s.w.

Das Kausalschema sieht etwa so aus:

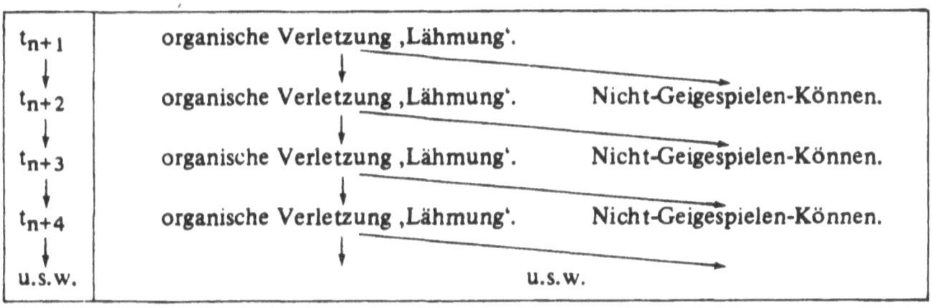

Daß ein jedes Schema dieser Art mit einer gewissen Zurückhaltung zu betrachten ist, versteht sich von selbst. Es ist in folgendem Sinn zu interpretieren. 1) Der Zustand „organische Verletzung ‚Lähmung' " wiederholt sich zu jedem Zeitpunkt, da alle wesentlichen Bedingungen in bezug auf diesen Zustand *gleichbleiben*. Es tritt keine Änderung dieser Bedingungen ein, wie dies z.B. bei einer Heilung der Lähmung der Fall sein würde. 2) Zu jedem Zeitpunkt würde A, wenn er den Willen fassen würde, Geige zu spielen, beim Versuch der *Ausführung* erfahren, daß er zu dieser Tätigkeit nicht (mehr) befähigt ist, weil er die Lähmung seines rechten Armes fühlt (ebenso geht es ihm hinsichtlich aller anderen ihm unmöglichen Tätigkeiten, die hier jedoch nicht interessieren). Dieser Zustand realisiert sich als Folge des Zustands „Lähmung" zu jedem Zeitpunkt aufs Neue.

Zu den Zeitpunkten t_{n+x+1} und den folgenden kommt es hinsichtlich der hier interessierenden Kausalbeziehungen zu Änderungen. Zum Zeitpunkt t_{n+x+1} tritt eine neue Kausalreihe (c) in Erscheinung. Sie führt zu einer weiteren organischen Verletzung des A, die sich diesmal in einem Rückenmarksleiden äußert. Die entscheidende Frage lautet nun: Treten von diesem Zeitpunkt ab Änderungen auch bei den den Zustand des „Nicht-Geige-spielen-Könnens" betreffenden Kausalbeziehungen ein? Um diese Frage beantworten zu können, bedarf es zuvor der Klärung einer anderen: Was empfindet A zum Zeitpunkt t_{n+x+2}, wenn er versucht, seine Geige zu spielen? Oder: Was würde er empfinden, wenn er es versuchte? Er erfährt realiter, daß er in doppelter Weise an solchem Vorhaben gehindert ist: zum einen dadurch, daß er seinen rechten Arm nicht bewegen kann und zum anderen dadurch, daß ihm bei den entsprechenden Bewegungsversuchen sein Rücken übermäßige Schmerzen bereitet.

Versuchen wir auch hier wieder, ein Kausalschema zu bilden. Zum Zeitpunkt t_{n+x+1} sind (u.a.) zwei bestimmte Zustände verwirklicht, die in organischen Verletzungen des A bestehen. Um eine möglichst genaue Kausalanalyse vornehmen zu können, führen wir sie getrennt auf:

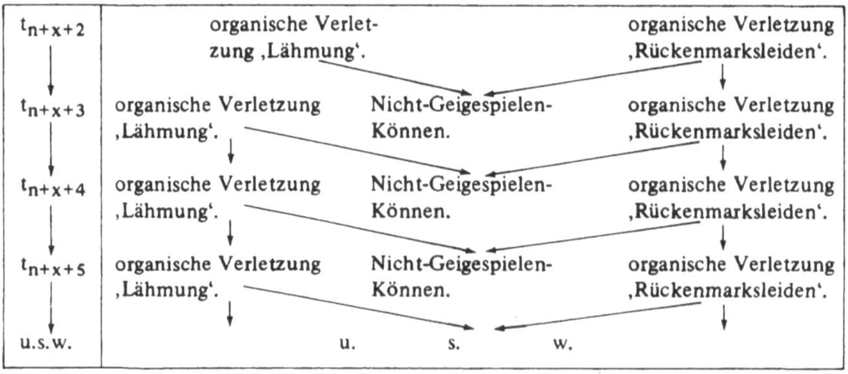

Dieses Schema ist entsprechend zu interpretieren, wie das auf Seite 185. D.h. also: Der Zustand „Lähmung" wiederholt sich zu jedem der nachfolgenden Zeitpunkte, da sämtliche relevanten Bedingungen gleichbleiben. Das Entsprechende gilt für den Zustand „Rückenmarksleiden". Hier liegen echte statische Vorgänge vor.

Ob es sich empfiehlt, auch hinsichtlich der Zustände „Nicht-Geige-spielen-Können" von einem echten statischen Vorgang zu sprechen, mag fraglich sein. Im einzelnen liegt hier sicherlich eine komplexere Kausalstruktur vor als in bezug auf die beiden Verletzungszustände. Jedoch kann die Frage hier auf sich beruhen bleiben. Wesentlich ist nur die eine Tatsache: Jeder Zustand des „Nicht-Geige-spielen-Könnens" ist kausal bedingt sowohl durch den einen vorangegangenen

Verletzungszustand *als auch* durch den anderen. Diese Kausalanalyse beruht auf den in *empirischer* Weise gewonnenen Erfahrungen. Das Ergebnis der vorliegenden Untersuchung ist daher: Es liegt im Fall 1 hinsichtlich des Erwerbsschadens echte *doppelte* Kausalität vor. Der Schaden wurde und wird ab dem Zeitpunkt t_{n+x+3} sowohl vom einen als auch vom anderen Verletzungszustand *real* verursacht. Es handelt sich hier jedoch nicht um bloße *Mit*ursächlichkeit in dem Sinn, daß der Erwerbsschaden die Folge nur beider Objekt-(Gesundheits-)Schäden *zusammen* ist, sondern darum, daß ein jeder Objektschaden den Erwerbsschaden unabhängig vom anderen, daß diesen also sowohl der eine als auch der andere zur Folge hat. Voraussetzung hierfür ist, daß jeder der realen Objektschäden schon für sich allein geeignet ist, den Erwerbsschaden herbeizuführen[577].

Bydlinski würde unseren Fall dagegen folgendermaßen beurteilen: Zwar haben X und Y in der Tat jeweils „etwas" verursacht, nämlich die verschiedenen organischen Veränderungen des Körpers des A[578]. Jedoch hat weder die eine noch die andere Verletzung den *Erwerbsschaden* verursacht, da dieser auch ohne die jeweils andere Verletzung entstanden wäre. Die Ursächlichkeit eines jeden Unfalls erstreckt sich nicht weiter als auf die betreffenden Körpereinwirkungen. – Der

---

577 Hinsichtlich der Bezeichnungen für diese Art von Kausalität besteht eine große begriffliche Verwirrung. Zu den gängigsten Bezeichnungen, die im Gebrauch sind, zählen: „kumulative", „alternative", „parallele", „konkurrierende" und „doppelte" Kausalität. Dabei werden die ersten beiden für kausalmäßig jeweils *verschieden* strukturierte Fallgruppen und, soweit ersichtlich, nur die drei letzteren ausschließlich für die hier interessierende Fallgruppe verwendet.

Fälle, in denen von zwei Ereignissen ein jedes schon für sich allein den ganzen Erfolg herbeizuführen geeignet ist (also solche des gegenwärtigen Kontextes), behandeln unter der Bezeichnung „kumulative" Kausalität z.B. Larenz (Schuldrecht I, § 27 III a), Bydlinski (Probleme der Schadensverursachung, S. 15, 67 f.) und Enneccerus-Lehmann (Schuldrecht, § 15 III 6), unter der Bezeichnung „alternative" Kausalität z.B. Staudinger-Werner-Kaduk (Komm. zum BGB, Rdn. 38 vor §§ 249–255), Rother (NJW 1965 S. 178) und Enneccerus-Lehmann (Schuldrecht, § 15 III 6), unter der Bezeichnung „parallele" Kausalität z.B. Dunz (NJW 1966 S. 134), unter der Bezeichnung „konkurrierende" Kausalität z.B. Weckerle (Verantwortlichkeit, S. 6) und unter der Bezeichnung „doppelte" Kausalität z.B. Larenz (Schuldrecht I, § 27 III a), Bydlinski (Probleme der Schadensverursachung, S. 67) und Dunz (NJW 1966 S. 134). Wegen der großen Anschaulichkeit schlage ich die Bezeichnung „doppelte" Kausalität vor.

Unter der Bezeichnung „kumulative" Kausalität wird demgegenüber noch der Fall verstanden, daß zwei Ereignisse nur *zusammen* den Schadenserfolg herbeiführen (können), z.B. von Rother (NJW 1965 S. 178) und mit „alternativer" Kausalität wird auch der Fall des § 830 I 2 BGB gemeint, so z.B. von Bydlinski (Probleme der Schadensverursachung, S. 67).

Vergl. weitere Nachweise zur Terminologie bei Weckerle, Verantwortlichkeit, S. 6 Fn. 15.

578 Probleme der Schadensverursachung, S. 20.

Fehler dieser Argumentation liegt nach der hier vertretenen Auffassung darin, daß Bydlinski Kausalität (bewußt) nicht auf rein empirische Gegebenheiten bezieht und die jeweiligen Kausalketten nicht systematisch analysiert, vielmehr von der unserer Meinung nach als *Kausalitäts*formel untauglichen Conditio-sine-qua-non-Formel ausgeht. Geht man so vor, wie wir es getan haben, so erkennt man, daß sich die Kausalketten („Ursächlichkeiten") der beiden Unfälle sehr wohl bis hin zu jenem Sachverhalt erstrecken, der den endgültigen Erwerbsschaden ausmacht, nämlich den, daß A mangels Arbeitsleistung keine Geldmittel (mehr) erhält. Für unseren Fall 1 würde Bydlinski annehmen, daß nur die beiden Unfälle *zusammen* conditio sine qua non sind, nicht aber jeder Unfall für sich allein. Richtiger Ansicht nach ist es jedoch gerade umgekehrt: *Jeder* Unfall ist real kausal für den ganzen Erwerbsschaden. Beide Unfälle in ihrer *Gemeinsamkeit* sind hingegen für den Erwerbsschaden keine „notwendige" Bedingung.

Die Folgerung, die aus unseren Kausalitätserkenntnissen für den Fall 1 hinsichtlich der *Haftungs*frage zu ziehen ist, soll später erörtert werden. In vorliegendem Zusammenhang wollen wir die Untersuchungen zur Kausalität fortsetzen.

Es bedarf keiner besonderen Hervorhebung, daß, akzeptiert man die vorstehende Kausalanalyse für Fall 1, eine in gleicher Weise vorgenommene Analyse der Kausalbeziehungen im Fall 2 zu *entsprechenden Ergebnissen* führt: Ursächlich für den Erwerbsschaden nach Ausbruch der anlagebedingten Krankheit (des Rückenmarksleidens) ist sowohl diese als auch die Unfallverletzung (Lähmung des rechten Armes).

Die vorstehenden Kausalanalysen stützen sich maßgeblich auf die wissenschaftstheoretischen Erkenntnisse zur Kausalität. Sie wurden anhand des oben S. 63 f. vorgestellten Grundstrukturmodells der kausalen Erklärung vorgenommen. Wesentlich bei dieser Methode ist, daß das *historische Ereignis* in die einzelnen *Kausalglieder* („Zustände") zerlegt wird. Um die gegebenen Kausalbeziehungen aufdecken zu können, bedarf es zunächst der Betrachtung jeweils zweier zeitlich benachbarter *Einzelkausalglieder* (Mikroanalyse). Sind sämtliche Einzelglieder einer Geschehenskette untereinander durch Kausalbeziehungen verbunden, so läßt sich daraus auf die Kausalbeziehungen zwischen zeitlich weiter auseinander liegenden Gliedern schließen. So z.B. im Fall 1: Es bestehen im Zeitpunkt t_{n+x+r} sowohl Kausalbeziehungen zwischen dem ersten Unfall U und dem Erwerbsschaden als auch zwischen dem zweiten Unfall U' und dem Erwerbsschaden. Entsprechendes gilt für Fall 2.

c) Erste Kontrollprüfung des gewonnenen Ergebnisses

Zum Zwecke der Zerstreuung vornehmlich intuitiver Bedenken gegen die vorstehend gewonnenen Ergebnisse und die angewandte wissenschaftstheoretische Methode soll im Folgenden ein ganz anderer, nicht streng wissenschaftstheoretisch orientierter Weg aufgezeigt werden, auf dem man in einem strukturell entsprechend gelagerten Fall zum gleichen Ergebnis der realen doppelten Kausalität gelangt.

Das Ziel ist, die Kausalbeziehungen des folgenden Falles 3 aufzudecken: Der Lagerarbeiter A wird durch einen Autounfall verletzt. Die Folge der Unfallverletzungen sind dauernde so starke Kopfschmerzen, daß A nicht mehr seiner Arbeit nachgehen kann. Nach 3 Jahren wird A erneut in einen Verkehrsunfall verwickelt und trägt ein dauerndes Beinleiden davon, das die Erwerbsunfähigkeit spätestens zu diesem Zeitpunkt zur Folge hätte, wäre A nicht schon auf Grund des ersten Unfalls arbeitsunfähig geworden.

Um die Kausalitätsfragen dieses Falles lösen zu können, betrachten wir zunächst verschiedene Fallabwandlungen. Diese sind zwar sehr konstruiert; jedoch sind sie andererseits nicht so lebensfremd, als daß sie nicht in der Realität denkbar wären[579].

aa) Wie stünde es um die Kausalbeziehungen, wenn wir uns den Ausgangsfall folgendermaßen denken: Die Folgen des ersten Unfalls äußern sich in Kopfschmerzen, die nachmittags auftreten und die die Arbeitsfähigkeit des A um 25 % mindern. Der zweite Unfall hat zur Folge, daß die Arbeitsfähigkeit des A wegen der Gehbehinderung um 20 % gemindert wird.

Die Kausalbeziehungen liegen in diesem Beispiel auf der Hand. A erfährt sie unmittelbar „am eigenen Leibe". Er bemerkt, wie ihm die Kopfschmerzen hinderlich sind und er bemerkt ebenso, wie ihm das Beinleiden beschwerlich ist. Da die Kopfschmerzen erst am Nachmittag auftreten, kann er das Ausmaß der Folgen jedes Leidens für sich auf seine Arbeitsfähigkeit feststellen. Durch beide Leiden ergibt sich am Nachmittag eine Minderung der Arbeitsfähigkeit von insgesamt ca. 45 %. Freilich liegt in dieser Rechnung eine gewisse Vereinfachung. Zwar „summieren" sich die beiden Leiden am Nachmittag und A kann auch feststellen, wie sich dies auf seine Arbeitsleistung auswirkt. Aber selbstverständlich ist die verminderte Arbeitsfähigkeit am Nachmittag zu jedem Zeitpunkt die Folge stets *beider* Leiden. Er kann nicht so schnell hantieren und laufen, weil ihm das Bein- *und* das andere Leiden zugleich hinderlich sind. Beide Leiden sind für den Erwerbsschaden *mit*ursächlich.

---

579 Vergl. etwa den Sachverhalt, der dem Urteil des BGH LM Nr. 7 a zu § 840 BGB zugrunde liegt: Der Putzer M erlitt durch einen ersten Verkehrsunfall eine Verletzung des rechten Beines (Schienenbeinkopfbruch mit der Folge einer Beinverkürzung um 2 cm und Muskelschwäche am Ober- und Unterschenkel); als Dauerschaden blieb eine Einschränkung der Belastungsfähigkeit des Beines zurück (Erwerbsminderung ca. 50 %). Ein halbes Jahr später wurde M erneut in einen Verkehrsunfall verwickelt und erlitt eine Verletzung des rechten *Fußes* (Verrenkungsbruch des Fußgelenkes); als Dauerschaden blieb eine Einschränkung der Belastungsfähigkeit des rechten Fußes zurück, ferner wurde das Fußabrollen erschwert.

bb) Nehmen wir als weitere Fallabwandlung an, daß sich das Kopfschmerzenleiden nach einiger Zeit verschlimmert. Nach 6 Jahren besteht folgende Situation: Die Kopfschmerzen treten zwar weiterhin erst am Nachmittag auf, jedoch dann so schnell und stark, daß seine Arbeitsfähigkeit dadurch um ca. 50 % gemindert wird. Insgesamt verfügt A am Nachmittag also nur noch über ca. 30 % seiner früheren Arbeitsfähigkeit.

Die Kausalbeziehungen sind auch in diesem Fall leicht feststellbar. Es besteht eine solche zwischen dem Beinleiden und der Tatsache, daß A sowohl vor- als auch nachmittags in bestimmter Weise gehbehindert ist. Es besteht ferner eine Kausalbeziehung zwischen dem Kopfschmerzenleiden und der Tatsache, daß A nachmittags in bestimmter Weise durch auftretende Kopfschmerzen gezwungen ist, langsamer zu hantieren als früher. Beide Kausalbeziehungen in ihrer Gemeinsamkeit äußern sich darin, daß A in bestimmtem Ausmaß seine Arbeit nur *langsamer* zu verrichten vermag. Auch hier läßt sich das Ausmaß, in beiden Tageshälften verschieden, einigermaßen genau ermitteln.

cc) Nehmen wir an, daß sich nach weiteren 3 Jahren auch das Beinleiden verschlimmert. A kann nun auch am Vormittag nur noch 1/4 des Arbeitspensums schaffen, das er vor den beiden Unfällen bewältigte. In der ersten Tageshälfte ist er also nun zu 75 % arbeitsunfähig. Was gilt indes für den Nachmittag? Hier war er zu ca. 70 % bereits bisher arbeitsunfähig. Zu 125 % kann er es nicht geworden sein, sondern nur zu 100 %. Diese *völlige Arbeitsunfähigkeit* ist jedoch real die Folge sowohl des einen als auch des anderen Leidens in ihrer je konkreten Intensität, d.h.: jeden Zeitmoment ist A deswegen arbeitsunfähig, weil ihn *beide* Beschwerden an der Arbeit hindern.

dd) Nehmen wir nun an, daß jedes der beiden Leiden schon für sich allein den *ganzen* Tag die völlige Arbeitsunfähigkeit zur Folge hätte, wäre nicht zugleich das jeweils andere Leiden gegeben (Ausgangsfall 3). In konsequenter Fortführung unserer bisherigen Überlegungen kann die Antwort auf die Frage nach den Kausalbeziehungen nur lauten: Kausal für die Arbeitsunfähigkeit ist sowohl das eine als auch das andere Leiden. Auch hier ist es wieder so, daß A in jedem Zeitmoment, in welchem er zu arbeiten versucht, die *beiden* Leiden spürt, und zwar jedes Leiden in seiner konkreten Intensität. Es ist nicht etwa so, daß A schon wegen seines Beinleidens arbeitsunfähig ist und nun wegen des anderen Leidens nicht „noch einmal“ arbeitsunfähig werden kann. Eine solche Trennung würde den realen Gegebenheiten nicht entsprechen. Hier gerade liegt der Grund dafür, daß es sich um *reale (doppelte) Kausalität* und nicht um hypothetische handelt.

d) Zweite Kontrollprüfung des gewonnenen Ergebnisses

Schließlich sei noch eine dritte Möglichkeit angedeutet, die Kausalbeziehungen in Fällen zu erhellen, die die gleiche Struktur wie die Beispiele 1 und 2 aufweisen. Dieser Weg kann freilich keinen Anspruch auf Wissenschaftlichkeit erheben. Er resultiert vielmehr aus vorwissenschaftlichen Überlegungen des „normalen Menschenverstandes".

Fall 4: Nehmen wir an, daß A bei einem Unfall einen Beinbruch erleidet. Er muß sich im Krankenhaus behandeln lassen und ist folglich für eine bestimmte Zeit arbeitsunfähig. Als er nach drei Wochen aus dem Krankenhaus entlassen wird, da für die restliche Zeit der Genesung häusliche Pflege ausreichend ist, wird er auf der Fahrt nach Hause erneut in einen Unfall verwickelt, wobei er eine schwere Armverletzung davonträgt, die eine erneute Krankenhausbehandlung nötig macht. Während das Bein nach weiteren drei Wochen vollständig ausgeheilt ist, kann A wegen der Armverletzung erst sechs Wochen nach dem zweiten Unfall wieder arbeiten.

Welche Kausalbeziehungen bestehen für die Zeit der drei Wochen nach dem zweiten Unfall hinsichtlich der Arbeitsunfähigkeit? Für Kausalzusammenhänge kommen nur in Betracht die Beinverletzung und die Armverletzung (wir lassen hier außer Betracht, daß letztlich die Armverletzung durch den ersten Unfall und damit durch die Beinverletzung *mit*verursacht wurde). Intuitiv ziehen wir nur drei denkbare Möglichkeiten in Erwägung: a) entweder ist die Beinverletzung allein kausal, oder b) es ist die Armverletzung allein kausal, oder schließlich c) es sind *beide* Verletzungen kausal. Eine vierte Möglichkeit halten wir nicht für denkbar.

Betrachten wir die Möglichkeit a). Wir müssen hier von der Voraussetzung ausgehen, daß die Armverletzung *nicht* (allein oder mit-)kausal ist. Das würde aber bedeuten, daß die Armverletzung nach Heilung des Beinbruchs für die folgende Arbeitsunfähigkeit kausal zu werden *beginnt*. Diese (beginnende) Ursächlichkeit ihrerseits würde wiederum durch die Heilung der Beinverletzung bedingt sein. Anders ausgedrückt: Die Heilung der Beinverletzung würde für die Arbeitsunfähigkeit bis zur Heilung der Armverletzung kausal sein. Dieses Ergebnis erscheint uns widersinnig.

Zur Möglichkeit b) ist folgendes zu sagen. Sie würde bedeuten: Die Armverletzung hat zur Folge, daß die Beinverletzung ihrerseits ab dem zweiten Unfall die Arbeitsunfähigkeit nicht mehr zur Folge hat. Für diese Annahme scheint uns ebenso wenig ein Grund gegeben zu sein wie für die vorherige.

Damit bleibt nur noch die Möglichkeit, daß sowohl die erste als auch die zweite Verletzung die Arbeitsunfähigkeit zur Folge hat (Möglichkeit c). Dieses Ergebnis erscheint uns auch nicht als unsinnig.

e) Gegensatz: hypothetische Kausalität

Bei den bisherigen Beispielsfällen 1 bis 4 hatten wir es, wie wir sahen, hinsichtlich der Objektschäden mit realer einfacher Kausalität und hinsichtlich der Erwerbsschäden mit realer doppelter Kausalität zu tun. Die zwei verschiedenen Ereignisse realisierten jeweils zwei verschiedene Objektschäden, von denen dann sowohl der eine als auch der andere den *einen* Erwerbsschaden herbeiführte. Dabei handelt es sich, worauf noch einmal kurz hingewiesen sei, nicht um bloße *Mit*ursächlichkeit. Zur Verdeutlichung jenes Falltypes, bei dem hinsichtlich des Erwerbsschadens demgegenüber echte *hypothetische* Kausalität vorliegt, sei folgendes Beispiel gegeben:

Fall 5: A ist Bergführer und verliert durch einen von X zu vertretenden Verkehrsunfall zum Zeitpunkt t_n sein rechtes Bein. Dadurch wird er erwerbsunfähig. Nach drei Jahren, zum Zeitpunkt t_{n+x}, wird er erneut in einen Verkehrsunfall verwickelt, den Y zu verantworten hat. Hierbei wird die Beinprothese des A in der Weise zerstört, daß aus dem Unfallverlauf eindeutig geschlossen werden kann: wenn A sein rechtes Bein nicht durch den ersten Unfall verloren hätte, so hätte es nach dem zweiten amputiert werden müssen.

X hat als Objektschaden den Verlust des Beines verursacht, Y die Zerstörung der Beinprothese. Das Kausalschema für die Zeit unmittelbar nach dem ersten Unfall sieht folgendermaßen aus:

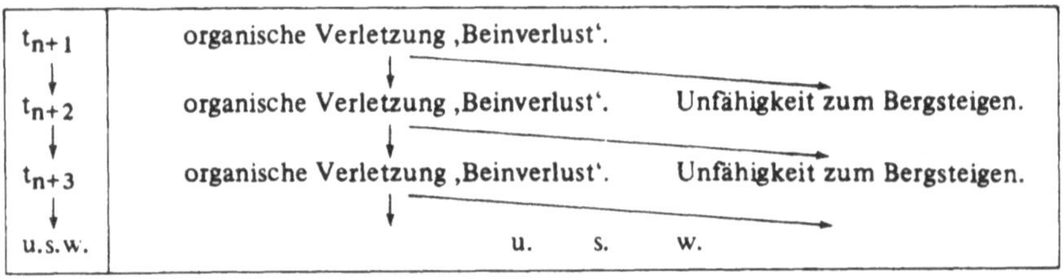

Für die Zeit nach dem zweiten Unfall gilt:

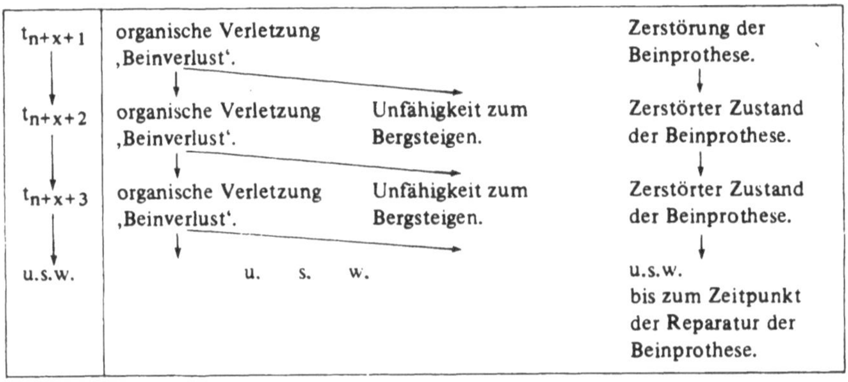

Eine Körperverletzung des A als Folge des zweiten Unfalls ist nur als hypothetische vorstellbar. Infolgedessen ist auch eine Arbeitsunfähigkeit, die diese zur Folge hätte, nur als hypothetische Folge denkbar. Die Unfähigkeit zum Bergsteigen ist die Folge des Beinverlustes. An dieser Tatsache hat der zweite Unfall nichts geändert. Am Beinverlust änderte sich auch weder etwas durch die Anfertigung einer Prothese noch durch deren Zerstörung. Nach dem ersten Unfall hatte die Anfertigung der Prothese für A zur Folge, daß er sich in beschränktem Rahmen frei, und etwa nur mit einem Stock versehen, bewegen konnte. Die Zerstörung der Prothese hatte zur Folge, daß diese *neu* gewonnene Bewegungsfreiheit wieder verloren ging – mehr nicht.

Anders läge der Fall, wenn der A durch den zweiten Unfall zusätzlich noch sein linkes Bein verloren hätte. Dann lägen zwei reale Objektschäden vor, von denen jeder *bereits für sich allein* geeignet wäre, den A zum Bergführen unfähig zu machen. A würde in diesem Fall die Hinderung durch den Verlust *beider* Beine erfahren. Nach dem zweiten Unfall würde daher sowohl die eine als auch die andere Verletzung für die Arbeitsunfähigkeit kausal sein.

2. Doppelte Kausalität in anderen Fällen

Die Frage nach hypothetischer oder realer doppelter Kausalität für Vermögensfolgeschäden taucht nun keineswegs nur dann auf, wenn der Schaden in Arbeitsunfähigkeit oder Minderung von Arbeitsfähigkeit besteht. Erinnern wir uns an den Büchereiwagenfall (oben S. 171 als Fall 2), dessen Behandlung wir (ebenso wie den dortigen Fall 3, den wir vorstehend als Fall 2, S. 181, untersucht haben) zunächst ausgesetzt hatten (S. 175). Wir stellten bereits fest, daß hinsichtlich der Objektschäden kein Fall mit hypothetischer Kausalität gegeben ist. Vielmehr haben X und Y an dem Büchereiwagen jeweils verschiedene *reale* Objektschäden verursacht.

Nehmen wir für diesen Büchereiwagenfall an, daß die Wartezeit bis zum Beginn der Reparaturarbeiten eine Woche beträgt und daß beide Reparaturen selber je einen Tag dauern. Damit steht zunächst fest, daß beide Unfälle für je einen (Reparatur-)Tag Nutzungsausfall real kausal sind. Wie aber steht es hinsichtlich des Nutzungsausfalls für die sieben Tage Wartefrist? Daß A den Wagen der Werkstätte übergab, war die Folge sowohl der einen als auch der anderen Beschädigung. Für den Nutzungsausfall während dieser Zeit sind daher *beide* Unfälle real kausal (doppelte Kausalität).

Reinecke[580] bringt folgendes Beispiel (Fall 6):A beschädigt in der Fabrik des F schuldhaft einen Dieselmotor. Kurze Zeit darauf kommt es wegen eines Kabelschadens zum Stromausfall, der die gesamte Produktion in der Fabrik lahmlegt, und zwar über den Zeitpunkt hinaus, in welchem der Dieselmotor wieder repariert ist. – Nach Reinecke ist das Zweitereignis „für die Abschätzung des Gewinn-

580 Schaden und Interesseneinbuße, S. 175.

entgangs zu berücksichtigen, zumal das Zweitereignis in der eigenen Sozial- und Risikosphäre des F liegt. Außerdem ist in unserem gegenwärtigen technischen Zeitalter diese Schadensentstehung dem typischen Unternehmerrisiko zugeordnet."
Bevor wir die eigentlichen Zurechnungsfragen beurteilen können, bedarf es (wegen der Geltung des Verursachungsgrundsatzes) zunächst der Klärung, wie es um die Kausalitätsverhältnisse steht. Nehmen wir an, daß der Produktionsschaden, der durch den vierstündigen Ausfall des Dieselmotors allein entstanden wäre, darin bestanden hätte, daß 100 der in der Fabrik produzierten Artikel nicht hätten hergestellt und daher nicht hätten verkauft werden können. Der Stromausfall setzte, so wollen wir annehmen, eine Stunde nach Ausfall des Dieselmotors ein und dauerte fünf Stunden, so daß der reale Schaden in der Nichtproduktion von insgesamt 150 Artikeln besteht. Der gesamte Betrieb steht still, ohne daß es einen Unterschied macht, ob nur einer oder mehrere Motoren ausfallen. Andererseits: Voraussetzung dafür, daß die Produktion läuft, ist, daß auch nicht ein einziger Motor stillsteht. Strukturmäßig sind hier die gleichen Kausalitätsverhältnisse gegeben wie bei den Erwerbsschadensfällen. Wenn der Dieselmotor ausfällt, so ist davon die Folge, daß die Produktion stillsteht. Wenn der Strom und damit die übrigen Motoren (also jene mit Ausnahme des Dieselmotors) ausfallen, so ist die Folge davon ebenfalls, daß die Produktion stillsteht. Wenn schließlich sowohl der Dieselmotor als auch die anderen Motoren ausfallen, so ist auch hiervon die Folge ein Produktionsstillstand. Der Ausfall eines jeden Motors ist für den Produktionsstillstand kausal relevant. Denn er hätte auch *für sich allein* diesen Stillstand herbeiführen können (so wie es hinsichtlich des Dieselmotors für die erste Stunde auch tatsächlich geschehen ist). Im Fall 6 ist somit für drei Stunden (nämlich für die zweite bis vierte Stunde nach Ausfall des Dieselmotors) sowohl der Ausfall des Dieselmotors als auch der Ausfall der übrigen Motoren (wegen Stromausfalls) real kausal für den Produktionsausfall (doppelte Kausalität). Zur Haftungsfrage kommen wir später.

Entsprechend wie im Fall 6 liegt es im folgenden Fall 7: A bestellt bei verschiedenen Lieferanten bestimmte Teile, um aus ihnen ein Gerät herzustellen. Die Lieferanten B und C liefern vertragswidrig nicht. Für die Tatsache, daß A das Gerät nicht herstellen kann, sind die Nichtlieferungen sowohl des B als auch des C real kausal. Zu diesem Ergebnis kommt in einem entsprechenden Fall schon Engisch[581]. Die Schwierigkeiten, die im Büchereiwagenfall und in den Fällen 6 und 7 auftreten, liegen u.a. darin begründet, daß die Möglichkeiten der *empirischen Wahrnehmung* der verschiedenen Kausalitätsbeziehungen *beschränkt* sind. Während wir uns in den Fällen 1 und 2 (oben S. 181 f.) und besonders im Fall 3 (S. 189) bei Feststellung der Kausalbeziehungen auf empirische Beobach-

581 Engisch, Kausalität, S. 30; im Ergebnis ebenso Rümelin, AcP 90 (1900) S. 285.

tungen der Verletzten (Arbeitsunfähigen) stützen können, ist uns dies in den anderen Fällen nicht möglich. Hier liegen daher zugleich die größten *erkenntnistheoretischen* Probleme begründet, denen sich auch die Wissenschaftstheorie bisher nicht gewidmet hat.

3. Zur Haftungsfrage

Bisher haben wir uns ausschließlich mit Fragen nach den Kausalbeziehungen befaßt. Dies war nötig, um festzustellen, welche Ereignisse für welche Schadenszustände real kausal sind. Denn wegen des Verursachungsgrundsatzes kommt eine Schadenshaftung nur dann in Betracht, wenn eine solche reale Kausalität vorliegt. Obwohl es im Rahmen der vorliegenden Arbeit in erster Linie um Fragen der Kausalität und nicht solche der Zurechnung geht (so ließen wir die Zurechnungsfragen bei den Fällen mit echter hypothetischer Kausalität bewußt offen), sollen im Folgenden einige Überlegungen zur Zurechnung bei Fällen mit realer doppelter Kausalität angeschlossen werden, da sich für diese Fälle von der h.M. abweichende Haftungskonsequenzen ergeben.

Für den Fall 1 (oben S. 81) stellten wir fest, daß für die Arbeitsunfähigkeit des A nach dem zweiten Unfall sowohl X als auch Y real kausal ist (doppelte Kausalität). Soweit für einen Fall dieser Art – entgegen der hier vertretenen Meinung – hinsichtlich des in Rede stehenden Erwerbsschadens *hypothetische* Kausalität des zweiten Unfallgeschehens angenommen wird, bejaht man ein Haftung des für den ersten Unfall Verantwortlichen (X) zumeist mit der Begründung, daß der Geschädigte (A) ohne diesen ersten Unfall einen Ersatzanspruch gegen den Verantwortlichen des zweiten Unfalls (Y) haben würde, der ihm nun – wegen des ersten Unfalls – nicht zustehe. Aus diesem Grunde solle er nicht leer ausgehen[582]. Diese Lösung geht von zwei Voraussetzungen aus: 1. daß der zweite Unfall den Erwerbsschaden nur hypothetisch, nicht aber real zur Folge hat und 2. daß – wegen 1. – der für den zweiten Unfall Verantwortliche (Y) für den Schaden nicht haftet, jedoch im Falle, daß der erste Unfall nicht geschehen wäre, haften würde („hypothetischer Anspruchsgegner", Erman-Sirp).

Auch für unser Beispiel 2 hatten wir festgestellt, daß *beide* Schadensereignisse (sowohl der Unfall als auch der Ausbruch der anlagebedingten Krankheit) für den Erwerbsschaden *real* kausal sind. Demgegenüber wird in der Literatur auch

---

582 Für die Annahme von hypothetischer Kausalität z.B. Soergel-Reim. Schmidt, Komm. zum BGB, Rdn. 75 zu §§ 249–253. A. A. Erman-Sirp, Komm. zum BGB, Rdn. 48 zu § 249 (keine hypothetische Schadensursache, sondern ein „hypothetischer Anspruchsgegner"). – Für die Nichtberücksichtigung des zweiten Ereignisses wegen des sonst gegebenen Anspruchs gegen den hypothetischen Schädiger BGH LM Nr. 19 zu § 249 (Ba)BGB bei II 2 b am Ende und BGH LM Nr. 12 zu § 249(Ba)BGB; Erman-Sirp a.a.O.; Larenz, Schuldrecht I, § 30 I; Rother, Haftungsbeschränkung im Schadensrecht, S. 212; h.M.

für diesen Fall teilweise echte hypothetische Kausalität angenommen[583], während der BGH in einem solchen Fall die reale Kausalität des Unfalls für die Erwerbsunfähigkeit *begrenzt* sieht durch den Ausbruch der anlagebedingten Krankheit[584].

Keine dieser Lösungen kann jedoch befriedigen. Weder ist, wie unsere Kausalanalysen gezeigt haben, in den Fällen 1 und 2 hypothetische, noch im Fall 2 eine nur begrenzte Kausalität (des ersten Ereignisses) gegeben (siehe oben).

Mit dem Vorliegen von realer doppelter Kausalität in den Faällen 1 und 2 sind alle Voraussetzungen für eine Haftung sowohl von X als auch von Y im Fall 1, bzw. für eine Haftung von X im Fall 2 unproblematisch bis auf eine: Können sich im Fall 1 beide je für sich darauf berufen, daß der gleiche Schaden auch ohne jeweils ihr eigenes Verhalten bzw. kann sich im Fall 2 der X darauf berufen, daß der gleiche Schaden ohne sein Verhalten ebenfalls entstanden wäre?

Wir treffen hier wieder auf die gleichen Fragestellungen, die wir schon oben (S. 177) bei den Grundsätzen des Ausgleichsprinzips, des § 249 BGB und der Conditio-sine-qua-non-Formel im Zusammenhang mit der Schadenszurechnung kennengelernt haben. Hinter ihnen steht die Überzeugung, daß z.B. im Fall 1 *reale* Kausalität nur dem ersten Schadensereignis vorbehalten sei, während demgegenüber dem zweiten wegen Eintritt des ersten *von vornherein* keine (reale) Kausalität (mehr) zukommen könne und daß im Fall 2 die reale Kausalität des ersten Schadensereignisses wegen der späteren realen Kausalität des zweiten Ereignisses (Ausbruch der anlagebedingten Krankheit) von vornherein begrenzt sei. Das würde in bezug auf den entstandenen Schaden bedeuten: Im Fall 1 könnte das zweite Schadensereignis keinen Schaden (mehr) zur Folge haben und im Fall 2 würde der durch den Unfall verursachte Schaden nur bis zum Ausbruch der anlagebedingten Krankheit reichen.

---

583 Enneccerus-Lehmann, Schuldrecht, § 15 III 5; ebenso wohl auch Rother, Haftungsbeschränkung im Schadensrecht, S. 217.

584 Vergl. BGH LM Nr. 7 a zu § 840 BGB bei 3 b: „Nur wenn die Feststellung möglich wäre, daß durch die Folgen des ersten Unfalls (unabhängig vom zweiten Unfall) in einem bestimmten Zeitpunkt ohnehin eine Erwerbsminderung eingetreten wäre, würde insoweit der Schaden der Zweitbeklagten nicht zuzurechnen sein. Nach der sog. Differenzmethode hat die Ermittlung eines fortlaufenden Erwerbsschadens nämlich derart zu erfolgen, daß die auf die Erwerbsfähigkeit bezogene Vermögenslage des Betroffenen, wie sie sich tatsächlich ergeben hat, mit der Vermögenslage verglichen wird, wie sie ohne den vom Schädiger zu vertretenden Umstand eingetreten wäre. Diese Prüfung, die notwendig einen hypothetischen Ablauf in die Würdigung einbezieht (vergl. § 252 BGB), kann zu dem Ergebnis führen, daß ein bestimmter Teil des Erwerbsschadens infolge einer bereits vorhandenen Krankheit oder einer früheren Körperschädigung des Betroffenen ohnehin eingetreten wäre. *In diesem Umfang würde es sich nicht um einen von der Zweitbeklagten verursachten Schaden handeln.*" (Hervorhebung von mir.)

Vor allem hinsichtlich des Falles 2 ist in dieser Auffassung eine merkwürdige Widersprüchlichkeit enthalten. Denn sie bedeutet auf der einen Seite, daß der Geschädigte A in bezug auf den Anlageschaden determiniert, daß er dies in bezug auf den Unfallschaden dagegen nicht sei. Die Entstehung des Schadens durch die Krankheit habe bereits festgestanden, als der Unfall geschah, so daß sich dieser nicht mehr habe „voll auswirken" können[585].

Hierzu ist zu sagen: Weder ist bis heute der Determinismus des Weltgeschehens, noch der Indeterminismus theoretisch wie praktisch bewiesen[586]. Daß das Weltgeschehen in zwei große Bereiche zerfallen sollte, in deren einem der Determinismus und in deren anderem der Indeterminismus herrscht, ist fraglich und in gleichem Maße unbewiesen. Es spricht einiges dafür, daß jedenfalls dort, wo vom menschlichen Willen (sofern es ihn als „freien" Willen geben sollte) unabhängiges Geschehen gegeben ist, entweder *nur* der Determinismus oder nur der Indeterminismus herrscht. Zumindest für diesen Bereich gehen wir heute einhellig vom kausaldeterminierten Geschehen aus. In diesen Bereich fallen z.B. die in der Praxis so außerordentlich wichtigen Fälle reiner Gefährdungshaftung, bei denen kein menschliches Verschulden vorliegt. Zu ihnen können auch unsere beiden Fälle 1 und 2 zählen, etwa dann, wenn die Unfälle auf rein „zufälliges" Versagen der Bremsen zurückzuführen sind oder wenn ein unvorhergesehenes Versagen des Fahrers wie im oben (S. 144) erwähnten Falle des BGHZ 23,90 gegeben ist.

Wenn wir hinsichtlich des Unfalles eine entsprechende Sachlage im Fall 2 annehmen, dann müssen wir davon ausgehen, daß A sowohl in bezug auf den Unfallschaden als auch in bezug auf den Krankheitsschaden determiniert ist. Beide Kausalreihen, in deren Verlauf diese beiden Ereignisse eintreten, laufen parallel nebeneinander her. So wenig wie von einer Begrenztheit (oder einem Ausschluß) der Schadenskausalität der Krankheit durch den Unfall gesprochen werden kann, so wenig besteht eine solche Begrenztheit der Schadenskausalität des Unfalls durch die Krankheit. Das Entsprechende gilt für den Fall 1: Die Schadenskausalität des ersten Unfalls ist keineswegs durch den Eintritt des zweiten Unfalls begrenzt und die Kausalität des zweiten Unfalls ist nicht wegen des ersten ausgeschlossen. Und in der Tat sahen wir ja, daß, vom unserer Meinung nach richtig verstandenen Kausalitätsbegriff her gesehen, in beiden Fällen jeweils *beide* Scha-

---

585 So ganz deutlich Reinecke, Schaden und Interesseneinbuße, S. 38. „Erbanlagen" ebenso wie „hiervon unabhängige Lebensführungsschuld" schließen es nach Reinecke aus, daß ein durch ein „äußeres" Ereignis herbeigeführter „Dauerlebensschaden" als „wirklicher Schaden" anzunehmen ist. Vergl. auch S. 28 f.: „Ab dem Zeitmoment des von solchen Anlagen vorherbestimmten Dahingehens ist für das Ding kein objektgebundener-wirklicher Schaden gegeben."

586 Dies wird wohl auch niemals möglich sein, vergl. dazu Stegmüller, Erklärung, S. 445, 477.

densereignisse *real* kausal sind *unabhängig* vom jeweils anderen Ereignis (immer in bezug auf den Erwerbsschaden nach Eintritt des zweiten Schadensereignisses). Damit ist aber die Aussage im Fall 2: die Arbeitsunfähigkeit des A wäre ohne den Unfall *ohnehin* eingetreten, unhaltbar. „Ohnehin" oder „sowieso" wäre sie nicht eingetreten. Oder anders ausgedrückt: die Arbeitsunfähigkeit wäre auch ohne die Krankheit im gleichen Sinn „ohnehin" oder „sowieso" eingetreten (nämlich – allein – durch den Unfall)[587].

Wenn dies für die Fälle reiner Gefährdungshaftung gilt, so sehe ich keinen rechtspolitisch erheblichen Grund, die Fälle der Verschuldenshaftung anders zu behandeln. Zwar gehen wir hier zumindest subjektiv von der Willensfreiheit, also vom Indeterminismus aus (siehe oben S. 30)[588]. Die Annahme der Willensfreiheit spielt jedoch nur für das Verschuldensprinzip eine Rolle. Durch dieses wird eine Haftungsbeschränkung auf gewisse Rechtsverletzungen (vergl. etwa § 823 BGB: Vorsatz oder Fahrlässigkeit) bezweckt. Sie hat Bedeutung für den Haftungs*grund*. Für die *Höhe* des zuzurechnenden Schadens spielt er meistenteils bereits keine Rolle mehr. Die h.M. aber hält das *entscheidende* Problem der hier behandelten Fallgruppe gerade für ein solches der Schadensberechnung, also der Ermittlung der Schadens*höhe*, so daß für sie von ihrem Standpunkt aus die Willensfreiheit für das hier interessierende Problem keine ausschlaggebende Rolle spielen kann. Ebensowenig spielt sie – im Ergebnis – aus *unserer* Sicht des Problems eine Rolle. Daher ist auch bei Fällen der Verschuldenshaftung davon auszugehen, daß der Geschädigte in bezug auf einen (verschuldeten) Schaden determiniert ist.

Wollte man von der gegenteiligen Ansicht ausgehen, so würde dies zu einer untragbaren Konsequenz führen. Nehmen wir an, daß im Fall 2 der A von X vorsätzlich verletzt wird. Man müßte nun sagen: A ist hinsichtlich seiner anlagebedingten Krankheit determiniert, nicht aber hinsichtlich der von X verursachten Verletzung. Denn letztere beruht auf dem freien, nichtdeterminierten Willen des A. D.h. also: Die reale Kausalität der zeitlich früheren Verletzung durch X ist von vornherein begrenzt durch die spätere reale Kausalität der Krankheit. Denn als X handelt, steht die Kausalität der anlagebedingten Krankheit für den Erwerbsschaden bereits fest, nicht aber steht bis dahin die Kausalität des X und seiner Handlung fest. Die Haftung des X für seine vorsätzliche Schädigung würde also nur für die Zeit bis zum Ausbruch der Krankheit reichen, wäh-

---

587 Insofern läßt sich hier auch nicht mit dem Gedanken der „Gewinnabwehr" argumentieren.

588 Dem außerordentlich schwierigen erkenntnistheoretischen Problem der Willensfreiheit kann hier nicht nachgegangen werden. Vergl. die knappe, aber vorzügliche Abhandlung von Engisch, Die Lehre von der Willensfreiheit in der strafrechtsphilosophischen Doktrin der Gegenwart, 1963; ferner die „psychologische Studie" von Danner, Gibt es einen freien Willen?

rend im *ursprünglichen* Fall 2 (Gefährdungshaftung des X für unverschuldetes Versagen der Bremsen seines Wagens) eine solche Haftungsbeschränkung nicht bestehen würde. Denn mangels eines freien Willens hinsichtlich des Unfallgeschehens ist von dessen Determiniertheit auszugehen. Eine solche unterschiedliche Haftungsregelung ist vom *Rechtsempfinden* her untragbar.

Als Ergebnis ist demnach festzuhalten: Im Fall 1 hat sowohl X als auch Y den Erwerbsschaden (ab Eintritt des zweiten Unfalls) in voller Höhe verursacht (doppelte Kausalität). Da keine Haftungsausschließungsgründe gegeben sind, haften sie beide gesamtschuldnerisch für den entstandenen Schaden. Intern besteht die Ausgleichungspflicht nach § 426 BGB. Und zwar haften sie im Verhältnis zueinander je zur Hälfte. Einen unterschiedlichen Kausalitätsanteil kann es nicht geben. Denn beide haben den Schaden im ganzen verursacht, wenn auch beide nebeneinander. – Im Fall 2 sind ursächlich für den Erwerbsschaden (ab Ausbruch der Krankheit) der von X verursachte Unfall und die anlagebedingte Krankheit. Für eine Schadenshaftung kommt nur X in Betracht. Eine Haftung des geschädigten A für seinen eigenen Schaden ergibt keinen Sinn. In entsprechender Beurteilung, wie wir sie für den Fall 1 vornahmen, haftet der X daher für die *Hälfte* des entstandenen Schadens. Diese Lösung ist nicht auf die Erwerbsschadensfälle beschränkt. Sie gilt für alle Fälle mit realer doppelter Kausalität, also z.B. auch für die Fälle 6 und 7.

Für diese Fallgruppe der realen doppelten Kausalität ist an das oben S. 31 ff. Gesagte zu erinnern, daß das Recht gehalten ist, in größtmöglichem Maß an die gegebenen Seinsstrukturen anzuknüpfen. Diese zeichnen sich hier dadurch aus, daß *beide* in Rede stehenden Schadensereignisse real kausal sind. Und zwar ist sowohl das eine wie das andere Ereignis kausal für den Schaden in seiner vollen Höhe! Ein Problem der Schadens-„Berechnung" in dem Sinn, daß problematisch wäre, in welcher Höhe ein jedes der betreffenden Ereignisse den Schaden real verursacht hat, gibt es nicht. Diese Tatsache darf das Haftungsrecht nicht willkürlich unberücksichtigt lassen.

Bydlinski nimmt für den Fall, daß X und Y beide zur gleichen Zeit je einen schon für sich tödlichen Schuß auf A abgeben, an, daß das Verhalten weder des X noch des Y real kausal für den (z.B. Unterhalts-)*Schaden* ist[589]. Denn für ihn ist Kausalität nur gegeben, wenn der Schadenserfolg ohne das in Rede stehende Ereignis nicht eingetreten wäre. Im Beispielsfall jedoch wäre der Schadenserfolg sowohl dann eingetreten, wenn nur X, als auch dann, wenn nur Y geschossen hätte. Bydlinski leugnet nicht, daß X und Y „irgendetwas" (z.B. die tödlichen Wunden[590] verursacht haben (im „physikalischen" Sinn[591]). Im rechtlichen (norma-

589 Probleme der Schadensverursachung, S. 20, 55, 67 f., 70 f., 94 ff.

590 Probleme der Schadensverursachung, S. 71 Fn. 165.

591 a.a.O. S. 23.

tiven) Sinn jedoch hat nach seiner Ansicht keiner der beiden Täter den *Schaden* verursacht. In solchen Fällen spreche man üblicherweise von kumulativer oder doppelter Kausalität und lasse beide haften. In Wirklichkeit jedoch sei hier ein Fall gegeben, in welchem für nur hypothetische (mögliche) Kausalität gehaftet werde (und zwar seitens *beider* Täter).

Entsprechend würde Bydlinski unseren Fall 1 beurteilen: Für den Erwerbs*schaden* nach Eintritt des zweiten Unfalles sei weder X noch Y kausal (vergl. schon oben S. 188). Dennoch würden beide (für nur mögliche Kausalität) gemeinsam haften. Ganz allgemein sind für Bydlinski alle jene Ereignisse hypothetisch kausal für einen bestimmten „Schaden", „die, insgesamt weggedacht, auch den Schaden entfallen ließen, während bei Bestehenlassen jeweils eines einzelnen von ihnen sich am Schaden nichts ändert." Mit diesem „Test" könne die hypothetische Kausalität nachgeprüft werden[592].

Unserer Auffassung nach wird hier der Kausalitätsbegriff in rein normativem Sinn[593] verstanden und daher *mißbraucht*[594]. Das, was Bydlinski mit Kausalität bezeichnet, hat mit Kausalität im natürlichen (vorrechtlichen) Sinn nichts mehr zu tun (was er auch durchaus nicht leugnet[595]). Anders als im natürlichen Sinn sollte man jedoch, so glauben wir, den Begriff „Kausalität" auch im Schadensrecht nicht verstehen (siehe oben S. 26 ff.)[596]. Ganz im Gegensatz zu Bydlinski sind wir der Meinung, daß in unserem Fall 1 echte (reale), nämlich doppelte Kausalität der *beiden* Unfälle hinsichtlich der Erwerbslosigkeit des A gegeben ist, so daß hier in Wirklichkeit keineswegs nur für hypothetische, sondern für reale Kausalität zu haften ist[597].

Im Ergebnis stimmt die hier vertretene Lösung für Fall 1 (mit in unserem Sinn verstandener echter doppelter Kausalität) mit derjenigen, die Bydlinski annehmen würde, überein, auch was die gesamtschuldnerische Haftung und den Ausgleich im Innenverhältnis angeht[598]. Die Haftungsfrage in Fällen mit (wieder in *unserem Sinn* verstandener) echter hypothetischer Kausalität haben wir dagegen

592 a.a.O. S. 70.

593 Siehe schon oben S. 36 ff.

594 Ablehnend zu Bydlinski auch Weckerle, Verantwortlichkeit, S. 103.

595 a.a.O. S. 4, 23. Daß sein Kausalitätsbegriff jenem der anderen Wissenschaften und jenem des allgemeinen Sprachgebrauchs „eng genug" verwandt sei, um diese Wortwahl zu rechtfertigen (a.a.O. S. 5), scheint mir keineswegs zutreffend zu sein.

596 Bydlinski bezieht den normativen Kausalitätsbegriff nur auf den „Schaden" und Schaden bedeutet ihm ein nach rechtlichen Gesichtspunkten Bewertetes (a.a.O. S.22).

597 Gegen die von Bydlinski angenommene Haftung für nur *mögliche* Kausalität z.B. Larenz, Schuldrecht I, § 30 I, S. 361 Fn. 2; Esser, Schuldrecht, § 46 III 2; Stoll, Kausalzusammenhang und Normzweck, S. 41; kritisch auch Hanau, Kausalität, S. 128 f.

598 Auch Jung, AcP 170 (1970) S. 431 ff. kommt zum gleichen Ergebnis.

in dieser Arbeit offen gelassen. Wegen der Geltung des Verursachungsgrundsatzes jedoch steht unserer Meinung nach eines fest: für nur hypothetische Kausalität besteht (entgegen der Meinung Bydlinskis) keine Haftpflicht.

Auch in unserem Fall 2 würde Bydlinski, anders als wir, nur hypothetische Kausalität des von X verursachten Unfalls für den Erwerbsschaden (nach Ausbruch der anlagebedingten Krankheit) annehmen. X hat nach ihm „von vornherein . . . ein eng beschränktes Rechtsgut getroffen“[599]. Deshalb würde er A keinen Schadensersatzanspruch gegen X zusprechen. Denn die anlagebedingte Krankheit würde „in natürlicher Weiterentwicklung ohne Notwendigkeit eines äußeren Anstoßes hypothetisch zum Schaden geführt haben.“[600] Dem kann vom hier dargelegten Standpunkt aus nicht zugestimmt werden.

Mehr als diese nur knappen Hinweise konnten im Rahmen dieser Arbeit nicht gegeben werden. Viele Probleme, wie z.B. Fragen des Beweisrechts, die mit eigentlichen Kausalitätsfragen nichts zu tun haben, mußten unberücksichtigt bleiben. Vor allem wurde bewußt auf die Behandlung weiterer der überaus zahlreichen Fallvariationen mit (echter oder nur scheinbarer) doppelter Kausalität verzichtet, die meistenteils unter der Kategorie der kumulativen Kausalität behandelt werden. Es ging uns hier vornehmlich um das *Grundsätzliche:* nämlich um ein Beispiel für die praktische Anwendung des in unserem Sinn verstandenen Kausalitätsbegriffs. Unserer Meinung nach führt in Fällen mit realer doppelter Kausalität nur eine genaue Kausalanalyse zum richtigen Ergebnis der Haftungsfrage.

4. Die Rolle des „Zufalls“

In einem Fall wie dem Nr. 2 (Anlagefall) liegt es auf Grund unseres gewonnenen Ergebnisses so, daß der Geschädigte eine zumindest teilweise, wie der BGH es einmal formulierte: „krisenfeste Position erlangt“ nur deshalb, „weil ihm einmal Unrecht geschehen ist.“[601] Er ist daher nach Ansicht des BGH gegenüber anderen Personen in „ähnlicher Lage“ bevorzugt[602]. Die erste Feststellung des BGH hinsichtlich der „krisenfesten Position“ ist der Sache nach richtig, die zweite nicht. In der Tat hat der A in unserem Fall 2 „Glück gehabt“, daß ihn ein ande-

599 a.a.O. S. 101.

600 a.a.O. S. 99.

601 BGHZ 10,6 = NJW 1953 S. 979.

602 Freilich handelte es sich hier (Zuckerfabrikdirektoren-Fall) um einen Fall mit echter hypothetischer Kausalität. Im Anlagefall würde der BGH annehmen, daß der Erstschädiger einen Schaden nur bis zum Ausbruch der anlagebedingten Krankheit verursacht hatte und daß ihm der Schaden folglich auch nur insoweit zuzurechnen sei, da der weitere Schaden ja „ohnehin“ eingetreten wäre (LM Nr. 7 a zu § 840 BGB). Es ist anzunehmen, daß sich der BGH im Anlagefall ebenso äußern würde wie im Urteil BGHZ 10,6.

rer geschädigt hat. Dafür aber hat er, so meinen wir, „Pech gehabt", daß er mit seiner anlagebedingten Krankheit zur Welt kam. Wäre dies nicht der Fall gewesen, hätte er von X Ersatz nicht nur der Hälfte seines Erwerbsschadens verlangen können, sondern in voller Höhe!

Jedoch: Argumentationen dieser mehr gefühlsmäßigen Art haben nur zweifelhaften Wert. Meistens sind sie auch genau umkehrbar. Warum soll der Schädiger „unbillig" entlastet werden?[603] Was sich dem einen als „Glück" darstellt, bedeutet für den anderen gar zu oft dessen „Pech". Der sog. *Zufall* ist im gesamten Haftungsrecht von eminenter Bedeutung[604].

Wenn X mit seinem Fahrrad einen Fußgänger anfährt, so daß dieser stürzt und für eine Zeitlang einen Verdienstausfall erleidet, so ist der Schaden höher oder niedriger, je nachdem es sich bei dem Verletzten um einen einfachen Arbeiter oder eine Opern-Primadonna handelt. Wenn Y in der Absicht, den Z umzubringen, diesem eine vergiftete Flasche Kräuterschnaps schenkt, Z jedoch noch vor dem Genuß dieses Lieblingsgetränks von ihm durch einen Unfall ums Leben kommt, so trifft den Y keine zivilrechtliche Haftpflicht, mag sein Plan auch nur „zufällig" durchkreuzt worden sein. Weitere Beispiele sind Legion.

Auch in den beiden besprochenen Fällen 1 und 2 mit doppelter Kausalität spielt dieser „Zufall" eine maßgebliche Rolle. Im Fall 1 ist dem X der Zufall dadurch zu Hilfe gekommen, daß zugleich Y für den Erwerbsschaden mithaftbar wurde, so daß er, wenigstens im Innenverhältnis zu Y, eine Entlastung seiner Haftpflicht erfährt. Auch Y steht sich besser, als wenn er einen – im Gegensatz zu A – völlig gesunden Menschen verletzt hätte. Entsprechendes gilt, wie schon gesagt, für den Fall 2.

Alle diese „Zufälle" sind Wirklichkeit geworden und daher zu berücksichtigen. Wollte man einzelne Zufälligkeiten, etwa im Fall 2, nicht berücksichtigen, so würde dies eine nicht gerechtfertigte Ungleichbehandlung von im hier entscheidenden Punkt gleichliegenden Fällen bedeuten: Im einen Fall würde man eine Entscheidung nach Lage der realisierten Umstände treffen, im anderen Falle nicht! Unsere Lösung für die Fälle der doppelten Kausalität entspricht daher auch im Hinblick auf die soeben angesprochene Problematik dem Erfordernis der Billigkeit.

Zusammenfassung der wichtigsten Ergebnisse

I) 1) Beim Kausalitätsbegriff handelt es sich zwar formal um einen *Rechtsbegriff*, weil und soweit er in der Jurisprudenz verwendet wird. Seiner Herkunft nach ist er jedoch *vorrechtlicher* Natur, der seine Entstehung nicht der Rechtsordnung verdankt.

---

603 Vergl. BGH LM Nr. 11 zu § 249(Cb)BGB; BGH LM Nr. 29 a zu § 844 II BGB.

604 So auch Gärtner, JuS 1972 S. 71 f.

Richtiger Ansicht nach ist er auch im Recht ausschließlich im vorrechtlichen, nichtnormativen Sinn zu interpretieren. Dies findet seine innere Rechtfertigung, jedenfalls soweit es um das Schadensersatzrecht geht, im *Verursachungsgrundsatz*, demzufolge eine Mindestvoraussetzung für die Pflicht zum Schadensersatz darin besteht, daß der Schaden vom Ersatzpflichtigen oder einem von ihm zu vertretenden Ereignis real verursacht worden ist. Dieser Verursachungsgrundsatz stellt für das Haftungssystem den besten Anknüpfungspunkt an das reale Geschehen, das es von schadensersatzrechtlichen Gesichtspunkten aus zu regeln gilt, dar. Gerade weil dieser Grundsatz an das reale Geschehen anknüpft, ist der Kausalitätsbegriff im vorrechtlichen Sinn als ein empirischer, nichtnormativer Begriff zu verstehen.

2) Seine bisher umfassendste und tiefgründigste Explikation hat der Kausalitätsbegriff im natürlichen oder vorrechtlichen Sinn durch die moderne *Wissenschaftstheorie*, in Deutschland insbesondere durch Wolfgang Stegmüller erfahren, so daß es sich anbietet, diese Ergebnisse den Überlegungen zu schadensersatzrechtlichen Problemen zugrunde zu legen. Im wesentlichen handelt es sich nach dieser Lehre um folgende Gesichtspunkte:

Stellt man eine Kausalitätsfrage, so sucht man nach einer *Erklärung* für einen empirischen Sachverhalt. Diese besteht darin, daß man den zu erklärenden Sachverhalt (Explanandum) aus den Prämissen (Explanans) logisch ableitet (sog. deduktiv-nomologische Erklärung). Die Prämissen setzen sich aus bestimmten empirischen Bedingungen (Antecedensbedingungen) und gewissen empirischen Gesetzmäßigkeiten zusammen. Stets geht es (nur) um die kausale Erklärung einzelner Sachverhalte (Aspekte) von mehr oder weniger komplexen Ereignissen.

Dabei bestehen prinzipiell keine Unterschiede zwischen naturwissenschaftlichen und *historischen Erklärungen*. Dies gilt auch dann, wenn es sich – wie dies bei schadensrechtlichen Sachverhalten i.d.R. der Fall ist –, um „historische" Ereignisse aus dem Bereich des Alltagslebens handelt (Beispiel: Verkehrsunfall). Hier werden allerdings aus praktischen Gründen häufig viele der Antecedensbedingungen und Gesetzmäßigkeiten nicht angegeben, oder sie können nicht angegeben werden. Dies ändert jedoch nichts am grundsätzlichen Verständnis des Begriffs der kausalen Erklärung. Es handelt sich dann um sog. rudimentäre oder elliptisch formulierte Erklärungen, wie sie insbesondere im Alltag des Juristen sehr oft vorkommen.

Für kausale Erklärungen werden Gesetzesaussagen bestimmter Art benötigt. Es muß sich um sog. *Ablauf- oder Sukzessionsgesetze* handeln, d.h. um solche, die Antwort auf die Frage geben: Wie ist der Zustand des betreffenden Sachverhalts beschaffen, der auf den vorangegangenen folgt? Es geht also bei den Kausalbeziehungen um die regelmäßige (gesetzesmäßige) *zeitliche Aufeinanderfolge* zweier realer Ereignisse (Vorgänge, Zustände). Vielfach handelt es sich bei den relevanten Gesetzesaussagen allerdings um triviale Gesetze der alltäglichen Erfahrung.

Soll ein Sachverhalt erklärt werden, der im Zusammenhang mit einem komplexen Geschehen steht (dies trifft wieder vor allem auf rechtliche Schadensersatzfälle zu), so kann man die kausale Analyse i.d.R. nur so vornehmen, daß man das Gesamtereignis in eine *Kausalkette* zerlegt, um die einzelnen Kausalbeziehungen jeweils gesondert betrachten zu können (sog. genetische Erklärung).

Schwierigkeiten bereitet der Versuch, das Handeln eines Menschen durch sein Wollen zu erklären. Hier fehlt es vor allem an geeigneten Gesetzmäßigkeiten. Jedoch handelt es sich dabei (nur) um praktische Probleme; theoretisch erscheinen *Erklärungen von Handeln durch Wollen* durchaus als möglich (kausale Erklärung aus Motiven).

Kausalität ist danach also als wertfreier Begriff der empirischen Wahrnehmungswelt zu verstehen, der die gesetzmäßige Aufeinanderfolge von realen Ereignissen (Zuständen) meint.

II) Diese Gedanken führen u.a. zu folgenden Konsequenzen für das Schadensersatzrecht:

1) Während gegen die sog. *Bedingungstheorie* (Ursache ist die Gesamtheit aller Bedingungen; jede „Teilursache" ist Bedingung für den ganzen Erfolg) vom wissenschaftstheoretisch verstandenen Kausalitätsbegriff her nichts einzuwenden ist, kann die sog. *Conditio-sine-qua-non-Formel* einer Prüfung sowohl unter allgemeinen als auch unter wissenschaftstheoretischen Aspekten nicht standhalten. Gegen sie ist eine Reihe praktischer wie theoretischer Einwände vorzubringen, die sie als unbrauchbar erscheinen lassen.

Um genaue Kausalitätsprüfungen in Schadensersatzfällen vornehmen zu können, bedarf es, da es sich hier in aller Regel um komplexe Geschehensvorgänge handelt, des Aufzeigens von *Kausalketten.* Nur auf diesem Wege kann beurteilt werden, ob zwischen einem Ereignis und einem von diesem mehr oder weniger getrennt liegenden Schadenszustand eine Kausalbeziehung besteht. Dabei kann es nötig sein, mehrere parallel verlaufende Kausalketten nebeneinander zu betrachten.

2) Bei der Frage, ob es eine *Kausalität der Unterlassung* gibt, geht es nicht darum, ob ein „nullum" ein Etwas verursachen kann. Für die Kausalfrage interessiert vielmehr das konkrete Sosein des jene Handlung unterlassenden Menschen, die für den betreffenden Fall in Betracht gezogen wird, also das reale Verhalten dieser Person zum Zeitpunkt der „Unterlassung". Dieses Sosein ist stets notwendiger Teil eines Sachverhalts, von dem als „Unterlassung" die Rede ist, und es vermag als solches für ein Schadensereignis ursächlich zu sein. Folglich ist die Frage, ob es eine Unterlassungskausalität gibt, zu bejahen. Zu beachten ist dabei vor allem, daß die Unterscheidung zwischen Tun und Unterlassen lediglich ausdrucks- oder sprachtechnische Bedeutung hat. Jedes menschliche Verhalten kann sowohl

unter dem Aspekt des positiven Tuns als auch unter dem der negativen Unterlassung gesehen und beschrieben werden.

3) Bei Anwendung der herrschenden *Differenztheorie* zur Ermittlung des ersatzfähigen Schadens ist streng zwischen der Kausalitätsprüfung, die sich stets nur auf konkrete Einzelzustände beziehen kann, und denjenigen Überlegungen zu unterscheiden, die – im Rahmen der Schadens*berechnung* – die wertende Auswahl (z.B. hinsichtlich der Vorteilsausgleichung) der in die Vergleichsrechnung einzubeziehenden Faktoren betrifft.

4) Auch zwischen einem Ereignis und einem Schaden, der in einem *entgangenen Gewinn* besteht, kann ein Kausalzusammenhang im natürlichen – vorrechtlichen – Sinn bestehen.

5) Das Problem der *hypothetischen Kausalität* ist kein solches der Kausalität, sondern der wertenden Schadenszurechnung. An einem einmal gegebenen realen Kausalzusammenhang zwischen einem Ereignis und einem Schadenszustand kann ein späteres, u.U. nicht einmal realisiertes Ereignis nichts ändern.

Wesentlich ist allerdings, daß man sorgfältig prüft, wann ein Fall mit echter hypothetischer Kausalität gegeben ist und wann nicht. Dies bereitet im Bereich der sog.Objektschäden meist keine Schwierigkeiten. Ferner ist davon auszugehen, daß stets dann, wenn schon hinsichtlich des Objektschadens nur hypothetische Kausalität vorliegt, zwischen dem fraglichen Ereignis und einem Vermögensfolgeschaden niemals reale Kausalität gegeben sein kann.

6) Erhebliche Probleme können jedoch auftreten, wenn zwei verschiedene Ereignisse je verschiedene Objektschäden real verursacht haben und sich an diese ein Vermögensfolgeschaden anschließt. Entgegen einer verbreiteten Meinung, die sich für solche Fälle für die Haftungsfrage hinsichtlich des Vermögensfolgeschadens von Kausalitätserwägungen keine Hilfe verspricht, können hier nur sorgfältige Kausalanalysen den richtigen Weg weisen. Diese führen zu dem Ergebnis, daß dann, wenn jedes der beiden in Rede stehenden Schadensereignisse schon je für sich allein den ganzen Vermögensfolgeschaden herbeigeführt hätte, wäre nicht auch das jeweils andere eingetreten, sowohl das eine wie das andere Schadensereignis für den Folgeschaden real kausal ist *(doppelte Kausalität)*. Damit haften für diesen Schaden – sofern auch die übrigen Zurechnungsvoraussetzungen erfüllt sind – beide Schadensverursacher gemeinsam.

Literatur-Verzeichnis

Androulakis, Nikolaos K.: Studien zur Problematik der unechten Unterlassungsdelikte, München, 1963.

Bader, Karl Siegfried: Ursache und Schuld, Karlsruhe, 1946.

Baumann, Jürgen: Strafrecht, Allg. Teil, 7. Aufl., Bielefeld, 1975.

Baumann, Jürgen: Grundbegriffe und System des Strafrechts, 2. Aufl., Stuttgart-Berlin-Köln-Mainz, 1966.

Benz, Manfred: Neurose und Selbstmord in der Rechtsprechung des Bundessozialgerichts und des Bundesgerichtshofs, NJW 1967 S. 654 ff.

Berg, Hans: Begrenzung der Schadensersatzpflicht durch Berücksichtigung des Schutzzwecks der Haftungsnorm, JuS 1961 S. 317ff.

Bickel, Dietrich: Rechtsgeschäftliche Erklärungen durch Schweigen?, NJW 1972 S. 607 ff.

Bockelmann, Paul: Betrug verübt durch Schweigen, Festschrift für Eberhard Schmidt, Göttingen, 1961, S. 437 ff.

Böhler, Dietrich. Rechtstheorie als kritische Reflexion, in: Rechtstheorie, Beiträge zur Grundlagendiskussion, hrsg. von Günther Jahr und Werner Maihofer, Frankfurt/M, 1971, S. 62 ff.

v. Buri, Maximilian: Zur Lehre von der Theilnahme an dem Verbrechen und der Begünstigung, Gießen, 1860.

v. Buri, Maximilian: Zur Lehre von der Tödtung, Goltdammers Archiv 11 (1863) S. 753 ff.

v. Buri, Maximilian: Über Kausalzusammenhang und dessen Zurechnung, Goltdammers Archiv, 14 (1866) S. 608 ff.

v. Buri, Maximilian: Ueber Causalität und deren Verantwortung im Strafrecht, Leipzig, 1873.

v. Buri, Maximilian: Beiträge zur Theorie des Strafrechts und zum Stafgesetzbuch, Gesammelte Abhandlungen, Leipzig, 1894.

Bydlinski, Franz: Haftung bei alternativer Kausalität, Juristische Blätter, Wien, 1959 S. 1 ff.

Bydlinski, Franz: Probleme der Schadensverursachung nach deutschem und österreichischem Recht, Stuttgart, 1964.

Canaris, Claus-Wilhelm: Zivilrechtliche Probleme des Warenhausdiebstahls, NJW 1974 S. 521 ff.

Carnap, Rudolf: Der logische Aufbau der Welt, Berlin, 1928.

Carnap, Rudolf: Einführung in die symbolische Logik, Wien, 1968.

Carnap, Rudolf: Einführung in die Philosophie der Naturwissenschaft, deutsche Ausgabe, München, 1969.

Cassens, Johann-Tönjes: Die Bedeutung des gegliederten Schadensbegriffs für die Berücksichtigung hypothetischer Schadensereignisse, Diss., Kiel, 1961.

Danner, Manfred: Gibt es einen freien Willen?, 3. Aufl., Hamburg, 1974.

Deutsch, Erwin: Zurechnung und Haftung im zivilen Deliktsrecht, Festschrift für R. Honig, Göttingen, 1970, S. 33 ff.

Deutsch, Erwin: Anmerkung zu BGH v. 29.10.1974, JZ 1975 S. 374 ff.

Graf zu Dohna, Alexander: Beitrag zur Lehre von der adäquaten Verursachung, Monatsschrift für Kriminalpsychologie und Strafrechtsreform, 2 (1906) S. 425 ff.

Graf zu Dohna, Alexander: Kernprobleme der Rechtsphilosophie, 1940, Neuausgabe Darmstadt, 1959.

Dreher, Eduard: Strafgesetzbuch, Kommentar, begründet von Otto Schwarz, 33. Aufl., München, 1972.

Dunz, Walter: Fremde Unrechtshandlungen in der Kausalkette, NJW 1966, S. 134 ff.

Engisch, Karl: Die Kausalität als Merkmal der strafrechtlichen Tatbestände, Tübingen, 1931.

Engisch, Karl: Vom Weltbild des Juristen, Heidelberg, 1950.

Engisch, Karl: Das Problem der psychischen Kausalität beim Betrug, Festschrift für Hellmuth von Weber, Bonn, 1963.

Engisch, Karl: Die Lehre von der Willensfreiheit in der strafrechtsphilosophischen Doktrin der Gegenwart, Berlin, 1963.

Enneccerus, Ludwig – Lehmann, Heinrich: Schuldrecht, 15. Bearbeitung, Tübingen, 1958.

Erman, Walter (und Bearbeiter): Bürgerliches Gesetzbuch, Handkommentar, 5. Aufl., Münster, 1972.

Esser, Josef: Schuldrecht, Bd. I, 4. Aufl., Karlsruhe, 1970.

Exner, Franz: Fahrlässiges Zusammenwirken, Festgabe für Reinhard Frank, Bd. I, Tübingen, 1930, S. 569 ff.

Frank, Reinhard: Das Strafgesetzbuch für das Deutsche Reich, 11.–14. Aufl., Tübingen, 1914.

Friese, Ulrich: Haftungsbegrenzung für Folgeschäden aus unerlaubter Handlung, Diss., Berlin, 1968.

Gärtner, Rudolf: Vorteilsanrechnung und Sozialversicherung – BGH, NJW 1971, 936, in: JuS 1972 S. 69 ff.

Gallas, Wilhelm: Zum gegenwärtigen Stand der Lehre vom Verbrechen, ZStW 67 (1955) S. 1 ff.

Gitter, Wolfgang: Schadensausgleich im Arbeitsunfallrecht, Tübingen, 1969.

Gass, Ernst: Ursache, Grund und Bedingung im Rechtsgeschehen, Graz-Köln, 1960.

Hagen, Horst: Die Drittschadensliquidation im Wandel der Rechtsdogmatik, Frankfurt, 1971.

Hanau, Peter: Die Kausalität der Pflichtwidrigkeit, Göttingen, 1971.

Hardwig, Werner: Die Zurechnung, Hamburg, 1952.

Hardwig, Werner: Vorsatz bei Unterlassungsdelikten, ZStW 74 (1962) S. 27 ff.

Hartmann, Nicolai: Philosophie der Natur, Berlin, 1950.

Hatz, Helmut: Rechtssprache und juristischer Begriff, Stuttgart, 1963.

Hempel, Carl G.. Erklärung in Naturwissenschaft und Geschichte, 1962, abgedruckt bei Krüger, Erkenntnisprobleme (siehe dort), S. 215 ff.

Henkel, Heinrich: Einführung in die Rechtsphilosophie, München-Berlin, 1964.

Herschel, Wilhelm: Urheberbegriff und Kausalität, Festschrift für Georg Roeber, Berlin, 1973, S. 161 ff.

Herzberg, Rolf Dietrich: Die Unterlassung im Strafrecht und das Garantenprinzip, Berlin-New-York, 1972.

Hessen, Johannes: Das Kausalprinzip, München-Basel, 1958.

Heyde, Johannes Erich: Entwertung der Kausalität?, Stuttgart, 1957.

Hofmann, Edgar: Die Umkehr der Beweislast in der Kausalfrage, Karlsruhe, 1972.

Hofmann, Edgar: Zur Beweislastumkehr bei Verletzung vertraglicher Aufklärungs- oder Beratungspflichten, NJW 1974, S. 1641 ff.

Honsell, Heinrich: Herkunft und Kritik des Interessebegriffs im Schadensersatzrecht, JuS 1973 S. 69 ff.

Huber, Ulrich: Der Unfall des betrogenen Gebrauchtwagenkäufers – BGHZ 57,137, in: JuS 1972 S. 439 ff.

Hume, David: Eine Untersuchung über den menschlichen Verstand (An Enquiry Concerning Human Understanding), übersetzt und herausgegeben von Herbert Herring, Stuttgart, 1967.

Jaspers, Karl: Der philosophische Glaube, Neuausgabe, München, 1963.

Jung, Herbert: Die sogenannte Gesamtursache, AcP 170 (1970) S. 426 ff.

Kahrs, Hans-Jürgen: Das Vermeidbarkeitsprinzip und die condicio-sine-qua-non-Formel im Strafrecht, Hamburg, 1968.

Kahrs, Hans Jürgen: Kausalität und überholende Kausalität im Zivilrecht, Hamburg, 1969.

Kaser, Max: Römisches Privatrecht, Ein Studienbuch, 5. Aufl., München-Berlin, 1966.

Kaufmann, Armin: Die Dogmatik der Unterlassungsdelikte, Göttingen, 1959.

Kaufmann, Armin: Tatbestandsmäßigkeit und Verursachung im Contergan-Verfahren, JZ 1971 S. 469 ff.

Kaufmann, Arthur: Die Bedeutung hypothetischer Erfolgsursachen im Strafrecht, Festschrift für Eberhard Schmidt, Göttingen, 1961, S. 200 ff.

Kaufmann, Arthur: Die ontologische Struktur der Handlung, Skizze einer personalen Handlungslehre, Festschrift für Hellmuth Mayer, Berlin, 1966, S. 179 ff.

Kelsen, Hans: Society and Nature, Chicago, 1943.

Kelsen, Hans: Was ist Reine Rechtslehre?, 1953, abgedruckt bei Klecatsky, Wiener Rechtstheoretische Schule (siehe dort), S. 611 ff.

Kelsen, Hans: Kausalität und Zurechnung, 1954, abgedruckt bei Klecatsky, Wiener Rechtstheoretische Schule (siehe dort), S. 663 ff.

Kelsen, Hans: Reine Rechtslehre, 2. Aufl., Wien, 1960.

Kelsen, Hans: Was ist juristischer Positivismus?, JZ 1965, S. 465 ff.

Klecatsky, Hans u.a.: Die Wiener Rechtstheoretische Schule, Ausgewählte Schriften von Hans Kelsen, Adolf Julius Merkl und Alfred Verdross, herausgegeben von Hans Klecatsky, René Maricić und Herbert Schambeck, Wien, 1968.

Klug, Ulrich: Zum Problem der logischen und erkenntnistheoretischen Grundlagen der juristischen Kausalitätslehre, Arbeit und Gesundheit, 1941, Heft 39, S. 169 ff.

Klussmann, Günther: Pflichtwidrigkeit und hypothetischer Kausalverlauf bei Fahrlässigkeitsdelikten, NJW 1973 S. 1097 ff.

Kollmann, Horst: Der Begriff des kommissiven Unterlassens, ZStW 29 (1909) S. 372 ff.

Kraemer, Hans-Joachim: Die Kausalität im öffentlichen Recht, NJW 1965 S. 183 ff.

Kraft, Viktor: Der Wiener Kreis, 2. Aufl., Wien, 1968.

v. Kries, Johann: Über den Begriff der objectiven Möglichkeit und einige Anwendungen desselben, Drei Artikel, Vierteljahresschrift für wissenschaftliche Philosophie, Leipzig, 1888, S. 179–240, 287–323, 393–428.

Krüger, Lorenz: Erkenntnisprobleme der Naturwissenschaften, Texte zur Einführung in die Philosophie der Wissenschaft, hrsg. von Lorenz Krüger, Köln-Berlin, 1970.

Kunz, Karl-Ludwig: Rechtstheorie – regionale allgemeine Wissenschaftstheorie oder Erkenntnistheorie des Rechts?, in: Rechtstheorie, Ansätze zu einem kritischen Rechtsverständnis, hrsg. von Arthur Kaufmann, Karlsruhe, 1971, S. 19 ff.

Lampe, Ernst Joachim: Täterschaft bei fahrlässiger Straftat, ZStW 71 (1959) S. 579 ff.

Lampe, Ernst Joachim: Ingerenz oder dolus subsequens?, ZStW 72 (1960) S. 93 ff.

Lampe, Ernst Joachim: Juristische Semantik, Bad Homburg v.d.H., 1970.

Larenz, Karl: Hegels Zurechnungslehre und der Begriff der objektiven Zurechnung, 1927, Neudruck Aalen, 1970.

Larenz, Karl: Ursächlichkeit der Unterlassung, NJW 1953 S. 686 f.

Larenz, Karl: Präventionsprinzip und Ausgleichsprinzip im Schadensersatzrecht, NJW 1955 S. 1009 ff.

Larenz, Karl: Die Prinzipien der Schadenszurechnung, JuS 1965 S. 373 ff.

Larenz, Karl: Rechtswidrigkeit und Handlungsbegriff im Zivilrecht, Festschrift für Dölle, Bd. I, Tübingen, 1965, S. 163 ff.

Larenz, Karl: Nutzlos gewordene Aufwendungen als erstattungsfähige Schäden, Festgabe für Oftinger, Zürich, 1969, S. 151 ff.

Larenz, Karl: Methodenlehre der Rechtswissenschaft, 2. Aufl./1969, 3.Aufl./1975, Berlin-Heidelberg-New-York.

Larenz, Karl: Zum heutigen Stand der Lehre von der objektiven Zurechnung, Festschrift für Honig, Göttingen, 1970, S. 79 ff.

Larenz, Karl: Allgemeiner Teil des Deutschen Bürgerlichen Rechts, München, 1. Aufl./1967, 2. Aufl./1972.

Larenz, Karl: Lehrbuch des Schuldrechts, Bd. I und II, 10. Auflage, München, 1970/1972.

Leonhard, Franz: Allgemeines Schuldrecht des BGB, München-Leipzig, 1929.

Leonhard, Franz: Die Kausalität als Erklärung durch Ergänzung, Gießen, 1946.

Leu, H. J.: Pathologie der Gefäße – Pathologie unserer Lebensweise, Neue Zürcher Zeitung, 1972, Nr. 341 (Fernausgabe), S. 21 f.

v. Liszt, Franz: Lehrbuch des Deutschen Strafrechts, 19. Aufl., Berlin, 1912.

Lorenz-Meyer, Ulrich: Haftungsstruktur und Minderung der Schadensersatzpflicht durch richterliches Ermessen, Tübingen, 1971.

Lotze, Reinhold – Sihler, Hans: Das Weltbild der Naturwissenschaft, Stuttgart, 1953.

Luden, Heinrich: Abhandlungen aus dem gemeinen teutschen Strafrechte, Bd. I und II, Göttingen, 1836 und 1840.

Mertens, Hans-Joachim: Der Begriff des Vermögensschadens, Stuttgart, 1967.

Mertens, Hans-Joachim – Reeb, Hartmut: Grundfälle zum Recht der unerlaubten Handlung, JuS 1971, S. 469 ff.

Mertens, Hans-Joachim: Berufshaftung, VersR 1974 S. 509 ff.

Mezger, Edmund: Strafrecht, 3. Aufl., Berlin-München, 1949.

Mill, John Stuart: System der deductiven und inductiven Logik, übers. von Theodor Gomperz, Bd. II, Leipzig, 1872.

Molitor, Erich: Schuldrecht, Allg. Teil, Ein Studienbuch, 8. Aufl., München-Berlin, 1965.

Müller, Max Ludwig: Die Bedeutung des Kausalzusammenhangs im Straf- und Schadensersatzrecht, Tübingen, 1912.

Münzberg, Wolfgang: Verhalten und Erfolg als Grundlagen der Rechtswidrigkeit und Haftung, Frankfurt/M., 1966.

Nickel, Egbert: Die Problematik der unechten Unterlassungsdelikte im Hinblick auf den Grundsatz ‚nullum crimen sine lege' (Art. 103 Abs. 2 GG), Berlin, 1972.

Niederländer, Hubert: Schadensersatz bei hypothetischen Schadensereignissen, AcP 153 (1953) S. 41 ff.

Oppenheim, Paul und *Putnam, Hilary:* Einheit der Wissenschaft als Arbeitshypothese, 1958, abgedruckt bei Krüger, Erkenntnisprobleme (siehe dort), S. 339 ff.

Oertmann, Paul: Recht der Schuldverhältnisse, Kommentar zum Bürgerlichen Gesetzbuch, 5. Aufl., Berlin, 1928.

Palandt, Otto (und Bearbeiter): Bürgerliches Gesetzbuch, Kommentar, 34. Auflage, München, 1975.

Pesch, Karl: Die rechtliche Behandlung der Neurose, NJW 1966 S. 1841 ff.

Priester, Jens-Michael: Rechtstheorie als analytische Wissenschaftstheorie, in: Rechtstheorie, Beiträge zur Grundlagendiskussion, hrsg. von Günther Jahr und Werner Maihofer, Frankfurt/M, 1971, S. 13 ff.

Radbruch, Gustav: Der Handlungsbegriff in seiner Bedeutung für das Strafrechtssystem, 1904, Neudruck Darmstadt, 1967.

Radbruch, Gustav: Rechtsphilosophie, 10. Aufl., Stuttgart, 1970.

Radkau, Joachim: Die „Rätsel" der Geschichte als Denkmotivation, Geschichte in Wissenschaft und Unterricht, 1972, S. 385 ff.

Reinecke, Horst: Schaden und Interesseneinbuße, Berlin, 1968.

Rickert, Heinrich: Die Grenzen der naturwissenschaftlichen Begriffsbildung, Tübingen-Leipzig, 1902.

Ries, Ulrich: Die überholende Kausalität, Diss., Heidelberg, 1950.

Rödig, Jürgen: Die Denkform der Alternative in der Jurisprudenz, Berlin-Heidelberg-New-York, 1969.

Rödig, Jürgen: Erfüllung des Tatbestands des § 823 I BGB durch Schutzgesetzverstoß, Bielefeld, 1973.

Rosenberg, Leo – Schwab, Karl Heinz: Zivilprozeßrecht, 10. Aufl., München, 1969.

Rother, Werner: Haftungsbeschränkung im Schadensrecht, München-Berlin, 1964.

Rother, Werner: Adäquanztheorie und Schadensverursachung durch mehrere, NJW 1965, S. 177 ff.

Rümelin, Max: Die Verwendung der Causalbegriffe in Straf- und Civilrecht, AcP 90(1900) S. 171 ff.

Samson, Erich: Begehung und Unterlassung, Festschrift für Hans Welzel, Berlin-New York, 1974, S. 579 ff.

Sauer, Wilhelm: Grundlagen des Strafrechts, Berlin-Leipzig, 1921.

Sauer, Wilhelm: Strafrechtliche Probleme in monadologischer Behandlung, Der Gerichtssaal 100 (1931) S. 154 ff.

Sauer, Wilhelm: Allgemeine Strafrechtslehre, 3. Aufl., Berlin, 1955.

Sax, Walter: Über Rechtsbegriffe, Festschrift für Nottarp, Karlsruhe, 1961, S. 133 ff.

Scheffler, Israel: Möglichkeiten eines bescheidenen Empirismus, 1956/57, abgedruckt bei Krüger, Erkenntnisprobleme (siehe dort), S. 99 ff.

Scheibe, Erhard: Ursache und Erklärung, in (Originalpublikation): Erkenntnisprobleme der Naturwissenschaften, hrsg. von Lorenz Krüger, Köln-Berlin, 1970, S. 253 ff.

Schlick, Moritz: Die Kausalität in der gegenwärtigen Physik, Die Naturwissenschaften, 1931, S. 145 ff.

Schlick, Moritz: Kausalität im täglichen Leben und in der neueren Naturwissenschaft, 1932, abgedruckt bei Krüger, Erkenntnisprobleme (siehe dort), S. 135 ff., zitiert: Kausalität.

Schlick, Moritz: Gesammelte Aufsätze, hrsg. von F. Waismann, Wien, 1938.

Schmidhäuser, Eberhard: Strafrecht, Allgemeiner Teil, Tübingen, 1970.

Schönke, Adolf – Schröder, Horst: Strafgesetzbuch, Kommentar, 17. Aufl., München, 1974.

Schünemann, Bernd: Grund und Grenzen der unechten Unterlassungsdelikte, Göttingen, 1971.

Schwerdtner, Peter: Der Ersatz des Schadensfreiheitsrabattes in der Haftpflichtversicherung, NJW 1971, S. 1673 ff.

Seibert, Claus: Conditio sine qua non, MDR 1972 S. 482 f.

Seiffert, Helmut: Einführung in die Wissenschaftstheorie, Band 1, 5. Aufl., München, 1972.

Sellars, Wilfried: Theoretische Erklärung, 1962/63, abgedruckt bei Krüger, Erkenntnisprobleme (siehe dort), S. 239 ff.

Soergel, Hans Theodor (und Bearbeiter): Bürgerliches Gesetzbuch, Kommentar, 10. Aufl., Stuttgart-Berlin-Köln-Mainz, 1967–1975.

Spendel, Günter: Die Kausalitätsformel der Bedingungstheorie, Heidelberg, 1948.

Spendel, Günter: Zur Unterscheidung von Tun und Unterlassen, Festschrift für Eberhard Schmidt, Göttingen, 1961, S. 183 ff.

Spendel, Günter: Conditio-sine-qua-non-Gedanke und Fahrlässigkeit – BGHSt 11,1, in: JuS 1964, S. 14 ff.

Starck, Christian: Empirie in der Rechtsdogmatik, JZ 1972, S. 609 ff.

Staudinger (und Bearbeiter): Bürgerliches Gesetzbuch, Kommentar, 10./11. Aufl., Berlin, ab 1954.

Stegmüller, Wolfgang: Das Problem der Kausalität, Festschrift für Viktor Kraft, Wien, 1960, S. 171 ff.

Stegmüller, Wolfgang: Einheit und Problematik der wissenschaftlichen Welterkenntnis, München, 1966.

Stegmüller, Wolfgang: Hauptströmungen der Gegenwartsphilosophie, 4. Aufl., Stuttgart, 1969.

Stegmüller, Wolfgang: Probleme und Resultate der Wissenschaftstheorie und Analytischen Philosophie, Berlin-Heidelberg-New-York; Bd. I: Wissenschaftliche Erklärung und Begründung (zitiert: Erklärung), 1969; Bd. II: Theorie und Erfahrung, 1970; Bd. IV: Personelle und Statistische Wahrscheinlichkeit, 2 Halbbände, 1973 (zitiert: Wahrscheinlichkeit).

Stegmüller, Wolfgang: Wissenschaftstheorie, Fischer-Lexikon „Philosophie", S. 327 ff., Frankfurt, 1965.

Stoll, Hans: Kausalzusammenhang und Normzweck im Deliktsrecht, Tübingen, 1968.

Traeger, Ludwig: Der Kausalbegriff im Straf- und Zivilrecht, Marburg, 1904.

Traeger, Ludwig: Das Problem der Unterlassungsdelikte im Straf- und Zivilrecht, Festgabe für Enneccerus, Marburg, 1913.

Vogler, Theo: Zur Frage der Ursächlichkeit der Beihilfe für die Haupttat, Festschrift für Ernst Heinitz, Berlin, 1972, S. 295 ff.

Vollmuth, Joachim: Die Bestimmung der polizeirechtlich relevanten Ursache, Diss., München, 1972.

Wagner, Heinz: Die Abgrenzung von Enteignung und enteignungsgleichem Eingriff, NJW 1967 S. 2333 ff.

Waismann, Friedrich: Gesammelte Aufsätze von Moritz Schlick, hrsg. von F. Waismann, Wien, 1938.

Watermann, Friedrich: Die Ordnungsfunktion von Kausalität und Finalität im Recht, Berlin, 1968.

Weckerle, Thomas: Die deliktische Verantwortlichkeit mehrerer, Karlsruhe, 1974.

Wehrenberg, Walter: Die Conditio-sine-qua-non-Formel eine pleonastische Leerformel, MDR 1971 S. 900 f.

Weitnauer, Hermann: Zur Lehre vom adäquaten Kausalzusammenhang, Versuch einer Ehrenrettung, Festschrift für Oftinger, Zürich, 1969, S. 321 ff.

Welzel, Hans: Strafrecht, 11. Aufl., Berlin, 1969.

Windscheid, Bernhard: Lehrbuch des Pandektenrechts, 9. Aufl., Frankfurt, 1906.

Wissmann, Hellmut: Die Berufung auf rechtmäßiges Alternativverhalten, NJW 1971 S.549 ff.

Wochner, Manfred: Einheitliche Schadensteilungsnorm im Haftpflichtrecht, Heidelberg, 1972.

Wolf, Josef Georg: Der Normzweck im Deliktsrecht, Göttingen, 1962.

Wolff, Ernst Amadeus: Kausalität von Tun und Unterlassen, Heidelberg, 1965.

Wolff, Hans J. – Bachof, Otto: Verwaltungsrecht, Ein Studienbuch, Bd. I, 9. Aufl., München, 1974.

Zeuner, Albrecht: Zum Problem der überholenden Kausalität, AcP 157 (1957) S. 441 ff.

Zippelius, Reinhold: Einführung in das Recht, München, 1974.

Zöpel, Christoph: Ökonomie und Recht, Stuttgart-Berlin-Köln-Mainz, 1974.

SACHVERZEICHNIS

Münchener Universitätsschriften

J. Schweitzer Verlag · Berlin

RIES

Die neubabylonischen Bodenpachtformulare

Von Gerhard Ries. Groß-Oktav. XIV, 157 Seiten. 1976.
Kartoniert DM 75,– ISBN 3 8059 0361 8 (Band 16)

KLINGENBERG

Platons ΝΟΜΟΙ ΓΕΩΡΓΙΚΟΙ und das positive griechische Recht

Von Eberhard Klingenberg. Oktav. XXXVI, 226 Seiten. 1976.
Kartoniert DM 96,– ISBN 3 8059 0346 4 (Band 17)

LANZ

Die neubabylonischen ḫarrânu-Geschäftsunternehmen

Von Hugo Lanz. Oktav. XVI, 197 Seiten. 1976.
Kartoniert DM 98,– ISBN 3 8059 0380 4 (Band 18)

MÜLLER

Anton Mengers Rechts- und Gesellschaftssystem

Ein Beitrag zur Geschichte des sozialen Gedankens im Recht.
Von Eckhart Müller. Groß-Oktav. XXIV, 117 Seiten. 1975.
Kartoniert DM 36,– ISBN 3 8059 0357 X (Band 19)

LUTZ

Das Canon Law der Kirche von England

Von Hermann Lutz. Groß-Oktav. XII, 93 Seiten. 1975.
Kartoniert DM 38,– ISBN 3 8059 0358 8 (Band 20)

KAUFHOLD

Die Rechtssammlung des Gabriel von Basra und ihr Verhältnis zu den anderen juristischen Sammelwerken der Nestorianer

Von Hubert Kaufhold. Oktav. XIX, 340 Seiten. 1976.
Kartoniert DM 88,– ISBN 3 8059 0386 3 (Band 21)

FSC
www.fsc.org
MIX
Papier | Fördert
gute Waldnutzung
FSC® C083411

Kolibri 360 GmbH
Ferdinand-Jühlke-Straße 7
99095 Erfurt, Deutschland
produktsicherheit@kolibri360.de